Crossan – Reed
Jesus ausgraben

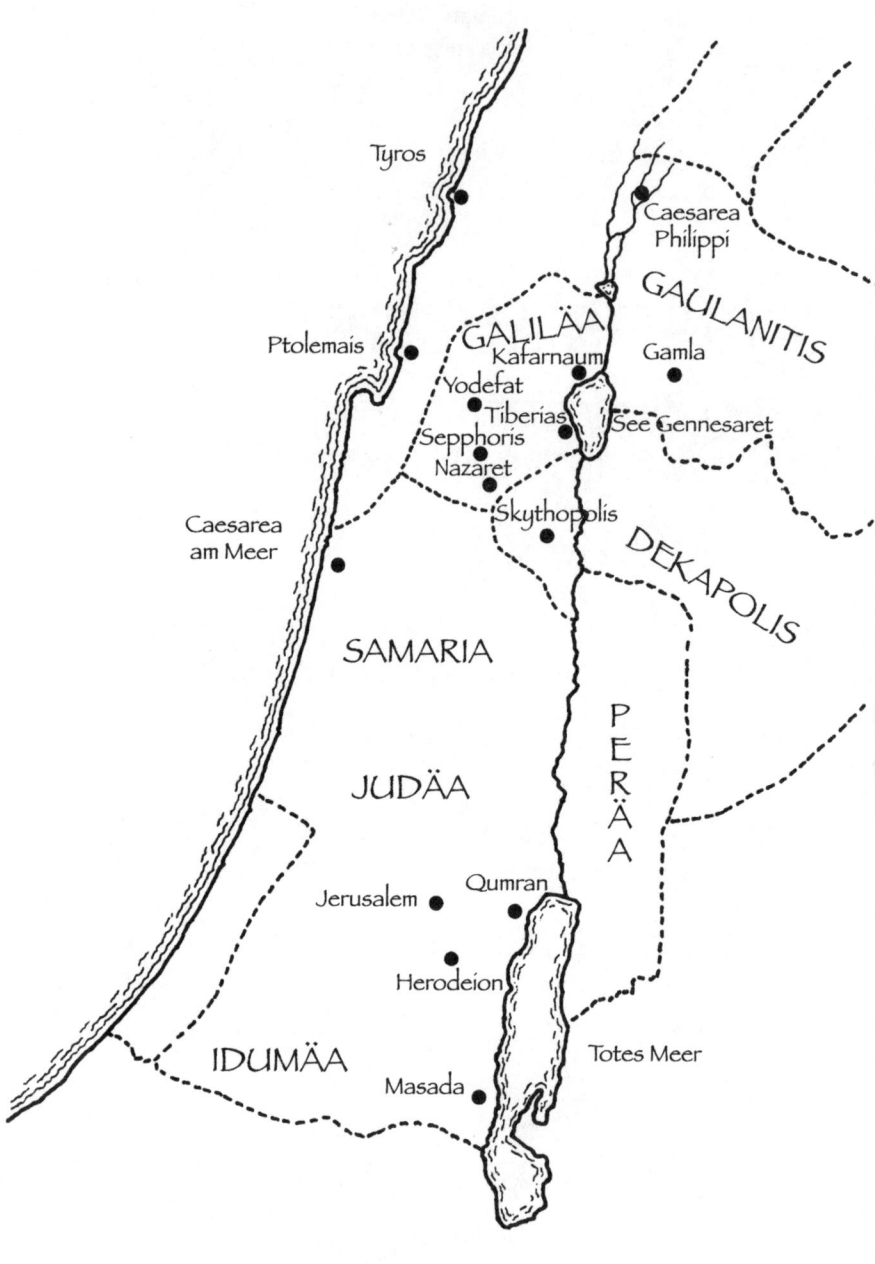

Tyros

Caesarea
Philippi

GAULANITIS

GALILÄA
Kafarnaum
Gamla
Ptolemais
Yodefat
Tiberias
Sepphoris   See Gennesaret
Nazaret
Skythopolis

DEKAPOLIS

Caesarea
am Meer

SAMARIA

P
E
R
Ä
A

JUDÄA

Jerusalem   Qumran

Herodeion

IDUMÄA   Totes Meer

Masada

John Dominic Crossan
Jonathan L. Reed

JESUS AUSGRABEN

ZWISCHEN DEN STEINEN –
HINTER DEN TEXTEN

Aus dem Englischen übersetzt von
Claudia Krülls-Hepermann

Patmos

Titel der Originalausgabe: Excavating Jesus. Beneath the Stones, Behind the Texts.
© 2001 by John Dominic Crossan and Jonathan L. Reed
Illustrations: Balage Balogh
Published by arrangement with HarperSanFrancisco, a division of HarperCollins Publishers, Inc., San Francisco, California, USA

Die Deutsche Bibliothek verzeichnet diese Publikation in der Deutschen Nationalbibliothek; detaillierte bibliographische Daten sind im Internet unter http://dnb.de/ abrufbar.

© 2003 Patmos Verlag GmbH & Co. KG, Düsseldorf
Umschlagmotiv: getty images
Umschlaggestaltung: Groothuis, Lohfert, Consorten (glcons.de)
Satz: Fanslau, Communication/EDV, Düsseldorf
Druck und Verarbeitung: Bercker Graphische Betriebe, Kevelaer
ISBN 3-491-77051-3
www.patmos.de

Inhalt

STEINE UND TEXTE

Was haben Zeit und Ort mit Jesu Auftreten zu tun? Warum entstanden die Täuferbewegung des Johannes und die Reich-Gottes-Bewegung Jesu in Gebieten, die von Herodes Antipas während der zwanziger Jahre des ersten Jahrhunderts beherrscht wurden? Warum genau damals? Warum genau an den bekannten Orten?

Stellen Sie sich zunächst zwei unterschiedliche Möglichkeiten vor, auf diese Fragen Antworten zu finden: Man kann Steine *oder* Texte, den Erdboden *oder* das Evangelium, archäologische Funde *oder* überlieferte Quellen untersuchen, sich mit Archäologie *oder* mit Exegese beschäftigen. Ersetzen Sie nun die vier in Kursive gesetzten *oder* durch *und*. Dann stellen die beiden Möglichkeiten zwar zwei eigenständige, aber komplementäre und gleichberechtigte Herangehensweisen dar. Dann bildet die Archäologie nicht bloß den Hintergrund für die Exegese, ebenso wenig wie die Exegese nur schmückendes Beiwerk der Archäologie ist. Das Evangelium und der Erdboden müssen ihrer jeweiligen Eigenart entsprechend interpretiert werden. Ein alter Ruinenhügel hat auch unabhängig von Homers Werken eine Bedeutung, eine alte Erzählung besitzt auch, ohne dass die Bibel im Hintergrund steht, Aussagekraft, der nachzuspüren sich lohnt. Weder Texte noch Steine gewinnen Sprache, ohne gleichzeitig in einen interpretierenden Dialog mit der Gegenwart einzutreten. Beide sprechen jedoch auf ihre eigene Weise. Deshalb sollten Archäologie und Exegese zunächst in ihren jeweiligen Deutungsmöglichkeiten zu ihrem Recht kommen und erst danach die Erkenntnisse in einer interdisziplinären Untersuchung zusammengeführt werden.

Ziel dieses Buches ist es, Archäologie und Exegese so miteinander zu verbinden, dass keine der Wissenschaften gegenüber der anderen privilegiert wird. Dass Archäologen ihre Funde dokumentieren und Exegeten ihre Einsichten beschreiben, ist nicht neu. Neu ist die enge interdisziplinäre Zusammenarbeit zwischen einem Archäologen und einem Exegeten, die Lesarten, zu denen Steine und solche, zu denen Texte anregen, miteinander verknüpfen. Wie lesen wir Steine und Texte im Zusammenhang?

Weshalb trägt das Buch den Titel »Jesus ausgraben«? Mit welcher Berechtigung kann man davon sprechen, »Jesus ausgraben« zu wollen? Ausgraben kann man Dörfer, Städte, Häuser, Gräber und

Schiffe. Ausgraben kann man auch Kajaphas, den Hohenpriester, unter dem Jesus von Pilatus gekreuzigt wurde, weil Archäologen sein Familiengrab, seinen Sarg und sogar sein Skelett gefunden haben. Aber mit welcher Berechtigung können Archäologen den Anspruch erheben, Jesus ausgraben zu wollen?

Wenden wir uns zur Beantwortung dieser Frage folgendem Beispiel zu: Die Dürren der Jahre 1985 und 1986 legten weite Flächen frei, die zuvor der See Gennesaret bedeckt hatte. Im Januar 1986 entdeckten Moshe und Yuval Lufan vom Kibbuz Ginnosar am nordwestlichen Ufer des Sees ein Boot aus dem ersten Jahrhundert, das jahrhundertelang unter Schlamm verdeckt gewesen war. Diese bedeutende Entdeckung war zunächst nur in Form einer nassen Kiste greifbar, aber jetzt ist das Boot nach erfolgreicher Restauration unter der Leitung von Orna Cohen von der Hebräischen Universität von Jerusalem im nahe gelegenen Yigael Allon-Museum ausgestellt. Mit zwei Ruderern auf jeder Seite, einem Steuermann im Heck, einem Mast und einem Segel stellt es sicherlich die Art Boot dar, die auch in den Erzählungen der Evangelien begegnet. Stellen wir uns für einen Moment vor, dass es tatsächlich das Boot ist, das Jesus benutzt hat. Das ist sicher unwahrscheinlich. Zu klären ist aber, inwiefern die Behauptung berechtigt ist, dass die Ausgrabung des Bootes die Chance birgt, *Jesus* auszugraben.

Das Boot ist nicht weit vom Ufer entfernt untergegangen. Das spricht also nicht für einen plötzlich aufkommenden gefährlichen Sturm auf dem See, sondern für etwas anderes. Erstens sind für den Bau des Bootes neben Zedern- und Eichenholz auch verschiedene minderwertige Hölzer wie Kiefer und Weide benutzt worden. Zweitens stammt ein Teil des Kiels von einem früheren Boot. Drittens wurde der Achtersteven entfernt, um für ein späteres Boot benutzt zu werden. Schließlich wurde der nicht weiter verwendbare Hulk in der Nähe des Ufers versenkt. Dieses ca. 8 Meter lange Rudersegelboot erlaubt erste Rückschlüsse auf die soziale Welt der Fischer auf dem See Gennesaret zu Zeiten Jesu. Es zeugt von erfahrenen Handwerkern, die minderwertige Materialien so lange wie möglich verwendet haben. Um eine dichte Beschreibung dieser sozialen Welt geben zu können, muss geklärt werden, wer den Fischfang auf dem See kontrolliert hat, ob jemand von der Küste oder vom Boot aus nach Belieben fischen konnte, ob Boote und Fischfänge besteuert wurden und wenn ja, in welcher Höhe, wie viele Einzelpersonen oder Familien ein Boot betrieben und ob sie es besessen oder nur gemietet haben. Man kann in der Tat Jesus aus diesem Boot ausgraben, aber nur sehr, sehr behutsam und nur, wenn man nicht moderne Konzepte zugrundelegt, sondern den von Eliten kontrollierten Wirtschaftsformen der Antike angemessen Rechnung trägt.

Inwiefern können wir davon sprechen, »Jesus *auszugraben*«? Die Archäologie kann Jesus nicht nur in dem Sinne ausgraben, dass sie Funde an Orten, an denen er lebte oder zu denen er sich begab, freilegt, sondern auch in dem Sinne, dass sie die soziale Welt, in der er sich bewegte, so vollständig wie möglich mit Inhalten füllt. Zu fragen ist nun aber, weshalb der Begriff Ausgrabung auch für Texte verwendet werden sollte. Texte wie die Schriftrollen vom Toten Meer 1947 oder die Nag-Hammadi-Codices 1945 sind in der Erde gefunden worden, wenn auch zufällig von Schäfern und Bauern und nicht von Wissenschaftlern. Wenn hier davon die Rede ist, Jesus unter exegetischen Gesichtspunkten »ausgraben« zu wollen, denken wir aber nicht an solche externen Ausgrabungen. Vielmehr zeichnen die Evangelien sich durch etwas aus, das es rechtfertigt, bei ihnen von internen Ausgrabungen zu sprechen. Deshalb wird der Begriff Ausgrabung in diesem Buch nicht nur auf die Archäologie, sondern auch auf die Exegese angewandt.

Wenn eine *Fundstätte* nicht nur eine Schicht auf einem Grundgestein aufweist, die, sieht man davon ab, dass die Zeit eine zerstörerische Kraft hat, unverändert geblieben ist, erfordern archäologische Ausgrabungen eine besondere Sensibilität für die verschiedenen, zu unterschiedlichen Zeitpunkten entstandenen Schichten eines Fundortes (der *terminus technicus* lautet Stratigrafie). Manchmal kann ein *Text* zwar auch aus nur einer einzigen Schicht bestehen, die, sieht man von Kopistenfehlern ab, wie die meisten der Paulusbriefe im Neuen Testament unverändert geblieben ist. Unsere Exegese konzentriert sich jedoch vor allem auf Evangelien, die, unabhängig davon, ob sie in das Neue Testament aufgenommen wurden oder nicht, so vielschichtig wie ein archäologisch zu untersuchender Erdboden sind. So weist z. B. das Matthäusevangelium, das das Markusevangelium fast ganz in sich aufnimmt, deutlich frühere Schichten von Markus und spätere Schichten von Matthäus auf. Für Fundstätten wie für Texte gilt, dass vielschichtige Überlagerungen eine besondere Herausforderung darstellen.

Das vorliegende Buch richtet das Augenmerk auf etwas, das als parallele Schichtung, als Interaktion zwischen den Schichten eines Erdbodens und den Schichten eines Evangeliums bezeichnet werden kann. Jeweils müssen wir die Schicht ausgraben, die zur Welt und zum Leben Jesu gehört. Das Problem besteht darin, dass jedem klar ist, dass die verschiedenen Schichten an einer Fundstätte bestimmt und datiert werden müssen, keineswegs jedem jedoch, dass auch die verschiedenen Textschichten, aus denen die Evangelien bestehen, bestimmt und datiert werden müssen.

Kurz und gut: Welche Ergebnisse sind zu erwarten, wenn Archäologie und Exegese auf Grund der Beschäftigung mit einer doppelten, parallelen Schichtung zusammengeführt werden?

In der Generation vor Jesus beherrschte Herodes der Große unter römischer Schutzherrschaft das Heimatland der Juden und ließ in Jerusalem mit der Erweiterung des Tempels und in Caesarea am Meer mit dem Bau eines Hafens von Weltbedeutung überragende architektonische Anlagen errichten. Nichts spricht so deutlich für eine Romanisierung, die mit einer Urbanisierung und Kommerzialisierung einherging, wie die großen Warenlager und die großen Wellenbrecher dieses Allwetterhafens. Im judäischen Caesarea, im samaritischen Sebaste und im weit nördlich gelegenen Caesarea Philippi ließ Herodes heidnische Tempel für die Göttin Roma und Kaiser Augustus errichten. Im Unterschied zu anderen Teilen seines Königreiches blieb Galiläa von solchen Baumaßnahmen weitgehend verschont.

In der Generation Jesu leitete sein Sohn Herodes Antipas zunächst mit der Umgestaltung der Stadt Sepphoris im Jahr 4 v. Chr. und später mit der Neuerrichtung der Stadt Tiberias im Jahr 19 n. Chr. eine intensivere Romanisierung, Urbanisierung und Kommerzialisierung Galiläas ein. Unter Antipas suchte das Römische Reich Untergaliläa zum ersten Mal in den zwanziger Jahren gewaltsam heim. Aber obwohl eine Schicht griechisch-römischer Architektur das Heimatland der Juden überzog und im Zuge römisch-städtischer Kommerzialisierung Wohlstand sichtbar wird, haben Archäologen sowohl für Judäa als auch für Galiläa feststellen können, dass das jüdisches Volk dort in einer Form gelebt hat, die sich von derjenigen anderer Volksangehöriger, die in ihrer unmittelbaren Nähe lebten, deutlich unterschied.

Verbindet man die Deutung von Steinen mit der von Texten, stellt man fest, dass archäologisch bedeutsame Objekte, die auf die Juden verweisen, vom Bund Gottes mit seinem Volk und dem Gesetz zeugen, das Gerechtigkeit und Rechtschaffenheit, Reinheit und Frömmigkeit fordert. In der Thora sagt Gott: »Das Land gehört mir.« Wie steht es rücksichtlich dessen um die herodianischen Klientelkönige und ihre Nutzung des Landes? Und wie ist in diesem Zusammenhang der Anspruch des römischen Imperiums zu verstehen: »Das Land gehört uns, wir haben es von euch im Krieg erobert«, oder, theologisch formuliert, »es war unser Gott Jupiter, der es eurem Gott Jahwe wegnahm«? Als Jesus in den zwanziger Jahren in Untergaliläa das Reich Gottes verkündete, lehrten, handelten und lebten er und seine Anhänger in Opposition zu Herodes Antipas. Gemeint ist hier nicht der gewaltsame militärische Widerstand gegen Rom, der später zur Zerstörung des Tempels von Jerusalem und der Festung Masada führen sollte. Diese Art des Widerstands war weder bei Johannes noch Jesus gegenwärtig; anderenfalls hätte Antipas mehr Menschen als Johannes enthaupten lassen, und Pilatus hätte mehr Menschen als Jesus gekreuzigt. Johannes und Jesus wandten sich im Namen des Bundes, des Landes, der Thora und des Gottes der Juden gegen die ungerechte Verteilung des Wohlstands, zu der es im Zuge der römisch-herodianischen Kommerzialisierung gekommen war. Daher erklärt sich auch die große Bedeutung, die Jesus der Nahrung und der Gesundheit beimisst.

DIE ZEHN WICHTIGSTEN ENTDECKUNGEN FÜR DAS AUSGRABEN JESU

Das vorliegende Buch verfolgt das Interesse, in Steinen und Texten zu graben, um die Welt und das Leben Jesu zu rekonstruieren. Die archäologische und die exegetische Ausgrabung setzen beide eine genaue Prüfung, Identifikation, Rekonstruktion und vor allem Interpretation voraus. Steine können nicht zu uns sprechen, ohne dass sie interpretiert werden müssten. Aber auch Texte können dies nicht. Sehr häufig ist ihre Interpretation sogar noch umstrittener. Wenden wir uns einleitend den zehn wichtigsten archäologischen und den zehn wichtigsten exegetischen Entdeckungen zu.

Archäologische Entdeckungen

Die zehn wichtigsten archäologischen Entdeckungen beziehen sich auf Gegenstände und Orte. Die ersten fünf betreffen Gegenstände, die in Beziehung zu den Evangelien stehen und Aufschlüsse über die Welt, in der sie entstanden sind, geben. Die nächsten fünf Entdeckungen betreffen Paarbeziehungen, die jeweils ein bestimmtes Phänomen deutlicher beleuchten als ihre jeweiligen Elemente: das römisch-herodianische Königreich in der Heimat der Juden, der jüdische Widerstand gegen Rom, das jüdische Stadtleben und vor allem die jüdische Religion und ihre Reinheitsvorschriften. Die zehnte Entdeckung beruht auf einem Set, dessen Bedeutung sich nicht aus einer isoliert betrachteten Kategorie, sondern aus der Vielzahl unterschiedlicher Kategorien und deren Kombinationen erschließt.

1. *Das Ossarium des Hohenpriesters Kajaphas*
2. *Die Inschrift des Präfekten Pontius Pilatus*
3. *Das Haus des Apostels Petrus in Kafarnaum*
4. *Das Fischerboot vom See Gennesaret*
5. *Das Skelett des gekreuzigten Yehohanan*
6. *Caesarea am Meer und Jerusalem: Städte von Herodes dem Großen*

1. *Das Ossarium des Kajaphas.* Im November 1990 stießen Bauarbeiter, die eine Wasseranlage im südlich der Jerusalemer Altstadt zwischen Haas Tayelet und Abu Tor gelegenen Wald des Friedens bauten, auf eine Grabkammer, die seit dem Krieg gegen Rom im Jahr 70 n. Chr. versiegelt war. Auf ein verziertes Ossarium aus weichem Kalkstein, in dem nach der Verwesung des Fleisches die Knochen der Verstorbenen erneut bestattet worden waren, war in aramäischer Sprache der Name *Kajaphas* eingeritzt worden. Der Name Kajaphas und die Namen der mit ihm in einer Grabkammer beerdigten Familienmitglieder zeugen davon, dass das schmale Schachtgrab die Familienruhestätte für den Hohenpriester Kajaphas war, der wegen seiner Rolle bei der Kreuzigung Jesu in Matthäus 26 und Johannes 18 namentlich erwähnt wird. Hier wird also eine direkte Beziehung zu den in den Evangelien enthaltenen Berichten von der Hinrichtung Jesu hergestellt.

2. *Die Inschrift des Pilatus.* 1962 legten italienische Archäologen, als sie Sand und überwuchernden Pflanzenwuchs von den Ruinen des Theaters in Caesarea entfernten, einer Stadt, die lange Sitz der römischen Herrschaft am östlichen Mittelmeerufer war, eine Inschrifttafel frei, auf der der Name Pontius Pilatus steht. Diese Tafel war bei der Renovierung des Theaters im vierten Jahrhundert n. Chr. umgedreht und wieder benutzt worden. Laut der lateinischen Inschrift hatte Pilatus ein *Tiberium*, ein zu Ehren des römischen Imperators Tiberius errichtetes öffentliches Bauwerk eröffnet. Die Stadt selbst war zu Ehren seines Vorgängers Caesar Augustus errichtet worden. Der Fund der Inschrifttafel setzte wissenschaftlichen Kontroversen über Pilatus' exakten Titel und seine politische Macht ein Ende, da sie ihn als einen Präfekten und nicht als einen untergeordneten Prokurator bezeichnete. Bedeutender ist diese Inschrifttafel aber, weil sie das erste materiell greifbare Zeugnis einer wichtigen Gestalt des Neuen Testaments darstellt.

3. *Das Haus des Apostels Petrus.* 1906 wurden Überreste eines

achteckigen Gebäudes auf einem Stück Land, das unter franziskanischer Kustodie stand, freigelegt. Es handelte sich um die byzantinische Kirche, zu der das Haus des ersten Apostels, von dem in antiken Pilgerberichten die Rede ist, umgebaut worden war. Von 1968 bis 1985 arbeiteten die franziskanischen Archäologen Virgilio Corbo und Stanislao Loffreda in und um den achteckigen Bau und gruben seine Schichten aus. Eine achteckige Kirche wurde im fünften Jahrhundert n. Chr. auf einer auf das vierte Jahrhundert datierten Hauskirche erbaut, die auf einem einfachen, im ersten Jahrhundert v. Chr. erbauten Hofhaus lag. Im zweiten Jahrhundert waren Gebete in aramäischer, hebräischer, griechischer, lateinischer und syrischer Sprache in den Putz eines Raumes geritzt worden. Dass er keine häuslichen Gebrauchsgegenstände enthielt und mehrere Male verputzt worden war, deutet darauf hin, dass die ersten Generationen der Christen dem Raum einige Bedeutung beigemessen haben. Daraus schlossen die Archäologen, dass es *das Haus des Apostels Petrus* war.

4. *Das Boot vom See Gennesaret.* Nach mehreren Dürren Mitte der achtziger Jahre des 20. Jahrhunderts war der Wasserstand des Sees Gennesaret dramatisch gesunken. Als im Januar 1986 der niedrigste Stand erreicht war, entdeckten zwei Angehörige des Kibbuz Ginnosar die Umrisse eines Bootes, das zuvor im Schlamm begraben gewesen war. Das Wasser und der Schlamm hatten das Boot erhalten lassen, aber bei seiner Bergung hatten die Konservatoren gegen das wieder steigende Wasser anzukämpfen. Ein Erdwall und Wasserpumpen hielten das Wasser fern, sodass das Boot ans Ufer befördert werden konnte. Heute befindet sich das etwa 2,40 Meter breite und 8 Meter lange Boot in einem klimatisierten Museumsraum. Töpfe und Lampen im Inneren des Bootes erlaubten, es auf das erste Jahrhundert n. Chr. zu datieren. Diese zeitliche Bestimmung wurde durch eine Radiokarbondatierung der Holzplanken bestätigt. Es handelte sich um ein Boot aus der Zeit Jesu, um einen Bootstyp, der damals zum Fischen und Überqueren des Sees benutzt worden war. Es konnte etwa dreizehn Menschen aufnehmen. Heute wird es das »*Jesusboot*« genannt.

5. *Der gekreuzigte Mann.* Im Juni 1968 grub Vassilios Tzaferis von der *Israel Antiquities Authority* nordöstlich von Jerusalem an einem Ort namens Givat Hamivtar einige Grabstätten aus. In dieser Totenstadt wurde ein aus Stein gehauenes Familiengrab aus dem ersten Jahrhundert mit fünf Ossarien entdeckt, von denen eines die Kno-

chen von zwei Männern und einem kleinen Kind enthielt. Der rechte Fersenknochen einer der Männer, der ca. 1,65 m groß und Mitte zwanzig war, war mit einem ca. 11 cm langen Nagel durchbohrt worden. An der Außenseite seiner Ferse war ein schmales Holzbrett angenagelt worden. Der Nagel hatte sich beim Einschlagen in das harte Olivenholz verbogen und konnte nach dem Tod nicht entfernt werden, sodass das Holzbrett nach der Abnahme vom Kreuz noch an seinem Körper verblieb. Die Arme des Mannes waren am Querbalken nicht angenagelt, sondern festgebunden worden. Seine Beine waren nicht gebrochen. Entgegen der üblichen Praxis war seine Leiche vom Kreuz abgenommen und in einem Familiengrab bestattet worden. Das Ossarium wies den Namen des Verstorbenen, *des gekreuzigten Mannes* auf: Yehohanan (hebräisch und aramäisch für Johannes).

6. *Caesarea am Meer und Jerusalem.* Ausgrabungen aus mehr als zwanzig Jahren in Caesarea und um den Tempel von Jerusalem haben so viele Gegenstände ans Licht gebracht, dass mit ihnen ganze Museen gefüllt werden könnten. Die bemerkenswertesten Funde sind die monumentalen Bauten, die Herodes der Große hatte errichten lassen (37–4 v. Chr.). Sie sind das architektonische Erbe seines Königreiches. Caesarea wurde zur belebtesten und modernsten Hafenstadt des östlichen Mittelmeerraums umgestaltet. Die mit prächtigen Tempeln zu Ehren des Kaisers Augustus und der Göttin Roma geschmückte Stadt wurde nach dem Caesar benannt. Außerdem ließ Herodes den Jüdischen Tempel verschönern und erweitern. Er machte den Tempelberg zur größten monumentalen Plattform des Römischen Reiches. Aus massiven Quadersteinen, beeindruckenden Säulengängen und reich verzierten Säulen ließ er erschaffen, was antike Augenzeugen als das schönste Bauwerk der Welt beschrieben. Diese Vorhaben bezeugten sichtbar Verbundenheit mit Rom wie Verehrung des Gottes der Juden. Vor allem aber huldigten sie seiner Person und seiner Herrschaft.

7. *Sepphoris und Tiberias.* Wie sein Vater regierte Herodes Antipas als Klientel Roms (4 v. Chr. – 39 n. Chr.), aber nicht als König, sondern als Tetrach, und auch nicht über das gesamte jüdische Land, sondern nur über Galiläa und Peräa. Auch er ließ Städte erbauen, allerdings nicht in dem Umfang und der Größe wie sein Vater. Herodes Antipas war weder so reich noch so mächtig wie Herodes der Große. Aber mit der Erbauung von Sepphoris und Tiberias, einer Stadt, die

ihren Namen zu Ehren des römischen Kaisers trug, urbanisierte er Galiläa. Tiberias ist heute ein expandierendes Seebad, das nur in begrenztem Umfang Ausgrabungsarbeiten zulässt. Die Ruinen von Sepphoris konnten aber in den vergangenen Jahrzehnten von vier Teams ausgegraben werden, weil sie sich an nicht besiedelter Stelle befanden. Spektakuläre Entdeckungen aus der gesamten römischen Zeit wie ein Theater im römischen Stil, ein eindrucksvoller unterirdischer Aquädukt und das Dionysos-Mosaik werfen die Frage auf, in welchem Ausmaß Antipas der jüdischen Bevölkerung eine griechisch-römische Architektur und seine Vorstellungen von der Errichtung eines Königreiches in Galiläa aufzwang. Immerhin war Sepphoris nur 4 Meilen von Nazaret, dem Heimatdorf Jesu, entfernt.

8. *Masada und Qumran.* Zwei etwas von der Westküste des Toten Meeres entfernt liegende Orte, die in den fünfziger bzw. sechziger Jahren ausgegraben wurden, zeugen von jüdischem Widerstand gegen Rom im ersten Jahrhundert n. Chr. Masada, eine auf einem Felsen gelegene Palast-Festung, die Herodes der Große erbauen ließ, wurde von jüdischen Sikariern zu Beginn der Revolte im Jahr 66 n. Chr. eingenommen und fiel etwa vier Jahre nach der Zerstörung des Tempels im Jahr 70 n. Chr. an die römischen Legionen. Die archäologische Entdeckung römischer Belagerungswerke und der Bericht des jüdischen Historikers Flavius Josephus über den Selbstmord der Sikarier demonstrieren deutlich ihren gewaltsamen Widerstand gegen die römische Vorherrschaft. Chirbet Qumran, eine klosterähnliche Anlage, birgt die Überreste eines gewaltfreien Widerstands einer jüdischen Gruppierung, welcher der Rückzug (in ein kontemplatives Leben), das Studium und die Ausrichtung an Reinheitsvorschriften als Waffen gegen fremde Einflüsse und moralischen Verfall dienten.

9 *Yodefat und Gamla.* Im Jahr 67 n. Chr. wurden zwei Dörfer von römischen Legionen zerstört. Das eine befand sich auf einem Hügel in Untergaliläa, das andere auf einem Felsen der Golanhöhen. Diese Dörfer wurden im vergangenen Jahrhundert von israelischen Archäologen ausgegraben. Bestätigt wurde nicht nur ihr katastrophales Ende, wie es von Flavius Josephus berichtet wird. Vielmehr legten Moti Aviam in Yodefat und Shmarya Gutmann in Gamla auch Verteidigungswaffen und Gegenstände aus dem Alltagsleben frei. Keines der beiden Dörfer wird in den Evangelien erwähnt. Daher wurde auch keine Gedächtniskirche, kein Kloster und kein Heiligtum in

den beiden Dörfern erbaut. Ironischerweise ist gerade diesem Umstand eine archäologische Momentaufnahme jüdischen Lebens zu Zeiten Jesu zu verdanken.

10. *Steinkrüge und rituelle Becken.* Steinkrüge unterschiedlicher Form und Größe aus weichem, weißen Kalkstein, und in das Muttergestein gemeißelte und verputzte, mit Stufen versehene Becken, die so genannten *Mikwen* (Singular: *Mikwe*), die in diesem Buch als Ritualbäder bezeichnet werden, wurden in Galiläa und Judäa, vor allem in der Umgebung von Jerusalem, also überall dort, wo Jesus sich aufhielt, gefunden. Diese Gegenstände zeugen davon, dass die Juden eine eigene Identität ausgebildet hatten. Sowohl die steinernen Krüge als auch die Ritualbäder stehen in Zusammenhang mit jüdischen Reinheitsvorstellungen. Keiner dieser Gegenstände wird in den Evangelien an zentraler Stelle aufgeführt. Die steinernen Krüge werden beiläufig in der Erzählung von der Hochzeit in Kana (Johannes 2:6) erwähnt. Dass sie in den archäologischen Schichten jener Zeit dominieren, verrät uns viel darüber, was in den Evangelien in Bezug auf die jüdische Religion und die Besonderheit der jüdischen Identität zu Zeiten Jesu als selbstverständlich vorausgesetzt wird.

Die genannten zehn Entdeckungen und die noch kommenden müssen in ihren archäologischen Gesamtkontext gestellt werden. Manchmal wird ein Fund auf Grund der in seiner Nähe ausgegrabenen Gegenstände, zum Beispiel einer kleinen Bronzemünze, die neben dem Fund lag, oder einiger Tonscherben, die unter dem Fund lagen, zu einer großen Entdeckung. Scheinbar wertlose Gegenstände gewinnen durch den Vergleich mit allen anderen antiken Münzen und Tonwaren an Bedeutung. Sie erlauben es, den in Frage stehenden Gegenstand zu datieren und in einen Kontext einzuordnen, der ihn nicht nur zu einer unter vielen anderen Entdeckungen, sondern ihn unter Umständen zu einer der für den Moment zehn wichtigsten Entdeckungen werden lässt.

Exegetische Entdeckungen

Mit dem Wechsel von den zehn wichtigsten archäologischen zu den zehn wichtigsten exegetischen Entdeckungen begibt man sich in eine ganz andere Welt. Selbst wenn man in keinem Punkt der hier getroffenen Auswahl archäologischer Entdeckungen zustimmt, muss man doch einräumen, dass diese Entdeckungen alle existieren. Die Existenz von Herodes' Bauwerken ist unabhängig von der Bedeutung, die man ihnen zuschreibt, nicht zu bestreiten. Auch wenn man bezweifelt, dass ein bestimmtes Bauwerk in Kafarnaum tatsächlich das Haus des Petrus aus dem ersten Jahrhundert ist, so diskutiert man doch über einen konkreten Ort und ein verfallenes Bauwerk. Bei den exegetischen Entdeckungen verhält es sich ganz anders.

Die beiden erst genannten Entdeckungen sind noch relativ einfach zu beschreiben. Sie beziehen sich auf eine sehr umfangreiche jüdische und eine wesentlich kleinere christliche Bibliothek. Andere Entdeckungen sind schwieriger zu fassen, da nicht nur die Interpretation, sondern auch die Existenz einiger Phänomene umstritten ist. Nicht jeder wird daher der Behauptung zustimmen, dass es sich tatsächlich um Entdeckungen handelt. Die zehnte exegetische Entdeckung beruht wie die zehnte archäologische auf einem Set, dessen Bedeutung sich nicht aus einer isoliert betrachteten Kategorie, sondern aus der Vielzahl unterschiedlicher Kategorien und deren Kombinationen erschließt.

1. *Die Schriftrollen vom Toten Meer*
2. *Die Nag-Hammadi-Codices*
3. *Die Abhängigkeit des Matthäus- und des Lukasevangeliums vom Markusevangelium*
4. *Die Abhängigkeit des Matthäus- und Lukasevangeliums von der Logienquelle Q*
5. *Die Abhängigkeit des Johannesevangeliums vom Markus-, Matthäus- und Lukasevangelium*
6. *Die Unabhängigkeit des Thomasevangeliums von den kanonischen Evangelien*
7. *Die Allgemeine Spruchtradition in der Logienquelle Q und im Thomasevangelium*
8. *Die Unabhängigkeit der Didache von den Evangelien*
9. *Die Existenz einer unabhängigen Quelle im Petrusevangelium*
10. *Papyruscodices und heilige Abkürzungen*

1. *Die Schriftrollen vom Toten Meer.* Diese jüdischen Dokumente stellen die Bibliothek einer jüdischen Gruppierung dar, die sich in Opposition zum Jerusalemer Priestertum gesetzt hatte, und die ein Gemeinschaftsleben in kultischer Reinheit an der Nordwestküste des Toten Meeres führte. Nach der ersten Entdeckung im Jahr 1947 wurde die Siedlung der Gemeinde in Chirbet Qumran ausgegraben und die Bibliothek aus elf Höhlen in den dahinter liegenden Klippen zusammengetragen. Einige Texte waren relativ vollständig, andere stark beschädigt, und hunderte waren in mehrere zehntausend Fragmente zerfallen. Die Schriften der Bibliothek, die aus der Zeit von etwa 200 v. Chr. bis 70 n. Chr. datieren, geben umfangreich Aufschluss über Theorie und Praxis der Essener, die auch aus den Schriften verschiedener antiker Autoren bekannt sind. Sie lassen wichtige Rückschlüsse auf einen Lebensstil zu, der während des ersten Jahrhunderts im Heimatland der Juden gepflegt wurde. Diese Rückschlüsse sind für die Geschichte des Judentums, aber auch des Christentums von Bedeutung.

2. *Die Nag-Hammadi-Codices.* Diese christlichen Dokumente – fünfundvierzig Texte in dreizehn Papyrus-Codices – wurden 1945 in der Nähe des heutigen Nag Hammadi etwa 370 Meilen südlich von Kairo entdeckt. Bei ihnen handelt es sich um Transkriptionen in koptischer Sprache (der mit einem erweiterten griechischen Alphabet geschriebenen ägyptischen Sprache) aus dem vierten Jahrhundert. Sie enthalten jedoch auch Werke, deren griechische Originale auf frühere Jahrhunderte zurückgehen. Die verschiedenen Schriften aus dieser Bibliothek beschäftigen sich schwerpunktmäßig mit dem Gnostizismus (dem Glauben an die Erlösung von menschlicher Versklavung in der materiellen Welt durch geheimes Wissen oder *Gnosis*) und vielleicht mehr noch mit der Askese. Sie repräsentieren jedoch nicht die Ideologie irgendeiner bekannten christlichen Sekte. Sie sind vermutlich nach dem Kriterium zusammengetragen worden, ob man mit ihren Inhalten übereinstimmte oder nicht; danach wurden sie als wertvolle Schriften zu ihrem Schutz bzw. als häretische Schriften in verschlossenen Gefäßen vergraben, um dann der Vergessenheit anheim zu fallen. Sie sind von äußerst großer Bedeutung als Indikatoren des vorchristlichen Gnostizismus und vielfältiger Ausprägungen innerhalb des Christentums.

3. *Markus, Matthäus und Lukas.* Nachdem Wissenschaftler erkannt hatten, dass das Matthäus-, Markus- und Lukasevangelium

sich in Abfolge und Inhalt so ähnlich sind, dass ein entstehungsge-
schichtlicher Zusammenhang zwischen ihnen anzunehmen ist
(erste Entdeckung), galt es, die plausibelste Begründung für diesen
Zusammenhang zu finden (zweite Entdeckung). 1789-1790 formulierte Johann Jakob Griesbach die These, dass Matthäus der erste
Evangelist war, Markus von Matthäus abgeschrieben hatte und
Lukas von den beiden. 1835 stellte Karl Lachmann eine andere Ent-
stehungsgeschichte zur Diskussion: Markus sei der erste Evangelist
gewesen, und Matthäus und Lukas hätten unabhängig voneinander
von ihm abgeschrieben. Lachmanns These gilt heute als die plausibelste. Dass das Matthäus- und Lukasevangelium Schichten des
Markusevangeliums aufweisen, rechtfertigt die Verwendung unseres Begriffs »Ausgrabung«. Zu fragen ist jedoch, wo eine textuelle
Ausgrabung in der Bibelforschung noch erforderlich ist.

4. *Logienquelle Q.* Es ist leicht feststellbar, welche Abschnitte aus
dem Markusevangelium Matthäus und Lukas verwendet haben. Da
sich jedoch zu viele andere Abschnitte im Matthäus- und Lukas-,
aber nicht im Markusevangelium hinsichtlich ihres Inhalts und ihrer
Abfolge ähneln, wurde eine weitere wichtige Quelle angenommen
(dritte Entdeckung). 1838 entwickelte Christian Hermann Weisse
einige frühere Ideen von Friedrich Schleiermacher weiter und stellte
eine zweite Quelle zur Diskussion. 1863 gab Julius Holtzmann dieser
Quelle einen ersten Namen. Er nannte sie »L« für Logien, dem griechischen Wort für »Worte« (Jesu). 1890 nannte Johannes Weiss sie
eine »andere gemeinsame Quelle« im Matthäus- und Lukasevangelium (neben dem Markusevangelium), für deren Bezeichnung sich
die Abkürzung Q weltweit durchgesetzt hat.

5. *Die Synoptiker und Johannes.* Besonders kontrovers wird in der
Forschung die Frage diskutiert, ob das Johannesevangelium von den
drei anderen Evangelien abhängig ist oder nicht. Im Verlauf des
zwanzigsten Jahrhunderts wurden unterschiedliche Positionen vertreten, von denen bis heute keine selbstverständlich vorausgesetzt
werden kann. Im Blick auf die Verwendung der Ausgrabungsmeta-
pher ist es jedoch von entscheidender Bedeutung, die Beziehung
zwischen den verschiedenen Quellen aufzuhellen. So stellt sich mit
Blick auf die Passionsgeschichte die Frage, ob alle Textfassungen
allein vom Markusevangelium abhängig sind oder ob das Markus-
und Johannesevangelium zwei voneinander unabhängige Quellen
darstellen.

6. *Das Thomasevangelium.* Zu den Nag-Hammadi-Schriften
zählt ein vollständiges Evangelium in koptischer Sprache, dessen
griechisches Original in Fragmenten von drei unterschiedlichen
Kopien entdeckt, aber als solches nicht erkannt worden war. Es
wurde um die Wende zum 20. Jahrhundert im heutigen Bahnasa
(dem antiken Oxyrhynchus) etwa 120 Meilen südlich von Kairo gefunden. Das Thomasevangelium enthält nur Aphorismen, Gleich-
nisse und kurze Jesusdialoge, aber fast gar keine Erzählungen, insbesondere keine Erzählungen über die Geburt Jesu, seine Passion
und Auferstehung und auch keine Wundererzählungen. Es beruht
auf einer anderen Theologie, die eine apokalyptische Zukunft
bestreitet und eine Rückkehr zur paradiesischen Vergangenheit
durch ein Leben in zölibatärer Askese fordert. Strittig ist, ob das
Thomasevangelium von den kanonischen Evangelien abhängig ist
oder nicht. In den Vereinigten Staaten teilen vermutlich die meisten
Thomasexperten die Auffassung, dass es unabhängig von ihnen entstanden ist; in Europa bzw. unter Spezialisten des Neuen Testaments
wird diese Ansicht wesentlich seltener vertreten.

7. *Allgemeine Spruchtradition.* Etwa ein Drittel des Materials in
der Logienquelle Q und im Thomasevangelium ist übereinstim-
mend. Es gibt keine Anhaltspunkte dafür, dass die beiden Texte, was
Redaktion oder Inhalt angeht, voneinander abhängig sind. Darüber
hinaus ist die Anordnung dieser gemeinsamen Tradition so verschieden, dass auch keine gemeinsame *schriftliche* Quelle angenommen werden kann. Und schließlich gibt es keinen besonderen
Grund dafür, weshalb das Thomasevangelium, das selbst keine
übergreifende Ordnung erkennen lässt, die Ordnung einer schriftlichen Quelle hätte ändern sollen. Dennoch haben beide Evangelien
nach vorsichtigster Schätzung siebenunddreißig Traditionsein-
heiten in ihre eigenen relativ verschiedenen theologischen Rahmen-
werke aufgenommen und adaptiert. Es handelt sich hierbei um ein
sehr bedeutendes Beispiel für die umfangreiche Verarbeitung einer
»mündlichen Tradition«.

8. *Die Didache.* Uns sind viele Briefe wie die Paulusbriefe aus dem
ersten Jahrhundert überliefert, in denen Gemeinden gesagt wird,
wie sie sich verhalten sollten. Bei dem kurzen Text, der als Didache,
d. h. Unterweisung, bezeichnet wird, handelt es sich jedoch um eine
Kirchenordnung, die ausführt, wie eine solche frühe Gruppe tatsächlich lebte und insbesondere wie neu hinzukommende Heiden

ihr Leben ändern mussten, um sich dieser Gemeinschaft anschließen zu können. Er wurde in der zweiten Hälfte des ersten Jahrhunderts verfasst. Strittig ist allerdings, ob zu Beginn oder am Ende dieses Zeitraums. 1873 wurde er in einem Codex aus dem 11. Jahrhundert in einem griechischen Kloster in Konstantinopel entdeckt. Auch hier stellt sich wieder die Frage nach der Abhängigkeit oder Unabhängigkeit von den kanonischen Evangelien. Diese Frage ist wegen einer kleinen Sammlung radikalster Jesusredetexte, die am Anfang des Dokuments steht, von entscheidender Bedeutung. Diese Texte sind auch in der Logienquelle Q anzutreffen. Wiederum ist die Frage nach der Schichtung von großer Bedeutung. Sind die beiden Texte voneinander abhängig, oder gibt es eine frühere Schicht, die von beiden benutzt wurde?

9. *Das Petrusevangelium.* Bei dem Petrusevangelium handelt es um ein Evangelium aus dem zweiten Jahrhundert, das wie das Thomasevangelium auf Grund von zwei Entdeckungen bekannt ist. Ein langes griechisches, aus etwa sechzig Versen bestehendes Fragment, das zwischen 600 und 900 in einen kleinformatigen Codex aufgenommen wurde, wurde 1886-87 in Akhmim, etwa 310 Meilen südlich von Kairo gefunden. Zwei kurze griechische, aus weniger als drei Versen bestehende Fragmente aus einer auf das Jahr 200 datierten Schriftrolle wurden unter den oben erwähnten Oxyrhynchus-Papyri entdeckt. Der gegenwärtig bekannte Inhalt erzählt vom Prozess, Tod, Begräbnis und von der Auferstehung Jesu, beginnt und endet mitten in einem Satz und ist von den kanonischen Evangelien abhängig. Die zentrale Frage ist jedoch, ob es *auch* eine andere in sich schlüssige und gleichzeitig vom Kanon unabhängige Erzählung enthält und wenn ja, welchen Inhalts eine solche separate Erzählung ist.

10. *Codices und Abkürzungen.* Als die frühesten christlichen Dokumente im Gesamtkontext untersucht wurden, wurden zwei sehr bemerkenswerte Entdeckungen gemacht. Erstens wurde zu einer Zeit, in der heidnische und jüdische Literatur fast ausschließlich auf Schriftrollen niedergeschrieben wurde, die früheste christliche Literatur fast ausschließlich in Codices (bzw. Büchern) niedergeschrieben. Man denke nur z. B. an die *Schriftrollen* vom Toten Meer und die Nag-Hammadi-*Codices*. Letztere zeugen von der Arbeit gewöhnlicher Schreiber, die täglich Rechtsdokumente und persönliche Briefe aufsetzten, nicht von der Arbeit kalligraphisch geschulter Schreiber, die in der Regel große Literatur abschrieben.

Zweitens wurden bestimmte heilige Worte, ursprünglich vier (»Herr«, »Gott«, »Jesus«, »Christus«) und später fünfzehn, regelmäßig abgekürzt und mit einem Strich über den Kurzformen gekennzeichnet. Diese beiden Neuerungen, die in einem engen Zusammenhang miteinander stehen, verweisen darauf, dass die frühesten christlichen Texte einer zentralen Kontrolle unterlagen. Wurde eine solche Kontrolle überall oder nur in Ägypten, wo alle unsere Beispiele gefunden wurden, ausgeübt?

Parallelschichtung

Es ist allgemein anerkannt, dass der Schichtung bei archäologischen Ausgrabungen eine große Bedeutung beizumessen ist. Im mesopotamischen Flachland gibt es zahlreiche Ruinenhügel, die auf übereinander gelagerte Schichten menschlicher Siedlungen hindeuten. Wer ohne eingehende Prüfung der Schichtung weggräbt, vergeht sich an der Kultur. Solange ein Fund nicht sorgfältig auf die historische Schicht hin, zu der er gehört, bestimmt wird, ist er wenig mehr als ein Gegenstand. Im Folgenden soll an zwei Beispielen ausgeführt werden, wie es zu einer ungenauen Analyse verschiedener Schichten und falschen historischen Schlussfolgerungen kommen kann.

Der Schatz des Priamos. Anfang und Ende der siebziger Jahre des 19. Jahrhunderts grub Heinrich Schliemann in Hisarlik an der Ostküste nahe der Einfahrt zu den Dardanellen nach dem antiken Troia. Er war eine autodidaktisch gebildete Unternehmerpersönlichkeit, die mit vierzehn Jahren das Gymnasium verlassen hatte, um als Kaufmann Karriere zu machen, und mit einundvierzig Jahren den Beruf des Kaufmanns aufgab, um sich der Archäologie zu widmen. Schliemann fand nicht nur eine, sondern neun übereinander geschichtete Städte. Troia II, die zweite Stadt von unten, zeugt von einer massiven Plünderung. An einem Tor entdeckte Schliemann ein Versteck mit mehr als hundert Gegenständen aus Bronze, Silber und Gold. Er gab die Entdeckung des Schatzes des Priamos bekannt und präsentierte ein Foto, das seine griechische Frau Sofia, die Goldschmuckstücke aus diesem Schatz trug, zeigte. Danach verschwand der Schatz 1873 aus Griechenland und gelangte nach Deutschland, und 1945 verschwand er in den Kriegswirren aus Deutschland und gelangte dann nach Russland. Aber weder diese beiden Umstände, noch das Faktum, dass er 1993 im Moskauer Puschkin-Museum und in der St. Petersburger Eremitage wieder auftauchte, konnten an einer einfachen Tatsache etwas ändern.

Jene neun Städte stammten aus der Zeit um 3000 v. Chr. bis 600 n. Chr., und Troia VII, das auf die Zeit um 1250 bis 1000 v. Chr. zu datieren ist, ist mit hoher Wahrscheinlichkeit die Stadt, in der der Troianische Krieg stattgefunden hat. Schliemann hatte sich bei seiner Bestimmung um fünf Schichten und etwa dreizehnhundert Jahre geirrt. Die von Priamos und Hekuba regierte Stadt, die von Agammemnon und Achilles belagert wurde, jene Stadt, die wegen einer Frau, die zwischen zwei verheirateten Königen stand (Fiktion?), oder eher wegen einer strategisch wichtigen Meerenge zwischen zwei Handelsmeeren (Faktum?) zerstört worden war, war nicht Troia II, sondern Troia VII. Bevor irgendeine zeitliche Datierung möglich ist, muss das Gold des Priamos einer Schichtung unterworfen sein, muss es präzise lokalisiert sein.

Die Mauern von Jericho. Zwischen 1907 bis 1909 führte eine deutsche archäologische Expedition unter der Leitung von Ernst Sellin und Carl Watzinger in der Wüstenoase von Jericho Ausgrabungen in der Hoffnung durch, die Stadt und die Mauern zu finden, die Josua und die Israeliten zerstört hatten. Ihre Ausgrabungen führten jedoch zu einem enttäuschenden Ergebnis: Es wurden zwar Mauern entdeckt, aber diese waren Ende der Mittleren Bronzezeit (2000–1500 v. Chr.) zerstört worden, also mindestens zwei Jahrhunderte vor der Zeit, von der in Josua erzählt wird. Zwischen 1929 und 1936 versuchte John Garstang die Fehler zu korrigieren, die seiner Meinung nach den Deutschen unterlaufen waren, und hob erneut viele ihrer Gräben aus. Nach Untersuchung anderer Abschnitte des Ruinenhügels identifizierte er mehr als zwölf Schichten, die auf das Neolithikum (8000–4500 v. Chr.) zu datieren sind. Am nördlichen Rand des Erdwalls fand er in einer Schicht, die er Stadt IV nannte, was er suchte: eine massive Mauer, die, wie er meinte, bei einer Naturkatastrophe Ende der Späten Bronzezeit (1500–1200 v. Chr.) zerstört worden war, in die er die in der Bibel geschilderte Eroberung Jerichos verlegte. In den fünfziger Jahren des 20. Jahrhunderts grub die britische Archäologin Kathleen Kenyon, die über ausgefeiltere

Methoden zur Untersuchung der Schichtung und zur Bestimmung der Tonwaren verfügte, den Ort erneut aus. Die von Garstang entdeckten Mauern waren nach Kenyon tatsächlich durch ein Erdbeben und durch Feuer zerstört worden, aber sie gehörten zu Festungen aus der Frühen Bronzezeit (3200–2000 v. Chr.). Auf Grund einer sehr sorgfältigen Bestimmung der Schichten konnte Kenyon zeigen, dass diese Mauer aus der Frühen Bronzezeit von einer Verteidigungsanlage aus der Mittleren Bronzezeit überlagert wurde, die stark erodiert war, nachdem der Ort verlassen worden war. Einige Scherben aus der Späten Bronzezeit waren vom Regen weggeschwemmt worden und in der Nähe der Mauer aus der Frühen Bronzezeit liegen geblieben. Genau diese Scherben hatte Garstang zur Datierung der Mauer auf die Zeit der Zerstörung Jerichos durch die Israeliten herangezogen. Kenyon sollte das letzte Wort behalten: In Jericho waren keine niedergestürzten Mauern aus der Zeit Josuas gefunden worden.

Die Schichten des Evangeliums. Die vorausliegenden Ausführungen sollten die Bedeutung einer korrekten Bestimmung der verschiedenen Schichten für zutreffende historische Schlussfolgerungen unterstreichen. Auch wer vor einer Ausgrabung die Ilias eingehend studiert hat, kann nicht sicher sein, tatsächlich den Schatz des Priamos entdeckt zu haben, und auch wer vor einer Ausgrabung die Bibel eingehend studiert hat, kann nicht sicher sein, tatsächlich die Mauern von Jericho freigelegt zu haben. Bei archäologischen Ausgrabungen sind Schichtungen von entscheidender Bedeutung. Aber wie ist es um Schichtungen bei exegetischen Ausgrabungen bestellt? Diese Frage wird viel kontroverser diskutiert.

Von einigen Wissenschaftlern werden exegetische Schichtungen in der Theorie abgestritten und in der Praxis ignoriert. Von anderen werden sie in der Theorie bejaht, aber in der Praxis immer noch verneint. In der Exegese des Evangeliums muss die Beschäftigung mit verschiedenen Schichtungen – anders als in der Feldarchäologie – theoretisch wie praktisch gerechtfertigt werden.

Der gesunde Menschenverstand registriert die hohe Übereinstimmung in Abfolge und Inhalt zwischen dem Matthäus-, Markus-, Lukas- und sogar dem Johannesevangelium, obwohl letzteres immer noch einiger näherer Bestimmungen bedurfte. Möglicherweise schrieb Johannes als letzter und da er wusste, was die anderen gesagt hatten, konzentrierte er sich auf das, was die anderen ausgelassen hatten und/oder bot eine tiefgründigere Interpretation an. Für den gesunden Menschenverstand wie für die meisten Christen besteht die Arbeit den historischen Jesus betreffend in der Erstellung einer Evangelienharmonie. Wie lässt sich zwischen diesen vier (oder irgendwelchen anderen) Zeugen am besten ein Konsens herstellen? Die Evangelisten waren weder hinterlistige Lügner noch unfähige Narren. Sie waren bereit, für das, woran sie glaubten, zu sterben. Man könnte durchaus den Schluss ziehen, dass das Studium der Evangelien auf eine Synthese hin angelegt ist.

Die Evangelienschichtung hat verschiedene Komponenten. Die Formkritik erfasst die frühesten Formen, in denen die Tradition überliefert ist (ein Gleichnis, ein Aphorismus, ein Dialog, ein Gesetz etc.). Die Quellenkritik untersucht, wer von wem abgeschrieben hat. Die Redaktionskritik ermittelt auf der Basis der Quellenkritik Gründe für Auslassungen, Ergänzungen und Änderungen des Kopisten. Die Traditionskritik nutzt die Ergebnisse der Form-, Quellen- und Redaktionskritik, um die sukzessiven Schichten der Traditionsentwicklung zu bestimmen. Das Problem exegetischer Schichtung stellt sich vor allem bei der Quellenkritik. Wenn Matthäus und Lukas kreativ von Markus abgeschrieben haben, und wenn Johannes sehr, sehr kreativ aus jenen früheren Texten abgeschrieben hat, was folgt daraus? Statt zu folgern, dass Jesu Einzug in Jerusalem in der Woche vor seinem Tod in allen vier Evangelien (unabhängig voneinander) erzählt wird, müssen wir den Schluss ziehen, dass er in drei übereinanderliegenden Schichten erzählt wird, die alle auf Markus beruhen (abhängig). Das wirft die Frage auf, welche historische Schicht Markus' Bericht darstellt. Handelt es sich um einen historischen Bericht, der einer Schicht aus den späten 20er Jahren zuzuordnen ist, oder um ein gleichnishafte Darstellung, die einer Schicht aus den frühen 70er Jahren entstammt?

In diesem Buch erheben wir nicht den Anspruch, dass alle hinsichtlich der verschiedenen Schichten des Evangeliums einer Meinung sein müssen. In der Archäologie wie der Exegese müssen jedoch Entscheidungen über verschiedene Schichten getroffen werden. Unterschiedliche Meinungen über solche Schichten stellen die Bedeutung der Entscheidungen keineswegs in Frage, sondern bestätigen sie. Sie sind in ihrem wechselseitigen Bezug entscheidend für das Ausgraben Jesu.

Als Vorbereitung auf die folgenden Kapitel ist noch ein Punkt zur Erdstratigrafie und zur Textstratigrafie anzusprechen. Für beide Stratigrafien ist die Tendenz zu beobachten, die jüdische Identität Jesu abzuschwächen und seinen sozialen Status zu erhöhen.

Im Unterschied zu früheren Schichten des Evangeliums tendieren spätere dazu, Jesus vom Judentum und »den Juden« (so Johannes) zu distanzieren oder jüdische Texte und Interpretationsmittel zu verwenden, die das Judentum als Christentum neu erfinden (wie bei Matthäus). Und spätere archäologische Schichten, in denen das Leben Jesu erinnert wird, lassen die Tendenz erkennen, Zeichen seiner Zugehörigkeit zum Judentum in den früheren zu tilgen und sie durch Merkmale aus Rom oder Byzanz zu ersetzen. Im Unterschied zu früheren Schichten der Evangelien stellen spätere Jesus eher als einen angenehmen Philosophen (wie bei Johannes) oder einen gebildeten Interpreten von Schriften und gelehrten Gesprächspartner bei Gastmählern (wie bei Lukas) dar. Und später tilgen Verehrungsstätten und Kirchen in Galiläa und Jerusalem seine Anfänge als armer Kleinbauer in den früheren archäologischen Schichten und ersetzen sie durch kaiserliche, monumentale Architektur. In diesem Buch wollen wir zur frühesten Erd- und Textschicht zurückkehren.

SCHICHTEN ÜBER SCHICHTEN ÜBER SCHICHTEN

Das moderne Nazaret ist eine blühende Touristen- und Pilgerstadt. Touristen und Pilger strömen in die Kirche, die an jene Stelle erinnert, an der der Erzengel Gabriel Maria die göttliche Empfängnis Jesu offenbarte. Im Inneren des modernen Kirchengebäudes, das unter franziskanischer Kustodie steht, stellen zeitgenössische Mosaike aus aller Welt Maria und das Jesuskind mit Gewändern und Gesichtszügen der Heimatländer dar. Die imposante Verkündigungskirche wurde in den sechziger Jahren des letzten Jahrhunderts über einer antiken Grotte errichtet wurde, wo Gabriel vermutlich zu Maria sprach. Im Inneren der Basilika schirmen Steinmauern und bemalte Kirchenfenster, Kirchengesang, Andacht und Weihrauch von den nicht immer friedlichen Szenen ab, die sich draußen abspielen.

Nazaret ist eine laute, chaotische, geschäftige Stadt, in deren großer Unterstadt palästinensische Christen und Muslime und in deren Oberstadt Juden russischer, äthiopischer und anderer Herkunft leben. Nach dem unterbrochenen Friedensprozess wurde Nazaret, das einst als Vorbild für eine friedliche Koexistenz galt, von Gewalttätigkeiten und Brandstiftungen erschüttert. Ein Jahr zuvor führte der Bau einer neuen Moschee in der Nähe der Verkündigungskirche zu Spannungen zwischen Christen und Muslimen, die durch Klagen über israelisches Missmanagement und tägliche Protestaktionen verschärft wurden. Das israelische Justizministerium hatte gerade ein großes Gerichtsgebäude aus Glas, Metall und Beton errichten lassen. Im modernen Architekturstil auf einem Hügel erbaut, erhebt es sich über die Dächer der Unterstadt.

Überall sind immer noch Pressluthämmer und Bohrmaschinen zu hören. Die Tatsache, dass bereits große Megahotels fertiggestellt sind, lässt darauf schließen, dass ein Anstieg der Besucherzahlen nach der Pilgerreise des Papstes im Jahr 2000 erwartet wird. Vor dieser Reise war die Hauptstraße, die sich durch die Innenstadt von Nazaret zieht, ausgebaut und neu asphaltiert worden.

Das moderne Nazaret ist eine einzigartige Stadt, ein Ort, den man gesehen, gerochen und erlebt haben muss. Nazaret ist teils eine mittelöstliche Stadt, in der Araber zum Gebet rufen und Männer *kefilas* tragen, teils eine israelische Stadt mit *Egged*-Bussen, Telefonzellen und Käppchen, teils eine europäische und japanische Stadt mit Mercedestaxen und Isuzu-Kleinlastwagen, braunen Franziskaner- kutten und Fuji-Filmen und teils eine amerikanische Stadt mit Ken- tucky Fried Chicken Restaurants und Jungen in Laker-Westen.

Das Nazaret des einundzwanzigsten Jahrhunderts unterscheidet sich sehr vom Nazaret des ersten Jahrhunderts. In den dazwischen liegenden zwanzig Jahrhunderten wurden architektonische Bauten errichtet, erneuert und niedergerissen, die viel von dem kleinen jüdischen Dorf des ersten Jahrhunderts zerstört haben. Wer eine Vorstellung von dem Nazaret Jesu gewinnen will, muss sich durch viele übereinander gelagerte Schichten hindurcharbeiten. Je mehr man sich dem ersten Jahrhundert nähert, desto schwieriger wird es, frühere von späteren Schichten zu unterscheiden, aber umso wich- tiger ist es, sie auseinander zu halten, um sicherzustellen, dass Zeug- nisse aus dem späten zweiten, dritten oder vierten Jahrhundert nicht mit Zeugnissen aus dem ersten Jahrhundert verwechselt wer- den. Eine archäologischer Skizze vom Nazaret des ersten Jahrhun- derts beginnt nicht nur deshalb mit den späteren Schichten, weil sie die ersten sind, auf die der Spaten des Archäologen trifft, sondern auch, damit sie deutlich von den früheren Schichten unterschieden werden können. Spätere Ablagerungen müssen behutsam abge- tragen werden, der Schutt muss vorsichtig entfernt werden, weil Gegenstände, die auf das erste Jahrhundert zu datieren sind, aus ihrem ursprünglichen Kontext herausgerissen wurden. Zu untersu- chen ist, welche Auswirkungen später entstandene Gebäude auf jene gehabt haben, die unter ihnen liegen. Wenn man das Nazaret des ersten Jahrhunderts freilegen will, muss man Kontinuitäten und Diskontinuitäten zwischen den früheren und den späteren Schich- ten wahrnehmen. Deshalb beginnen wir mit dem weiteren galiläi- schen Kontext von Nazaret und einem Überblick über die histori- schen Epochen, die die archäologischen Besonderheiten geprägt haben.

Byzantinische Zeit (Mitte des vierten bis siebtes Jahrhundert n. Chr.). Die stratigrafischen Schichten aus dieser Zeit zeugten in hohem Maße von der Bedeutung, die der Christianisierung des Römischen Reiches durch Kaiser Konstantin den Großen beizumessen ist. Diese führte in den folgenden Jahrhunderten zu einem ständig wachsenden Zustrom von Pilgern und Architekten, die, ausgestattet mit finanziellen Mitteln aus Rom, die Heimat der Juden zum Heiligen Land der Christen mit Kirchen, Heiligtümern und Klöstern machten. Die jüdische Bevölkerung Galiläas reagierte darauf mit einer kunstvolleren Gestaltung vor allem der Innenräume ihrer Synagogen. In dieser Zeit wurden jedoch zunehmend minderwertige Materialien verwendet. Dies gilt insbesondere für den Hausbau wie für Tongefäße, deren Brennqualität spürbar nachlässt.

Mittel- und spätrömische Zeit (zweites Jahrhundert bis Mitte des vierten Jahrhunderts n. Chr.). Die Schichten aus dieser Zeit sind durch die Eingliederung Galiläas in die römische Provinz Palästina gekennzeichnet. Nach den beiden Kriegen der Juden gegen Rom in den Jahren 66–74 und 132–135 wanderten zahlreiche Flüchtlinge aus Judäa und Jerusalem nach Galiläa aus. Rom stationierte eine Legion, um weitere Unruhen zu verhindern. Die Schichten aus dieser Zeit waren durch zwei Merkmale charakterisiert: 1. Es kam zu einem erheblichen Bevölkerungswachstum, und in der jüdischen Religion trat die Synagoge an die Stelle des Tempels. 2. Die römische Politik forcierte zur effizienteren Machtkontrolle und Steuereintreibung eine Urbanisierung, die öffentliche Architektur wurde an großen Orten neu gestaltet, und der internationale Handel gewann an Bedeutung.

Frührömische Zeit (Mitte des ersten Jahrhunderts v. Chr. bis zum ersten Jahrhundert n. Chr.). Die Errichtung eines Königreiches unter römischer Schutzherrschaft durch Herodes den Großen (37–4 v. Chr.) dominiert diese Schicht im ganzen Heimatland der Juden. Sein Sohn Herodes Antipas urbanisierte Galiläa (4 v. Chr. – 39 n. Chr.) und führte mit den Bauwerken in Sepphoris und Tiberias eine griechisch-römische Stadtarchitektur ein. Aber dort wie anderswo pflegten Juden im Privatleben gemeinhin ihre jüdische Identität. Städte wie Dörfer wurden gleichermaßen durch einen einfachen Baustil geprägt. In verschiedenen Brennöfen wurden Tonwaren hoher Qualität gebrannt. In Städten und einzelnen Häusern wurden Hinweise auf Handel und Luxus gefunden. Am Ende dieser Periode wurden im ersten jüdischen Aufstand gegen Rom viele Orte zerstört.

Späthellenistische Zeit (zweites Jahrhundert bis Mitte des ersten Jahrhunderts v. Chr.). Die späthellenistische Zeit in Galiläa ist durch eine bedeutungsvolle jüdische Besiedlung unter der Herrschaft der Hasmonäer (der so genannten Makkabäer, die ein unabhängiges jüdisches Königreich wiederherstellten und es von Jerusalem aus regierten) gekennzeichnet. Die meisten der römisch-byzantinischen Orte Galiläas wurden zu dieser Zeit erstmals besiedelt, und neben einfachen Dörfern trugen verschiedene militärische Festungen und Außenposten der Hasmonäer dazu bei, ein jüdisches Territorium zu schützen, das von einer nichtjüdischen Landbevölkerung und größeren hellenisierten Städten, in denen Heiden lebten, umgeben war. In dieser Zeit war Galiläa spärlich besiedelt. Es gab viel Land, das für Ackerbau genutzt werden konnte.

Die archäologische Rekonstruktion Nazarets des ersten Jahrhunderts beschränkt sich nicht darauf, Gegenstände aus verschiedenen Schichten freizulegen. In den Jahrhunderten, in denen architektonische Bauwerke errichtet, renoviert und abgerissen wurden, wurden auch intellektuelle – theologische, dogmatische und ideologische – Projekte entwickelt, die Jesus überlagert haben. Die Rekonstruktion des galiläischen Alltags im Allgemeinen und des Lebens Jesu im Besonderen setzt eine Dekonstruktion moderner Konzepte voraus, die auf die Vergangenheit projiziert wurden. Zu revidieren sind Vorurteile über Nazaret, die sich in den literarischen Quellen finden, welche in der Regel aus der Sicht der gesellschaftlichen Oberschicht verfasst wurden; Kritik ist auch an dogmatischen Behauptungen über Jesus zu üben, die von einigen christlichen Theologien aufgestellt wurden. Zwei Aspekte sind in diesem Zusammenhang von entscheidender Bedeutung: Das Nazaret des ersten Jahrhunderts war ein *Bauern*dorf in einer Agrargesellschaft. Das Nazaret des ersten Jahrhunderts war ein Bauerndorf, das zum tempelorientierten Judentum seiner Zeit gehörte. *Jesus war also ein jüdischer Kleinbauer.*

Etwas Gutes aus Nazaret?

Im Johannesevangelium fragt Natanaël spöttisch: »Aus Nazaret? Kann von dort etwas Gutes kommen?«, als andere zu ihm sagen: »Wir haben den gefunden, über den Mose im Gesetz und auch die Propheten geschrieben haben« (1:45–46). Seine Erwiderung ist insofern überraschend, als tatsächlich jemand von Nazaret *gehört*

Die Stadt Nazaret im 21. Jahrhundert. Die christliche Pilgerstadt Nazaret breitet sich heute über den Ruinen des Dorfes aus dem ersten Jahrhundert, in dem Jesus seine Kindheit und Jugend verbrachte, aus. Das Zentrum der Stadt weist zahlreiche heilige Stätten auf. Besonders imposant ist die Verkündigungskirche (1). Sie wurde in den 60er Jahren des 20. Jahrhunderts von den Franziskanern auf den Fundamenten einer früheren Kreuzfahrerkirche und einer byzantinischen Basilika errichtet, die dem Gedächtnis jener Stelle geweiht war, an der Gabriel der Jungfrau die Geburt eines Sohnes ankündigte. In der daneben liegenden Josefskirche (2) befindet sich eine unterirdische Kammer, in der der Tradition nach Josef seine Werkstatt hatte. Antike Terrassen entlang der im Vordergrund zu sehenden Hügel (3) und antike Gräber in den umliegenden, im Hintergrund zu sehenden Hügeln vergegenwärtigen, dass Nazaret im ersten Jahrhundert ein kleines Dorf war.

hat. Außerhalb der Evangelien und der frühchristlichen Texten, die sich auf sie berufen, gibt es keine vorkonstantinischen Zitate, die sich auf Nazaret beziehen. Nazaret ist nie von einem der jüdischen Rabbis erwähnt worden, deren Erklärungen in der Mischna und deren Diskussionen im Talmud zu finden sind, obwohl sie dreiundsechzig andere galiläische Ortschaften zitieren. Flavius Josephus, der jüdische Historiker und Truppenführer in Galiläa während des ersten Aufstands der Juden in den Jahren 66–67 n. Chr. nennt fünfundvierzig Orte. Unter ihnen befindet sich aber nicht Nazaret. Im

Alten Testament ist Nazaret unbekannt. Etwa fünfzehn untergaliläische Ortschaften in der Nähe von Nazaret werden als Erbbesitz des Stamms Sebulon angeführt. Nazaret selbst ist nicht darunter (Josua 19:10-15). Es war völlig unbedeutend.

Dass Nazaret nie erwähnt wurde, ist nicht überraschend. In der Antike war Schreiben eine Tätigkeit, die der Oberschicht vorbehalten war. Bezugnahmen auf Nazaret nehmen erst deutlich zu, nachdem die Christen im vierten Jahrhundert n. Chr. Macht erlangt hatten. In der Antike konnten nur Herrscher, Reiche oder deren Schreiber schreiben und lesen. Aus der Vergangenheit überlieferte Geschichten, Biografien und Erzählungen wurden in der Regel von mächtigen Männern aufgeschrieben oder diktiert, die vor allem an Personen des öffentlichen Lebens und an politischen Konflikten interessiert waren. Diese gesellschaftliche Elite kümmerte sich wenig um die große Mehrheit und um das, was in kleinen Städten und ländlichen Dörfern wie Nazaret vor sich ging, solange diese nicht Unruhe stifteten und die politische und wirtschaftliche Stabilität gefährdeten.

Das bäuerliche Leben. Die Bauern hatten wenig Zeit und Interesse, schreiben zu lernen und die Schriften der Oberschicht zu lesen. Ihre Hauptsorge war es, das Land zu bestellen, ihre Steuern zu bezahlen und ihr Überleben zu sichern. Sie strebten nach wirtschaftlicher Unabhängigkeit, die sie durch den Anbau verschiedener Feldfrüchte zu erreichen suchten. Solcher Anbau besaß für Bauernfamilien viele Vorteile. Er verringerte das Risiko einer Missernte und erlaubte, die Arbeit besser über das Jahr zu verteilen. Wer seine eigene Nahrung selbst sicherstellen konnte, war von anderen, insbesondere von der städtischen Elite und wohlhabenden Landbesitzern, weniger abhängig und musste weniger mit Kaufleuten feilschen.

Die Nahrung eines Bauern war bescheiden. Sie bestand im Wesentlichen aus Brot, Oliven, Olivenöl und Wein. Manchmal wurde Bohnen- und Linseneintopf, der einige wenige andere Gemüsesorten enthielt, mit Brot gegessen. Nüsse, Früchte, Käse und Joghurt stellten eine willkommene Abwechslung dar. Gelegentlich gab es gepökelten Fisch, nur an besonderen Feiertagen auch Fleischgerichte. Die meisten Skelettüberreste weisen einen Eisen- und Proteinmangel auf. Viele Menschen litten an schwerer Arthritis. Eine Grippe, eine schwere Erkältung oder ein vereiterter Zahn konnten den Tod bringen. Die Lebenserwartung lag für die Hälfte der Bevölkerung, die die Kindheit überlebt hatte, bei dreißig bis vierzig Jahren. Es gab nur wenige Menschen, die fünfzig oder sechzig Jahre alt wurden.

Für Eltern war es sehr wichtig, eine ausgeglichene Familienstruktur zu haben: Sie brauchten genug Söhne, die das Feld bestellen konnten, hatten sie aber zu viele Söhnen, wurde das Land in zu kleine Teile aufgeteilt oder die jüngeren vertrieben. Sie brauchten Töchter, welche die Hausarbeit verrichteten, hatten sie aber zu viele Töchter, konnte die erforderliche Mitgift leicht ihre finanziellen Möglichkeiten sprengen; hatten sie unverheiratete Töchter, konnte dies ihren wirtschaftlichen Ruin bedeuten. Männer, die kein Land besaßen, jüngere Söhne oder unehelich geborene Männer schlugen sich als Handwerker, Fischer, Tagelöhner oder Soldaten durch oder wurden zu Banditen; Frauen, die nicht unter dem Schutz eines Vaters, Ehemanns oder Bruders standen, bettelten oder wurden zu Prostituierten. Es bestand keine Möglichkeit, in eine höhere Gesellschaftsschicht aufzusteigen, sehr wohl aber die Gefahr, in eine niedrigere abzusteigen. Bauern lebten am Rande der Existenz.

Das Leben beschränkte sich in der Regel auf einen bestimmten Ort. Reisen waren gefährlich. Die Menschen verließen ihre Dörfer nur selten, und wenn sie es taten, besuchten sie in Begleitung von Familienmitgliedern oder Freunden städtische Feste und Märkte. Einige Galiläer haben möglicherweise die lange Pilgerreise nach Jerusalem zur Sicherheit gemeinsam mit anderen Familienmitgliedern unternommen, oder sie schlossen sich bewachten Karawanen an. Handel war gefährlich und unpraktisch. Sperrige Waren mussten auf Ochsenkarren transportiert werden, mit denen man nur mühsam vorankam. Schon kleine Gegenstände wie Lampen, Parfum oder Glaswaren, die eingeführt werden mussten, zeugten von Wohlstand.

Literarisches Zeugnis. Vor der Bekehrung Roms wussten die literarischen Eliten und die politisch Mächtigen in der Regel nichts über Nazaret. Die Wenigen, die Nazaret kannten, wie einige Verwaltungsbeamte in Sepphoris, der Residenz von Herodes Antipas, die etwa vier Meilen nördlich lag, hätten sich kaum weniger für dieses Dorf interessieren können. Solange die Steuern entrichtet wurden und die Verteilung des Landes geregelt war, fand es keine Beachtung. Eusebius, ein Kirchenhistoriker aus dem vierten Jahrhundert, erzählt eine Geschichte über die Enkel von Judas, dem Bruder Jesu, die vor den römischen Imperator Domitian (81–96 n. Chr.) gebracht wurden. Er befragte die Mitglieder der Familie Jesu, die vermutlich in Nazaret geblieben waren.

Der Offizier brachte sie, die als Nachkommen Davids denunziert worden waren, vor Caesar Domitian. Dieser fürchtete das Kommen des Messias ebenso, wie es Herodes getan hatte. Er fragte sie, ob sie die Nachkommen Davids seien. Dies bejahten sie. Dann fragte er sie, wie viel sie besäßen und über wie viel Geld sie verfügten. Sie antworteten, dass sie beide neuntausend Denare besäßen, jeder von ihnen die Hälfte, und sie fügten hinzu, dass sie dieses Geld nicht in bar hätten, sondern es nur der Wert ihres zehn Hektar großen Ackerlandes sei, auf das sie Steuern bezahlten und das sie mit ihrer Hände Arbeit bewirtschafteten. Und als Beweis dafür zeigten sie ihm ihre Hände, die von ständiger Arbeit schwielig geworden waren. … Daraufhin verurteilte Domitian sie nicht, sondern verachtete sie, ließ sie frei und ordnete das Ende der Kirchenverfolgung an (Kirchengeschichte 3.20).

Kleinbauern vor dem Imperator. Sie hatten kein Bargeld, wenig Land, sie zahlten ihre Steuern und schlugen sich durchs Leben. Ihre Körper waren von harter Arbeit gezeichnet, und sie wurden verachtet. Das war die Welt von Jesus, dem Bauern.

Nach Konstantins Bekehrung zog Nazaret in der gesamten byzantinischen Zeit als Geburtsort Jesu die Aufmerksamkeit christlicher Pilger auf sich, als Baustätte zog es kaiserliche Architekten an, und als Schauplatz jüdisch-christlicher Konflikte war es für Autoren von Interesse. Epiphanius, ein christlicher Theologe aus dem vierten Jahrhundert, berichtet Folgendes über Joseph von Tiberias, einen Juden, der unter Konstantins Herrschaft konvertiert war und der die Erlaubnis und die finanziellen Mittel erhielt, Kirchen in Galiläa zu bauen:

Joseph wollte nur eine einzige Gunst von seinem Herrscher erlangen, nämlich die, durch einen königlichen Erlass damit betraut zu werden, in jenen Städten und Dörfern der Juden Kirchen zu bauen, in denen niemand zuvor welche gebaut hatte, denn unter ihnen waren weder Griechen noch Samariter noch Christen. Das

galt insbesondere für Tiberias, für Diocaesarea, das auch Sepphoris hieß, Nazaret und Kafarnaum, deren Bewohner daraufachte-
ten, dass Menschen anderer Abstammung dort nicht lebten.

Nazaret wird ein Jahrhundert später in einem Text aus dem Jahr
570 n. Chr. von einem christlichen Pilger aus Piacenza, der eine
Welle religiöser Intoleranz vorwegnahm, erwähnt. Dieser Pilger
berichtet von seinem Besuch des Geburtsortes Jesu, dass die dortige
Synagoge »*noch* den Juden gehörte«. Ein halbes Jahrhundert später,
im Jahr 629 n. Chr., ließ der Herrscher Heraklios alle Juden aus heiligen Orten wie dem jüdischen Nazaret vertreiben. Nazaret war in der
Tat ein jüdischer Ort. Viele der literarischen Zeugnisse von Nazaret
sind allerdings von Christen, die außerhalb Galiläas lebten, in griechischer oder lateinischer Sprache verfasst worden.

Epigraphisches Zeugnis. Das einzige epigraphische Zeugnis von
Nazaret stammt aus einer in hebräischer Sprache verfassten
Inschrift in einer jüdischen Synagoge. 1962 wurde in Caesarea am
Meer ein kleines Stück einer dunkelgrauen Marmorplatte aus dem
dritten oder vierten Jahrhundert n. Chr. entdeckt, das den frühesten
Hinweis auf den Namen Nazaret in einer nichtchristlichen Quelle
enthält. Dieses und zwei weitere freigelegte Marmorstücke enthalten eine Liste der traditionellen Orte, in denen sich jüdische Priester
wieder ansiedelten, nachdem der römische Imperator Hadrian im
Jahr 135 n. Chr. alle Juden aus Jerusalem hatte verbannen lassen. Von
den vierundzwanzig Priesterfamilien, die den wöchentlichen Gottesdienst im Tempel von Jerusalem verrichtet hatten, siedelten sich
achtzehn Priesterfamilien, die den Namen Hapizzez trugen, wieder
in Nazaret an. Die Inschrift bestätigt, dass Nazaret ein jüdischer Ort
war, da Nazaret als geeigneter Zufluchtsort für Priester angesehen
wurde, die in die Verbannung geschickt worden waren.

Die jüdische Religion. Seit der mittelrömischen Zeit spielten die
Priester, die sich in Nazaret angesiedelt hatten, für die jüdische Religion keine zentrale Rolle mehr. Nach der Zerstörung des Tempels
rückten Rabbis an ihre Stelle. Sie widmeten sich vor allem der Lek-
türe der Schriften, der Auslegung des mosaischen Gesetzes und dessen Anwendung auf das tägliche Leben. Zu Zeiten Jesu waren diese
Rollen umgekehrt verteilt: Der Tempel in Jerusalem und dessen

Priesterschaft beherrschten die jüdische Religion; Rabbis, unter denen die Pharisäer die einflussreichsten waren, spielten eine zweitrangige Rolle. Ihr Ansehen verdankten sie größtenteils in dem Maße der Auslegung des Gesetzes, wie sie auf den Tempel, die Priester und die Reinheitsvorstellungen Bezug nahmen. Einige der Pharisäer waren relativ wohlhabende Schriftgelehrte, die in einem städtischen Milieu genug Gelegenheit und Muße zum Lesen und Schreiben fanden. Sie waren bei den Menschen beliebt und nahmen an Gemeindeversammlungen teil, die jetzt begannen, die Liturgie der späteren Synagogen auszuprägen. Zu Zeiten Jesu waren Synagogen öffentliche Versammlungsorte, an denen Ehen geschlossen, Bürgerversammlungen abgehalten, Beschneidungen durchgeführt, Schriften laut aus dem Hebräischen ins volkssprachliche Aramäisch übersetzt, Gemeindeälteste konsultiert und Traditionen diskutiert wurden.

Für die Galiläer lag der Tempel sowohl spirituell als auch geografisch fern. Möglicherweise hatten in galiläischen Synagogen Zusammenkünfte eine größere Bedeutung für das religiöse Leben als in Judäa. Die Galiläer und ihre Zusammenkünfte waren den Judäern suspekt. Bei beiden jedoch wurden Traditionen im erweiterten Familienkreis weitergegeben: auf Geburts- und Begräbnisfeiern, am Sabbat, auf saisonalen Festen, bei den täglichen Mahlzeiten gaben Väter und Großväter, Mütter und Großmütter ihre Traditionen weiter. Das war die Welt des *galiläischen Juden Jesus*.

Seit der Zeit Konstantins des Großen bis zur Gegenwart stellen Schriftzeugnisse Nazaret als Ort politischer Konflikte und religiöser Auseinandersetzungen dar. Dagegen legt kein Zeugnis aus vorkonstantinischer Zeit die Annahme nahe, dass Nazaret schon damals durch politische oder religiöse Konflikte erschüttert wurde. Damals war Nazaret ein unbedeutendes, jüdisches Dorf.

Die archäologischen Schichten des Dorfes Nazaret

Es ist nicht überraschend, dass die wichtigsten, in Nazaret freigelegten Schichten von umfangreichen christlichen Bauten zeugen, die dem Gedächtnis Jesu und seiner Eltern gedient hatten. Behauene Steine und andere Bauelemente monumentaler Gebäude, die errichtet wurden, als sich christliche Macht oder Einfluss, Wohlstand oder Bevölkerung im Land etablierten, bedecken Übereste einer einfachen jüdischen Besiedlung. Von Bedeutung sind insbesondere drei Schichten. Eine stammt aus dem zwanzigsten Jahrhundert, als sich Pilgerreisen zu einem Zweig der Tourismusindustrie entwickelten. Eine andere Schicht stammt aus der Zeit der Kreuzzüge, als christliche Mönche, Kleriker und ein Bischof in Nazaret unter dem Schutz der Tempelritter lebten. Die dritte stammt aus der byzantinischen Zeit, als die ersten Heiligtümer, Basiliken und Klöster unter kaiserlicher Schutzherrschaft errichtet wurden.

Dank der Bauarbeiten, die in jüngerer Zeit auf einem Gelände ausgeführt wurden, das unter franziskanischer Aufsicht stand, war es Archäologen möglich, im Zentrum Nazarets Ausgrabungen durchzuführen. Bei dem Umbau der Josefskirche, der in den dreißiger Jahren des zwanzigsten Jahrhunderts stattfand, wurden zahlreiche unterirdische Anlagen freigelegt, und in den sechziger Jahren führte Bellarmino Bagatti umfangreiche Ausgrabungen in und um der Verkündigungskirche noch vor ihrer Errichtung durch. Unter diesem modernen Gebäude wurden eine große romanische Kirche und der von den Kreuzfahrern errichtete Bischofspalast entdeckt, die sich ihrerseits über einer älteren byzantinischen Kirche und einem Kloster erhoben. Jede dieser Schichten – die moderne, die aus der Zeit der Kreuzzüge und die byzantinische – bahnte sich auf der Suche nach soliden Fundamenten einen Weg durch frühere Schichten, an einigen Stellen bis zum Muttergestein. An anderen Stellen füllte man unterirdische Hohlräume zur Fundamentgewinnung mit Material aus früheren Schichten auf.

Beim Bau der modernen Gebäude wurden Füllungen beseitigt und Spalten im Muttergestein freigelegt. Zum ersten Mal wurden dort Gegenstände aus früheren Jahrhunderten ausgegraben. Verzierte Kapitelle, die von französischen Handwerkern gemeißelt worden waren und seit 1187 im Verborgenen gelegen hatten, als Sultan Saladin die Christen aus dem Heiligen Land vertreiben ließ. Sie stellen Szenen aus dem Leben der Apostel dar. Diese sehen europäisch und nicht semitisch aus, ihr Erscheinungsbild wirkt mittelalterlich und nicht antik, und sie tragen Königsgewänder und keine Bauernkleidung. Die Kirche, welche die prächtigste Kreuzfahrerkirche im Heiligen Land werden sollte, war nicht zu Ende gebaut worden, und wurde erst etwa acht Jahrhunderte später im zwanzigsten Jahrhundert vollendet.

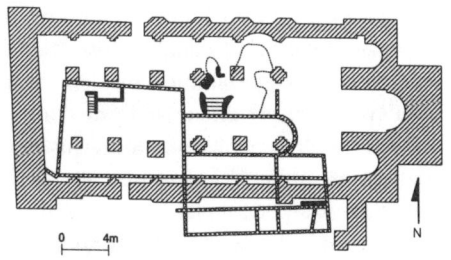

Verkündigungskirche, Kreuzfahrerkirche (einfache Schraffierung), byzantinische Schicht (kreuzweise Schraffierung) und (schwarz) Schicht aus der römischen Zeit (nach Bagatti).

0   4m

N

Unter dieser Kreuzfahrerkirche wurden die Umrisse einer älteren byzantinischen Kirche und eines Klosters entdeckt. Im Zentrum dieser Kirche befand sich die so genannte Verkündigungsgrotte, in der Mörtelstücke und Steine gefunden wurden, in die christliche Symbole und Gebete eingeritzt waren. Einige dieser Steine sind möglicherweise älter als die im monumentalen und imperialen Stil erbaute byzantinische Basilika. In der Nähe der Grotte wurden Hunderte von meist weißen und schwarzen Mosaiksteinen oder *tesserae,* bemalte Putz- oder Freskenstücke entdeckt. Die Kirche war häufig renoviert worden. Schirmherren, die von weit her kamen, spendeten hohe Beträge für die Neuverputzung der Wände und -pflasterung der Mosaikböden. Einige ließen ihre Großzügigkeit in Stein verewigen. In einer Ecke eines weißen Mosaiks eingefasst mit schwarzen Vierecken und Rauten, die Kreuze mit gleichlangen Armen aufnehmen, findet sich die Inschrift: »Geschenk von Konon, Diakon von Jerusalem«. Ein anderer Mosaikboden, der sich noch an der Stelle befindet und unbeschädigt ist, datiert aus dem fünften Jahrhundert. In seinem Zentrum befindet sich ein Kreuzmonogramm, das der Abkürzung *chi-rho* für *Christos* sehr ähnelt, und dem Symbol, das Konstantin in einer Vision gesehen hatte und auf seine militärische Standarten in der Schlacht an der Milvischen Brücke am 28. Oktober 312 n. Chr. gegen seinen Rivalen Maxentius hatte aufbringen lassen.

Das dem Sieg des Christentums gewidmete Mosaik war angelegt auf zwei Meter hohen Trümmern, in denen Teile früherer Gebäude gefunden wurden: zwei schmucklose Kapitelle, mehrere grob behauene Säulenschafte, fünf Säulenpostamente, Bogenkämpfer, Karniese, Türeingänge und -gewände. Diese sind *möglicherweise* die Überreste der jüdischen Synagoge, auf der Reiseberichten christlicher Pilger zufolge die Kirche errichtet worden war. Ihr Stil ist typisch für jüdische Synagogen aus dem dritten und späteren Jahrhunderten n. Chr. in Galiläa. Ihre Ausführung entspricht eher der spätrömischen Zeit. Keine der dort ebenfalls gefundenen Tonwaren legt ein früheres Entstehungsdatum als das dritte oder vierte Jahrhundert nahe. Wenn es sich bei dem Raum um eine Synagoge gehandelt haben sollte, kann sie nicht aus der Zeit Jesu sein, sondern stammt aus späteren Jahrhunderten, als in ganz Galiläa Synagogen gebaut wurden.

In Galiläa ist keine einzige Synagoge aus dem ersten Jahrhundert oder früher entdeckt worden. Die beiden anderen in Frage kommenden Synagogen aus dem ersten Jahrhundert sind in Judäa, in Herodeion und Masada, ausgegraben worden. Bei ihnen handelt es sich jedoch um Gebäude, die von jüdischen Aufständischen in frühere herodianische Komplexe integriert worden waren, welche sie während des Aufstandes der Jahre 66–74 nutzten. Sie waren ursprünglich keine Synagogen, sondern Räume, die diese Aufständischen für Gemeindezwecke umfunktionierten.

Ausgrabungen und Inschriften zeugen von Synagogengebäuden aus dem ersten Jahrhundert in städtischen Gebieten der jüdischen Diaspora im gesamten Mittelmeerraum und im Nahen Osten. Sie wurden im Griechischen *proseuche*, Gebetshäuser, genannt und dienten den religiösen Zwecken der im Exil lebenden Juden. Fern vom Jerusalemer Tempel, seinen Priestern und Opfern halfen diese Gebäude die jüdische Identität bei Zusammenkünften am Sabbat in der Welt antiker Religiosität und imperialer Kulte am Leben zu erhalten. Im Heimatland der Juden bezog sich zu Zeiten Jesu der Begriff *Synagoge* in erster Linie auf einen *Versammlungsort* und weniger auf ein *Gebäude* und eine klar festgelegte Liturgie. Die architektonischen und liturgischen Merkmale gewannen in Palästina erst nach der Zerstörung des Tempels in mittel- und spätrömischer Zeit an Konturen, als die jüdische Religion den Schwerpunkt auf Schriftrollen und Rabbis zu legen begann. Zu Zeiten Jesu gab es in galiläischen Orten sicherlich *Synagogen* (die *Knesset* der Mischna), *Versammlungsorte* der Juden, die religiösen Zwecken dienten. Es ist jedoch nicht bekannt, wie ihre architektonische Form aussah. Nicht alle Versammlungen fanden in Gebäuden wie dem in Gamla freigelegten, viele jedoch vermutlich auf Dorfplätzen, andere in Höfen oder Räumen größerer Häuser statt, die in ihrer Funktion als Synagogen von Archäologen nicht identifizierbar sind. Vielleicht hatten größere Orte und Städte in Galiläa im ersten Jahrhundert eigene Synagogen-

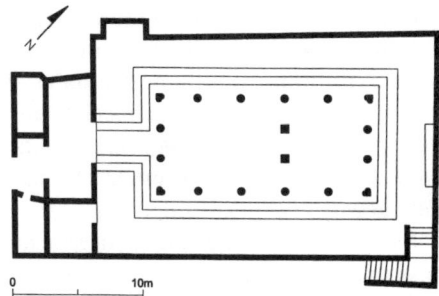

Die Synagoge in Gamla,
erstes Jahrhundert
(nach Maoz).

0   10m

gebäude, aber sie sind archäologisch relativ schlecht zu bestimmen bzw. müssen, abgesehen von dem in Gamla entdeckten Gebäude, erst noch von Archäologen freigelegt werden.

In Nazaret gab es zweifellos Synagogen im Sinne dörflicher Versammlungsorte. Aber das einzige Gebäude in Nazaret, das als Synagogengebäude identifizierbar ist, entstand etwa zwei Jahrhunderte nach Jesus. Über das Synagogen*gebäude*, das Jesus vielleicht aufgesucht hat, kann nichts archäologisch Fundiertes gesagt werden, da kein öffentliches Gebäude zu Zeiten Jesu oder vorher bezeugt ist. Diese aus der archäologischen Schichtung gewonnene Erkenntnis wirft ein interessantes Problem auf, das die exegetische Schichtung betrifft.

In der Synagoge in Nazaret?

Die Erzählung, die von der Ablehnung Jesu in Nazaret in Lukas 4:16-30 handelt, ist in fünf Phasen untergliedert: Ausgangssituation in der Synagoge, Erfüllung des Schriftwortes, anfängliche Zustimmung, Ablehnung und schließlich lebensbedrohlicher Angriff.

Erstens scheint Lukas »Synagoge« nicht einfach als Versammlungsort zu verstehen, sondern als Gebäude vorauszusetzen (Ausgangssituation in der Synagoge). Zweitens betritt Jesus die Synagoge, liest einen Abschnitt aus dem Buch des Propheten Jesaja (61:1-2) und verkündet, dass sich das Schriftwort mit ihm erfüllt hat, dass er selbst jener ist, auf dem der Geist Gottes ruht und der gesandt ist, den Armen gute Nachrichten zu überbringen, die Befreiung der Gefangenen zu verkünden, den Blinden das Augenlicht zu geben, und die Unterdrückten aus ihrer Lage zu befreien (Erfüllung des Schriftwortes). Diese Sätze verweisen auf die Gebote der Thora, auf Stellen wie Deuteronomium 15, Exodus 21 und Levitikus 25 zurück. Für das Sabbatjahr, jedes siebte Jahr, wurden der Erlass von Schulden und die Freilassung versklavter Schuldner angeordnet. Im Jubiläumsjahr, in jedem fünfzigsten Jahr, sah das Gesetz die Rückgabe aller enteigneten Ackerböden und aller ländlichen Häuser vor.

Nachdem Jesus drittens erklärt, dass sich diese große Vision »heute« erfüllt, reagieren die Anwesenden zunächst folgendermaßen (anfängliche Zustimmung): »Seine Rede fand bei allen Gefallen; sie staunten darüber, wie begnadet er redete, und sagten: Ist das nicht der Sohn Josefs?« (4:22). Die erste Hälfte dieses Verses ist sehr positiv, die zweite Hälfte spricht mehr für Verwunderung als für eine beginnende Ablehnung. In 4:23-29 jedoch ändert sich die Einstellung, und diesen Wandel scheint Jesus, der sich von den anwesenden Juden ab- und den fernen Nichtjuden zuwendet, selbst provoziert zu haben. Er sagt: »Sicher werdet ihr mir das Sprichwort vorhalten: Arzt, heile dich selbst! Wenn du in Kafarnaum so große Dinge getan hast, wie wir gehört haben, dann tu sie auch hier in deiner Heimat!« Dann führt er zwei Beispiele dafür an, wie Gott sich von den Israeliten, den Juden ab- und den Heiden, den Nichtjuden zuwandte. Gott ließ nach 1 Könige 17:8-16 den Propheten Elija die Hungersnot nicht einer israelitischen, sondern einer heidnischen Frau lindern. Und Gott lässt nach 2 Könige 5:1-14 den Propheten Elischa den Aussatz nicht eines Israeliten, sondern eines heidnischen Feldherrn heilen.

Viertens und fünftens werden wir mit den unmittelbaren Reaktionen auf die provokanten Ausführungen Jesu konfrontiert (Ablehnung und lebensbedrohlicher Angriff): »Als die Leute in der Synagoge das hörten, gerieten sie alle in Wut. Sie sprangen auf und trieben Jesus zur Stadt hinaus; sie brachten ihn an den Abhang eines Berges, auf dem ihre Stadt erbaut war, und wollten ihn hinabstürzen. Er aber schritt mitten durch die Menge hindurch und ging weg« (4:28-30). In diesem Fall ist die Abwendung Jesu von den Juden und seine Hinwendung zu den Nichtjuden eher Ursache als Folge der späteren Ablehnung und des lebensbedrohlichen Angriffs.

Die Frage der Schichtung erweist sich hier als höchst bedeutsam. Handelt es sich bei dieser Erzählung um eine später anzusetzende Schöpfung im Lukasevangelium oder um ein einer früheren Schicht zugehöriges Ereignis im Leben Jesu? Erwähnenswert ist, dass von diesem Ereignis nur im Lukasevangelium die Rede ist. Daneben ist darauf hinzuweisen, dass Lukas zweifellos die allgemeine Erzählung in Markus 6:2-4 auf seine eigene, sehr spezifische Weise weiterentwickelt hat.

Dafür, dass Lukas dieses Ereignis erfunden hat, spricht vor allem, dass er die Erzählung als programmatische Eröffnung seines Doppelwerks gewählt hat, das in der heutigen Fassung des Neuen Testaments in das Lukasevangelium und die Apostelgeschichte unterteilt ist. Lukas' Doppelwerk erzählt im ersten Teil, wie Gottes Geist Jesus von Galiläa nach Jerusalem führte, und im zweiten Teil, wie er die Kirche den Weg von Jerusalem nach Rom führte.

In diesen beiden Büchern, insbesondere im zweiten Buch erklärt Lukas, wie das Christentum als jüdische Gruppierung begann, deren Botschaft die meisten Juden ablehnten, und wie nur deshalb die Christen sich stattdessen den Heiden zuwandte. Hierbei handelt es sich um eine Vereinfachung, wenn nicht um eine Verzerrung. Dieser Vorstellung entspricht es, dass Lukas in der Apostelgeschichte Paulus in jeder Stadt als erstes eine jüdische Synagoge betreten lässt. Das jedoch widerspricht der in Jerusalem getroffenen Übereinkunft, dass, wie in Galater 2:7-9 betont wird, Petrus die Mission für die Beschnittenen und Paulus die für die Unbeschnittenen anvertraut wird. Es widerspricht aber auch den diesbezüglichen lukanischen Erzählungen, in denen häufig Verwirrung herrscht zwischen jüdischer Ablehnung als Ausgangssituation oder als Folge der Aufnahme von Heiden. Wandte sich das Christentum den Heiden auf Grund der durch die Juden erfahrenen Ablehnung zu oder rührte die Ablehnung der Juden daher, dass Heiden akzeptiert wurden? Diese Uneindeutigkeit, die den lukanischen Paulus in der Apostelgeschichte begleitet, beginnt beim lukanischen Jesus in Lukas 4:16-30. Die Ablehnung der Juden begegnet in dieser Erzählung als vorweggenommene Warnung vor jener Zukunft bzw. als programmatische Ouvertüre zum lukanischen Doppelwerk.

Diese lukanische Erzählung stellt, zumal mit ihrer Uneindeutigkeit in der Frage, ob die Ablehnung der Juden Ursache oder Folge der Heidenmission ist, ein Modell für das dar, was Paulus überall in der jüdischen Diaspora erleben wird. Jene fünf Phasen durchlebt auch Paulus in Antiochia (in Pisidien), wie auch im griechischen Thessalonich. Die folgende tabellarische Übersicht verdeutlicht die Parallelen:

Literarische Elemente	Jesus in Lukas 4:16-30	Paulus in Apostelgeschichte 13:14-52	Paulus in Apostelgeschichte 17:1-9
Ausgangssituation in der Synagoge	4:16-17	13:14-16a	17:1-2
Erfüllung des Schriftwortes	4:18-21	13:16b-41	17:2b-3
Anfängliche Zustimmung	4:22	13:42-43	17:4
Ablehnung	4:23-28	13:44-49	17:5
Lebensbedrohlicher Angriff	4:29-30	13:50-51	17:5b-9

In den Erzählungen über Paulus wie in der über Jesus schlägt die anfängliche Zustimmung in Ablehnung um. In der Apostelgeschichte 13:42-45 heißt es:

Als sie (= Paulus und Barnabas) hinausgingen, bat man sie, am nächsten Sabbat über diese Worte zu ihnen zu sprechen. Und als die Versammlung sich aufgelöst hatte, schlossen sich viele Juden und fromme Proselyten Paulus und Barnabas an. Diese redeten mit ihnen und ermahnten sie, der Gnade Gottes treu zu bleiben. Am folgenden Sabbat versammelte sich fast die ganze Stadt, um das Wort des Herrn zu hören. Als die Juden die Scharen sahen, wurden sie eifersüchtig, widersprachen den Worten des Paulus und stießen Lästerungen aus.

Und in der Apostelgeschichte 17:4-5a heißt es:

Einige von ihnen ließen sich überzeugen und schlossen sich Paulus und Silas an, außerdem eine große Schar gottesfürchtiger Griechen, darunter nicht wenige Frauen aus vornehmen Kreisen. Die Juden wurden eifersüchtig, holten sich einige nichtsnutzige Männer, die sich auf dem Markt herumtrieben, wiegelten mit ihrer Hilfe das Volk auf und brachten die Stadt in Aufruhr.

Weshalb sollten Juden in einer Stadt in der Diaspora eifersüchtig auf Heiden sein, die zu einer Gruppierung des Judentums bzw. zum

Judenchristentum übertreten? Mit Eifersucht lässt sich ihre Reaktion nicht angemessen erklären. Dass Lukas hier von Synagogengebäuden ausgeht, entspricht den Gegebenheiten, aber Lukas hat seine späteren Erfahrungen mit jüdischen Synagogengebäuden in eine frühere Zeit und auf das kleine Nazaret Jesu zurückprojiziert.

Lukas geht von der Annahme aus, dass es im kleinen Dorf Nazaret sowohl ein Synagogengebäude als auch Schriftrollen gab. Die erste Annahme trifft, wie bereits ausgeführt, höchst wahrscheinlich nicht zu. Ob die zweite Annahme begründet ist, ist sehr fraglich, da Schriftrollen wohl nur in Städten begegneten, und die Praxis, aus einem Lektionar zu lesen, erst später aufkam. Eine dritte Annahme, dass es nämlich in der Nähe eine Klippe gab, von der jemand zu Tode gestürzt werden konnte, ist schlicht falsch.

Noch bedeutsamer ist jedoch, dass Lukas von der Annahme ausgeht, dass Jesus nicht nur des Lesens und Schreibens kundig, sondern auch gebildet war. Er »lehrte« (Markus 6:2) nicht nur, sondern er stand auf, »um aus der Schrift vorzulesen« (Lukas 4:16). Lukas, der selbst ein gebildeter Gelehrter war, setzt wie viele moderne Forscher ganz selbstverständlich voraus, dass Jesus des Lesens und Schreibens kundig und gebildet war. Das ist aber sehr unwahrscheinlich. Den überzeugendsten Studien zufolge waren in der Antike nur etwa 5% der Bewohner des gesamten Mittelmeerraums und nur etwa 3% der Bewohner des Heimatlandes der Juden des Lesens und Schreibens kundig. In der damaligen Welt waren Schreib- und Lesefähigkeit Privileg vor allem elitärer Aristokraten und Schriftexperten. Dass Jesus, wie auf Grund seines Geburtsortes Nazaret anzunehmen ist, des Schreibens und Lesens nicht mächtig war, bedeutet keinesfalls, dass er seine Tradition nicht gekannt und nicht gelehrt hat.

Die späteren lukanischen Erzählungen über Paulus helfen uns, die lukanische Erzählung über Jesus zu verstehen. Diese Erzählung stammt aus einer späteren Schicht der Jesustradition. Sie ist von dem Evangelisten Lukas erfunden worden. Es handelt sich nicht um eine Geschichte über Jesus im Heimatland der Juden in den späten zwanziger Jahren, sondern um ein Gleichnis von der Zukunft des Apostels Paulus in der Diaspora während der frühen fünfziger Jahre.

Auch wenn einzuräumen ist, dass Jesus einige provokante Äußerungen gemacht hat, ist hervorzuheben, dass er sich im Rahmen der Schriften bewegte. Welche Menschen waren jene Einwohner von

Nazaret, die alle gemeinsam beschlossen, ihn wegen dieser Provoka-
tion zu töten? Kann man von »ganz Nazaret« auf »ganz Israel« schließen? Zur Beantwortung dieser Fragen ist die exegetische Schichtung
ebenso von Bedeutung wie die archäologische.

Nazaret zur Zeit Jesu

Die monumentale Architektur Nazarets, seine von versierten Steinmetzen gemeißelten Quader- und Gewölbesteine, die Mosaikböden,
Freskenmalereien, Säulen und Giebeln sind deutlich später als
zu Zeiten Jesu entstanden. Sie lassen keine Aufschlüsse über das
Nazaret des ersten Jahrhunderts zu. Die archäologischen Funde
legen die Annahme nahe, dass das damalige Nazaret nur ein kleines
Dorf ohne öffentliche Architektur war. Die massive Schicht, welche
die Errichtung der *terra sancta*, des Heiligen Lands durch die Christen repräsentiert, liegt über einer fragilen, schwer bestimmbaren
Schicht, die ein einfaches jüdisches Dorfleben repräsentiert. Ausgrabungen unterhalb der späteren christlichen Gebäude brachten
keine Synagoge, aber auch keine Festung, keinen Palast, keine Basilika, kein Badehaus, keine gepflasterte Straße zu Tage. Stattdessen
sprechen Oliven- und Weinpressen, Wasserzisternen, Getreidesilos
und Mahlsteine für eine Bevölkerung, die in Hütten und einfachen
Häusern lebte.

Das Nazaret des ersten Jahrhunderts hatte etwa zwei- bis vierhundert Einwohner. Wie im übrigen Galiläa, das bis zur späthellenistischen Zeit nur dünn besiedelt war, ließen sich Juden unter der
expansionistischen Herrschaft der Hasmonäer in Nazaret nieder.
Einige, vorwiegend keramische, nicht architektonische Zeugnisse
sprechen dafür, dass es in der Mittleren Bronzezeit und der Eisen-
zeit, jedoch nicht ununterbrochen bis zu den Zeiten Jesu bewohnt
war. Im Jahr 732 v. Chr. fielen assyrische Truppen unter Tiglatpileser
III. in das nördliche Königreich Israel ein, verwüsteten und entvöl-
kerten Galiläa und damit auch Nazaret. Vom achten bis zum zweiten
Jahrhundert, als Juden es wieder bevölkerten, war Galiläa praktisch
unbevölkert.

Der Vorstoß Alexanders des Großen ins östliche Mittelmeergebiet
setzte der persischen Hegemonie ein Ende. Nach Alexanders Tod

teilten seine Truppenführer sein Land unter sich auf. Palästina wurde zu einer Pufferzone zwischen der ptolemäischen Dynastie Ägyptens und der seleukidischen Dynastie Syriens. Als diese Dynastien durch mehrere Kriege gegeneinander geschwächt waren, entstand im zweiten Jahrhundert v. Chr. ein Machtvakuum. In dieser Zeit kam es zu einer großen Völkerwanderung. Damals zogen Juden nach Galiläa, und die Syrophönizier dehnten ihre Kontrolle entlang der palästinischen Küste aus und stießen ins Landesinnere bis zum Huletal vor. Die Ituräer, ein eher nomadisches Hirtenvolk, zogen vom Antilibanon zu den nördlichen Golanhöhen. In Galiläa sind von keinem der beiden Völker Überreste von Tonwaren oder Häusern ausgegraben worden. Ab dem späten zweiten Jahrhundert enstanden jedoch in ganz Galiläa zahlreiche Siedlungen, an deren Grundmauern Münzen der Hasmonäer, die ihr Zentrum in Jerusalem hatten, gefunden wurden. Die Tonwaren waren in Form und Art ähnlich; in Judäa und Galiläa wurden Steingefäße verwendet, in den Dörfern gab es Ritualbäder; die Menschen ernährten sich nicht von Schweinefleisch, und es muss bei ihnen die Praxis der Zweitbestattung gegeben haben, da Knochen in Ossarien aufbewahrt wurden.

Die Menschen, die zu Zeiten Jesu in Nazaret lebten, waren höchstwahrscheinlich Nachfahren der hasmonäischen Kolonisatoren und jüdischen Siedler, die über ein Jahrhundert zuvor dorthin gezogen waren. Der Ort war ideal gelegen, etwas abgeschieden und lag in einem Talbecken der nazarenischen Hügelkette, die den Bach Nahal Zippori und die Siedlung Bet Netofa im Norden von der viel größeren Jesreel-Ebene im Süden trennt. Die fruchtbare Jesreel-Ebene gehörte zu den königlichen Gebieten (»Königsland«) oder wurde ersatzweise von der hellenistischen Stadt Skythopolis, vormals Bet-She'an, der größten Stadt in dieser Region, kontrolliert. Unter spätrömischer Herrschaft wurde Skythopolis mit neun anderen, östlich des Jordan gelegenen Städten zur halbautonomen Dekapolis zusammengefasst.

Da der Weg von der Jesreel-Ebene nach Nazaret steil nach oben führte, mussten Menschen die Strecke auf gewundenen Fußwegen zurücklegen. Daher waren die Möglichkeiten der Nazarener, mit Bewohnern der großen königlichen Gebiete oder der ländlichen Umgebung der Stadt Skythopolis im Süden in Kontakt zu treten, eingeschränkt. Reisen, entlang der Ostwestachse der Hügelkette waren weniger beschwerlich, da es dort wahrscheinlich gut begehbare Wege gab und die Hauptstraße Galiläas von Tiberias am Galiläischen See nach Ptolemais am Mittelmeer entlang des Bet-Netofa-Tals führte, das nördlich von Sepphoris lag. Sepphoris war ca. vier Meilen von Nazaret entfernt, etwa ein anderthalbstündiger Fußmarsch.

Die Hasmonäer hatten Sepphoris befestigt, um die Täler überblicken und die Handelsrouten kontrollieren zu können, und die Römer, welche die strategische Bedeutung des Standortes erkannten, bestellten einen der jüdischen Räte dort, als sie im Jahr 63 v. Chr. die politische Bühne betraten. Einige Juden opponierten gegen Fremdherrschaft und Besteuerung, der Aufstand wurde aber schnell unterdrückt durch den römischen Legaten in Syrien. Herodes Antipas ließ Sepphoris zur größten Stadt Galiläas ausbauen und machte es zur ersten Hauptstadt der Länder, die er von seinem Vater geerbt hatte. Zu Zeiten Jesu stand Nazaret im Schatten von Sepphoris und unter der politischen Kontrolle von Herodes Antipas.

Dank seiner geografischen Lage auf Hügeln südlich von Sepphoris war Nazaret für den Anbau von Getreide, Oliven und Trauben besonders geeignet, der in der Antike wirtschaftliche Unabhängigkeit bedeutete. Seine Südhänge boten ideale Voraussetzungen für den Weinanbau, Weinreben mit dunkelblauen Trauben wuchsen an Spalieren oder auf dem Boden. Sie wurden mit Heckensicheln zurückgeschnitten. Die Trauben wurden nach der Ernte auf einem in den Fels gehauenen Tretboden gekeltert. Stellen, an denen der Boden felsiger war, eigneten sich gut für die Anbau von Olivenbäumen. Die Oliven wurden nach der Ernte zu Öl verarbeitet. Auf den Feldern konnten verschiedene Getreidesorten angebaut werden – Weizen, Gerste und Hirse. Die Spreu wurde mit Getreideschwingen auf Dreschböden gesammelt, die Körner in den Höfen der Häuser. Der Schwemmboden im Süden des Dorfes wurde für den Anbau von Obst und Gemüse genutzt. Da die Terrassen, die an den steileren Hängen lagen, bewässert wurden, konnte ein maximaler Getreideertrag erzielt werden. Auf ihnen konnten auch Feigen- und Granatäpfelbäume wachsen. Eine hinreichende, wenn auch nicht das ganze Jahr nutzbare Wasserquelle befand sich im Westteil des Dorfes, die heute Marienbrunnen heißt.

Im ersten Jahrhundert war Nazaret ein kleines Dorf. Die Fläche, auf der Franziskaner Zeugnisse aus der römischen Zeit fanden, beschränkte sich auf die unmittelbare Umgebung der beiden Kirchen und des Marienbrunnens. Die Entdeckung vieler unterirdischer Gräber, die nach typisch jüdischer Art in das weiche Muttergestein aus Kalkstein gemeißelt waren, erlaubt die äußere Umgrenzungslinie nach Westen, Osten und Süden festzulegen, da Begräbnisse gewöhnlich auf nicht bewohnten Flächen stattfanden. Steile Schluchten und Terrassen am Nordhang begrenzten die eiförmige Siedlung. In ost-westlicher Richtung erstreckte sie sich maximal über eine Länge von 600 Metern, die nord-südliche Distanz machte etwa 200 Meter aus. Die tatsächlich im ersten Jahrhundert bewohnte Fläche war jedoch wesentlich kleiner, vielleicht nur etwa 40 000 qm groß. Der ländliche Charakter des Dorfes äußerte sich darin, dass die einzelnen Häuser relativ weit auseinander lagen, weil sie von Weideflächen für das Vieh, Ställen, Gärten und gemeinschaftlich genutzten landwirtschaftlichen Anlagen umgeben waren. Wahrscheinlich wurde Nazaret in der Antike nur von etwa zwei- bis vierhundert Menschen, also mehreren Großfamilien, bewohnt.

Es ist wenig bekannt darüber, wie die Häuser im Nazaret des ersten Jahrhunderts ausgesehen haben. Vermutlich waren sie – wie viele Häuser in anderen Dörfern Galiläas und des Golans – aus einfachen, unbearbeiteten, aufeinander geschichteten Steinen erbaut worden waren, deren Zwischenräume mit Lehm, Schlamm und sogar einer Mischung aus Dung und Stroh gefüllt wurden. Die Böden bestanden wahrscheinlich aus gestampfter Erde. Die Dächer waren nicht mit Ziegeln, sondern mit Stroh gedeckt. Viele Häuser hatten unterirdische Räume, in denen glockenförmige Zisternen zur Aufbewahrung von Wasser und andere Behältnisse zur Aufbewahrung von Getreide anzutreffen waren. Viele Behausungen waren um Höhlen herum angelegt, die als Wohnräume genutzt wurden. Das trifft auch auf die Verkündigungsgrotte zu, die ursprünglich als Wohnraum genutzt worden war.

Ob sie tatsächlich Maria als Haus diente, weiß man nicht. Die vielen Bauten um die Grotte herum und die in Putz geritzten Gebete belegen, dass sie seit dem dritten oder vierten Jahrhundert von Christen verehrt wurde. Dieser Ort ist, neben den Gründen, die Pilger anführen würden, vor allem deshalb von Bedeutung, weil die zur Hälfte aus Felshöhlen bestehenden Behausungen davon zeugen, dass Nazaret im ersten Jahrhundert ein ärmliches Dorf war. Die in viele Häuser von Nazaret integrierten Höhlen hatten den Vorteil, in den verregneten Wintern trocken und warm und in den heißen Sommern angenehm kühl zu sein.

Die wenigen Funde, die in den Füllungen dieser unterirdischen Höhlen aus der vorbyzantinischen Zeit gemacht wurden, sind wie die Gegenstände, die in Gräbern des Dorfes entdeckt wurden, alle von geringem Wert. Gefunden wurde nur eine Handvoll Münzen aus Bronze, nicht aus Silber, und sehr wenige Gräber enthielten – anders als andere Grabstätten in der Nähe oder in Judäa – nur sehr wenige dekorative Gegenstände, vorwiegend billigen Schmuck. In Nazaret wurden sehr wenige Glaswaren, Gläser, Becher, Salben- oder Parfumfläschchen, aus der vorbyzantinischen Zeit und keine Becher und Schalen aus Bronze oder einem anderen Metall gefunden. Die Tonwaren aus der späthellenistischen und römischen Zeit sind fast ausschließlich für die täglich Verwendung hergestellt worden. Verzierte Schalen wurden kaum gefunden. Die Sammlung der Tonwaren besteht aus einfachen Kochtöpfen, Kasserolen, Wasserkrügen und Krügen zur Aufbewahrung anderer Lebensmittel. In Nazaret wurden anders als in größeren Städten wie Skythopolis oder Caesarea oder in judäischen Palästen keine aus Rhodos oder Knidos importierten Amphoren mit Henkeln, die mit einem Prägezeichen versehen waren, gefunden. Importierte Waren hoher Qualität, hochwertige Platten und Schalen aus Zypern und Nordafrika gab es in Nazaret erst, als christliche Pilger Reichtum und Güter in das Heilige Land einführten.

Alle archäologischen Zeugnisse aus der römischen Zeit deuten auf ein einfaches *ländliches* und *jüdisches* Leben in Nazaret hin. Jedes der zahlreichen Gräber ist typisch jüdisch: die Erstbestattung fand in so genannten Schiebestollengräbern (*kokim* oder *loculi*), körpergroßen Schächten statt, rechteckig in die Wände der Grabkammer gehauen, die häufig mit einem großen Stein verschlossen wurden. Nach der Verwesung wurden die Knochen entweder in einem Schacht, einer separaten Depotgrube, oder einem *Ossarium*, einem Beinkasten, neu bestattet. Diese Form der Bestattung war zur damaligen Zeit in Galiläa wie in Judäa weit verbreitet. In Nazaret wurden auch zwei mit einer Treppe versehene, verputzte Becken oder Ritualbäder (*mikwen*) freigelegt. Solche Bäder wurden an praktisch jedem jüdischen Ort in Galiläa, im Golan und in Judäa entdeckt. Das eine Ritualbad, das in der Nähe des Ortes, an dem Überreste jener vermutlich späteren Synagoge gefunden wurden, ist wahrscheinlich auf das dritte Jahrhundert n. Chr. zu datieren, bei dem anderen Ritualbad handelte es sich wahrscheinlich um eine von den Dorfbewohnern gemeinsam genutzte Anlage. In Nazaret wurden auch verschiedene Überreste von Steinkrügen aus der römischen Zeit entdeckt, die aus weichem Kalkstein hergestellt wurden und typisch für jüdische Häuser in Judäa und Galiläa waren.

Das kleine Dorf Nazaret, das abseits der Hauptstraßen, aber in Fußweite der Stadt Sepphoris lag, war die Heimat Jesu. Seine Einwohner hofften, ihren Lebensunterhalt bestreiten, ihre Steuern bezahlen zu können und die Aufmerksamkeit der Beamten nicht auf sich zu lenken. Da sie auf die Einhaltung der jüdischen Gesetze achteten, ist davon auszugehen, dass sie ihre Söhne beschneiden ließen, das Passahfest begingen, am Sabbat einen Ruhetag einlegten und Mose und die Propheten verehrten.

Die exegetischen Schichten der Nazareterzählung

Niemand käme auf die Idee, das moderne Nazaret könne Aufschluss über das Dorf, in dem Jesus lebte, geben. Jedem leuchtet ein, dass zwischen verschiedenen Schichten zu unterscheiden ist. Irgendwo unter Autos, Bussen, Häusern und Hotels liegt ein kleines zweitausend Jahre altes Dorf verborgen. Die Schwierigkeit der Rekonstruktion und angemessener Imagination ist offenkundig. Zwischen Erd- und Textschichten bestehen zwar offenkundige Unterschiede, dennoch stellt sich die Frage, ob Erzählungen über Nazaret, die sich in den Evangelien finden, auch eine parallele Schichtung erfordern, damit frühere von späteren Schichten unterschieden werden können oder ob davon auszugehen ist, dass sie immer Schicht I zuzuordnen sind. Diese Frage ist bereits am Beispiel der Erzählung über Jesus in der Synagoge (Lukas 4) erörtert worden. Das folgende Beispiel betrifft komplexe Schichtungen innerhalb einer Erzählung.

Auf Grund der in der Einleitung näher kommentierten zehn wichtigsten exegetischen Entdeckungen besteht mittlerweile ein hoher Konsens darüber, dass Worte und Taten, die Jesus in den Evangelien zugeschrieben werden, verschiedenen übereinander gelagerten Hauptschichten zuzuordnen sind. Zu unterscheiden ist zwischen der *ursprünglichen* Schicht, die sich auf Jesu eigene Worte und Taten in den 20er Jahren bezieht, der *Traditionsschicht*, jener Materialien aus den 30er, 40er oder späteren Jahren, die von der Übernahme,

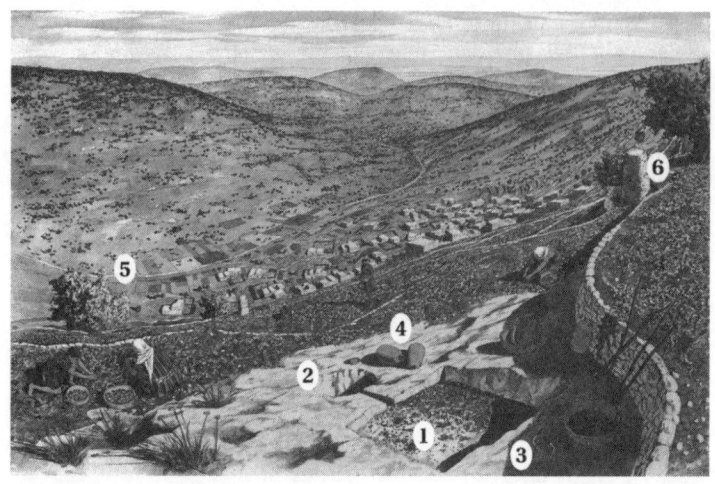

Das Dorf Nazaret im ersten Jahrhundert (Rekonstruktion). Im ersten Jahrhundert war das Heimatdorf Jesu ein Bauerndorf mit wenigen hundert Einwohnern. Wie die meisten Galiläer schlugen sich die Bewohner Nazarets mehr schlecht als recht mit Landarbeit durch. Die sonnigen Südhänge boten ideale Voraussetzungen für den Weinbau. Weinpressen (1) und Sammelbottiche (2) waren in das Felsgestein gehauen worden. Im Vordergrund ebenfalls zu sehen sind Heckensicheln (3) und in Galiläa hergestellte Krüge (4), die in Nazaret freigelegt worden sind. Gemüse und Getreide wurden in einem Tal angebaut und durch eine Quelle (5) mit Wasser versorgt, die heute Marienbrunnen heißt. An den Hängen mit felsigerem Boden wuchsen Olivenbäume. Dort wurden auch Tauben in turmähnlichen Kolumbarien (6) aufgezogen. Das jüdische Dorf Nazaret wurde in der Literatur lange Zeit nicht namentlich erwähnt. Erst mit der Christianisierung des Römischen Reiches wurde es zu einem beliebten Pilgerort.

Adaption und Weiterführung herrühren, und der *Evangelien-Schicht,* in den Schriften, die wir heute besitzen, aus den 70er bis 90er Jahren des ersten Jahrhunderts. Entscheidend ist nicht nur, ob ein Text später als ein anderer entstanden ist, sondern auch, ob er unmittelbar von ihm abhängig ist. Alle abhängigen Texte sind spätere Texte, aber nicht alle späteren Texte sind abhängige Texte.

Die erste Schicht. Schicht I enthält Materialien, die auf den historischen Jesus der späten 20er Jahre zurückgehen. Welche Materialien auf ihn zurückgehen, wird im Rahmen wissenschaftlicher Rekonstruktion, auf Grund theorieorientierter Entscheidungen, überprüfbarer Methoden und öffentlichen Diskussionen bestimmt. Im Folgenden konzentrieren wir uns nicht auf einzelne isolierte Einheiten dieser angenommenen ersten Schicht, sondern auf wichtige früheste Zusammenhänge, um zu analysieren, ob und wie sie zu der Situation passen, die während der späten zwanziger Jahre in den von Antipas beherrschten Gebieten anzutreffen war. Dabei betonen wir, dass eine solche Schichtung bereits frühere Rückschlüsse über Art und Beziehung zwischen den Evangelien voraussetzt.

Die zweite Schicht. Schicht II enthält Materialien, die entweder von der früheren Schicht übernommen oder im fortlaufenden Prozess der Überlieferung entstanden. Auch sie setzt wissenschaftliche Rekonstruktionen voraus, bei denen z. B. folgende Aspekte zu berücksichtigen sind: Wenn Paulus, der in den 50er Jahren schrieb, etwas explizit oder implizit als vorpaulinische Tradition identifiziert, muss es auf die vierziger oder sogar dreißiger Jahre zurückgehen. Eine Tradition, die in zwei unabhängigen Quellen wie die ebenfalls auf die 50er Jahre zu datierende Logienquelle und ein anderes unabhängiges Evangelium Eingang gefunden hat, das wie das Markusevangelium in das Neue Testament aufgenommen ist, oder das wie das Thomasevangelium oder die Didache nicht in das Neue Testament aufgenommen ist, verweist auf frühere Schichten zurück. Solche doppelten, unabhängigen Vektoren verweisen auf mündliche und schriftliche Materialien aus den 30er und 40er Jahren und möglicherweise auf den historischen Jesus zurück.

Die dritte Schicht. Schicht III ist von zentraler Bedeutung, weil sie drei interne Unterschichten bzw. Ebenen umfasst. (In der Archäologie werden solche Schichten als Stratum IIIa, IIIb und IIIc bezeichnet.) Auf der ersten Ebene der Schicht III sind die Logienquelle und das Markusevangelium, die zwischen den späten 50er und frühen 70er Jahren entstanden sind, anzusiedeln. Die zweite Ebene, die aller Wahrscheinlichkeit nach in Abhängigkeit vom Markusevangelium und von der Logienquelle entstanden ist, umfasst das Matthäus- und das Lukasevangelium aus den 80er Jahren. Die dritte Ebene, die mit einiger Wahrscheinlichkeit in Abhängigkeit vom Markus-, Matthäus- und Lukasevangelium entstanden ist, stellt das Johannesevangelium dar. Dieser kanonische Prozess stellt im Übrigen den stichhaltigsten Beweis dafür dar, dass Schichtung ein für die Evangelien charakteristisches Phänomen ist.

Schließlich müssen auch alle anderen Texte wie das *Petrusevangelium* auf ähnliche Weise untersucht werden. Es stellt sich die Frage, welche internen Schichten innerhalb dieses Evangeliums unterschieden werden können und an welchen Stellen sich solche Schichten mit den Schichten I, II und III kreuzen.

Unterhalb der Schichten I, II und III befindet sich aber noch etwas Grundlegenderes, das als eine Matrix beschrieben werden kann, auf der eine Tradition mit einer Situation interagiert. Zur Verdeutlichung dieser Aussage sei folgende Parallele gezogen: Unterhalb der archäologischen Schichten eines alten Erbodens befindet sich das Muttergestein, das Fundament, der Grund. Es handelt sich dabei nicht einfach um eine passive Gegebenheit, eher um eine latente aktive Präsenz. Die Topografie Jerusalems zum Beispiel war nicht einfach »Grund« sondern Schicksal, ob im Blick auf militärische Verteidigung oder Sakralbauten. Vergleichbares gilt für die drei exegetischen Schichten. Deren Fundament, mit dem sie sich in dauerndem wechselseitigem Austausch befinden, ist die ehrwürdige jüdische Tradition, die hart gegen den Hochmut des kulturellen Internationalismus der Griechen und die Arroganz des militärischen Imperialismus der Römer ankämpfte. In diesem Buch werden wir uns in erster Linie mit diesem Fundament und der ursprünglichen Schicht der Texttradition beschäftigen, damit verständlich wird, wie der historische Jesus lebte – in jener Zeit trügerischer Ruhe unmittelbar nach dem Vorspiel des Schreckens im Jahr 4 v. Chr. und Jahrzehnte vor dessen Höhepunkt in den Jahren 66–74 n. Chr.

Maria aus Nazaret

Die Analyse von Lukas 4:16-30 führte nicht nur zu der Schlussfolgerung, dass es im Nazaret des ersten Jahrhunderts kein Synagogengebäude, keine Schriftrollen, keine gebildete Dorfbevölkerung und keine Klippen gab, sondern, was wichtiger ist, auch keine mordlustige Einwohner. Die Menschen aus Nazaret haben nie versucht, Jesus zu töten. Diese Erzählung zählt nicht zu der ursprünglichen ersten Schicht, sondern zu der späteren lukanischen Schicht. Hier geht es nicht nur um historische Genauigkeit, sondern auch um die Ehre eines Dorfes in einem kleinen Land vor vielen Jahrhunderten.

Das im Folgenden zu untersuchende Geschehen, das erzählt wird, als habe es sich viel früher in Nazaret zugetragen, ist noch verwickelter. Es handelt nicht von der Ehre des Dorfes, sondern der der Mutter Jesu. Es soll gezeigt werden, wie Erzählungen und Gegenerzählungen interagieren und Erzählzusammenhänge herstellen, die, gerade weil die Texte interagieren, aus verschiedenen Schichten bestehen. Das Ergebnis einer solchen Interaktion ist eine narrative Intertextualität, die ebenso dicht und vielförmig wie eine archäologische Schichtung ist.

Kurz vor 180 n. Chr. verfasste ein griechischer Philosoph namens Celsus eine polemische Schrift über das Christentum mit dem Titel *Über die wahre Lehre*, in der er die Wahrheit der klassischen heidnischen Lehre verteidigte. Diese Schrift ist nicht erhalten und nur aus einer detaillierten Widerlegung, *Gegen Celsus*, bekannt, die Origenes von Alexandria Mitte des folgenden Jahrhunderts formuliert hatte. Celsus gibt folgenden bissigen Kommentar zur Empfängnis Jesu ab:

Stellen wir uns vor, dass ein Jude – oder gar ein Philosoph – zu Jesus sagte: »*Ist es nicht wahr, guter Herr, dass Ihr die Geschichte Eurer Jungfrauengeburt erfunden habt, um Gerüchte über die wahren, abstoßenden Umstände Eurer Herkunft verstummen zu lassen? Ist es nicht so, dass Ihr in einem ländlichen Dorf geboren und von einer Frau zur Welt gebracht wurdet, die als Spinnerin arbeitete, und eben nicht in der Stadt Davids, in Betlehem? Ist es nicht so, dass sie von ihrem Ehemann, dem Zimmermann, vertrieben und des Ehebruchs beschuldigt wurde, nachdem sie von einem römischen Soldaten namens Panthera geschwängert worden war? Ist es nicht so, dass sie in ihrer Schmach weit von zu Hause weggezogen ist und einem Jungen im Stillen und unter beschämenden Umständen das Leben schenkte? Ist es nicht so, dass Ihr Euch in Ägypten als Arbeiter verdungen, magische Fähigkeiten erlernt und Euch einen gewissen Namen gemacht habt, mit dem Ihr bei Euren Angehörigen prahlt?*«

Diese Anschuldigung begegnet in einer Schicht, die älter ist als die dritte, die Evangelienschicht, die wir im Zusammenhang mit Lukas 4:16-30 bereits diskutiert haben. Es stellt sich jedoch die Frage, ob sie *aus* der viel späteren Schicht stammt oder von einer der frühesten herkommend dort angetroffen wird. Was, anders gefragt, erzählt sie uns über die Empfängnis Jesu?

Die Anschuldigung des Celsus ist nicht nur später als die Evangelien-Schicht, sondern auch von dieser abhängig. Der entscheidende Punkt ist nicht, dass von einer Geburt in Betlehem, wie auch bei Lukas, oder von Ägypten, wie nur bei Matthäus, sondern von »ihrem Ehemann, dem Zimmermann«, die Rede ist. Markus 6:3 hatte Jesus als »den Zimmermann« bezeichnet, Matthäus formuliert im Anschluss an Markus »der Sohn des Zimmermanns« (13:55). Wahrscheinlich war er der Ansicht, dass dieser Beruf für Jesus unpassend ist, was wohl auch Lukas veranlasste, ganz auf diese Angabe zu verzichten. Aber dies lässt uns erkennen, dass Celsus' Kenntnis von der Empfängnis Jesu einzig mit Matthäus in Verbindung gebracht werden kann. Das Matthäusevangelium scheint jedoch nicht seine direkte Quelle gewesen zu sein. Bezeichnenderweise »stellt« er sich »vor«, dass die Äußerung von einem jüdischen Gegner des Christentums kommt, und in der Tat ist seine Kritik in der späteren jüdischen Tradition bekannt. Daher liegen ihre Ursprünge aller Wahrscheinlichkeit nach in innerjüdischen Polemiken zwischen nichtchristlichen und christlichen Juden. Mit anderen Worten: der Anspruch jungfräulicher Empfängnis diente nicht der Vertuschung einer ehebrecherischen Empfängnis durch christliche Juden. Vielmehr erhoben nichtchristliche Juden die Behauptung einer ehebrecherischen Empfängnis zwecks Widerlegung einer jungfräulichen Empfängnis.

In der Antike attackierten Rhetoriker Philosophen, Philosophen attackierten einander, Heiden attackierten Juden, Juden attackierten einander, Juden attackierten Christen, und Christen attackierten einander. Ihre Beschimpfung wurde als *vituperatio* bezeichnet. Heute würden wir das als Rufmord, Verleumdungskampagne oder polemische Ausfälle bezeichnen, bei denen Richtiges und Wahres schnell Verleumderischem und Verunglimpfendem geopfert werden. Christliche Juden bezeichneten nichtchristliche Juden als Haarspalter, Paragrafenreiter, Scheinheilige und »übertünchte Gräber«. Nichtchristliche Juden bezeichneten Jesus als (vom Teufel) Besessenen, Samariter, Fresser und Trunkenbold. Hierbei handelt es sich um Beschimpfungen, nicht um Charakterbeschreibungen. Es sollte ebenso wenig weiterhin historische Diskussionen darüber geben, ob die Pharisäer Scheinheilige waren, wie darüber, ob Jesus ein Besessener war. Daneben gibt es auch ein Vorgehen, das man Geschichts-

Fälschung nennen kann. Es ist auf seine Art viel tückischer als einfache Beschimpfungen, aber bisweilen nicht weniger zielgenau. Einem solchen begegnen wir im folgenden Beispiel, das veranschaulicht, wie eine Erzählung, die eine bestimmte Behauptung enthält, eine andere hervorbringt, die von der Gegenbehauptung ausgeht.

Von Mose zu Jesus

Die Anschuldigung des Celsus mag vielen Christen äußerst offensiv erscheinen. Es ist jedoch daran zu erinnern, dass Josef der erste war, der die Empfängnis Jesu als ehebrecherisch ansah, und dass Matthäus der erste war, der diesen Verdacht in seinem eigenen Evangelium erneut äußerst. Die Kindheit Jesu wird im Matthäusevangelium in erster Linie aus Josefs Sicht erzählt, im Lukasevangelium wird sie aus Marias Sicht erzählt. Im Matthäusevangelium ist Josef der Adressat der Verkündigung und nicht wie im Lukasevangelium Maria. Während im Matthäusevangelium Josef die Frage nach dem Ehebruch aufwirft, wird diese Möglichkeit bei Lukas 1:26-38 nicht erwähnt. Lukas weiß wie Matthäus, dass Maria Josef versprochen ist. Nur im Lukasevangelium kündigt der Engel ihr jedoch an, dass sie den Sohn Gottes durch das Wirken des Heiligen Geistes empfangen wird. Der Leser des Lukasevangeliums hat allen Grund zu der Annahme, dass Maria Josef erzählte, was geschehen war, und dass er dies genauso glaubte, wie sie es geglaubt hatte. Matthäus bietet eine andere Version. In 1:18-25 erzählt er die Begebenheit wie folgt:

Mit der Geburt Jesu war es so: Maria, seine Mutter, war mit Josef verlobt; noch bevor sie zusammengekommen waren, zeigte sich, dass sie ein Kind erwartete – durch das Wirken des Heiligen Geistes. Josef, ihr Mann, der gerecht war und sie nicht bloßstellen wollte, beschloss, sich in aller Stille von ihr zu trennen. Während er noch darüber nachdachte, erschien ihm ein Engel des Herrn im Traum und sagte: Josef, Sohn Davids, fürchte dich nicht, Maria als deine Frau zu dir zu nehmen; denn das Kind, das sie erwartet, ist vom Heiligen Geist. Sie wird einen Sohn gebären; ihm sollst du den Namen Jesus geben; denn er wird sein Volk von seinen Sünden erlösen. ... Als Josef erwachte, tat er, was der Engel ihm befohlen hatte, und nahm seine Frau zu sich. Er erkannte sie aber nicht, bis sie ihren Sohn gebar. Und er gab ihm den Namen Jesus.

Soweit man weiß, waren sexuelle Beziehungen von Paaren in Galiläa strenger als in Judäa reglementiert. Denn in Galiläa wurde strikter zwischen der Verlobung, die ein gesetzlich verankertes Recht begründete, und der Eheschließung, die einen gemeinsamen Haushalt begründete, unterschieden. Aber sicherlich auch in Galiläa hätten Dorfbewohner angenommen, dass Marias Schwangerschaft nicht auf einen Ehebruch, sondern auf einen vorgezogenen ehelichen Geschlechtsverkehr zurückzuführen war. Außer Maria konnte nur Josef wissen, ob dies zutraf. Im Übrigen ist zu berücksichtigen, dass, da Ehebruch nur die Rechte des Ehemanns verletzen konnte, Maria nur Ehebruch hätte begehen können, wenn Josef schon die Rechte eines Ehemanns gehabt hätte.

Die Empfängnis Jesu nach dem Matthäusevangelium. Warum in alles in der Welt erzählte Matthäus die Geschichte so, wie er sie erzählte, und weshalb beschwor er, wenn auch nur für einen Moment, das Schreckgespenst des Ehebruchs? Da Josef und Maria schon offiziell verlobt waren, würde eine Schwangerschaft, auch wenn sie vor Marias Auszug aus dem Haus ihres Vaters und ihrem Einzug in das Haus ihres Ehemanns nicht ganz schicklich war, bei niemanden außer Josef den Verdacht wecken, Maria habe Ehebruch begangen. Selbst wenn Josef sich von Maria trennen würde, würden seine Nachbarn nicht notwendigerweise einen Ehebruch unterstellen, und selbst wenn er dies behauptete, würde ihm vor Gericht vielleicht nicht geglaubt. Um 200 n. Chr. heißt es in der Mischna, der Grundschrift des normativen Kodex des Judentums: »Wenn ein Mann sagt: ›Dieser mein Sohn ist ein Bastard‹, wird ihm möglicherweise nicht geglaubt. Selbst wenn beide von dem ungeborenen Kind im Mutterleib behaupten: ›Es ist ein Bastard‹, wird ihnen vielleicht nicht geglaubt. R. Juda sagt: Ihnen wird vielleicht geglaubt.« (Qiddushin 4:8)

Weshalb also hat Matthäus das Thema Ehebruch angeschnitten? Kennt er historische Details, die Lukas nicht kennt? Verfolgt er eine erzählerische Absicht, die Lukas nicht im Blick hat? Man muss sehr genau untersuchen, wie die Empfängnis Jesu bei Matthäus dargestellt wird, wenn man nicht zu dem Schluss gelangen will, dass er unnötigerweise eine Möglichkeit angesprochen hat, die von der Antike bis heute weitergetragen wird. Aber war in der historischen Realität, d. h. der ersten, ursprünglichen Schicht, Maria eine Ehebrecherin und Jesus ein Bastard? Und wenn nicht, stellt sich erneut die Frage, was Matthäus mit seiner Version der Kindheitserzählung bezweckt und weshalb er, und sei es auch nur aus Versehen und für einen Moment, die Möglichkeit einer Trennung auf Grund eines angenommenen Ehebruchs anspricht.

Mose und Jesus nach dem Matthäusevangelium. Im Matthäusevangelium beginnt und endet das öffentliche Leben Jesu auf einem Berg in Galiläa. Seine letzten Worte richtet er auf dem »Berg, den Jesus ihnen genannt hatte« (28:16), an die Jünger. Seine ersten Worte richtet er in der Rede an sie, die wir als Berpredigt bezeichnen, und die Matthäus wahrscheinlich als das Neue Gesetz vom Neuen Berg Sinai bezeichnet hätte. Jesus »stieg auf einen Berg« (5:1), und sagte, er sei nicht gekommen, »um das Gesetz und die Propheten aufzuheben« (5:17), und dies tat er, indem er das Gesetz in sechs bemerkenswerten »Antithesen« intensivierte. Jeweils beginnend mit dem Satz, »Ihr habt gehört, dass zu den Alten gesagt worden ist... Ich aber sage euch«, verbot er ihnen, anderen zu zürnen, die Ehe zu brechen, sich scheiden zu lassen, einen Meineid zu schwören, Vergeltung zu üben, und forderte Liebe zu den Feinden (5:21-48). Matthäus sieht Jesus als einen neuen, ethisch noch radikaleren Mose. Damit ist der Gehalt der das Evangelium eröffnenden Kindheitsgeschichte bereits festgelegt. Matthäus hat die Geburtsgeschichte Jesu bewusst nach dem Modell Mose entworfen.

Empfängnis des Mose in der Tradition. Über tausend Jahre vor der Zeit Jesu hatte nach Exodus 1-2 der Pharao den Befehl gegeben, alle neugeborenen jüdischen Knaben zu töten, um die Zahl der Juden an der Nordostgrenze Ägyptens zu begrenzen. Mose war bereits empfangen, und nach seiner Geburt wurde er von der Tochter des Pharao gerettet, die ihn wie ein ägyptisches Kind aufzog. Keiner dieser Umstände scheint sich besonders für eine Integration in ein Modell zu eignen, das die Kindheit Jesu in Parallelität zu der des Mose konstruiert, wie es die Ouvertüre des Evangelium nach Matthäus erfordert. Nun ist die Erzählung im Buch Exodus so knapp ausgeführt, dass jeder passable Geschichtenerzähler zumindest zwei Fragen würde beantworten wollen. Ist es nicht seltsam, dass die jüdischen Eltern sich nicht für eine Scheidung, Trennung oder zumindest für ein enthaltsames Leben entschieden haben, um so die Ermordung eines männlichen Nachkommens und die Versklavung der Mädchen zu verhindern? Schon im ersten Jahrhundert n. Chr. strebten volkstümliche Ausdeutungen der Geburtsgeschichte danach, solche Details nachzutragen, und dieser Prozess der Ausdeutung sollte sich im ersten Jahrtausend innerhalb der jüdischen Tradition fortsetzen.

In dieser Tradition konnte ein solches Entfalten einer Erzählung aus der Bibel auf haggadische *midrashim*, Kommentare, die Erzählungen aus den hebräischen Schriften erklärten und erweiterten, und/oder auf *targumim*, aramäische Kommentare zurückgehen, die solche Erzählungen übersetzten, erklärten und erweiterten. Gewöhnliche Menschen kannten die ursprüngliche Erzählung vorrangig oder ausschließlich in den auf Grund ständiger Erweiterungen veränderten Versionen. Im Folgenden konzentrieren wir uns auf zwei Quellen, die sicher auf das späte erste Jahrhundert datiert werden können. Die Schriften *Jüdische Altertümer* des Historiografen Flavius Josephus und *Biblische Altertümer* eines anonymen Autors (der Pseudo-Philo genannt wird, weil seine Schrift unter den Werken des in Alexandria geborenen jüdischen Philosophen Philo überliefert wurden) lassen die frühe Etappen narrativer Verbesserungen bezüglich der Geburtsgeschichte des Mose erkennen. Dieser Prozess ist mit einer ständigen Nachrüstung von Software vergleichbar. Hervorzuheben ist, dass das Augenmerk dem Erlass des Königs und der Entscheidung des Vaters gilt.

Der Erlass des Königs. Die erweiterten Erzählungen insistieren darauf, dass Mose, nachdem der Erlass des Pharao verkündet worden war, zufällig geboren wurde. Einer der Ratgeber des Pharao warnte vor einer Gefahr für Ägypten durch ein jüdisches Kind, das bald geboren werden sollte und das die Ägypter bedrohen und sein eigenes Volk, die Israeliten, erlösen sollte. Die entsprechende Stelle in *Jüdische Altertümer* lautet:

> *Als die Unseren sich in dieser Notlage befanden, bewirkte ein weiterer Vorfall, dass den Ägyptern noch mehr daran gelegen war, unser Volk auszurotten. Einer der Schriftkundigen (diese waren in der Vorhersage der Zukunft bewandert), kündigte dem König an, dass zu jener Zeit den Israeliten ein Kind geboren würde, das, sollte es zu einem Mann aufgezogen werden, die Herrschaft der Ägypter vernichten und die Israeliten erheben würde und*

das alle an Tugend übertreffen und ewigen Ruhm erlangen sollte.
Der König, der durch diese Ankündigung erschreckt wurde, be-
fahl auf Anraten dieses Weisen jedes Kind männlichen Ge-
schlechts, das den Israeliten geboren wurde, in den Fluss zu
werfen und zu töten (2.205-206).

Die Anordnung, alle Kinder männlichen Geschlechts zu töten, zielt
insbesondere darauf ab, den zukünftigen Mose zu töten. Mose steht
nun im Mittelpunkt der Erzählung. Der zukünftige Mose war der
Anlass und nicht nur verwickelt in das allgemeine Töten der Kinder.
Nach Versionen dieser Tradition, die erst in späteren Texten bekannt
wurden, träumte der Pharao von einem Lamm, das schwerer als alle
anderen in Ägypten war, und rief er am folgenden Morgen seine
Berater zusammen, die ihm den Traum deuten sollten.

Man erkennt sofort, dass die volkstümliche Version sehr viel besser dem von Matthäus verfolgten Erzählinteresse entspricht als die
in Exodus niedergelegte. Herodes der Große ist der neue Pharao, der
Unterdrücker. Beide erhielten gelehrte Auskunft, was es mit dem
Kind, dessen Geburt bevorsteht, auf sich habe. Herodes erhält die
Auskunft nach Matthäus von »allen Hohenpriestern und Schriftge-
lehrten des Volkes«, der Pharao nach Flavius Josephus von einem
seiner Schriftkundigen. Beide beschließen, alle männlichen Kinder
töten zu lassen, um das vorherbestimmte Kind, Mose bzw. Jesus, zu
vernichten.

Die Entscheidung des Vaters. Auch zu diesem Punkt führt die Exo-
duserzählung nur sehr wenig aus. Nach der Veröffentlichung des
Erlasses des Pharao ging ein Mann aus einer levitischen Familie hin
und nahm eine Frau aus dem gleichen Stamm (Exodus 2:1) und
Mose wurde empfangen. Erst später, in 6:20, werden sie Amram und
Jochebed genannt. Dies ist wiederum nicht günstig für eine Mose-
Jesus-Parallele. Aber auch dieses Mal kommen populäre Erzählungen dem Interesse, das Matthäus verfolgt, mehr entgegen. Wer die
Exoduspassagen über Ausrottung und Eheschließung liest, wird sich
wohl folgende naheliegende Fragen stellen: Weshalb sollten Paare
das Risiko eingehen, dass ihre männlichen Nachfahren getötet und
ihre weiblichen Nachfahren versklavt werden könnten? Weshalb
sollten sie heiraten und Kinder empfangen? Weshalb sollten sie sich
nicht trennen oder scheiden lassen? Josephus und Pseudo-Philo
kennen traditionelle Antworten auf diese Fragen. Die Unterschiede

zwischen ihnen deuten daraufhin, dass sich hinsichtlich dieser Fragen bereits eine relativ verzweigte (Erzähl-)Tradition herausgebildet hat.

In den *Jüdischen Altertümern* von Flavius Josephus sind Amram und Jochebed schon verheiratet und ist Jochebed schon schwanger, als der Erlass des Pharao verkündet wird:

Da Amaram(es), ein Hebräer edler Herkunft, fürchtete, dass sein Volk durch die Vernichtung der nachfolgenden Generation ausgerottet werden würde und auch um sein eigenes Schicksal besorgt war, weil seine Frau ein Kind erwartete, war er sehr verwirrt. Deshalb betete er zu Gott. ... Und Gott hatte Mitleid mit ihm und bewegt von seiner flehentlichen Bitte, erschien er ihm im Traum, ermutigte ihn nicht an der Zukunft zu verzweifeln und sprach zu ihm...:»Jenes Kind, dessen Geburt die Ägypter mit solcher Furcht erfüllt hat, dass sie alle Nachkommen der Israeliten zum Tode verurteilt haben, wird dein Kind sein; es wird denen entkommen, die danach trachten, es zu töten, und wird auf wunderbare Weise aufgezogen werden und das hebräische Volk aus seiner Knechtschaft in Ägypten befreien, und sein Andenken wird in allen Zeiten fortdauern, nicht nur bei den Hebräern, sondern auch bei den anderen Völkern.« (2.210-211)

Nun wird allmählich verständlich, weshalb Matthäus die Kindheitsgeschichte aus Josefs und nicht aus Marias Sicht erzählt. Er folgt konsequent der Ausrichtung der Überlieferung zur Geburt des Mose auf den Vater Amram.

In den *Biblischen Altertümern* von Pseudo-Philo wird Amrams Rolle deutlich erweitert. Er und Jochebed sind noch nicht verheiratet, als der Erlass verkündet wird, und die Frage ist, ob Eheschließungen angesichts des drohenden Kindermordes in Zukunft stattfinden sollen. Amram lehnt ein enthaltsames Leben, eine Trennung oder Scheidung als Lösung ab, aber dieses Mal ist es Miriam, die Schwester des zukünftigen Mose, die im Traum eine Offenbarung empfängt:

Dann riefen die Ältesten des Volkes ihr trauerndes Volk zusammen [und sagten:]»Lasst uns Regeln aufstellen, damit ein Mann sich nicht seiner Frau nähert... bis wir wissen, was Gott tun wird.« Und Amram antwortete ... : »Ich werde mir eine Frau nehmen, und ich werde mich dem Befehl des Königs nicht fügen; und wenn das in euren Augen richtig ist, lasst uns alle so handeln.« Und der Plan, den Amram gefasst hatte, fand vor Gott Gefallen. Und Gott sagte ... : »Das Kind, das ihm geboren wird, wird mir ewig dienen.« Und Amram vom Stamm der Leviten ging hin und nahm sich eine Frau aus seinem eigenem Stamm. Als er sie sich genommen hatte, folgten ihm andere und nahmen sich auch Frauen ... Und dieser Mann hatte einen Sohn und eine Tochter; ihre Namen waren Aaron und Miriam. Und eines Nachts kam der Geist Gottes über Miriam, und sie hatte einen Traum und erzählte ihn ihren Eltern am folgenden Morgen. Sie sagte: »In dieser Nacht habe ich einen Mann gesehen und erblickt, der in Leinen gekleidet war und zu mir sagte: ›Gehe und sage deinen Eltern: Seht, der, der von euch geboren wird, wird ins Wasser geworfen werden; und durch ihn wird das Wasser trocken gelegt werden. Und ich werde durch ihn Zeichen tun, und er wird immer das Volk anführen.‹« Und als Miriam von ihrem Traum erzählte, glaubten ihre Eltern ihr nicht (9.2-10).

Neu an diesem Text ist, dass er die Frage, ob die Ehe fortgesetzt werden soll oder nicht, thematisiert. Dieses Mal ist der offenbarende Traum direkt an Miriam gerichtet, und die Eltern erfahren von dem Traum erst durch ihre Tochter. In beiden Texten ist jedoch der Inhalt des Traums derselbe: Amram und Jochebed werden die Eltern des vorherbestimmten und gefährdeten Kindes sein. In Versionen dieser Tradition, die nur aus späteren Texten bekannt sind, lassen sich Amram und Jochebed ebenso wie die anderen Männer und Frauen scheiden, und es ist Miriams Traum, der sie wieder als Eheleute zusammenführt, damit Mose das Licht der Welt erblicken kann.

Zwei parallele Kindheitserzählungen. Matthäus hat eine Erzählung über die Geburt Jesu nach dem Vorbild jener volkstümlichen Berichte über Mose verfasst, die in den sicher auf das erste Jahrhundert zu datierenden Texten von Flavius Josephus und Pseudo-Philo oder in noch früheren Texten enthalten waren. Er hat eine Parallele zwischen dem Pharao und Herodes gezogen. Er muss aber auch eine Parallele zwischen Amram und Josef gezogen haben. Das setzt auf der Seite des Vaters ein Zögern voraus, das sich in Zweifel und

Bestürzung oder in Gedanken an Trennung und Scheidung äußern kann. Zur Lösung dieses Problems ist ein Offenbarungstraum notwendig. Schließlich muss den Eltern verkündet werden, dass das ausersehene Kind »ihr Kind« ist. Erneut ist die Frage zu stellen, was in der bereits zitierten Passage aus Matthäus (1:18-25) über Josef gesagt wird. Das Problem entsteht dadurch, dass er einen Ehebruch annimmt (andere würden von einem vorgezogenen Vollzug der Ehe ausgehen). Der Traum versichert ihn Marias und ihres Sohnes, der »sein Volk von seinen Sünden erlösen wird«, wie Mose das »Volk der Hebräer aus seiner Knechtschaft in Ägypten führen wird«.

Wir schließen daraus, dass Matthäus selbst diese fiktionale, gleichnishafte Geschichte von der Geburt Jesu schuf, und dass er es ganz bewusst tat, um Jesus zur göttlich bestimmten Erfüllung des Mose zu machen. Im Zuge der Parallelisierung der beiden Kindheitserzählungen warf er jedoch selbst die Frage nach einem Ehebruch auf, die seiner Erzählung von der Antike bis zur Moderne anhängt. Matthäus' schöpferische Komposition in seinem Evangelium stellt eine dritte Schicht dar. Sie brachte als offenkundige Widerlegung eine unmittelbare Gegenerzählung in einer nachmatthäischen Schicht hervor. Man stelle sich die gegenseitige Beschimpfung in Streitereien von unterschiedlichen Parteigängern einer Religion vor. *Pro-Jesus-Juden*: »Er wurde aus Gott von einer jungfräulichen Mutter ohne einen menschlichen Vater geboren.« *Anti-Jesus-Juden*: »Wenn Josef nicht sein Vater ist, ist Maria eine Ehebrecherin und Jesus ein Bastard. Ihr sprecht von jungfräulicher Empfängnis aufgrund göttlichen Eingreifens. Wir sprechen von einer ehebrecherischen Empfängnis, die nicht von einem sündigen Juden, sondern einem Heiden, einem römischen Soldaten herbeigeführt wurde.« Argument und Gegenargument. Erzählung und Gegenerzählung.

Jungfräuliche Empfängnis aufgrund göttlichen Eingreifens

Eine Erzählung über Ehebruch steht einer früheren Erzählung über göttliches Eingreifen gegenüber, bei der es sich wiederum um eine Erzählung über Jesus handelt, welche ihrerseits in Relation zu einer noch früheren Erzählung über Mose steht. Gab es noch eine andere Erzählung, die vor dieser Erzählung entstanden war? Celsus gründete seine spätere Gegenerzählung auf die Erzählung Matthäus 1-2, wie sie innerhalb jüdischer Polemik übermittelt wurde. Matthäus gründete seine frühere Gegenerzählung auf die Erzählung Exodus 1-2, wie sie in jüdischen Entfaltungen übermittelt wurde. Aber in ihren Kindheitserzählungen gehen Matthäus und Lukas unabhängig voneinander davon aus, dass Maria von Nazaret als Jungfrau Jesus empfangen hat, eine Tradition, die sonst an keiner anderen Stelle im Neuen Testament auch nur beiläufig erwähnt wird. Es gab eine noch frühere Erzählung, die eine solche wunderbare Empfängnis für Jesus beanspruchte. Diese Erzählung ist mindestens in der zweiten Schicht, der Traditionsschicht anzusiedeln. Es stellt sich jedoch die Frage, ob sie dort entstanden ist oder der ältesten Schicht entstammt. Bei der Erörterung dieser Frage ist erneut, wie zuvor bei Jesaja 61:1-2 in der Synagoge in Nazaret, auf die Bedeutung des biblischen Fundaments, der jüdischen Tradition hinzuweisen. Und man beachte, wie dieses Fundament Wirksamkeit erlangt, indem es struktureller und substantieller Teil dessen wird, was auf ihm errichtet wird.

In der biblischen Tradition wurden Kinder mit einem von Gott vorherbestimmten Schicksal alten und/oder unfruchtbaren Eltern und nicht jungen, jungfräulichen Müttern geboren. Das klassische Modell stellt Isaak dar, der Abraham und Sara geboren wurde. Als Gott ihnen einen Sohn versprach, lachten beide. »Da fiel Abraham auf sein Gesicht nieder und lachte. Er dachte: Können einem Hundertjährigen noch Kinder geboren werden, und kann Sara als Neunzigjährige noch gebären?« (Genesis 17:17) »Abraham und Sara waren schon alt; sie waren in die Jahre gekommen. Sara erging es längst nicht mehr, wie es Frauen zu ergehen pflegt. Sara lachte daher still in sich hinein und dachte: Ich bin doch schon alt und verbraucht und soll noch das Glück der Liebe erfahren? Auch mein Herr ist doch schon ein alter Mann!« (Genesis 18:11-12) Das ist das traditionelle biblische und jüdische Modell für eine gottgewirkte Empfängnis.

Auf der einen Seite könnte die Empfängnis einer jungen, jungfräulichen Frau als das größere Wunder und als ein größeres Zeichen göttlicher Intervention erscheinen als die einer alten, unfruchtbaren Frau. In diesem Sinne überbietet die jungfräuliche Empfängnis und Geburt Jesu in Lukas 1-2 die Geburt Johannes' des Täufers, der von alten, unfruchtbaren Eltern empfangen wurde. In 1:7 hatten diese »keine Kinder, denn Elisabet war unfruchtbar, und beiden waren schon in vorgerücktem Alter«, und »Zacharias sagte zu dem Engel: Woran soll ich erkennen, dass das wahr ist? Ich bin ein alter Mann, und auch meine Frau ist in vorgerücktem Alter« (1:18). Es hat den Anschein, als würde der jungfräulichen Empfängnis eine größere Bedeutung als der Empfängnis einer alten Frau selbst dann beigemessen, wenn in beiden Fällen Gott interveniert hat. Jesus ist weit größer als Johannes, was bereits von ihrer unterschiedlichen, aber vergleichbaren Empfängnis her deutlich wird.

Auf der anderen Seite ist die Empfängnis einer alten, unfruchtbaren Frau öffentlich sichtbar, vor Gericht beweisbar und allgemein überprüfbar. Niemand kann die Tatsache der Empfängnis und Niederkunft einer alten, unfruchtbaren Frau in Abrede stellen. Diese bedarf allerdings einer außergewöhnlichen Erklärung. Eine jungfräuliche Empfängnis hingegen ist positiv vom Wort der Mutter abhängig, negativ von der Versicherung des Vaters. Sie fordert aber Entkräftung durch den Verweis auf Ehebruch oder Unzucht geradezu heraus. Warum sollte also jemand einen größeren Anspruch damit verbinden, eine bedeutsamere göttliche Intervention? Handelt es sich nicht einfach um eine viel leichter zu widerlegende Behauptung?

Eine nahe liegende Antwort ist, dass die zweite oder Traditionsschicht die jungfräuliche Empfängnis als Erfüllung von Jesaja 7:14 konzipiert hat, einem Text, der bei Matthäus explizit zitiert wird, bei Lukas aber nur implizit, wenn überhaupt, präsent ist. Die griechische Übersetzung dieses hebräischen Verses lautet: »Sieh, die Jungfrau wird in (ihrem) Schoß ein Kind empfangen, einen Sohn gebären und ihm den Namen Immanuel geben.« Das bedeutete im Hebräischen sicher und im Griechischen wahrscheinlich, dass das Versprechen sich innerhalb eines Jahres erfüllen sollte, also innerhalb einer Zeitspanne, in der eine junge, jungfräuliche Frau, nachdem sie geheiratet hatte, ein Kind austragen und ihm einen Namen geben würde. Es bedeutete nicht, dass sie innerhalb dieser Zeitspanne Jungfrau bleiben würde, sondern einfach nur, dass sie als Jungfrau in die Ehe ging. Mit anderen Worten: die *Traditionsschicht* hat möglicherweise Jesaja 7:14 benutzt und »Jungfrau« wörtlich genommen, was der Text selbst jedoch kaum nahe legte.

Es gibt noch einen anderen und vielleicht überzeugenderen Grund für die Betonung auf der jungfräulichen Empfängnis nicht nur bei Matthäus und Lukas, sondern bereits vor ihnen in der allgemeinen Tradition von Jesu ursprünglicher Empfängnis, die sie beide bejahten und der sie sich beiden anschlossen. Diesen Grund kann man nur verstehen, wenn man sich in die Welt des ersten Jahrhunderts hineinversetzt, Beobachtungen jenseits der jüdischen Tradition macht und sich mit den imperialen Machtansprüchen Roms auseinander setzt.

In der biblischen Tradition wurde, wie soeben kommentiert, die gottgewirkte Geburt besonders vorherbestimmter Kinder durch die unerwartete Schwangerschaft einer unfruchtbaren und/oder alten Frau angezeigt. In der griechisch-römischen Tradition von Alexander bis Augustus wurde sie dagegen dadurch angezeigt, dass himmlische Macht ein irdisches Wesen überschattete, also durch eine menschliche und göttliche Interaktion. Auf diese Weise erfolgte z. B. auch die göttliche Empfängnis von Octavian, dem späteren Caesar Augustus, den Sueton in seinem Werk *Das Leben der römischen Kaiser: Der vergöttlichte Augustus* als Herrn und Heiland des Römischen Reiches darstellt (94.4):

Als Atia um Mitternacht zu einem feierlichen Gottesdienst des Apollo gekommen war und man ihre Sänfte im Tempel abgestellt hatte, sei sie, während die übrigen Frauen bereits schliefen, auch eingenickt. Plötzlich sei eine Schlange zu ihr gekrochen, wenig später habe diese sie wieder verlassen; aufgewacht habe sie sich gereinigt, wie wenn sie mit ihrem Mann zusammen gewesen wäre. Und im gleichen Moment habe sich auf ihrem Körper ein Mal gezeigt, so ungefähr vom Aussehen einer Schlange, die man aufgemalt hat, und das habe sich niemals mehr entfernen lassen, so dass sie seitdem nie mehr in öffentliche Bäder gegangen sei. Augustus sei im zehnten Monat danach geboren worden und deswegen für einen Sohn des Apollo gehalten worden. Bevor sie niederkam, träumte Atia, das, was sie in sich trug, werde zu den Sternen getragen und breite sich über Himmel und Erde in ihrer ganzen Ausdehnung aus. Und auch der Vater Octavius träumte, aus Atias Schoß komme das strahlende Licht der Sonne hervor.

Sueton, ein Historiograf aus dem zweiten Jahrhundert, schreibt die Erzählung über diese Empfängnis im Winter des Jahres 62 v. Chr. einer ägyptischen Quelle zu, die etwa auf das Jahr 30 v. Chr. zu datieren ist. Sie stammt aus dem Osten und entstand kurz nach Octavians Sieg über Kleopatra und Antonius vor der Küste von Actium in Westgriechenland. Dio Cassius, ein anderer Historiograf aus dem folgenden

Jahrhundert, überliefert genau die gleiche Erzählung, die er jedoch keiner Quelle zuordnet.

Wir bewegen uns immer noch in der Welt der Erzählungen und Gegenerzählungen, aber jetzt erscheint die Empfängnis Jesu nicht so sehr auf die Überbietung derjenigen des Mose abzuheben, sondern auf die Überbietung derjenigen des Augustus. Wir haben die Welt der alten, unfruchtbaren Eltern, von indirektem göttlichen Eingreifen verlassen und betreten die griechisch-römische Welt von irdischen Müttern und göttlichen Männern, von direkter göttlicher Intervention. Bei Matthäus, Lukas und auch in früheren Texten hat Jesus als Herr, Erlöser und Sohn Gottes die Titel des Augustus erhalten. Aber Atia war keine Jungfrau; sie hatte bereits etwa sechs Jahre, bevor Octavian geboren wurde, eine Tochter. Obwohl Jesaja 7:14 hilfreich war, war wohl eher die Überbietung des Augustus bestimmend: Die jungfräuliche Maria war größer als die mütterliche Atia.

Auf Grund seiner Empfängnis wird Jesus in einer Erzählung auf einen Kollisionskurs mit Augustus gebracht, die nicht aus der ersten, der *ursprünglichen* Schicht, sondern aus der zweiten, der *Traditions*schicht stammt. Diese Erzählung entstand, nachdem Jesus öffentlich das Reich Gottes in Opposition zum Königreich des Caesars Roms verkündigt hatte.

DIE ERRICHTUNG EINES KÖNIGREICHES

Vor der Errichtung eines Königreiches muss geklärt werden, welcher Art es sein soll. Oder kann selbstverständlich vorausgesetzt werden, dass es nur einen Typ, ein Modell, ein Szenario gibt? Geht es bei der Errichtung eines Königreichs immer um Macht, Ruhm und Gewalt? Übt immer eine Minderheit Kontrolle über eine Mehrheit aus? Bietet ein agrarisches Königreich den Bauern als Gegenleistung für die Abgaben, die sie entrichten, Schutz? Geht es mit anderen Worten darum, sie vor anderen, die mit ihnen in gleicher Weise verfahren würden, zu schützen? Wird, bestenfalls, Gewaltanwendung immer geschickt kaschiert oder, schlimmstenfalls, immer offen zur Schau gestellt? Gibt es immer und überall nur ein Königreich, das durch Machtausübung und Gewaltanwendung geprägt ist? Oder gibt es auch ein Königreich, das sich durch Gerechtigkeit und Gewaltlosigkeit auszeichnet?

Das konfliktreiche Aufeinandertreffen verschiedener Königreichmodelle

Weder Herodes der Große und Herodes Antipas auf der einen noch Johannes der Täufer und Jesus auf der anderen Seite mussten ihre sehr verschiedenen Königreiche imaginieren, ausrufen und errichten, ohne auf bereits lange vorher bestehende Modelle zurückgreifen zu können. Als beinahe zufälliges Beispiel ist ein paradigmatisches Aufeinandertreffen zweier Königreichmodelle zu sehen, das sich gut ein halbes Jahrtausend vor dem ersten Jahrhundert der christlichen Zeitrechnung ereignete.

In der ersten Hälfte des achten Jahrhunderts v. Chr. regierte Jerobeam II. das Königreich Israel, das zusammen mit dem Königreich Juda die nördliche und südliche Hälfte dessen bildete, was im ruhmreichen zehnten Jahrhundert das eine Königreich Davids und Salomos war. Jerobeam II. regierte etwa dreißig Jahre, eine lange Zeit in einer Welt, in der die durchschnittliche Lebenserwartung nur etwa dreißig Jahre betrug. In den Jahren 1908–1910, 1931–1935 und 1965–1968 gruben Archäologen seine Hauptstadt Samaria aus. Bei der ersten Ausgrabung, die von der Harvard University ausging, wurden dreiundsechzig Tonscherben mit schwarzfarbenen hebräischen Inschriften entdeckt. Diese Inschriften enthielten detaillierte Angaben zu den Abgaben für das Öl und den Wein, die vom umliegenden Land in die Lagerräume des Königs transportiert worden waren. Bei der zweiten Ausgrabung, bei der es sich um eine gemeinsame Expedition der Harvard University, der Hebrew University und dreier britischer Institutionen handelte, wurden in den Königspalästen viele Elfenbeintafeln und mehrere hundert Überreste von Gegenständen aus Elfenbein entdeckt. Sie kombinierten Elemente aus der ägyptischen Mythologie mit phönizischen Kunsthandwerk und manchmal auch mit hebräischer Beschriftung.

Insbesondere die Funde aus Elfenbein sprechen für einen mächtigen König, einen glanzvollen Hof und einen Adel, der sich mit Luxusgütern umgab. Zeugten nur solche archäologischen Funde und nicht auch schriftliche Überlieferungen vom Samaria des Königs Jerobeam II. würden wir uns wohl kaum darüber wundern. Die freigelegten Gegenstände waren aus ägyptischen kunsthandwerklichen Produktionsstätten eingeführt worden; gleichzeitig wurde im Kult, in den Liedern und Erzählungen, auf Festen und in der Erinnerung der Israeliten immer noch die Befreiung von ägyptischer Unterdrückung gefeiert. Was, so könnte man erstaunt fragen, hatte Israel mit Ägypten, Samaria mit Phönizien zu tun? Uns sind nun Texte überliefert, die von einer anderen Sicht auf die Blütejahre Samarias ausgehen. Sie vermitteln eine ganz andere Vorstellung davon, wie ein Königreich zu errichten ist.

Die herausragenden Elfenbeinminiaturen, die in den dreißiger Jahren entdeckt wurden, wurden von Amos, einem Schafzüchter des achten Jahrhunderts aus Tekoa in Juda erwähnt. Als Prophet zog er mit unheilvollen Warnungen und Ankündigungen unaufhörlichen Unheils in den Norden, wo sich Jerobeams Reichtum voll entfaltet hatte: »Ich zerschlage den Winterpalast und den Sommerpalast, die Elfenbeinhäuser werden verschwinden, und mit den vielen Häusern ist es zu Ende. Spruch des Herrn« (3:15). Und: »Ihr, die ihr den Tag des Unheils hinausschieben wollt, führt die Herrschaft der Gewalt herbei. Ihr liegt auf Betten aus Elfenbein und faulenzt auf euren Polstern« (6:3-4). Zur Beantwortung der Frage, was Amos an der Art, wie Jerobeam II. das Königreich Israel errichtet hatte, auszusetzen hatte, lenken wir die Aufmerksamkeit auf folgende zentralen Aspekte:

Handel und Armut. Das Thema der Unterdrückung der Armen wird in den Sprüchen, die im Buch Amos zusammengetragen sind, immer wieder aufgegriffen. In 8:4-6 wird es mit dem Thema der Geschäftemacherei kombiniert. »Hört dieses Wort, die ihr die Schwachen verfolgt und die Armen im Land unterdrückt. Ihr sagt: Wann ist das Neumondfest vorbei? Wir wollen Getreide verkaufen. Und wann ist der Sabbat vorbei? Wir wollen den Kornspeicher öffnen, das Maß kleiner und den Preis größer machen und die Gewichte fälschen. Wir wollen mit Geld die Hilflosen kaufen, für ein Paar Sandalen die Armen. Sogar den Abfall des Getreides machen wir zu Geld.« Kostspielige Importe aus dem Ausland gingen mit intensivem Handel im eigenen Land einher.

Armut und Gerechtigkeit. Ein Teil der Gesellschaft häuft immer mehr Reichtum an und vergrößert damit die Armut eines anderen Teils der Gesellschaft. Die Reichen werden also immer reicher, die Armen immer ärmer. »Weil sie den Unschuldigen für Geld verkaufen und den Armen für ein Paar Sandalen, weil sie die Kleinen in den Staub treten und das Recht der Schwachen beugen« (2:6-7). »Weil ihr von den Hilflosen Pachtgeld annehmt und ihr Getreide mit Steuern belegt, ... Ihr bringt den Unschuldigen in Not, ihr lasst euch bestechen und weist den Armen ab bei Gericht« (5:11-12). »Ihr habt das Recht in Gift verwandelt und die Frucht der Gerechtigkeit in bitteren Wermut« (6:12). Gerechtigkeit ist gleichbedeutend mit Rechtschaffenheit; gerecht zu handeln bedeutet rechtschaffen zu handeln. Und diese rechtschaffene Gerechtigkeit ist keine individuelle, sondern eine strukturelle, keine nur auf eine einzelne Person, sondern auf das ganze System bezogene, keine vergeltende sondern verteilende Gerechtigkeit.

Gerechtigkeit und Gottesverehrung. Die Themen Gerechtigkeit und Gottesverehrung erreichen einen überraschenden Höhepunkt in den bekannten Versen, die häufiger zitiert als wirklich verstanden werden: »Ich hasse eure Feste, ich verabscheue sie und kann eure Feiern nicht riechen. Wenn ihr mir Brandopfer darbringt, ich habe keinen Gefallen an euren Gaben, und eure fetten Heilsopfer will ich nicht sehen. Weg mit dem Lärm deiner Lieder! Dein Harfenspiel will ich nicht hören, sondern das Recht ströme wie Wasser, die Gerechtigkeit wie ein nie versiegender Bach« (5:21-24). Hier geht es nicht einfach um den Gegensatz zwischen Weissagung und Kult, Prophet und Priester, geschweige denn um den Gegensatz zwischen dem südlichen Jerusalemer Heiligtum und dem nördlichen in Bet-El. Aber wie konnte Amos so sicher sein, dass Gott Gerechtigkeit und Rechtschaffenheit und nicht Brandopfer und Festlieder wollte?

Gottesverehrung und Gottesbund. Man stelle sich die in 7:10-17 beschriebene Konfrontation zwischen Amos, dem Propheten aus Tekoa, und Amazja, dem Priester aus Bet-El, »Heiligtum des Königs und ein Reichstempel«, vor. Amazja warnte Jerobeam II. davor, dass Amos zum Aufstand gegen ihn aufrufen würde. Die unterschiedlichen Sichtweisen auf beiden Seiten, die nicht in Einklang zu bringen sind, sind folgende: *Amazja*: »Gott verlangt Verehrung, und wir gehorchen.« *Amos*: »Gott verlangt Gerechtigkeit, und wir gehorchen nicht.« *Amazja*: »Was du Ungerechtigkeit nennst, nennen wir blühenden Handel; was du fehlende Rechtschaffenheit nennst, nennen wir Geschäftssinn.« *Amos*: »Du kannst nicht einen Gott der Gerechtigkeit in einem ungerechten Staat verehren.« *Amazja*: »Verlasse den Tempel, Prophet, solange du noch lebst und noch kannst.«

Zwei radikal verschiedene Königreichmodelle bilden den Hintergrund dieses Gedankenaustausches. Für Jerobeams Modell verwenden wir die Kurzbezeichnung *am Kommerz orientiertes* Königreich, für Amos' Modell die Kurzbezeichnung *am Bund orientiertes* Königreich. Entscheidend sind selbstverständlich nicht diese Bezeichnungen, sondern die mit ihnen assoziierten Inhalte, zumal diese Inhalte ganz spezifischer Art sind. Wie soll ein Königreich in einer Welt organisiert werden, die Gott gehört? Wie sollen die materiellen Lebensgrundlagen in einer Welt, die nicht die eigene ist, verteilt werden? Wem gehört sie, und wer regiert sie?

Diese beiden Königreichmodelle stellen ideale Extremgrößen dar, zwischen denen ein ganzes Spektrum von möglichen Verwirklichungen vorstellbar ist, aber ihre Spannung und Dialektik ist in der israelitischen und jüdischen Geschichte durchgehend gegeben. In einem am Kommerz orientierten Königreich muss das Land, das der Menschheit gehört, so weit wie möglich ausgebeutet werden. In einem am Bund orientierten Königreich muss das Land, das der Gottheit gehört, so gerecht wie möglich aufgeteilt werden. Gibt es noch Kommerz innerhalb des Bundes? Selbstverständlich. Aber das

ist nicht die entscheidende Frage. Gibt es noch einen Bund innerhalb einer am Kommerz orientierten Gesellschaft? Das ist die entscheidende Frage.

Typ 1: Ein am Kommerz orientiertes Königreich

Das Römische Reich von Caesar Augustus war dem jüdischen Königreich von Herodes dem Großen und der galiläisch-peräischen Tetrarchie von Herodes Antipas hierarchisch übergeordnet. Die Herodianer waren in keiner Hinsicht mächtiger als die Römer, vielmehr
in jeder Hinsicht Miniaturausgaben der Römer. Romanisierung
bedeutete Urbanisierung, die ihrerseits mit Kommerzialisierung
einherging. Im Folgenden soll dargelegt werden, wie Herodes der
Große ein römisches Groß-Königreich und wie sein Sohn Antipas
nach ihm und ihn imitierend ein römisches Klein-Königreich auf
jüdischem Boden errichtete.

Herodes der Große als König und bedeutender Baumeister

Im Jahr 40 v. Chr., eine Generation vor Jesus, schlug Herodes der Große in Galiläa den letzten Widerstand gegen sein neu errichtetes
Königreich endgültig nieder. Als Sohn eines konvertierten idumäi-
schen Amtsträgers im jüdischen Herrschaftshaus der Hasmonäer
hatte sich Herodes während der dynastischen Auseinandersetzungen zwischen den hasmonäischen Prinzenbrüdern Antigonos und
Hyrkan stets auf die Seite der Römer gestellt. Da er sich Roms geopo-
litischer Dominanz bewusst war, pflegte er zahlreiche Kontakte zu
dessen Amtsträgern, die ihm im Jahr 40 v. Chr. die Übernahme der
Herrschaft im Heimatland der Juden ermöglichten. Der Senat verlieh ihm den Titel König der Juden und das Recht, als römischer
Klientelkönig über die Gebiete Idumäa, Judäa, Samaria und Galiläa
zu herrschen. Zu diesem Zeitpunkt war sein Bruder gerade von Gegnern ermordet worden, seine Familie wurde in Masada belagert, und
die meisten Gebiete, die ihm von Rom versprochen worden waren,
standen unter dem Einfluss seines hasmonäischen Rivalen Antigonos, der von dem mächtigen Reich der Parther unterstützt wurde.

Nach seiner Rückkehr aus Rom befreite er zunächst seine in der Festung Masada belagerte Familie und begann dann in Galiläa, das ihm zugesprochene Königreich mit Gewalt an sich zu reißen. Josephus zufolge eroberte er während eines Schneesturms die hasmonäische Garnisonsstadt Sepphoris in Untergaliläa, und von da an begann er, jede Opposition gegen seine Herrschaft auszuschalten. Er belagerte die noch verbliebenen politischen Gegner an den Arbelklippen, von denen aus man das nordwestliche Ufer des Galiläischen Meeres überblicken konnte, und ließ ihre Höhlen in Brand setzen. Nachdem Galiläa befriedet war, drang er weiter südlich nach Judäa und Jerusalem vor und sicherte sich sein Königreich innerhalb von drei Jahren.

Danach investierte er genauso viel Energie in die architektonische Umgestaltung seines Königreiches wie zuvor in die militärische Eroberung. Er war einer der produktivsten Baumeister der Antike. Seine Bauten waren im gesamten östlichen Mittelmeerraum verstreut und beherrschten die verschiedenen Landschaften, die es in seinem Königreich gab. Ihre Überreste sind für die Archäologie von andauernder Bedeutung. Herodes ließ sich bei seinen Bauprojekten von seinen Vorgängern aus der Region, von hellenistischen Stadtstrukturen, die sich im östlichen Mittelmeerraum herausgebildet hatten, und von römischer Technologie und römischem Stil inspirieren und schuf aus der Kombination dieser Anleihen ein einzigartiges Ensemble von Bauwerken. Die Projekte wurden manchmal möglicherweise zum Wohl der Architektur selbst, zuweilen vielleicht auch zum Wohl des Volkes, sicher aber immer in seinem eigenen Herrschaftsinteresse realisiert.

Seine architektonischen Meisterstücke erzählen von der Geschichte seiner Herrschaft, ihr Stil zeugt von seiner Persönlichkeit und seinen Eigenschaften als König. Zu seinen ersten Bauprojekten zählten verschiedene Königsresidenzen wie der Oasen-Komplex in Jericho, der dreistufige, »hängende« Palast in Masada und die als Herodeion bezeichnete Anlage. Jedes dieser Gebäude war als Festung angelegt, und die beiden zuletzt genannten Gebäude waren fast uneinnehmbar. Herodes war ebenso paranoid wie verschwenderisch, da der Bau dieser frühen Residenzen gleichermaßen seinen Sicherheits- wie seinen Luxusbedürfnissen entsprechen sollte. Nachdem er in seinem ganzen Königreich verschiedene solcher Residenzen hatte errichten lassen, wandte er sich zwei gigantischen

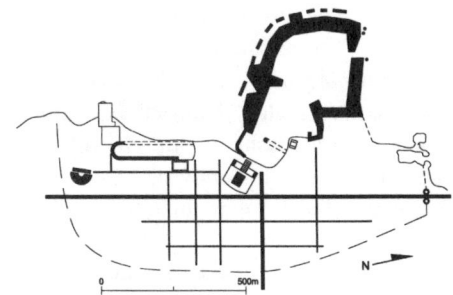

Die von Herodes dem
Großen gegründete
Stadt Caesarea am Meer
(nach Netzer).

Projekten – der Stadt Caesarea mit ihrem Hafen Sebastos und dem
Tempelberg in Jerusalem – zu. Die Hafenstadt wird gemeinhin
Caesarea Maritima (am Meer) genannt, um sie von der Stadt Caesarea Philippi zu unterscheiden, die später von seinem Sohn Philipp
an der Quelle des Jordan erbaut werden sollte. Mit dem Bau von
Caesarea Maritima öffnete sich das Königreich des Herodes der
mediterranen Welt und orientierte sich in geografischer, kultureller,
politischer und kommerzieller Hinsicht an Rom. Dem gewaltigen
Tempelprojekt in Jerusalem verdankten seine jüdischen Untertanen
eine der größten und spektakulärsten heiligen Stätten der antiken
Welt. Diesen zwei Projekten liegt die Spannung oder auch Schizophrenie seiner Rollen als *römischer Klientelkönig und König der
Juden* zugrunde.

Die Stadt Caesarea und ihr Hafen Sebastos stellten die ehrgeizigsten und kühnsten Projekte dar, die je im östlichen Mittelmeerraum
in Angriff genommen worden waren. Wie antike literarische Texte
bestätigen, zollten schon ihre Namen der entscheidenden Quelle
von Herodes' Macht, Caesar Augustus, der als Octavius geboren
wurde, Tribut. Die Stadt verdankt ihren Namen dem Titel Caesar, der
Hafen dem Titel *Sebastos*, dem griechischen Wort für das lateinische
Wort *Augustus*. Riesige Statuen des Kaisers und der Göttin Roma
waren im bedeutendsten Bau der Stadt, einem großen Tempel, aufgestellt. Auf Grund archäologischer Ausgrabungen weiß man, dass
mit dem Bau des Hafens dem Caesar und Rom nicht nur nominell
Tribut gezollt wurde, sondern auch in Form von Abgaben, die im
gesamten Königreich des Herodes entrichtet wurden und von dort
nach Rom flossen. In der Stadt wurden Agrarerzeugnisse aus dem
ländlichen Umkreis verkauft, und neben Getreide, Wein und Olivenöl zirkulierte auch Geld, in dem Maß wie Herodes die Wirtschaft

damit ausstattete. Mit dem Reichtum, den Herodes und die herrschende Elite anhäuften, wurde eine großzügige Urbanisierung in Caesarea finanziert, und die Investition in den Bau des Hafens brachte Dividenden, dadurch dass Handelsrouten vom Osten durch sein Königreich führten und die Anbindung an die lukrativen Seerouten des Mittelmeers geschaffen war. Herodes verwandelte das Heimatland der Juden in ein am Kommerz orientiertes Königreich.

Jahrzehntelang sind jeden Sommer Teams amerikanischer und israelischer Archäologen und zahlreiche Volontäre aus aller Welt nach Caesarea gereist, um dort Ausgrabungen vorzunehmen und die verschiedenen Schichten, vom Graben und den Mauern der Kreuzfahrerstadt über Kirchen und Synagogen aus der byzantinischen Zeit, den Marmorsäulen der römischen Stadt bis zu den herodianischen Gründungen zu dokumentieren. Die Bauten, Kunstwerke und die große Anzahl der Fundstücke aus dieser untersten Schicht dokumentieren, wie kostspielig und weiträumig Herodes die Hauptstadt seines Königreichs erbauen ließ. Die Stadt öffnete sein Königreich zum Westen hin.

Anordnung, Stil und Materialien seiner neu erbauten Stadt und des Hafens signalisierten drei Dinge. Erstens kündete Caesarea Maritima von Herodes' *Ordnungsvorstellung* für sein Königreich, einer Ordnung, die einen Eindruck vermittelte, wie er seine Macht und Kontrolle sowohl über die Natur als auch die Gesellschaft ausübte. Zweitens zeigte Herodes eine *Vorliebe für Fassaden*, die vom Reichtum der Stadt zeugten und gleichzeitig die gesellschaftliche Ordnung zum Ausdruck brachten. Drittens *festigte* Herodes in Caesarea Maritima *die gesellschaftliche Hierarchie*, die sein Königreich kennzeichnete. Die erzwungene Ordnung und die Fassadenarchitektur im Verein mit spezifischen öffentlichen Gebäuden verdeutlichten und unterstrichen vorrangig die soziale Pyramide, mit Rom an der Spitze, gefolgt von Herodes und abschließend der Herrschaftselite. Es sind diese drei Ebenen, die für die Königsherrrschaft des Herodes grundlegend waren.

Das Ordnungsmodell in Caesarea. Herodes der Große ließ Eingriffe in die Natur vornehmen und führte neue Standards in der Gesellschaft ein. Der Ort, den Herodes an der Küste auswählte, hatte weder einen natürlichen Hafen noch eine ausreichende Wasserversorgung.

Doch das kümmerte ihn nicht. Mit dem Bau eines künstlichen Hafens und der Heranführung von Wasser mittels eines Aquädukts veränderte er die Topografie. Für seinen Hafen wurden Wellenbrecher errichtet, die über 240 Meter in das offene Meer reichten, und einen ca. 800 Meter langer Hafendamm schützten einen Ankerplatz von fast 16 ha. Die Wellenbrecher waren ca. 40 bis 60 Meter breit. Die Mauern wurden aus Blöcken errichtet, die man aus in hölzerne Formen gegossenem Beton fertigte. Für den Beton verwendete man Vulkanasche, die von der Bucht von Neapel aus verschifft wurde. Vielleicht war die Anlage mit Hilfe von Architekten aus Italien errichtet worden, ungeachtet dessen zeugte das Projekt von einer logistischen Meisterleistung und einer finanziellen Potenz, die eindeutig herodianisch waren.

Zwar hat der Hafen als ein herausstechendes Beispiel für Herodes' innovative und gewagte Baukunst die ihm gebührende Aufmerksamkeit erhalten. Ebenso bedeutend ist jedoch, was häufig übersehen wird, dass Herodes mit der Anlegung eines sorgfältig geplanten rechteckigen Straßennetzes in Caesarea der Gesellschaft seine Ordnungsvorstellungen aufzwang. Nach dem Modell der idealen römischen Stadt ließ er Caesarea durch zwei Hauptverkehrsstraßen unterteilen, den in Nord-Süd-Richtung verlaufenen *cardo* und den in Ost-West-Richtung verlaufenden *decumanus*. Diese Straßen führten von den wichtigsten Stadttoren bis zu einem Platz, der an den Augustus und Roma geweihten Tempel angrenzte. Durch diese Straßen wurde der Verkehr zu öffentlichen Räumen und zu Wahrzeichen der Stadt, die zu propagandistischen Zwecken genutzt wurden, geleitet. Auf diese Weise wurde Gemeinschaft und sozialer Zusammenhalt gefördert. Gleichzeitig wurden unerwünschte Menschen aus der Stadt ferngehalten, indem man an den Stadttoren den Zugang kontrollierte. Daneben verhinderte die Anlage des Straßennetzes den freien Zugang zu bestimmten Bereichen, etwa zum Palast des Herodes.

Auch einige andere Bauwerke wie das freistehende Theater und Amphitheater im Südwesten der Stadt zeugen von dem Willen, soziale Kontrolle auszuüben. Die zu ebener Erde gelegenen Ein- und Ausgänge der neu errichteten Theater, die so genannten *vomitoria*, konnten leicht bewacht werden. Diese neue architektonische Form, die in Rom unter Julius Caesar und Augustus beim Forum Iulium und dem Circus Maximus als Reaktion auf die Gewalttätigkeit des

Mobs und Aufstände während der Bürgerkriege entwickelt worden war, verband den halbrunden Zuschauerbereich, die *cavea*, mit der Theaterbühne, wodurch leicht zu kontrollierende Engpässe gegeben waren.

Die Vorliebe für Fassaden in Caesarea. Der römische Geschichtsschreiber Sueton zitiert Kaiser Augustus, der über Rom gesagt hatte: »Ich fand eine Stadt aus Ziegelsteinen vor und verließ sie als eine Stadt aus Marmor.« Der Schutzherr von Herodes war bekannt dafür, seine Herrschaftsrolle gut ausfüllen zu wollen und zur Schau zu stellen. Dies unterstrich er architektonisch durch die Förderung einer Reihe von griechischen Architekturelementen in Rom. In ähnlicher Weise war auch die herodianische Architektur besonders durch Fassaden geprägt. Die Fundamente seiner Bauwerke waren nicht immer genau eingepasst, einige waren nur funktional, und einige waren sogar etwas schlampig gebaut worden, aber sie waren immer mit Fassaden versehen und so arrangiert, dass Formen, Porportionen und Perspektiven hervorgehoben wurden. In Caesarea gab es viele Mosaikböden, mit Freskomalereien versehene Mauern, Marmorverschalungen, rote Dachziegel und sehr viele Säulen, vorwiegend aus Steinen, die aus der Region stammten und mit kanneliertem Stuck versehen wurden.

Zuvor waren massive Säulen im östlichen Mittelmeerraum und im gesamten Nahen Osten einzig in Tempeln zu sehen, und kleinere Säulen waren den geschützten Promenaden bzw. in eher hellenistischen Städten der *Stoa* vorbehalten. In der dem römischen Stil verpflichteten Architektur Caesareas begegneten Säulen überall und schufen in der Stadt Sichtachsen, welche ihr eine religiöse Aura gaben. Unter Augustus wurde Marmor zum architektonischen Merkmal der römischen Herrschaft in den Provinzen. Der Marmor der Stadt Caesarea, der im späten ersten und frühen zweiten Jahrhundert, nachdem sein Abbau und der Handel mit ihm in ein imperiales System eingebunden war, zusehends an Bedeutung gewann, verband Rom symbolisch mit den Provinzen und Augustus mit Herodes dem Großen.

Die Festigung der Hierarchie in Caesarea. Die Architektur der Stadt Caesarea war in erster Linie an Rom und dessen Imperator orientiert. Von jedem Standort in der Stadt oder am Hafen war der Roma und Augustus geweihte Tempel zu sehen. Dieser ca. 24 bis 34 Meter in die Höhe ragende Tempel, der auf einer künstlichen Plattform errichtet worden war, erhob sich über die Stadt. Er war das bedeutendste Wahrzeichen Caesareas. In dem Tempel befanden sich zwei große Statuen von der Göttin Roma als Hera Argos und dem Kaiser Augustus als Zeus Olympios, die von Josephus beschrieben, bis heute aber noch nicht entdeckt worden sind. Andere, etwas später hergestellte Gegenstände aus Bronze und Marmor sind in Caesara ausgegraben worden. Der lebensgroße, mit einem Kürass versehene Torso von Trajan (98–117) und ein sitzender Hadrian (117–138) ohne Kopf bieten konkrete Anhaltspunkte für den Herrschaftskult und die Verehrung des Kaisers.

In diesem Kontext ist die 1962 von italienischen Archäologen aus Mailand entdeckte Pilatus-Inschrift einzuordnen. Die fragmentarische Inschrift, die in lateinischer Sprache in einen Stein eingeritzt worden war, der bei dem Umbau des Theaters im vierten Jahrhundert eine neue Verwendung gefunden hatte, lautet: »...dieses Tiberium errichtete Pontius Pilatus, Präfekt von Judäa...«

Für sehr viele Kommentatoren liegt die Bedeutung der Inschrift darin, dass sie die Glaubwürdigkeit der Evangelien hinsichtlich der Existenz von Pilatus bekräftigt. Diese ist jedoch von sehr wenigen je bezweifelt worden. Viele andere Kommentatoren messen der Inschrift eine große Bedeutung bei, weil sie eine klare Aussage über den Titel enthält, den Pilatus trug. Aber auch dieser Punkt ist von nur geringem Interesse. Solche Diskussionen lassen die Botschaft, die die Inschrift und das Gebäude (das *Tiberium*) verkündeten, in den Hintergrund treten: *Rom übt die Herrschaft aus!* Auch wenn die Inschrift in einer Sprache verfasst war, die nur sehr wenige beherrschten, war jedem klar, dass Rom und seine Repräsentanten an der Spitze der sozialen Hierarchie standen und die absolute Kontrolle über das Land ausübten.

Herodes der Große stand in der gesellschaftlichen Hierarchie direkt an zweiter Stelle. Diese Position spiegelte sich in der Lage und dem Baustil seines an der Küste gelegenen Palastes wider. Er sponserte Spiele und Leichtathletikwettbewerbe, die in dem im Südwesten der Stadt gelegenen Theater und Amphitheater stattfanden. Sein Palast lag in umittelbarer Nähe dieser Stätte sportlicher Begegnung. Öffentliches und privates Leben bildeten eine Einheit. Im Theater

Pontius-Pilatus-Inschrift aus Caesarea am Meer (Sammlung der Israel Antiquities Authority, *Israel Museum, Jerusalem).*

sitzend erblickt man Herodes' Palast, der über der niedrigen Bühne, oder *scaenae frons,* schwebt und als Teil des Bühnenhintergrunds erscheint. Jeder hatte damit im Blick, wer das Ereignis sponserte. Ein Hauptausgang an der südlichen Kurve des Amphitheaters führte in einen Garten, der in der Nähe des Palastes lag und einem Vestibül ähnelte. Höchstwahrscheinlich konnten hochgestellte Persönlichkeiten durch einen separaten Ausgang direkt in den Palast gelangen, während die anderen Theaterbesucher an dem Garten vorbei ins Zentrum der Stadt geschleust wurden. Herodes präsentierte sich als ein Wohltäter und Schirmherr, indem er auf subtil propagandistische Weise eine Verbindung zwischen seinem Palast und Stätten öffentlicher Spektakel herstellte.

Die Architektur des Theaters beförderte eine strenge soziale Schichtung. Reiche betraten es durch eigene Eingänge. Sie saßen, abgerückt von der Masse, auf privilegierten Sitzen mit Rückenlehnen in unmittelbarer Nähe der Bühne: Möglicherweise waren ihre Familiennamen wie in Neapolis in ihre Sitze eingeritzt. Sie betraten das Theater durch Seiteneingänge entlang der Bühne und hoben sich von der Masse ab, für die sie Teil des Prunks waren. Die Volksmassen strömten durch die *vomitoria* herein und drängten durch sie wieder hinaus. Diese waren bewacht, damit die Menge unter Kontrolle gehalten werden konnte. Das Theater vergrößerte wie in ähnlicher Weise das nahe gelegene Amphitheater sichtbar die Klassenunterschiede und festigte die soziale Hierarchie.

Wie finanzierte Herodes der Große sein Königreich? Woher kam das Geld und wie wurden Arbeiter und Materialien bezahlt? Der Handel und die Hafenzölle leisteten sicherlich ihren Beitrag, aber die Grundlage der römischen Wirtschaft war die Landwirtschaft. Die Architektur antiker Städte wurde mit dem aus landwirtschaftlicher Arbeit erworbenen Reichtum finanziert. Herodes benötigte für seine Stadt und sein Königreich sehr viel Reichtum. Polykultur und ökonomische Autarkie auf Familienhöfen wichen einer Monokultur auf Gutshöfen und königlichen Ländereien und unausgewogenem Güteraustausch. Es entwickelten sich neue Strukturen des Grundbesitzes, und das Pachtsystem gewann an Boden. Münzprägung und Geldumlauf stiegen in der lokalen Wirtschaft an und erleichterten die Besteuerung zugunsten der Truhen des Herodes und Roms, was die architektonischen Pracht Caesareas begründete. Das Königreich wurde insofern kommerzialisiert, als Waren und Geld vom Land in die Stadt gelangten. Ein Teil der Gesellschaft häufte immer mehr Reichtum an und erhöhte damit die Arbeitsbelastung und Armut eines anderen Teils der Gesellschaft. Die kostspielige Architektur in der Stadt bedeutete intensive Landwirtschaft auf dem Land.

Herodes Antipas in der Tradition seines Vaters

Bei der architektonischen Planung seines Königreiches hatte Herodes der Große Galiläa nicht berücksichtigt. Er hatte entlang der Küste und im Norden in Banyas, in Jerusalem und in der judäischen

Wüste bauen lassen und sogar Projekte in entfernten Mittelmeerstädten gefördert. Galiläa jedoch hatte er außer Acht gelassen.

Sepphoris und Tiberias. Nach seinem Tod im Jahr 4 v. Chr. wurde das Königreich gemäß dem umstrittenen Testament von Herodes unter seinen drei Söhnen aufgeteilt. Herodes Antipas fiel Galiläa und Peräa, das östlich des Jordan liegt, zu. Antipas' Herrschaft in Galiläa begann wie die seines Vaters mit gewalttätigen Auseinandersetzungen. Römische Legionen schlugen unter der Führung des Statthalters von Syrien, Varus, Aufstände in Sepphoris nieder, bevor Caesar Augustus Herodes' Testament in Rom bestätigte. Augustus verlieh Herodes' Titel, König der Juden, weder Antipas noch seinem Bruder Archelaos. Antipas, der *Tetrarch* (Herrscher über ein Viertel des Königreichs), hielt sich jedoch an der Macht, während Archelaos, der *Ethnarch* (Herrscher über das Volk) im Jahr 6 n. Chr. ins Exil verbannt wurde. Zu Lebzeiten des Kaisers Augustus verhielt Antipas sich ruhig. Allerdings hatte er wohl immer gehofft, eines Tages durch Rom König der Juden zu werden.

Im Jahr 14 n. Chr. starb Augustus und Tiberius wurde sein Nachfolger. Erst zu diesem Zeitpunkt wurde Antipas aktiv. Er gründete um das Jahr 19 n. Chr. zu Ehren des neuen Kaisers die Stadt Tiberias und ließ erste Münzen prägen. Da er jedoch der Sohn von Herodes und dessen samaritanischer Frau Malthace war, musste eine Verbindung zu den Hasmonäern hergestellt werden. In den späten zwanziger Jahren verstieß er seine nabatäische Frau und heiratete Herodias, die Frau seines Halbbruders Philippos. Sie war eine Enkelin von Mariamne, die Herodes der Große hatte hinrichten lassen, und eine Tochter des Hasmonäers Aristobul, der später in Rom vergiftet werden sollte. Da Antipas mit dieser Eheschließung politische und populistische Absichten verfolgte, war er, was leicht nachvollziehbar ist, wenig geneigt, die Kritik Johannes' des Täufers, der ihre Unrechtmäßigkeit behauptet hatte, zu tolerieren. Ebenfalls leicht nachvollziehbar ist, weshalb in Lukas 7:24-25 der Palast und die Wüste, Antipas und Johannes in Opposition zueinander gerückt werden. Antipas war jedoch nie dazu bestimmt, König der Juden zu werden. Dieser Titel fiel an Herodes Agrippa I., und Antipas starb wie vor ihm sein Bruder Archelaos im fernen Exil.

Zu einem früheren Zeitpunkt, als noch alles möglich zu sein schien, gründete Antipas am Westufers des Galiläischen Meeres an

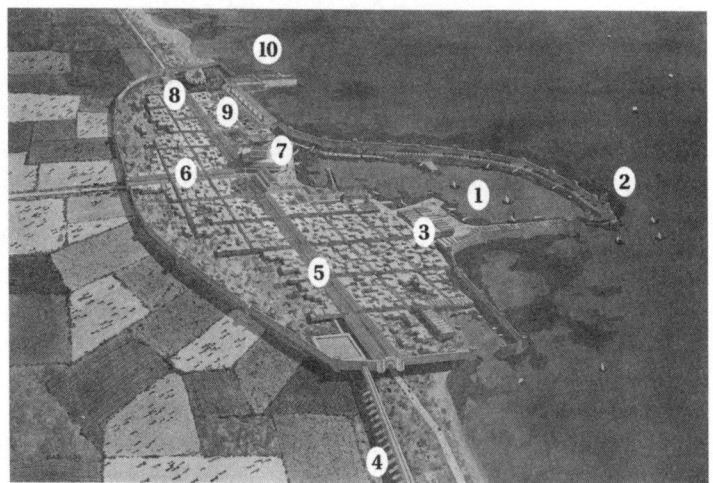

Die Stadt Caesarea am Meer im ersten Jahrhundert (Rekonstruktion). Herodes der Große, König der Juden von 37– 4 v. Chr., ermöglichte mit der Erbauung der Stadt Caesarea und ihres großen Hafens Handelskontakte zwischen seinem Königreich und der gesamten römischen Welt. Wellenbrecher ragten in das Meer (1), und ein Leuchtturm (2) wies Schiffen den Weg in den Hafen. Die Waren wurden in riesigen Lagerhallen aufbewahrt (3). Da die Stadt selbst nicht über eine eigene Wasserquelle verfügte, wurde sie von weit her durch einen Überlandaquädukt mit Frischwasser versorgt (4). Die Hauptstraßen der Stadt, der Cardo (5) und der Decumanus (6), führten zu einem großen Tempel, der der Göttin Roma und Caesar Augustus geweiht war, nach dem die Stadt auch benannt worden war. Am südlichen Ende der Stadt wurden bei Ausgrabungen Überreste eines Theaters (8), eines Hippodroms (9) und des Palastes von Herodes dem Großen (10) freigelegt. Während Jesus Caesarea nie aufgesucht hatte, trat Paulus seine Reise nach Rom von dort aus an.

einer zuvor unbewohnten Stelle, Josephus zufolge über einem alten Friedhof, eine völlig neue Stadt. Angesichts der Tatsache, dass Antipas aus Respekt vor der bilderlosen Tradition der Juden peinlich darauf achtete, dass bei der Prägung von Münzen keine Bildmotive verwendet wurden, ist die Frage berechtigt, ob dies tatsächlich der Wahrheit entsprach oder Ausdruck einer Oppositionshaltung gegenüber der neuen Gründung war. Jedenfalls ließ er, dem Vorbild seines Vaters folgend, einen Hafen und eine neue Stadt im römischen Stil erbauen, die er nach dem neuen römischen Kaiser benannte, wodurch er sein Königreich zu urbanisieren und sich für den Königstitel zu empfehlen trachtete.

Die Errichtung eines Königreiches   *83*

Seit Mitte der achtziger Jahre des 20. Jahrhunderts arbeiten Ausgrabungsteams in Sepphoris, und obwohl Tiberias eine pulsierende Touristenstadt ist, konnten in den vergangenen Jahren Teile dieser antiken Stadt ausgegraben werden. In Sepphoris wurden spektakuläre Funde, die typisch für eine im römischen Stil erbaute Stadt sind, gemacht und viele heidnische ikonografische Gegenstände freigelegt. Dazu zählen eine Villa, deren Speisesaalmosaikboden den Dionysoskult bebildert, ein heidnisches Nil-Mosaik und sogar ein jüdisches Lehrhaus mit einem dem Tierkreiszeichen gewidmeten Mosaik. Eine sorgfältige Untersuchung der verschiedenen Schichten führte jedoch zu dem Ergebnis, dass die heidnischen und mythologischen Themen ausnahmslos alle in der spätrömischen und byzantinischen Zeit bearbeitet worden waren, also lange nachdem die römischen Truppen in der nahe gelegenen Stadt Maximianopolis im zweiten Jahrhundert stationiert waren, als Juden in mancher Hinsicht begonnen hatten, sich hellenistischen und römischen Ideen zu öffnen und künstlerische Motive für eigene Zwecke zu übernehmen. Die ersten Münzen, die Herodes Antipas in Sepphoris und Tiberias prägen ließ, zeugen davon, dass der Versuch, ein jüdisches Königreich in einer römischen Welt zu errichten, einem Drahtseilakt glich: Die Münzen zeigen nicht ihn, sondern Schilfrohr, Palmzweige und Palmen, Symbole, die dem Jüdischen entsprachen, gleichzeitig der römisch-griechischen Welt jedoch nicht fremd waren.

Zwei Inschriften aus Sepphoris auf einer Scherbe, einem *ostracon*, und auf einem Gewichtsstein aus Blei veranschaulichen beispielhaft, wie die jüdische Stadt fremde Einflüsse verarbeitete und sich ihnen anpasste. Auf dem Fragment des Gefäßes aus dem ersten Jahrhundert n. Chr. steht in roten hebräischen Blockbuchstaben 'pmlsh geschrieben. Dabei handelt es sich um eine Übersetzung des griechischen Wortes *epimeletes*, »Verwalter, Aufseher, Schatzmeister«. Das Gefäß, das Getreidekörner, Olivenöl oder Wein enthalten hatte, war besteuert und dem *epimeletes* übergeben worden, der in hebräischer Sprache schrieb, aber einen griechischen Verwaltungstitel angenommen hatte. Der Gewichtsstein, der auf das erste Jahrhundert v. Chr. zu datieren ist, führt auf der einen Seite in griechischen Buchstaben die Gewichtsangabe, das lateinische Standardmaß einer halben *litra* und ist umgeben von schematischen Zeichnungen einer von Kolonnaden umsäumten Straße, die den Markt bzw. die *agora* symbolisierte. Auf der anderen

Seite werden in griechischen Buchstaben die spezifisch jüdischen Namen Justus und Simeon, zweier Marktaufseher bzw. *agoranomoi*, aufgeführt, die Verkaufsgenehmigungen, die Qualität und die Gewichte der Waren kontrollierten. Der Gewichtsstein kombiniert eine römische/lateinische Maßeinheit, griechische Schrift und die Bezugnahme auf Juden, die wichtige Verwaltungsangelegenheiten in Sepphoris regelten.

Eine Inschrift aus Tiberias auf einem Gewichtsstein aus Blei, der mit einem Kranz und einem Palmzweig verziert ist, veranschaulicht beispielhaft, dass die herodianische Familie sogar römische Namen annahm. Der auf das vierunddreißigste Jahr der Herrschaft von Herodes Antipas (29/30 n. Chr.) zu datierende Gegenstand aus Blei war von einem *agoranomos*, der als »Gaius Julius« identifiziert worden ist, nach seinem Gewicht bestimmt und mit griechischen Buchstaben beschriftet worden. Bei Gaius Julius handelt es um einen römischen Namen, der sich jedoch höchstwahrscheinlich auf Herodes Agrippa I., den Schwager von Antipas und späteren König der Juden bezieht. Herodes Agrippa I. war laut Josephus in Rom aufgezogen und von Antipas zum Marktaufseher in Tiberias ernannt worden. Er hatte wie andere Sprösslinge von Herodes einen römischen Namen angenommen. Da Julius Caesar Antipater, dem Vater Herodes' des Großen, die römische Staatsbürgerschaft verliehen hatte, wurden die Mitglieder aus dem herodianischen Haus *Julii* genannt, und in der Regel wurde auch der Vorname Gaius übernommen. Mithin ein interessantes Artefakt: der Gewichtsstein eines jüdischen Königs im Wartestand, der griechisch schrieb und einen lateinischen Namen aus der römischen Kaiserfamilie benutzte.

Da die Städte Tiberias und Sepphoris im Unterschied zu Caesarea zunächst von Juden bewohnt wurden und in der fast ausschließlich jüdischen Provinz Galiläa lagen, ließ Herodes sie ohne die Kennzeichen der klassischen, heidnischen Städte wie Statuen oder heidnische Tempel erbauen. Er führte in Sepphoris und Tiberias jedoch Elemente der griechisch-römischen Architektur ein, die sie nicht nur zu den ersten großen Städten Galiläas, sondern auch zu stilistischen neuartigen Städten machten, in denen dieselben ästhetisch-architektonischen Akzente wie in Caesarea anzutreffen waren. Sein Königreich errichtete Antipas, anders formuliert, in enger Anlehnung an die Modelle, die sein Vater entworfen hatte.

Das Ordnungsmodell in Sepphoris und Tiberias. Wie das Caesarea
von Herodes dem Großen hinterließ auch das erste Bauprojekt, dem
sich Antipas in seinem aufstrebenden Königreich zuwandte, archäologische Spuren. Sepphoris war ein ehemaliger hasmonäischer
Grenzposten, an dem sich in der späthellenistischen Zeit etwa tausend Juden niedergelassen hatten. Es wurden keine nennenswerten
Hinweise auf eine Zerstörung der Stadt durch den römischen Legaten Varus entdeckt, der Josephus zufolge die Stadt niederbrennen
und ihre Einwohner im Jahr 4 v. Chr. als Sklaven verkaufen ließ (*Jüdischer Krieg* 2.68-69; *Jüdische Altertümer* 17.288-289). Seine Neigung,
die römische Machtstellung besonders hervorzuheben, scheint ihn
zu einer übertriebenen Darstellung des Endes von Sepphoris verlei-
tet zu haben. Dagegen steht seine Behauptung, dass Antipas die
Stadt so umbauen ließ, dass sie zur »Zierde von ganz Galiläa« wurde,
im Einklang mit archäologischen Befunden (*Jüdische Altertümer*
18.27). Archäologen haben für die Wende zum ersten Jahrhundert n.
Chr., als die Bevölkerungszahl der Stadt auf acht- bis zwölftausend
Menschen anstieg, umfangreiche Bauaktivitäten festgestellt. Zur
gleichen Zeit wurde ein rechtwinkliges Straßennetz östlich der Akropolis angelegt, das durch den in Nord-Süd-Richtung verlaufenden
cardo und den in Ost-West-Richtung verlaufenden *decumanus*,
unterteilt wurde. Dieses Straßennetz ähnelt dem von Caesarea, ist
jedoch kleiner. Am westlichen Hang der Akropolis sind eine massive
Stützmauer, eine Allee, eine Straße und mehrere Wohneinheiten
ausgegraben worden, die alle parallel angeordnet worden waren. In
Sepphoris entsprach das Straßennetz ungefähr den Konturen des
Geländes, wurde aber schief, wenn man die Akropolis hinaufging. In
Tiberias machte die Hauptverkehrsstraße entsprechend dem Ufer-
verlauf eine Krümmung.

Die Vorliebe für Fassaden in Sepphoris und Tiberias. Die Fassaden
in Sepphoris und Tiberias wiesen im Unterschied zu denen in anderen galiläischen Orten weiß getünschte Wände, Freskenmalereien,
Mosaiken und rote Dachziegel auf. Die Gebäude waren konstruiert
und so angeordnet, dass Form, Proportion und Perspektive akzen-
tuiert wurden. In Tiberias ist am südlichen Rand ein monumentales
Tor aus der Zeit Antipas' entdeckt worden. Das massive Tor, das sich
gegenüber den Quellen von Hammat-Tiberias befand, hatte zwei
runde Türme mit einem Durchmesser von knapp sieben Metern, für

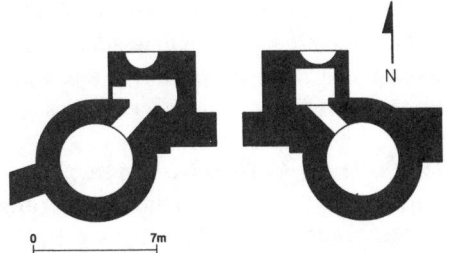

*Tor in Tiberias, erstes
Jahrhundert
(nach Foerster).*

deren Bau behauene Quadersteine aus Basalt verwendet wurden,
der aus der Region stammte. Zwei Nischen und zwei Postamente für
Säulen mit reliefartigen Rhomboiden flankierten den Eingang. Die
Verzierungen legen die Vermutung nahe, dass das gesamte Bauwerk
nicht nur Verteidigungszwecken diente, sondern im gleichen Maße
eine ornamentale und symbolische Funktion hatte. Seltsamerweise
datieren die einzige Mauern, die gefunden wurden, aus der byzantinischen Zeit und nicht aus dem ersten Jahrhundert. Vielleicht existierten die früheren Mauern nicht mehr, als die späteren errichtet
wurden. Vielleicht diente das Tor auch gar keinen Verteidigungszwecken, sondern war nur ein symbolisches, freistehendes Monument. Es trennte jedoch den Innen- vom Außenbereich, die städtische Bürgerschaft von der bäuerlichen Bevölkerung.

Die imposante Fassade des Stadttores in Tiberias öffnete den Weg
zum *cardo*, der durch die ganze Stadt verlief. Gut erhalten von
späteren Perioden sind dunkelgraue Pflastersteine aus Basalt, die
diagonal im Fischgrätenmuster auf einer gut zwölf Meter breiten
Straße verlegt worden waren, die von etwa 5 Meter breiten Kolonnaden auf jeder Seite flankiert wurde. Diese Kolonnaden wurden
durch Säulen aus Granit gestützt, die zu kleinen kabinenähnlichen
Läden führten. Ähnlich zählte in Sepphoris ein ca. 13,5 Meter breiter
cardo zu den hervorstechenden Merkmalen des Straßennetzes.
Ebenfalls im Fischgrätenmuster verlegte Pflastersteine aus der
Region bedeckten das Kanalnetz. Sie waren so robust, dass sie
fünfhundert Jahre, in denen Karrenräder tiefe Rillen auf ihrer Ober-
fläche hinterließen, überdauerten. Die Straße war auf beiden Seiten
von Säulenreihen eingefasst, welche überdachte Gehwege begrenzten, die ursprünglich mit einfachen weißen Mosaiksteinen ausgelegt
waren und wie in Tiberias von Läden eingesäumt waren. Alle diese
Säulen bestanden jedoch aus Kalkstein oder Granit der Region, nicht

Die Errichtung eines Königreiches   87 aus kostspieligem Marmor, der hätte importiert werden müssen. Die Quadermauern der Ladenfassaden wiesen keine Marmorverkleidung auf. Sie sind nur getünscht und verputzt worden, zeugen also nicht von höchster städtischer Eleganz.

Die Festigung der Hierarchie in Sepphoris und Tiberias. Eindeutige Anhaltspunkte für eine zeitliche Datierung der Paläste von Antipas wurden weder in Sepphoris noch in Tiberias gefunden, wenngleich Josephus beschreibt, wie die unteren Schichten einen Palast während des ersten Aufstands der Juden erstürmten. Sicher wollte Antipas unbedingt Palastgebäude in beiden Städten errichten lassen, um seine Residenz über alle anderen zu stellen.

Ausgegraben wurde jedoch auf dem unteren Marktplatz in Sepphoris ein imposantes Gebäude, eine auf das erste Jahrhundert zu datierende Basilika. Während sich der Begriff Basilika heute auf einen Kirchentyp bezieht, bezeichnete er in der Antike ein in römischem Architekturstil erbautes Königsgebäude, das zu offiziellen und administrativen Zwecken genutzt wurde. *Basileia* ist das griechische Wort für Königreich: Daher lässt sich *Basilika* als römisches Königreich in architektonischer Miniaturausgabe und symbolischer Präsenz auffassen. Die Basilika unterteilte sich in ein Hauptschiff und zwei Seitenschiffe, die durch Säulen mit Traversen abgetrennt wurden, welche ein großes Dach tragen konnten. Die Aufmerksamkeit der unter dem Dach stehenden Untertanen wird dem Podium und der halbkreisförmigen Apsis gegolten haben, deren Akustik erlaubte, königliche Verlautbarungen oder kaiserliche Erlasse angemessen zu Gehör zu bringen. Die Fläche der Basilika in Sepphoris betrug ca. 35 × 40 Meter, die ihrer überdachten Vorhalle ca. 24 × 40 Meter. Die Basilika wies einen Mosaikboden, mit Freskomalereien versehene Wände und marmorverkleidete Becken auf. Sie diente als Verwaltungsgebäude, höchstwahrscheinlich als Gerichtsgebäude, und möglicherweise als Markt, auf dem den Bedürfnissen der herrschenden Elite entsprechend Waren der oberen Preisklasse angeboten wurden.

In Tiberias ist ein kleiner Teil eines noch nicht ausgegrabenen Theaters entdeckt worden, und eine der meist diskutierten Funde in Sepphoris ist das Theater am nördlichen Hang der Stadt mit Blick auf das Bet-Netofa-Tal. Einige Wissenschaftler vertreten die Auffassung, dass diese Theater die Romanisierungspolitik von Antipas

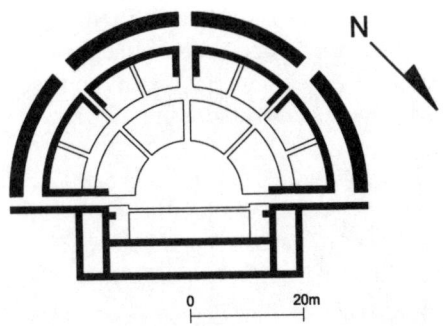

Theater in Sepphoris,
erstes Jahrhundert
(nach Meyers, Netzer
und Meyers).

0   20m

und den hellenistischen Charakter der Stadt zu Zeiten Jesu veranschaulichen. Einige mutmaßen, dass Jesus das Theater besucht
und die Verwendung des Begriffs »Heuchler« von seinen Theater-
besuchen übernommen haben könnte. Der griechische Begriff
(Hypokrit) dient zur Bezeichnung jener Schauspieler, die auf der
Bühne Masken trugen. Die Datierung des Theaters vermittels kera-
mischer Zeugnisse ist jedoch strittig. Das Theater ist vermutlich auf
das späte erste Jahrhundert n. Chr., also Jahrzehnte nach Jesus und
Antipas, zu datieren.

Auch wenn das Theater nach der Regierungszeit von Herodes
Antipas und der Sendung Jesu erbaut wurde, erzählt es uns etwas
über den Charakter der Stadt Sepphoris. Dieses Theater war im Vergleich zu anderen Theatern im östlichen Mittelmeerraum mit einem
Durchmesser von etwas über 60 Metern und einem Fassungsvermö-
gen von etwas unter viertausend Besuchern ein kleines Theater. Es
wurde nicht, wie es typisch für Theater römischen Stils ist, freiste-
hend erbaut. Vielmehr machten sich seine Erbauer die Topografie
zunutze und meißelten den unteren Teil des Zuschauerbereichs in
eine natürliche Höhlung am nördlichen Hang der Akropolis. Die
Zwischenräume bestanden aus Ackersteinen und zusammengepresster Erde, nur die Fassade bestand aus gut zurechtgehauenen
Quadersteinen aus Kalkstein. Kosten waren dadurch eingespart
worden, dass das untere Auditorium in den Berg gebaut und statt
echten Marmors und kannelierten Säulen Freskenmalereien und
Stuckarbeiten zum Einsatz gebracht wurden. All das setzte keine
vollendeten handwerklichen Fähigkeiten voraus.

Wenn das Theater – von Sepphoris, Tiberias oder einer anderen
Stadt – für Traditionen Jesu von Bedeutung ist, ist es dies weder als

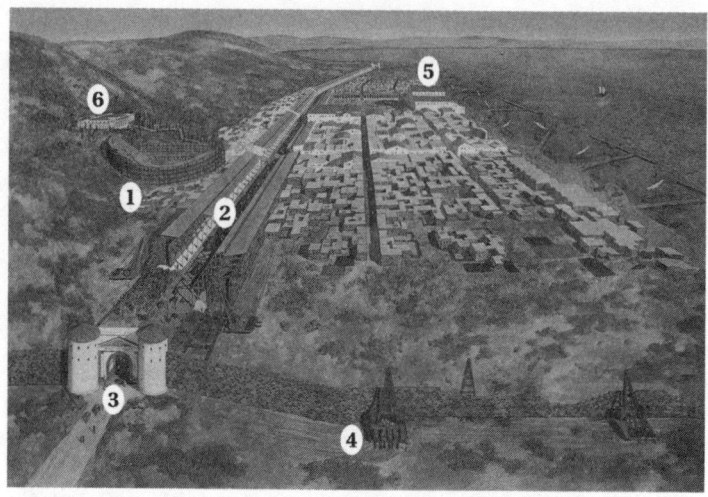

Die Stadt Tiberias im ersten Jahrhundert (Rekonstruktion). Wie sein Vater Herodes der Große ließ Herodes Antipas eine neue Küstenstadt erbauen, die er nach dem römischen Kaiser benannte. Diese Stadt lag nicht am Mittelmeer, sondern am Galiläischen Meer. Sie war nicht die Hauptstadt eines Königreiches, sondern nur einer Tetrarchie. Sie war nicht für Caesar Augustus, sondern für seinen Sohn Tiberius Caesar erbaut worden. Insofern war sie die Miniaturausgabe der Stadt Caesarea am Meer. Im Unterschied zu ihrem Modell wies Tiberias jedoch keine heidnischen Elemente auf. Da Tiberias heute eine pulsierende Touristenstadt ist, konnten nur kleine Teile der antiken jüdischen Stadt wie die Ecke eines Theaters (1), die stratigrafisch noch genau zu bestimmen ist, das Anfangsstück des Cardo (2) und das Südtor der Stadt (3) ausgegraben werden. Überreste von Stadtmauern aus dem ersten Jahrhundert wurden allerdings nicht entdeckt. (Die auf der Abbildung dargestellten Kräne (4) kamen in jüngerer Zeit beim Bau von Stadtmauern zum Einsatz.) Ebenfalls ausgegraben wurden Teile einer späteren Basilika (5) und eines Marktplatzes in der Nähe des Hafens. Der Palast (6) wird in den Schriften des Geschichtsschreibers Josephus erwähnt. Lukas 7:26 enthält eine Anspielung auf dieses Bauwerk. Den Evangelien zufolge hat Jesus Tiberias nicht aufgesucht, vielleicht weil er eine direkte Konfrontation mit Antipas vermeiden wollte.

eine Quelle für das Wort »Heuchler« noch als Vermittler klassischer griechischer Kultur in Galiläa. Provinztheater boten in der Regel weniger anspruchsvolle Formen der Unterhaltung wie Farcen oder Darbietungen von Jongleuren, Akrobaten, Possenspielern und Pantomimen. Die hierarchische Sitzordnung des Theaters war nicht Ausdruck einer *haute culture*, sondern symbolisierte die rigiden Klassenunterschiede

des römischen Imperiums und verwies auf die in Galiläa vorherr-
schende gesellschaftliche pyramidenförmige Ordnung. An diesen
Klassenunterschieden übte Jesus in seinen Reden Kritik.

Sepphoris wurde wiederaufgebaut, Tiberias neu gegründet. Herodes Antipas führte neue architektonische Stile, größere Gebäude
und kostspielige Materialien in Galiläa ein. Tiberias und Sepphoris
waren Miniaturausgaben der Stadt Caesarea, so wie Caesarea seinerseits eine Miniaturausgabe Roms war. Beide Städte unterschieden sich deutlich von anderen galiläischen Städten und Dörfern.
Zwar achtete Herodes Antipas darauf, nicht zu neu oder zu fremd zu
wirken, um so direkten Konfrontationen mit den Juden aus dem
Weg zu gehen. In diesem Zusammenhang ist hervorzuheben, dass
die Gebäude in Sepphoris und Tiberias wie die in der Küstenstadt
Caesarea aus den Erträgen der Landwirtschaft finanziert wurden.
Aber im Gegensatz zu Caesarea war Galiläa nicht Teil eines interna-
tionalen Handelsnetzes, sondern eng mit seinen Feldern, Wein-
bergen und Olivenhainen verbunden. Es gab einen hohen Bedarf an
leistungsfähigeren landwirtschaftlichen Verfahren und intensiver
Bodenbewirtschaftung. Polykultur nahm in dem Maße ab, wie
Monokultur an Bedeutung gewann. Die Bauern waren umso mehr
von Missernten und Dürren bedroht. Wenn Bauernfamilien ihre
Steuern nicht bezahlen konnten oder sich verschuldeten, weil sie
Nahrung kaufen mussten, die früher auf ihren Feldern wuchs, ging
ihr Landbesitz an andere. Die Zahl der Gutshöfe nahm zu, das Pachtsystem weitete sich aus und die Gelderträge wurden gesteigert. Der
größere Geldumlauf in der galiläischen Wirtschaft wirkte sich positiv
auf die Steuereinkünfte aus, die Antipas zur Urbanisierung nutzte.
Sein Königreich wurde kommerzialisiert. Der Zunahme architektonischer Prachtbauten in den Städten einerseits stand wachsende
Armut auf dem Land andererseits gegenüber.

Typ 2: Ein am Bund orientiertes Königreich

Wie lässt sich ein Königreich errichten, das dem Gelobten Land entspricht? Was kennzeichnet ein solches Königreich, und worin unterscheidet es sich von anderen Königreichen? Worin unterschied sich
das Königreich, das Amos im Sinn hatte, von dem des Jerobeam II.?

Worin unterschied sich das Königreich, das Johannes der Täufer und sein Nachfolger Jesus im Sinn hatten, von dem Königreich Herodes' des Großen oder seines Sohnes Antipas?

Königreich und Land

Zwei kurze Bibelverse im Pentateuch bzw. in den Prophetenbücher, die beide Gott in den Mund gelegt werden, sind für das Verständnis des am Bund orientierten Königreichs, der Herrschaft Gottes über ein Volk in einem Land auf dieser Erde von grundlegender Bedeutung. In Levitikus 25:23 ordnet Gott an: »Das Land darf nicht endgültig verkauft werden; denn das Land gehört mir, und ihr seid nur Fremde und Halbbürger bei mir.« Und in Jesaja 5:8 heißt es: »Wehe euch, die ihr Haus an Haus reiht und Feld an Feld fügt, bis kein Platz mehr da ist und ihr allein im Land ansässig seid.« Diese Kurzzitate beruhen auf vier Voraussetzungen.

Erstens ist Gott gerecht. Zweitens gehört das Land Israel diesem gerechten Gott. Drittens war das Land ursprünglich gerecht unter die Stämme und Familien Israels aufgeteilt worden. Viertens richten sich der Pentateuch und die Prophetenbücher dagegen, dass immer weniger Menschen immer mehr Land und immer mehr Menschen immer weniger Land besitzen. Viel versprechende, glanzvolle Manifeste über Gerechtigkeit verkünden weder der Pentateuch noch die Prophetenbücher, aber beide sprechen sich für den Abbau ständig wachsender Ungleichheit aus. Land ist die materielle Lebensgrundlage und kann nicht wie andere Handelsgüter behandelt werden. Gott ist in spezieller Weise mit ihm verbunden.

Landkauf und -verkauf. Pächter und ansässige Fremde dürfen kein Land verkaufen, das ihnen nicht gehört. Das klassische Paradigma ist die Geschichte von Nabot, der einen Weinberg besaß, und Ahab, der Israel ungefähr hundert Jahre vor Jerobeam II. regierte:

Danach trug sich Folgendes zu: Nabot aus Jesreel hatte einen Weinberg in Jesreel neben dem Palast Ahabs, des Königs von Samarien. Ahab verhandelte mit Nabot und schlug ihm vor: Gib mir deinen Weinberg! Er soll mir als Gemüsegarten dienen; denn er liegt nahe bei meinem Haus. Ich will dir dafür einen besseren Weinberg geben. Wenn es dir aber lieber ist, bezahle ich dir den

Kaufpreis in Geld. Doch Nabot erwiderte: Der Herr bewahre mich davor, dass ich dir das Erbe meiner Väter überlasse. Darauf kehrte Ahab in sein Haus zurück. Er war missmutig und verdrossen, weil Nabot aus Jesreel zu ihm gesagt hatte: Ich werde dir das Erbe meiner Väter nicht überlassen (1 Könige 21:1-4).

Ahabs Reaktion weist ihn als einen maßvollen König aus. Seine Frau Isebel, Tochter des Königs von Tyros, stammt jedoch aus einer anderen Religionsgemeinschaft mit einer anderen Wirtschaftstheologie. Sie setzt ihre Hoffnung auf Freihandel, lässt Nabot töten und übergibt den umstrittenen Weinberg ihrem Mann. Nabot wollte nicht den König beleidigen, sondern blieb der alten Bundestheologie treu, nach der das Land Gott gehörte, und er weigerte sich, es wie irgendein anderes Handelsgut zu behandeln, es nach Belieben zu kaufen und verkaufen.

Landverpfändung und -verlust. Wer sein Land nicht verkaufen konnte, konnte es gleichwohl auf andere Weise verlieren. Er konnte sich verschulden, wenn er sein Land als Sicherheit anbot, und verlor das verpfändete Land an den Gläubiger, wenn er seine Schulden nicht zurückzahlen konnte. Hier geht es nicht um Kauf oder Verkauf, Diebstahl oder Raub, sondern um Verschuldung und Verpfändung. Das Gesetz hat daher viel über Schulden und Verschuldung zu sagen. Es verbietet sie nicht, sondern versucht, die schlimmsten Folgen vor allem auf folgende fünf Weisen in Grenzen zu halten.

Zinsverbot. Unter Israeliten ist es verboten, Zinsen zu verlangen, vor oder nach Tätigung der Anleihe, auf Geld oder Waren. »Wenn dein Bruder verarmt und sich neben dir nicht halten kann, sollst du ihn, auch einen Fremden oder Halbbürger, unterstützen, damit er neben dir leben kann. Nimm von ihm keinen Zins oder Wucher! Fürchte deinen Gott, und dein Bruder soll neben dir leben können. Du sollst ihm weder dein Geld noch deine Nahrung gegen Zins und Wucher geben« (Levitikus 25:35-37).

Einschränkung der Darlehenssicherheit. Eine Darlehenssicherheit sollte keine oppressiven Handlungen oder Forderungen nach sich ziehen:»Man darf nicht die Handmühle oder den oberen Mühlstein als Pfand nehmen; denn dann nimmt man das Leben selbst als Pfand. Wenn du einem anderen irgendein Darlehen gibst, sollst du, um das Pfand zu holen, nicht sein Haus betreten. Du sollst draußen stehen bleiben, und der Mann, dem du das Darlehen gibst, soll dir ein Pfand nach draußen bringen. Wenn er in Not ist, sollst du sein Pfand nicht über Nacht behalten. Bei Sonnenuntergang sollst du ihm sein Pfand zurückgeben. Dann kann er in seinem Mantel schlafen, er wird dich segnen, und du wirst vor dem Herrn, deinem Gott, im Recht sein« (Deuteronomium 24:6, 10-13).

Schuldenerlass. Schulden konnten sich langsam, aber sicher in einer Höhe anhäufen, die nie zurückgezahlt werden konnte. Schulden mussten jedoch nicht ein Leben lang, sondern schlimmstenfalls sieben Jahre lang zurückgezahlt werden. »In jedem siebten Jahr sollst du die Ackerbrache einhalten. Und so lautet eine Bestimmung für die Brache: Jeder Gläubiger soll den Teil seines Vermögens, den er einem anderen unter Personalhaftung als Darlehen gegeben hat, brachliegen lassen. Er soll gegen den anderen, falls dieser sein Bruder ist, nicht mit Zwang vorgehen; denn er hat die Brache für den Herrn verkündet« (Deuteronomium 15:1-2).

Entlassung aus der Sklaverei. Ebenfalls im siebten Jahr mussten einzelne Personen oder Familien, die zur Begleichung der Schulden als Sklaven verkauft worden waren, freigelassen werden: »Wenn dein Bruder, ein Hebräer – oder auch deine Hebräerin – sich dir verkauft, soll er dir sechs Jahre als Sklave dienen. Im siebten Jahr sollst du ihn als freien Mann entlassen. Und wenn du ihn als freien Mann entlässt, sollst du ihn nicht mit leeren Händen entlassen. Du sollst ihm von deinen Schafen und Ziegen, von deiner Tenne und von deiner Kelter so viel mitgeben, wie er tragen kann. Wie der Herr, dein Gott, dich gesegnet hat, so sollst du ihn bedenken« (Deuteronomium 15:12-14).

Aufhebung einer Enteignung. Schließlich kam es im Extremfall zu einer Enteignung, wenn Land verschuldet, zwangsvollstreckt war und seinem ursprünglichen Besitzer verloren ging. »Erklärt dieses fünfzigste Jahr für heilig, und ruft Freiheit für alle Bürger des Landes aus! Es gelte euch als Jubeljahr. Jeder von euch soll zu seinem Grundbesitz zurückkehren, jeder soll zu seiner Sippe heimkehren« (Levitikus 25:10). Die Aufhebung einer Enteignung bezog sich nur auf ländliches, nicht auf städtisches Eigentum. Gott schützte die Landbevölkerung nicht im Sinne einer Option für die Armen, sondern im Sinn einer Option für Gerechtigkeit.

Möglicherweise ist einiges oder alles von diesen Bestimmungen eher theoretisch-idealer Natur denn praktisch brauchbar, aber es ist tief verankert im Gesetz des Bundes, der Thora, die das Volk anleitete, im Land unter einem Gott der Gerechtigkeit und Rechtschaffenheit zu leben. Es repräsentierte ein am Bund ausgerichtetes Königreich und unterschied das von Jerobeam II. errichtete Königreich von dem, das Amos im Namen Gottes forderte, und das von Herodes Antipas errichtete Königreich von dem, das Jesus im Namen Gottes verkündete.

Königreich und Eschaton

Das von Amos vorausgesagte Schicksal wurde schreckliche Realität, als 721 v. Chr. unter Sargon II. das assyrische Reich Samaria zerstörte und zehn der ursprünglichen Stämme für immer zerstreut wurden. Die, die seine prophetischen Klagen sammelten und aufbewahrten, konnten sie nicht schließen ohne dieses eher positive Ende, einen Hoffnungsschimmer:

> *Seht, es kommen Tage – Spruch des Herrn –, da folgt der Pflüger dem Schnitter auf dem Fuß und der Keltertreter dem Sämann; da triefen die Berge von Wein, und alle Hügel fließen über. Dann wende ich das Geschick meines Volkes Israel. Sie bauen die verwüsteten Städte wieder auf und wohnen darin; sie pflanzen Weinberge und trinken den Wein, sie legen Gärten an und essen die Früchte. Und ich pflanze sie ein in ihrem Land, und nie mehr werden sie ausgerissen aus ihrem Land, das ich ihnen gegeben habe, spricht der Herr, dein Gott (Amos 9:13-15).*

Amos verspricht den Wiederaufbau eines verwüsteten Landes und die Zusammenführung eines zerstreuten Volkes. Er spricht enthusiastisch von der überbordenden Fruchtbarkeit der Äcker und Weinberge und übt mit den Worten »nie mehr« Kritik an der Enteignung, die er nicht näher ausführt. Es stellt sich jedoch die Frage, ob, wenn diese Vision sich bewahrheiten sollte, jene verlorenen Stämme zu dem reichen Königreich zurückkehren würden, das Jerobeam II. errichtet hatte, oder zu dem Königreich, das Amos forderte.

Solche Hoffnungen und Versprechen werden oft als *eschatologische* bezeichnet, aber dieser Begriff sollte nicht in der späteren christlichen Bedeutung verstanden werden, nach der die materielle Welt durch eine geistliche Welt ersetzt wird, nach der die irdische

Welt hier unten durch eine himmlische Welt dort oben ersetzt wird. In antiken israelitischen und jüdischen Texten bezieht sich die eschatologische Sprache auf ein von Gott erschaffenes Utopia (vom Griechischen »kein Ort«) oder besser Eutopia (vom Griechischen »guter Ort«), an dem Gott der Welt der Ungerechtigkeit und Unaufrichtigkeit ein Ende setzt und sie durch eine Welt der Gerechtigkeit und Rechtschaffenheit ersetzt. Die Schöpfung wird dabei nicht durch eine kosmische Zerstörung aufgehoben, sondern das Böse wird zerstört durch eine kosmische Transformation. Das eschatologische Königreich ist das zur höchsten Vollendung und idealen Erfüllung geführte, am Bund ausgerichtete Königreich, und zwar hier, auf dieser Erde.

Die Propheten Amos und Micha stammen beide aus judäischen Dörfern, beide brandmarkten die Gesellschaft wegen struktureller und distributiver Ungerechtigkeit, der eine im Norden, der andere im Süden. Die grimmigen Anklagen beider sollten später in Büchern zusammengetragen werden, in denen sie von eschatologischer Hoffnung begleitet werden. Aber Micha enthält nun eine ekstatischere Weissagung als Amos. Hier begegnet eine Vision der von Gott herbeigeführten eschatologischen Zukunft, des von Gott gewirkten Eutopia auf Erden, die sowohl in Micha (4:1-4) als auch in seinem Zeitgenossen Jesaja (2:2-4) enthalten ist:

> *Am Ende der Tage wird es geschehen: Der Berg mit dem Haus des Herrn steht fest gegründet als höchster der Berge; er überragt alle Hügel. Zu ihm strömen die Völker. Viele Nationen machen sich auf den Weg. Sie sagen: Kommt, wir ziehen hinauf zum Berg des Herrn und zum Haus des Gottes Jakobs. Er zeige uns seine Wege, auf seinen Pfaden wollen wir gehen. Denn von Zion kommt die Weisung, aus Jerusalem kommt das Wort des Herrn. Er spricht Recht im Streit vieler Völker, er weist mächtige Nationen zurecht [bis in die Ferne]. Dann schmieden sie Pflugscharen aus ihren Schwertern und Winzermesser aus ihren Lanzen. Man zieht nicht mehr das Schwert, Volk gegen Volk, und übt nicht mehr für den Krieg. Jeder sitzt unter seinem Weinstock und unter seinem Feigenbaum, und niemand schreckt ihn auf. Ja, der Mund des Herrn der Heere hat gesprochen.*

Der Inhalt dieser Vision ist ebenso großartig wie der Zeitpunkt ihrer Erfüllung vage ist. Die eschatologische Vision, die dem Buch Amos beigefügt ist, spricht von »an diesem Tag« und »siehe, es werden Tage kommen«. Die eschatologische Vision, die im Buch Micha begegnet, spricht von »in Tagen, die kommen« und »an jenem Tag«. Entsprechend unserem zeitgenössischen »we shall overcome«, geht die Sicherheit des *was* und des *dass* nicht einher mit einer gleichen Sicherheit das *wie* und *wann* betreffend. Aber der Text enthält in Bezug auf das eutopische Ideal noch etwas Bemerkenswerteres.

Kritische Äußerungen über religiöse Synkretismen, politische Allianzen und wirtschaftliche Prozesse, in denen Jahwe als ein gerechter und rechtschaffener Gott negiert wurde, waren immer gefährlich, gleichzeitig aber auch von höchster Bedeutsamkeit im und für das Verhältnis zu den einheimischen israelitischen Königen. Was ist jedoch zu jenen imperialen Monarchen zu sagen, die Ende des achten Jahrhunderts Israel, das Nordreich, zerstörten und nach dem Ende des siebten Jahrhunderts Juda, das Südreich, kontrollierten? Was ist im Blick auf die Assyrer, Neubabylonier, Perser, Griechen, Ptolemäer, Seleukiden und schließlich Römer zu sagen? Machten sie sich Gedanken über den Dorfbrauch oder den Gottesbund?

Es war keine Frage von Chauvinismus, Fremdenfeindlichkeit oder Auserwählung. Es ging nicht um die Heidenvölker als abstrakte Größen, die man theoretisch kannte, sondern um die Königreiche, die Nationen, die Heiden, welche die Israeliten praktisch als Unterdrückungsmächte kannten. Wenn das dem Bund verpflichtete Königreich immer weniger eine Realität und der koloniale Status immer mehr eine Erfahrung war, wie würde Jahwe als gerechter und treuer Gott jene imperialen Nationen, jene Heidenvölker behandeln, wenn er das eschatologische Königreich errichten, das göttliche Eutopia auf Erden endgültig verwirklichen würde?

Eine Antwort wird in der Weissagung gegeben, die sowohl bei Jesaja und Micha erscheint. Jene kriegerischen und erobernden Mächte werden sich zu Jahwe als dem Gott der Gerechtigkeit bekehren. Sie würden keine Israeliten werden; vielmehr würden Nichtjuden wie Israeliten unter der Herrschaft Gottes zusammenleben. Das gilt auch für Juden und Nichtjuden in einer viel späteren Prophezeiung aus der Mitte des zweiten Jahrhunderts v. Chr. Nach den *Sibyllinischen Orakeln* (als Bücher gefunden), wird Gott »ein Königreich für alle Menschenalter errichten« und »aus allen Ländern werden sie Weihrauch und Geschenke in das Haus des großen Gottes bringen«. Dann »werden die Propheten des großen Gottes das Schwert wegnehmen« und »es wird auch einen unter den Menschen gerecht verteilten Wohlstand geben, denn so ist der Urteilsspruch und die Herrschaft des großen Gottes« (3:767-795).

Diese positive Vision einer Bekehrung zu einer gerechten und friedlichen Welt inmitten mühelos zu bestellender Felder und/oder angesichts einer friedlichen Tierwelt lässt sich in der gesamten jüdischen Tradition zurückverfolgen, die mit dem Problem der eschatologischen Völkerschaften konfrontiert war. Aber neben der positiven Vision eschatologischer Gerechtigkeit gibt es auch die negative der eschatologischen Rache. »An jenem Tag« werden jene marodierender Völker, die imperialen nichtjüdischen Königreiche, Israel unterworfen oder vollständig ausgerottet werden.

Diese beiden Reaktionen auf Unterdrückung, Bekehrung oder Ausrottung, Gerechtigkeit oder Rache, werden nicht miteinander versöhnt, sondern stehen in der Tradition nebeneinander. Aber beide existieren z. B. in den oben zitierten Texten. »An jenem Tag«, sagt Gott in Micha, »nehme ich in meinem glühenden Zorn Rache an den Völkern, die nicht gehorchen« (5:10,14). Jene Feinde werden »zertreten wie Gassenkot«, und »Staub sollen sie fressen wie die Schlange, wie das Gewürm am Boden. Zitternd sollen sie herauskommen aus ihren Burgen, vor den Herrn treten, unseren Gott, voll Schrecken und Furcht vor dir« (7:10,17). In den *Sibyllinischen Orakeln* wird jene andere, negative Seite in ähnlicher Weise dargestellt: »Alle Ungläubigen werden in Blut schwimmen. Die Erde wird auch von dem Blut der Sterbenden trinken; wilde Tiere werden von Fleisch übersättigt sein« (3:695-697).

Die beiden Reaktionen konnten auch wie in 2 *Baruch*, das gegen Ende des ersten Jahrhunderts abgefasst worden ist, miteinander kombiniert werden: »Er wird alle Völker rufen, und einige wird er verschonen, und andere wird er töten ... Jedes Volk, das Israel nicht gekannt hat und das die Saat Jakobs nicht zertreten hat, wird leben ... All jene, die über euch regiert haben oder euch gekannt haben, werden dem Schwert überlassen« (72:2-6). Häufiger stehen die beiden Reaktionen, die Bekehrung und die Ausrottung, jedoch im selben Text nebeneinander. Das Ziel ist immer, wie es in dem vormakkabäischen Text *Das Buch der Späher* in 1 *Henoch* heißt, »die Ungerechtigkeit vom Antlitz der Erde zu beseitigen ... die Erde von jeder Ungerechtigkeit zu reinigen« (10:16). Es stellt sich jedoch auch die Frage nach den Mitteln, selbst den göttlichen Mitteln. Und besonders in diesem Fall rechtfertigt das Ziel nicht die Mittel.

Königreich und Apokalypse

Das eschatologische oder eutopische Königreich stellt die Vollendung des am Bund orientierten Königreichs dar, und die Ankunft des eschatologischen Königreichs ist das apokalyptische Königreich. Diese Königreiche stehen in einer kontinuierlichen Beziehung vom idealen Guten (am Bund orientiertes Königreich) zum vollendeten Besten (eschatologisches Königreich) und von ferner Hoffnung (eschatologisches Königreich) zur unmittelbar bevorstehenden Präsenz (apokalyptisches Königreich) zueinander. Je mehr das gegenwärtige Königreich Gottes vom guten abwich, desto mehr beschäftigten sich einige Menschen mit dem Idealzustand. Je mehr das Ideal vom gegenwärtigen Zustand abwich, desto mehr beschäftigten sich einige Menschen mit der nahen Zukunft. Eine Apokalyse ist eine *Offenbarung* über jenes baldige, sehr baldige, völlige *Ende* des Bösen und der Ungerechtigkeit. Ohne das Kontinuum vom Königreich des Bundes zum eschatologischen Königreich ist der Gehalt des apokalyptischen Königreichs eine offene Frage oder eine leere Erwartung. Zum Vergleich kann man diesbezüglich die verschiedenen Endkönigreiche heranziehen, die die folgenden Texte erwähnen.

Zuerst beschrieb Mitte der siebziger Jahre des zweiten Jahrhunderts v. Chr. Aemilius Sura die Abfolge von fünf Reichen: »Unter allen Völkern waren die Assyrer die ersten, welche die Weltherrschaft innehatten, dann folgten die Meder, darauf die Perser und danach die Makedonier. Schließlich ging nach dem Sieg über Philipp und Antiochus, die makedonischen Ursprungs waren, – bald nach der Zerstörung Karthagos –, die Weltherrschaft an die Römer über.« Die Abfolge von vier vergangenen Reichen und einem letzten fünften war in der antiken Welt bekannt, aber Rom dafür in Anspruch zu nehmen, war die römische Option, die historisch zwar einigermaßen vertretbar, aber nicht allgemein anerkannt war.

Später, Mitte der sechziger Jahre des zweiten Jahrhunderts v. Chr., ist im Buch Daniel ebenfalls von vier Königreichen und einem letzten fünften die Rede. Bei den vier Königreichen handelt es um das neubabylonische, das medische, das persische und das griechische.

Im Buch Daniel stiegen jene vier Reiche aus dem uranfänglichen Chaos des aufgewühlten Meeres als wilde Tiere herauf: ein Löwe, ein Bär, ein Leopard und ein »viertes Tier; es war furchtbar und schrecklich anzusehen und sehr stark; es hatte große Zähne aus Eisen. Er fraß und zermalmte alles, und was übrig blieb, zertrat es mit den Füßen. Von den anderen Tieren war es völlig verschieden« (7:7). Das fünfte Königreich trat in Erscheinung, als »einer wie ein Mensch(ensohn)« bis zu Gott, dem Hochbetagten oder Herrn über die Zeit gelangte (7:13).

Die tierhaften Reiche kommen aus dem Chaos des Meeres, das dem Mensch(ensohn) zukommende Reich kommt aus der Ordnung des Himmels. Ihnen wurde die Herrschaft genommen, »ihm wurden Herrschaft, Würde und Königtum gegeben. Alle Völker, Nationen und Sprachen müssen ihm dienen. … Die Herrschaft wurde dem »Volk der Heiligen des Höchsten gegeben« als »ein ewiges Reich« (7:14, 26-27). Unabhängig davon, ob der Mensch(ensohn) die Personifikation oder der engelgleiche Repräsentant des Gottesvolkes ist, sein ist offensichtlich das fünfte Königreich. Dieses steht in einem antithetischen Verhältnis zu den vier vorausgehenden. Da es jedoch nicht im Einzelnen ausgeführt ist, ist davon auszugehen, dass es bereits eine ausgebildete Tradition gab, in deren Rahmen über das eschatologische und das Königreich des Bundes nachgedacht wurde.

Wenn auch das apokalyptische Königreich eine ideale Gesellschaft, eine vollkommene Welt, ein göttliches Eutopia in nahe bevorstehender Ankunft auf Erden darstellt, so müssen doch nicht alle hinsichtlich der einzelnen Merkmale, die es ausmacht, übereinstimmen. Alle stimmen vielleicht darin überein, dass Israel wiederhergestellt und die verlorenen Stämme zurückkehren müssen. Alle stimmen vielleicht darin überein, dass Gerechtigkeit, Frieden, Frömmigkeit, Heiligkeit, Fruchtbarkeit und Wohlstand wichtige Bestandteile sind. Alle mögen darin übereinstimmen, solange solche Hoffnungen nicht näher spezifiziert werden. Aber auch innerhalb des Judentums werden Frauen und Männer, Sklaven und Freie, Arme und Reiche, Bauern und Adlige jeweils andere Erwartungen an ein Königreich Gottes hier auf Erden gehabt haben. Wie sah ein auf Erden zu errichtendes Königreich Gottes auf?

Betrachen wir folgendes Beispiel: Das apokalyptische Szenario in den *Sibyllinischen Orakel* 2:196-335 geht auf das Augusteische Zeitalter zu Beginn der christlichen Zeitrechnung zurück. Es stellt eine voll ausgeführte jüdische Apokalypse dar. Erstens wird die ganze Welt »in einen großen Fluss hell glühenden Feuers gestürzt werden«. Zweitens wird es ein allumfassendes Gericht am »Richterstuhl des großen unsterblichen Gottes« geben. Drittens wird dieses auch die Toten einschließen, die »an einem Tag auferweckt werden«, wenn »Uriel, der große Engel, die riesigen Schlösser, aus hartem, unzerbrechlichem Eisen, der Tore des Hades aufbrechen wird«. Viertens werden »alle den hell glühenden Fluss und die unlöschbare Flamme passieren«, so dass »alle Rechtschaffenen errettet, alle Ungläubigen jedoch für alle Zeiten vernichtet werden«. Fünftens wird diese Vernichtung in schauderhaften Einzelheiten exemplarisch vor Augen geführt. Sechstens betrifft die Errettung jene, die aus dem »hell glühenden Fluss« emporgehoben werden; und diese Errettung ist natürlich eine Errettung innerhalb einer vollkommenen Welt und idealen Gesellschaft. »Die Erde wird allen gleich gehören; sie werden nicht durch Mauern oder Zäune voneinander getrennt sein. Sie wird sogleich Früchte im Übermaß tragen. Es wird ein Leben in Gemeinsamkeit geben, und der Wohlstand wird die Menschen nicht trennen. Denn es wird keine Arme, keine Reiche, keine Tyrannen und keine Sklaven mehr geben. Keine Könige, keine Führer. Alle werden ebenbürtig sein.« Und schließlich siebtens: »Diesen Gläubigen wird der unvergängliche Gott, der Weltenherrscher, auch noch etwas anderes geben. Wann immer sie den unvergänglichen Gott bitten, Menschen aus dem wütenden Feuer und ewigem Zähneknirschen zu erretten, wird er es ihnen gewähren und es tun. Denn er wird sie aus dem unvergänglichen Feuer herausholen und sie an einen anderen Ort bringen und sie auf Bitten seines Volkes zu einem anderen ewigen Leben mit den Unsterblichen im Elysium bestimmen.« In diesem friedlichen Szenario werden Übeltäter zuerst an einen höllenähnlichen Ort gebracht, aber sie können dann auf Bitten jener, die »mit Gerechtigkeit und edlen Taten zu tun hatten«, befreit werden.

Schenken Sie für einen Moment den beiden zuletzt genannten Punkten Ihre Aufmerksamkeit. Hätte jeder dem sechsten Punkt zugestimmt? Vielleicht hätten alle zugestimmt, solange es nur ein wünschenswertes Zukunftsdenken war. War aber eine so radikale Lehre von der Gleichheit aller für die Aristokratie auch nur als abstraktes Ideal akzeptabel? Hätte ferner jeder dem siebten Punkt zugestimmt? Diese jüdische Apokalypse wurde in einer Manuskripttradition von einem christlichen Schreiber wie folgt glossiert: »Einfach falsch. Denn das Feuer, das die Verdammten peinigt, wird nie enden. Auch ich würde dafür beten, dass es so sein möge, obwohl ich von schwerer Schuld gezeichnet bin, die viel Gnade erfordert. Aber der schwatzende Origines sollte sich schämen zu behaupten, es gäbe eine Begrenzung der Bestrafung.« Dieses jüdische Szenario getrennter, aber gleicher Eutopias steht dem positiven Ideal der Bekehrung der Heidenvölker näher als dem negativen ihrer Auslöschung. Radikale menschliche Gleichheit? Radikale göttliche Gnade?

Im Zusammenhang des Kontinuums vom Königreich des Bundes über das eschatologische zum apokalyptischen, gemäß der erhofften und ersehnten Gerechtigkeit, führen nicht die schönen vagen, allgemeinen Szenarien zu internen Spannungen, sondern bestimmte Details, praktische Ergebnisse und sozioökonomische Implikationen. Worin genau unterschied sich das Königreich von Jerobeam II. von Amos' Königreich, unterschieden sich die Königreiche von Augustus und Tiberius oder Herodes und Antipas von denen, die Johannes der Täufer und Jesus von Nazaret vor Augen hatten? Wie unterschied sich Sepphoris von Nazaret, Tiberias von Kafarnaum?

Das Königreich Gottes in Kafarnaum?

Herodes der Große und Herodes Antipas hatten beide ihre Machtposition durch Gewalttaten erlangt. Beide setzten in ihren Königreichen zahlreiche Bauprojekte um. Aber während es Herodes dem Großen gelang, einen bleibenden Eindruck in dem Land zu hinterlassen, wurde Herodes Antipas am Ende verbannt und hinterließ nur zweitklassige architektonische Bauwerke. Die Funde aus den Überresten Caesareas versetzen die Archäologen immer wieder aufs Neue in Erstaunen, während die Schichten, die in Antipas' Tiberias und Sepphoris ausgegraben wurden, schlechter zu bestimmen und weniger spektakulär sind. Jesu Reich hinterließ dagegen keinerlei Bauwerke, keine Inschriften und keine Kunstwerke. Dennoch können Archäologen zu einem Verständnis seines Programms beitragen, indem sie den Kontext untersuchen, in dem er das Reich Gottes verkündete und lebte. Auch wenn er nie einen Fuß in die Stadt Caesarea oder in eine andere größere Stadt wie diejenigen der Dekapolis gesetzt hat und obwohl die beiden galiläischen Städte Tiberias und Sepphoris in den Evangelien nicht erwähnt werden, ist das, was diese Städte im ersten Jahrhundert ausmachte, aus zwei Gründen für eine historische Beschäftigung mit Jesus von zentraler Bedeutung.

Erstens eignen sie sich als Vergleichsfolie für Orte, die in den Evangelien erwähnt werden. Um beispielsweise die Besonderheit Nazarets verstehen zu können, müssen wir Nazaret mit Kafarnaum, Kafarnaum mit Sepphoris oder Tiberias, Sepphoris oder Tiberias mit Caesarea am Meer oder Jerusalem vergleichen. Wichtiger ist jedoch zweitens, dass sie vielleicht eine Antwort auf die Frage liefern, weshalb Johannes und Jesus genau zu ihrer Zeit und an ihren jeweiligen Orten auftraten. Weshalb entstand die Täuferbewegung des Johannes und die Reich-Gottes-Bewegung Jesu in den von Antipas beherrschten Gebieten gerade in den zwanziger Jahren und nicht früher oder später? Hat die Romanisierung Untergaliläas, die 4 v. Chr. von Antipas mit der Rekonstruktion der Stadt Sepphoris eingeleitet wurde und 19 n. Chr. mit ihrer Ersetzung als Residenzstadt durch Tiberias ihren Höhepunkt fand, irgendetwas mit diesen populären religiös-politischen Bewegungen des folgenden Jahrzehnts zu tun? Ist es bezeichnend, dass beispielsweise Jesus und das Reich Gottes weder mit Sepphoris noch mit Tiberias, sondern mit Kafarnaum assoziiert werden? Wie ist diese Assoziation zu verstehen? Wenden wir uns nun Kafarnaum, dem Dorf zu, das nach Nazaret am häufigsten mit Jesus in Verbindung gebracht wird. Gleichzeitig sollten wir jedoch das Meisterprojekt Herodes' des Großen, Caesarea, und die zweitklassigen Städte seines Sohnes Antipas, Sepphoris und Tiberias, nicht aus den Augen verlieren.

Das jüdische Dorf Kafarnaum im ersten Jahrhundert

Bevölkerung. Im ersten Jahrhundert war Kafarnaum ein kleines jüdisches Dorf an der Peripherie des von Antipas beherrschten Territoriums, das vor allem von Landwirtschaft und Fischfang lebte. In den langen Sommermonaten herrscht in Kafarnaum meist drückende Hitze. Die in der Nähe gelegenen Felder waren steinig und schwer zu bewirtschaften, und zu Lebzeiten Jesu war das Dorf von größeren Handelswegen abgeschnitten. Das Dorf war kein beliebter

Aufenthaltsort, aber ein Ort, den man über den See Gennesaret leicht und in beliebiger Richtung verlassen konnte. Es war auch nicht weit von dem Territorium entfernt, das Herodes Philippos beherrschte, der nach Josephus ein fairerer und wesentlich maßvollerer Regent war als sein Halbbruder Antipas. Sowohl in Bezug auf die Fläche wie auf die Einwohnerzahl war es im Vergleich zu Caesarea winzig und auch noch im Verhältnis zu Sepphoris und Tiberias recht klein, die etwa zwischen 40 und 60 ha groß waren und eine Einwohnerzahl von acht- bis zwölftausend Menschen hatten, während Kafarnaum nur etwa 10 ha groß war und nur eintausend Einwohner hatte. Kafarnaum unterschied sich kaum von Nazaret, hingegen deutlich von Sepphoris und Tiberias, und von Caesarea schieden es Welten.

Gebäude. Wie viele jüdische Dörfer in Galiläa, einschließlich Nazarets, wies das Kafarnaum des ersten Jahrhunderts keine Architektur griechisch-römischen Stils auf, wie sie häufig in den Städten anzutreffen war. Nur in der späteren byzantinischen Schicht wurden Überreste einer Synagoge und einer Kirche gefunden. Die Tatsache, dass es vorher keine städtischen Gebäude gab, unterstreicht den provinziellen Charakter des Dorfes. Kafarnaum hatte kein Tor, das wie in Tiberias den Eingang in das Dorf markierte, und es gab auch keine Verteidigungsbefestigungen oder -wälle. Ebenso wenig gab es städtische Gebäude, wie Theater, Amphitheater oder Hippodrom, an denen sich die städtischen Eliten in Caesarea oder anderswo erfreuten und die der Unterhaltung dienten, oder ein öffentliches Badehaus oder Latrinen. Es gibt nicht einmal Hinweise auf eine Basilika, die für Rechtsangelegenheiten, allgemeine Versammlungen oder Handelsgeschäfte genutzt worden wäre. Diese fanden höchstwahrscheinlich auf unbebauten Flächen oder am Ufer des Sees statt. Die archäologischen Ausgrabungen haben in Kafarnaum keine offenkundig heidnischen Gegenstände zu Tage gefördert, die mit Heiligtümern oder Tempeln assoziiert werden können. Es gibt auch keine Anhaltspunkte dafür, dass es in Kafarnaum Statuen oder andere ikonografischen Gegenstände gegeben hätte. Das Dorf hatte keine angelegte *agora* (Marktplatz) mit Läden oder Lagerräumen. Markttage wurden in Zelten oder an Ständen auf den ungepflasterten Flächen oder entlang des Seeufers und außerhalb privater Häuser, deren Besitzer ihre Waren feilboten und ihre Fischfänge verkauften, abgehalten.

Straßen. In Kafarnaum fehlten nicht nur öffentliche Gebäude, sondern auch eine zentrale Dorfplanung. Es gab weder ein rechtwinkliges Straßennetz noch Hauptverkehrsstraßen. Archäologen haben keine Überreste eines *cardo maximus* oder *decumanus* gefunden, jener Hauptkreuzungsstraßen gefunden, die charakteristische Bestandteile der Stadtplanung der römischen Zeit waren. Keine der Straßen waren mit Steinplatten gepflastert. Keine war durch Säulen oder Säulengängen verschönert. Keine war breiter als ca. 2 bis 3,5 Meter, es waren also eher Wege als Straßen. Keine hatte Abflussrinnen. Das Abwasser wurde einfach in schmalen Rinnen aus gestampfter Erde geschüttet, die in den langen heißen Jahreszeiten staubig, in den kurzen feuchten Jahreszeiten schlammig und in allen Jahreszeiten übelriechend waren. Kein einziges Baumaterial, mit dem mit Urbanität und Wohlstand assoziiert wird, war in Kafarnaum anzutreffen: Es gab in römischer Zeit keine gepflasterten Flächen, keine dekorativen Freskenmalereien, keinen roten Granit aus Assuan, keinen weißen Marmor aus Kleinasien oder anderen Ländern, keine Mosaiken und keine roten Dachziegel.

Kafarnaum war nicht rechteckig angelegt worden, sondern organisch gewachsen. Die verschiedenen Wohneinheiten, die die franziskanischen Ausgräber als *insulae* bezeichneten, waren sicherlich nicht mit den auf ein rechtwinkliges Straßennetz abgestimmten Wohngebäuden vergleichbar, die in Ostia, dem Hafen Roms, errichtet worden waren. Sie setzten sich aus verschiedenen Räumen zusammen, die um einen Innenhof gruppiert waren, der einer Großfamilie gehörte. Die Synagoge aus dem fünften Jahrhundert und der Komplex rund um das Haus des Petrus, das später beschrieben wird, bildeten den geordnetsten Komplex des dörflichen Plans. Die übrigen ausgegrabenen Mauern sind ein wenig schief, da die Häuser behelfsmäßig rund um zentrale Innenhöfe gebaut worden waren und sich nicht an einem strengen, von oben angeordneten Straßennetz orientierten. Wenn man am breiten Ufer entlangging, konnte man mühelos um Kafarnaum herumgehen, oder man konnte das Dorf zwischen den Gruppen von Innenhofhäusern durchqueren. Die Wege und Straßen verliefen leicht kurvig, wiesen kleine Plätze auf, die zum Arbeiten an einem Boot, zum Aufhängen und Ausbessern von Fischernetzen oder zum Aufbau kleiner Ziegen- oder Schafställe genutzt wurden. Im Unterschied zu Caesarea, Sepphoris oder Tiberias war Kafarnaum nicht achsenförmig angelegt, und es hatte keine Stadtmauern, keine imposanten Fassaden und keine Gebäude, die als Blickfang hätten dienen können.

Inschriften. Dass in Kafarnaum keine öffentlichen (oder privaten) Inschriften aus dem ersten Jahrhundert n. Chr. oder aus früheren Jahrhunderten gefunden wurden, spricht für seine geringe Größe (und für Analphabetentum?). Öffentliche Inschriften waren wichtige Merkmale des griechisch-römischen städtischen Lebens, und Bekanntmachungen dieses oder jenes Wohltäters wurden auf alle möglichen öffentlichen Flächen wie gepflasterte Straßen, Säulen, Brunnen oder Statuen eingeritzt. Sie hatten im antiken Stadtleben die Bedeutung, die heute Anschlagbretter haben. Ausgaben von Privatpersonen für öffentliche Gebäude hinterließen Spuren auf Stein in Form der allgegenwärtigen ehrenden Inschriften, die in verschiedenen Mittelmeerküstenstädten ausgegraben worden sind. Die Menschen zahlten, um ihre Namen in Stein geschrieben zu sehen. Im Kafarnaum des ersten Jahrhunderts oder anderen galiläischen Dörfern gab es so etwas nicht.

Häuser. Die nun folgende Beschreibung der Häuser in Kafarnaum sollte in Erinnerung bleiben, damit sie mit der in Kapitel 3 gegebenen Beschreibung der herodianischen Paläste und städtischen Villen kontrastiert werden kann. Zugleich kommt hier das entgegengesetzte Ende des Spektrums in den Blick, das zum wirtschaftlich prosperierenden Königreich des Herodes gehörte. Die Häuser in Kafarnaum sind wie die in anderen jüdischen Dörfern in Ostgaliläa und Südgolan gefundenen, wo dunkler Basalt aus der Gegend, Baumstämme, Stroh oder Ried und Schlamm die wichtigsten Baumaterialien darstellten. Die Häuser wurden ohne Zuhilfenahme ausgereifter handwerklicher Techniken oder spezieller Werkzeuge gebaut. Wahrscheinlich hat ein Älterer aus dem Dorf beim Entwurf des Hauses mitgeholfen, einige primitive Werkzeuge ausgeliehen, die schwierigen Arbeiten ausgeführt, und Mitglieder des Haushalts, Freunde und Nachbarn haben ihm assistiert.

Die Qualität der Bauarbeit war im Gegensatz zu der exzellenten herodianischen Steinmetzarbeit, der gut ausgeführten *opus-quadratum*-Technik oder dem Läufer-und-Binder-Quadersteinmauerwerk, die im folgenden Kapitel näher beschrieben werden, niedrig. Die Wände wurden auf Basaltsteinsockeln errichtet, die unteren

Schichten bestanden aus zwei Reihen unbearbeiteter Feldsteine, in die Zwischenräume wurden kleinere Steine, Schlamm und Lehm geschichtet, und die Vorderseiten der Wände wurden nicht mit Putz oder Freskenmalereien versehen, sondern mit Lehm, Dung oder Stroh abgedeckt. Im Vordergrund standen nicht ästhetische Erwägungen, sondern das Bedürfnis, die Wände gut zu isolieren. Einige der Wände waren dick genug, um ein zweites Stockwerk tragen zu können, aber diese Stockwerke waren anfällig, mussten ständig repariert werden und drohten einzustürzen. Keines der Dächer ist erhalten geblieben, aber das Fehlen von als Bögen, Gewölben oder Dachstützen angeordneten Steinen bedeutet in Verbindung mit dem völligen Fehlen von Dachziegeln, dass die Häuser, wie in der jüdisch-rabbinischen Literatur beschrieben, mit Ried gedeckt waren. Deckenbalken aus Holz trugen ein dickes Riedbett, das die Balken vor Feuchtigkeit schützte. Zur zusätzlichen Isolierung wurde das Ganze mit gepresstem Lehm abgedeckt. Ein solches Dach wird vorausgesetzt, wenn Markus von der Heilung des Gelähmten in Kafarnaum erzählt, wo die, die seine Bahre trugen, (die Decke) durchschlugen (2:4), bevor sie ihn durch die Öffnung zu Jesus hinabließen. Eine Generation später, viele Meilen entfernt und auf eine höhere soziale Schicht zielend, heißt es in der lukanischen Version der Erzählung, dass sie die Ziegel abdeckten (5:19). Diese Aussage trifft nicht auf Kafarnaum zu, sondern sicherlich auf das eher städtische Umfeld des Evangelisten Lukas und seines Oberschichtenpublikums, das unter Dachziegeldächern lebte.

Im Gegensatz zu den Villen der Adligen wiesen die Häuser in Kafarnaum keine achsenförmige Anordnung auf, die es gestattete, vom Eingang aus das Atrium und das *triclinium*, den festlichen Speisesaal, zu überblicken. Vielmehr waren verschiedene angrenzende Räume um einen Hofraum gruppiert. Diese Arbeits- und Lagerräume, Schlafquartiere und Begrenzungen schlossen den Hofraum nach außen hin ab, sodass hier, anders als im Atriumhaus, der Blick ins Innere versperrt war. Die meisten dieser Komplexe hatten nur einen Eingang. Ein in Kafarnaum freigelegter Eingang, der fast vollständig erhalten war, hatte eine behauene Schwelle und ein Türgewände aus Quadersteinen mit einer Schließvorkehrung für eine Holztür, aber Standfestigkeit und Größe der aus einem Stück gearbeiteten Türrahmen in Sepphoris und erst recht derselben in herodianischen Palästen wurden auch nicht annähernd erreicht. Die wenigen Fenster in den Wänden waren relativ hoch angebracht. Sie dienten der Beleuchtung und Belüftung und nicht wie in den herodianischen Palästen und Villen der Adligen der Aussicht. Die Bewohner waren eher darauf bedacht, in Sicherheit abgeschieden von der Außenwelt zu leben. Deshalb begrenzten sie den Zugang zum Hofraum und brachten ihre Fenster so hoch an, dass sie vor anderen verbergen konnten, wie sie lebten. Die Türöffnungen im Inneren waren aus Feldsteinen gemacht. Einfache Holzbalken rahmten den Eingang, und es gab augenscheinlich keine Schließvorkehrungen. Vermutlich wurden Eingänge einfach mit Strohmatten oder Vorhängen verschlossen.

Die Mauern und Räume schirmten die Innenhöfe in Kafarnaum vor Blicken ab. Die Innenhöfe deuteten in keiner Hinsicht auf Reichtum und Luxus hin. Im Innenhof spielte sich das Familienleben ab, und dort wurde, wie viele ausgegrabene Gegenstände erkennen lassen, auch gearbeitet. Er war in gewisser Beziehung mit der modernen Einheit von Wohnzimmer, Küche und Esszimmer vergleichbar, da er gleichzeitig als Arbeitsraum, Werkstatt und Lagerfläche diente. Teile von Tonöfen, graue Asche und Mahlsteine zeugen von Frauen, die täglich Brot backten. In einigen Hofräumen gab es landwirtschaftliche Arbeitsgeräte wie große, von Mauseln oder Ochsen angetriebene Mühlen und Olivenpressen, die vermutlich von mehreren Familien genutzt wurden. In dem typischen galiläischen Dorf in der römischen Zeit wurden Speisereste einfach auf den Boden des Hofraums geworfen und dann festgetreten. In größeren Hofräumen gab es abgegrenzte Ziegenställe. Hühner liefen überall umher. Auf dem Boden lagen Angelhaken und Netzgewichte verstreut herum. Sie zeugen von der Zeit, als Fischer versuchten, ihr Angelgerät in Ordnung und ihre Boote fahrtüchtig zu halten.

Räume. Die materiellen Überreste innerhalb der Räume aus frührömischen Schichten in Kafarnaum sprechen für ein einfaches Fischer- und Bauernleben. Luxusgüter oder andere Hinweise auf Wohlstand wurden nicht gefunden. Es wurden auch keine mit einem Prägezeichen versehene Henkel von importierten Weinamphoren oder auch nur eine kleine *unguetaria*, die zur Aufbewahrung erlesener Öle und Parfums diente, ausgegraben. Zu den Funden zählten auch keine Glasbehältnisse.

Ausgegraben wurden dagegen zahlreiche Steingefäße. Bei ihnen handelt es sich jedoch um Krüge, Becher oder Schüssel, die entweder mit der Hand oder auf kleinen Drehbänken hergestellt wurden, aber nicht um die teureren Gefäße, für die eine große Drehbank erforderlich war. Fast alle Lampen aus dem ersten Jahrhundert waren einfacher herodianischer Art. Importierte oder fein verzierte Lampen wurden nicht gefunden. Die sehr wenigen Lampen von etwas besserer Qualität wiesen keine mythologischen, heidnischen oder erotischen Motive auf, wie es sie auf Lampen gab, die entlang der Küste oder in größeren Städten gefunden wurden, sondern nur einfache florale Verzierungen. Auch die Tonwaren waren ausschließlich in der Umgebung hergestellt worden, die meisten offensichtlich im obergaliläischen Dorf Kefar Hananiya. Sie bestanden aus Kochtöpfen, Kasserollen, Krüge zur Aufbewahrung von Wasser und andere Krüge. Serviergefäße, Schüssel und Becher kommen seltener vor, und wertvolles, von weither importiertes Essgeschirr ist in frührömischer Zeit kaum anzutreffen. Gefunden wurden nur einige wenige wertvolle Essgeschirrartikel, nämlich Becher und Schalen, die zwar in der Region hergestellt worden sind, aber importierte Tonwaren aus weltberühmten Herstellungsorten imitierten.

Boote. Die Einwohner von Kafarnaum machten sich die Möglichkeiten des Fischfangs zunutze. Zu einem späteren Zeitpunkt säumte ein robust gebauter, einfacher Kai den Strand. Zuvor gab es nur einige Dämme und Wellenbrecher aus aufeinander geschichteten Feldsteinen. Von einem Hafen konnte zumal im Vergleich zur monumentalen Anlage in Caesarea kaum die Rede sein.

Fischfang bot zwar vielen Einwohnern Kafarnaums eine Einnahmequelle, aber allein der Zustand ihrer Häuser lässt ahnen, dass es keine sehr ergiebige war. Dank der Entdeckung eines Fischerbootes aus dem ersten Jahrhundert weiß man Genaueres über die Herstellung von Booten und das Fischen auf dem See Gennesaret. Nach einem dramatischen Rückgang des Wasserpegels infolge mehrerer Dürren entdeckten zwei Brüder des Kibbuz Ginnosar die Umrisse eines Bootes, das in der Nähe des antiken Magdala in Schlamm begraben war. Das Boot konnte geborgen werden, bevor es von dem wieder ansteigenden Wasser erneut überflutet wurde. Vor etwa zweitausend Jahren war das etwa 2,40 Meter breite und 8 Meter lange, baufällige Boot seiner wiederverwendbaren Teile entledigt

Das Galiläische Boot aus dem ersten Jahrhundert
(Yigal Allon Museum, *Kibbuz Ginnosar).*

worden. Der Rest wurde in den See befördert, der ihn mit Schlamm bedeckte, ihn in einem sauerstofffreien Zustand einschloss und vor Bakterien und Zerfall schützte.

Die Bauart des Rumpfes und die verwendeten Materialien sprechen dafür, dass das Boot von einem erfahrenen Bootsbauer gebaut worden war, dem nur wenige Mittel zur Verfügung standen. Ihm fehlten die geeigneten Rohmaterialien, aber er war clever genug, es dennoch für eine Weile fahrtüchtig zu halten. Das Boot war ursprünglich aus Holzbrettern von anderen Booten und aus minderwertigen Holzarten, die es in der Umgebung Kafarnaums gab, gebaut worden. Der Vorderkiel war der einzige Teil des Bootes, der aus geeignetem Holz, aus einem Stück Libanonzeder hergestellt wurde, das zuvor die gleiche Aufgabe in einem anderen Boot erfüllt hatte. Die Einschnitte, die von früher verwendeten Verbindungen stammten, waren noch sichtbar. Die meisten Planken waren aus minderwertigem Nutzholz (wie Kiefer, Jujube und Weide), das kein mediterraner Bootsbauer verwendet hätte. Die Plankengänge und Planken waren mit Nut-und-Zapfenverbindungen aneinander gefügt und mit knapp kalkulierten Eichenholznägeln verschlossen worden. Das Holz wurde mit Kiefernharz leicht versiegelt. Ein mit

Eisennägeln und Keilen befestigtes Spant verlieh dem Rumpf Stabilität, und die gesamte Unterseite wurde mit Teerpech gestrichen.

Mit der Zeit jedoch wurde deutlich, welche schlechten Materialien der Bootsbauer verwendet hatte: Die Zapfen brachen durch, die Holzbretter platzten auf, und die Holznägel verfaulten. Nachdem das Segel, der Anker und andere wieder verwendbare Teile einschließlich der Nägel entfernt worden waren, wurde der Rumpf in den See geschoben, in dem er schnell versank. Einfache offene und geschlossene Kochtöpfe und eine schmucklose Lampe aus der Gegend erlauben das Boot auf das erste Jahrhundert zu datieren, was durch eine Radiokarbondatierung der Holzplanken bestätigt wird. Da es ihnen an geeigneten Materialien fehlte, fiel es den Fischern auf dem See Gennesaret nicht leicht, ihre Boote instand zu halten. Verfaulte Planken wechselten sie mit Holzstücken, die ihnen gerade zur Verfügung standen, aus. Ihren Lebensunterhalt erarbeiteten sie sich mühsam mit Fischfang. Das am Kommerz orientierte Königreich von Herodes Antipas unterhielt keine Fisch- oder Handelsflotte auf dem See.

Spätere Bauten in Kafarnaum

Das Königreich von Herodes dem Großen und die Tetrarchie von Herodes Antipas zwangen dem jüdischen Galiläa römische Strukturen auf und veränderten auch das wirtschaftliche Gefüge, was letztlich zu zwei jüdischen Kriegen gegen Rom führte. Rom gab die Ausübung der Herrschaft mittels Klientelkönigen zugunsten einer direkten Herrschaft, die durch Legionen abgesichert war, auf. Im gesamten Heimatland der Juden wurden Straßen gebaut und ausgebessert, um sie besser in das römische Straßennetz im Osten integrieren zu können und günstigere Bedingungen für Feldzüge gegen den letzten großen Feind Roms, die Parther im fernöstlichen Teil des Imperiums, zu schaffen. Auch die in Kafarnaum gemachten Funde zeugen von der Eingliederung Galiläas in das römisch-imperiale Reich.

Ein römisches Bad. Ein kleines Badehaus, das in den späten achtziger Jahren des 20. Jahrhunderts in den Ruinen von Kafarnaum ausgegraben wurde, legt zunächst einige Beziehungen zu einer Erzählung der Evangelien nahe. Das im typisch römischen Legionär-Stil

Das Dorf Kafarnaum im ersten Jahrhundert (Rekonstruktion). Der Ort, der in den Evangelien am häufigsten mit Jesus in Verbindung gebracht wird, war ein mittelgroßes jüdisches Dorf. Kafarnaum, das etwa tausend Einwohner zählte, lebte von Fischfang und Ackerbau. Das im Vordergrund abgebildete Boot (1) stellt eine maßstabgetreue Nachbildung jenes zufällig entdeckten Bootes aus dem ersten Jahrhundert dar, das im Yigal Allon Museum im Kibbuz Ginnosar ausgestellt ist. Der Krug (2), der zur Aufbewahrung von Lebensmitteln diente, wurde einem Krug nachgebildet, der in diesem Boot entdeckt worden war. Die Fischer warfen ihre Netze von mehreren Booten aus oder von einem einzigen Boot (3) aus. Die Netze mussten häufig, wie hier am Ankerplatz (4) zu sehen, ausgebessert werden. Der Ankerplatz war mit einfachen Basaltsteinen erbaut worden, die in der näheren Umgebung anzutreffen waren. Kafarnaum wies keine nennenswerte öffentliche Architektur auf. Händler, Fischer und Bauern (5) boten ihre Waren am Ufer feil. Dort fand auch ihr gesellschaftliches Leben statt.

erbaute Badehaus befand sich damals am äußersten östlichen Stadtrand. Das ca. 8 × 17 Meter große Gebäude war nach völlig anderen Standards als irgendein anderes Gebäude am Ort errichtet worden: ein wasserdichter Betonboden schloss die unterirdischen mit Backsteinen errichteten Heizungskanäle ab; die Mauern waren aus gleichförmig geschnittenen Natursteinen unter Verwendung von viel Mörtel in sorgfältig abgeglichenen Schichten errichtet worden. Die Unterteilung des Badehauses in vier Räume – ein *frigidarium* oder Kaltwasserbad, ein *tepidarium* oder lauwarmer Duchgangsraum, ein *caldarium*, ein Schwitzbad und ein *apodyterium* oder

Umkleideraum – entspricht der aller anderen Badehäuser, die römische Legionen an der Westgrenze des Reiches, in Britannien und Gallien, während des zweiten Jahrhunderts n. Chr. unterhielten. Die Existenz eines solchen Badehauses bedeutet jedoch nicht, dass öffentliche Bademöglichkeiten nach römisch-städtischer Art von den Bewohnern des Jesusdorfes Kafarnaum wahrgenommen wurden. Sie zeugt vielmehr von der Präsenz der römischen Besatzungsmacht, die dort in vertrauter Weise baden wollte. Sie steht in keiner Beziehung zu der Erzählung von der Heilung des Knechtes eines Hauptmanns in der Logienquelle, in Matthäus 8:5-13 = Lukas 7:1-10 und in Johannes 4:46-54. Tonscherben, die Vassilios Tzaferis von der *Israel Antiquities Authority* in dem Gebäude freigelegt hat, stammen aus der mittelrömischen Zeit. Das Badehaus ist demnach auf das zweite Jahrhundert zu datieren, als römische Legionäre nach der Revolte der Jahre 132-135 n. Chr. dauerhaft in Galiläa stationiert waren. Der Beamte, der in Lukas als »Hauptmann« bezeichnet wird (vom Griechischen *hekatonarchos*, »Herrscher über ein Hundert«), sollte nicht mit dem römischen Zenturio, dem Hauptmann einer Zenturie, verwechselt werden. In Johannes ist einfach von *basilikos* (»königlicher Beamter«) die Rede, und die vorher erwähnten Inschriften aus Sepphoris und Tiberias zeigen, dass Herodes Antipas tatsächlich griechische und römische Begriffe zur Bezeichnung seiner Beamten verwendete. Die meisten seiner Beamten waren Juden. Lukas und vielleicht sogar Johannes vermuteten, dass einige nichtjüdische Söldner aus dem Ausland in der Grenzstadt dienten. Unter der Herrschaft von Antipas gab es keine dauerhaft in Galiläa stationierten römischen Beamten.

Ein römischer Meilenstein. Ein in der Nähe von Kafarnaum entdeckter römischer Meilenstein zeugt davon, dass etwa zur gleichen Zeit Legionen stationiert waren. Römische Legionäre, die auch als Konstrukteure arbeiteten, errichteten in Galiläa und anderen östlichen Gebieten im Auftrag von Kaiser Hadrian ein römisches Straßensystem. Hadrian wollte, dass seine Legionäre, die die Parther bekämpften und eventuell einen weiteren Aufstand der Juden niederschlagen mussten, leichter und schneller in den Osten gelangten. Auf dem römischen Meilenstein ist in lateinischer Sprache der Name von Kaiser Hadrian eingemeißelt:

IMP(erator)
C[A]E[S]ar DIVI
[TRAIA]NI PAR(thici)
F(ilius) [DIVI NERVAE] [N]EP(os)TRAI
[ANUS] [HA]DRIANUS AUG(ustus)

*Übersetzung: »Der Imperator Caesar, Sohn des göttlichen Trajan,
der die Parther besiegte, Enkelsohn des göttlichen Nerva, Trajan
Hadrian Augustus.«*

Zwei Jahrhunderte nach dem Zweiten Jüdischen Krieg gegen Rom
(132–135 n. Chr.) sollte die Vorherrschaft über Galiläa und Kafarnaum erneut behauptet werden, dieses Mal wurde jedoch der Sieg
der Christen verkündet. In Kafarnaum wurde wie im restlichen
Galiläa die Christianisierung des öffentlichen Raums nicht ohne
Widerstand hingenommen. Obwohl Kafarnaum der Ort war, wo sich
der größte Teil des Lebens, Lehrens und Handelns Jesu seit seinem
öffentlichen Auftreten ereignete, lebten drei Jahrhunderte später
nur sehr wenige Christen in der immer noch vorwiegend jüdischen
Provinz Galiläa. Allerdings reisten sehr viele christliche Pilger durch
diese Provinz, weil es in ihr viele Orte gab, die für Reisen ins Heilige
Land von Bedeutung waren. Archäologische Ausgrabungen in
Galiläa haben ein dichtes Netzwerk von kaiserlich geförderten
christlichen Bauten dieser Zeit zu Tage befördert, Pilgerorte wie die
Verkündigungsgrotte in Jesu Heimatdorf Nazaret, die Gedenkstätte
in Kana, die an die Wandlung von Wasser zu Wein erinnert, und die
Klosteranlage in Kursi, wo der Austreibung der Legion Dämonen
gedacht wird. Aber ebenso viele archäologische Funde verweisen in
Form von Synagogen, Mosaiken und Kunstgegenstände auf blühen-
des jüdisches Leben und auch auf Widerstand gegen christlichen
Imperialismus.

Eine jüdische Synagoge. Die am Nordstrand des Sees Gennesaret in
Kafarnaum entdeckten Ruinen zeugen davon, dass die Kirche und
die Synagoge in Konkurrenz zueinander standen. Archäologische
Ausgrabungen, die im vergangenen Jahrhundert auf einem unter
franziskanischer Kustodie stehenden Land durchgeführt wurden,
haben die Überreste einer achteckigen Kirche aus dem fünften Jahrhundert freigelegt, die zu Ehren des Hauses des Petrus, »des Ersten

der Apostel«, erbaut worden war. Ganz in der Nähe wurden die Überreste einer Synagoge, mit deren Errichtung die jüdische Bevölkerung auf das Eindringen einer fremden Religion reagierte, freigelegt.

Im fünften Jahrhundert, als das Kirchenoktogon Christenheit und Kaiserreich im öffentlichen Raum des Dorfes zur Geltung brachte, setzten die jüdischen, einheimischen Menschen aus Kafarnaum mit der Errichtung eines öffentlichen Gebäudes eigene Akzente. Sie errichteten in einem Häuserviertel nördlich der Kirche eine prachtvolle Synagoge aus Kalkstein, die auf Grund der dort gefundenen Tonwaren und zahlreicher Münzen unter ihren Böden auf das fünfte Jahrhundert zu datieren ist.

Diese Synagoge war eine der größten und bestgebauten Synagogen der byzantinischen Zeit. Dies ist einigermaßen überraschend, wenn man bedenkt, dass Kafarnaum ein bescheidenes Dorf war. Die Wände, Fußbodenplatten und Säulen der Synagoge bestanden aus weißem Kalkstein, der aus Westgaliläa herbeigeschafft worden war und deutlich mit den dunkelgrauen Gebäuden aus Basalt, der in der Umgebung des Sees Gennesaret vorhanden war, kontrastierte. Fassade und Eingang waren nach Jerusalem ausgerichtet. Der Hauptraum wurde von zwei Sitzreihen auf der West- und der Ostseite flankiert und durch zwei Säulenreihen unterteilt. Die Säulen wiesen schmuckvolle Kapitelle auf. Ansonsten waren die Verzierungen relativ einfach und eher provinziell: einige Rosetten und Girlanden, eine Menora, verschiedene Sterne, darunter auch ein Stern, der wie der Davidstern aussieht, und eine Darstellung der Bundeslade bzw. ein tragbarer Thoraschrein.

Als Ironie des Schicksals kann man verstehen, dass die Mittel, mit denen die Synagoge errichtet wurde, vermutlich dem Wohlstand zu verdanken sind, den christliche Pilger nach Kafarnaum gebracht haben. Im Inneren der Synagoge sind zwei Widmungsinschriften gefunden worden, die eine befindet sich auf einer Säule, die andere auf einem Stützbalken. Damals war es in der jüdischen Gemeinschaft gängige Praxis, mit Inschriften auf Stein an Schenkungen zu erinnern. Die eine Inschrift ist in griechischer Sprache verfasst, was relativ selten vorkam, die andere wie die meisten zeitgenössischen Inschriften in Synagogen in aramäischer Sprache. Sie enthalten die Namen jüdischer Schirmherren, die Mittel zur Verfügung stellten, und jener Männer, die die Synagoge errichteten: Herodes (Sohn des?) Halphai und Chalfo, Sohn des Zebida, Sohn des Johannes. Diese jüdischen Namen klingen ähnlich wie Namen, die in den Evangelien vorkommen, deren Bedeutung für Kafarnaum vier Jahrhunderte zuvor in der nahe gelegenen Kirche gedacht wurde.

Aber steht die Synagoge selbst in irgendeiner Beziehung zu Erzählungen aus dem Evangelium? Das ist *möglich*, aber sehr unwahrscheinlich. Die franziskanischen Archäologen haben die Ansicht geäußert, dass einige frührömische Mauern unter der Kalksteinsynagoge aus dem fünften Jahrhundert die Grundmauern der früheren Synagoge darstellen. Aber dass ein Synagogengebäude im ersten Jahrhundert in Kafarnaum stand, kann nicht durch diese eine oder zwei kleine Mauern bestätigt werden, da sie von anderen Hausmauern aus dem ersten Jahrhundert an diesem Ort nicht zu unterscheiden sind. Und auch Bezugnahmen der Evangelien auf eine *Synagoge*, in der Jesus einen Besessenen heilte (Markus 1:26) und lehrte (Johannes 6:59), beweisen nicht, dass es sich um diese Synagoge handelt. Wie in Kapitel 1 erwähnt, bezieht sich der Begriff *Synagoge* in der frührömischen Zeit in erster Linie auf einen Versammlungsort und erst in zweiter Linie auf ein *Gebäude*. Nur die Erzählung von der Heilung des Knechts eines Hauptmanns setzt ein Synagogen*gebäude* in Kafarnaum voraus, das der Hauptmann erbauen ließ (Lukas 7:59).

Lukas präsentiert die Ereignisse jedoch von einem Standort außerhalb Palästinas, an dem die jüdischen Diasporagemeinschaften diesen Begriff deutlicher zur Bezeichnung eines Gebäudes benutzten, und zu einem späteren Zeitpunkt, als das klassische Synagogengebäude entwickelt war. Es ist daran zu erinnern, dass Lukas, was die Dächer in Kafarnaum, die Synagoge in Nazaret und die von Jesus gelesenen Schriftrollen anbelangt, nicht die tatsächlichen Verhältnisse wiedergab. Das bedeutet nicht, dass seine Botschaft an Gültigkeit verliert, sondern nur, dass er sich vorstellt, die Ereignisse hätten sich in einem Umfeld, das seinem eigenen und dem seines Publikums ähnelt, abgespielt. Hierzu passt auch, dass Lukas annimmt, dass ein rechtschaffener Nichtjude seine Verantwortung ernst nimmt und eine Synagoge erbauen lässt wie der spätere gottesfürchtige und Almosen gebende Hauptmann namens Kornelius, der von Lukas in Apostelgeschichte 10 beschrieben wird. Zu Zeiten Jesu trafen sich Juden aus galiläischen Dörfern an Versammlungsorten, auf dem offenen Feld, auf dem Innenhof eines großen Hauses oder am Wohnsitz des Dorfältesten. Juden aus größeren Orten oder Städten trafen sich wohl in bescheidenen Gebäuden, die von Archäologen allerdings nicht mehr eindeutig als Synagogen identifiziert werden können. Lukas hat das Gebäude in Kafarnaum sicher nur beiläufig thematisiert. Von der »Synagoge Jesu« in Kafarnaum zu sprechen, ist archäologisch jedenfalls nicht haltbar.

Eine christliche Kirche. Die Synagoge aus dem fünften Jahrhundert lag gegenüber einer oktogonalen Kirche aus dem fünften Jahrhundert, die über einem Gebäude aus dem vierten Jahrhundert errichtet worden war, das um einen einzelnen Raum zentriert war, der seinerseits Teil eines Privathauses aus dem ersten Jahrhundert v. Chr. war. Vermutlich gehörte es der Familie von Petrus und befand sich an dem Ort, an dem seine Schwiegermutter nach Markus 1:29-31 von einem schweren Fieber geheilt wurde. Hierbei handelt es sich um eine der sehr wenigen glaubwürdigen Lokalisierungen einer neutestamentlichen Tradition.

Die Archäologie des Petrushauses. Franziskanische Archäologen, die zwischen 1968 und 1985 Ausgrabungen an dem Ort leiteten, legten drei verschiedene Schichten frei: die achteckige Kirche aus dem fünften Jahrhundert (Schicht III), eine Hauskirche aus dem vierten Jahrhundert (Schicht II) und ein einfaches Innenhofhaus, das im ersten Jahrhundert v. Chr. bewohnt worden war (Schicht I).

Schicht III bestand aus konzentrisch angeordneten Oktogonen, deren Inneres von verschiedenen Seiten betreten werden konnte und deren Decke von acht Säulen gestützt wurde. In dem Raum zwischen den beiden Oktogonen, der mit einem Säulenvorbau versehen war, befanden sich Mosaike mit einfachen geometrischen Mustern und Bordüren mit Lotusblumen. Der zentrale Raum der Kirche aus dem fünften Jahrhundert war auch in Schicht II aus dem vierten Jahrhundert abgesetzt, als eine hohe Mauer ihn als heiligen Bezirk von der Umgebung abhob. Der zentrale Raum erhielt zu dieser Zeit ein stabiles Dach, das durch einen neu eingezogenen Mauerbogen gestützt wurde. Dieser Raum stand bereits eine Zeit lang, vielleicht schon seit dem zweiten Jahrhundert n. Chr., im Mittelpunkt des Interesses. Der Boden und die Wände des Raumes waren im Gegensatz zu den anderen Böden und Wänden des Gebäudekomplexes mehrfach neu verputzt worden, und Hunderte Graffiti ähnlicher

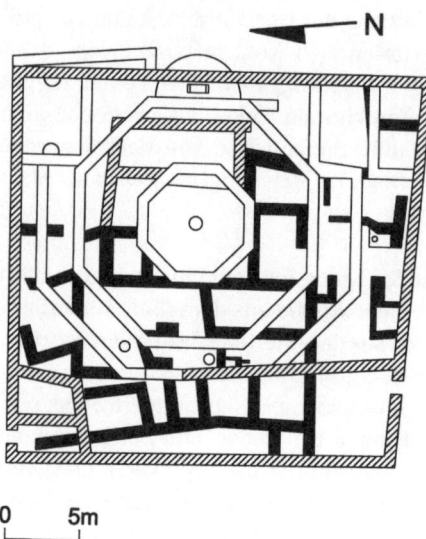

Das Haus des Petrus und Kirche. Schichten aus dem fünften Jahrhundert (weiß), dem vierten Jahrhundert (schraffiert), dem ersten Jahrhundert (schwarz) (nach Corbo).

0   5m

Inschriften in griechischer, syrischer, hebräischer und lateinischer Sprache waren auf die Flächen eingeritzt worden.

Zwar sind viele Inschriften fast völlig unleserlich und einige recht gewöhnlich oder sogar profan, einige der in den Putz eingeritzten Sätze scheinen jedoch von Besuchern und weit angereisten christlichen Pilgern zu stammen. Obwohl viele der allzu tendenziösen und frommen Transliterationen der franziskanischen Archäologen, die auch Theorien über eine blühende judenchristliche Gemeinschaft und ausgefeilte Überlegungen bezüglich Akrostichen und Symbolismus einschließen, nicht überzeugend sind, sind diese Inschriften von Bedeutung. Allein die Tatsache, dass der Raum verputzt und mit »Graffitis« versehen wurde, unterscheidet ihn von allen anderen Räumen in Kafarnaum und anderen galiläischen Orten und zeigt, dass viele Menschen diesen früheren Raum in einem privaten Wohnhaus bereits ein Jahrhundert nach dem Wirken Jesu in Galiläa besonders schätzten. Von Interesse ist auch, wie diese Menschen schrieben, nämlich nicht wie Pilatus, der in Caesarea eine Widmung für ein römisch-imperiales Bauwerk in Beamtenlatein verfasste, oder wie Antipas, der in Tiberias seinen Schwager mit einem römischen Namen in griechischer Schrift bedachte. Vielmehr ritzten und kritzelten sie Unleserliches mit Messern und Steinen in den Putz.

Die oktogonale Kirche und die prachtvolle Synagoge verweisen zwar auf divergierende Identitäts- und Herrschaftsmodelle im Galiläa des fünften Jahrhunderts, sie erlauben jedoch nur wenige Rückschlüsse auf das Kafarnaum zur Zeit Jesu. Ob die eingeritzten und gekritzelten Inschriften des so genannten »heiligen Bereichs« (*insula sacra*) bestätigen oder nicht bestätigen, dass das Haus Petrus gehörte, ist nicht der entscheidende Punkt. Selbst wenn das Zentrum des Oktogons den richtigen Ort markiert (an dem Jesus heilte?, an dem Jesus aß?) und selbst wenn die Archäologie nachweisen könnte, dass Petrus und Jesus dort waren, würden wir Jesus, seine Verkündigung des Reiches Gottes und das Königreich, das er unter seinen Anhängern errichtete, nicht besser verstehen können. Christliche Pilger der Vergangenheit und der Gegenwart messen der Frage nach dem *wo* zwar verständlicherweise eine große Bedeutung bei, die Frage, die sich jedoch in erster Linie aufdrängt, ist nicht, *wo* Jesus in Kafarnaum war, sondern *wie* das Kafarnaum Jesu *ausgesehen hat*.

Die Archäologie sollte nicht einfach nur darauf abzielen, spätere Schichten behutsam freizulegen, zu bestimmen, ob das Haus Petrus gehörte, und dann Illustrationen oder Visualisierungshilfen zu präsentieren. Die Archäologie sollte vielmehr darauf abzielen, sehr sorgfältig zu untersuchen, *welcher Art* das Haus war, sollte es mit anderen Häusern im Kafarnaum des ersten Jahrhunderts vergleichen, den Charakter des Dorfes als Ganzes untersuchen und es mit dem Charakter anderer Dörfer und Städte in und um Galiläa kontrastieren. Wie wir bisher zu zeigen versucht haben, bedeutet die Verknüpfung von Archäologie und Exegese – die Auseinandersetzung mit paralleler Schichtung –, nicht einfach, durch die Abgrenzung von Textschichten authentische Worte Jesu auszumachen und durch die Trennung baulicher Schichten Plätze zu ermitteln, wo Jesus sich aufhielt. Vielmehr schließt sie auch die Untersuchung der archäologischen Aufzeichnung der Schichten aus dem ersten Jahrhundert in allen ausgegrabenen Städten, Dörfern und Weilern ein, auch denen, die in den Evangelien an keiner Stelle erwähnt werden wie Sepphoris und Caesarea am Meer, so dass der übergreifende gesellschaftliche Kontext, in dem Jesus sein Königreich errichtete, verständlich gemacht werden kann. Und der Inhalt dieses Königreiches in der frühesten Schicht der Jesustradition ist in wechselseitigem Austausch und in dynamischer Übereinstimmung mit dem archäologischen Kontext auszumachen.

Ziel muss es vielleicht nicht sein, einen »heiligen Ort« oder einen »heiligen Bezirk« zu finden, aber es ist kaum zu bestreiten, dass der Gedanke an eine mögliche direkte Verbindung zu einem Text aus den Evangelien oder zu Jesus selbst äußerst reizvoll ist. Aber selbst und gerade wenn das Gebäude aus dem ersten Jahrhundert in Kafarnaum als das Haus des Petrus anerkannt wird, haben wir uns bezüglich seiner mit mangelnder Eindeutigkeit in zweifacher Hinsicht zu beschäftigen.

Die Mehrdeutigkeit des Petrushauses. Zum einen: Im Jahr 30 n. Chr. verlieh Herodes Philippos dem Fischerdorf Betsaida Stadtrechte und benannte es zu Ehren der Frau von Augustus und der Mutter von Tiberius, Livia Julia, in Julias um. Johannes nennt es »Heimatort des Andreas und Petrus«. In Markus 1:29-31 heißt es jedoch, dass Jesus das Haus des Andreas und Simon betrat, er die Schwiegermutter des Simon heilte, und sie daraufhin für ihn zu sorgen begann. Offensichtlich war es nicht problematisch, sich vorstellen, dass Simon Petrus und Andreas von Betsaida nach Kafarnaum gezogen waren oder sogar dass sie an jedem der beiden Orte ein Haus hatten. Wenn jedoch eine Schwiegermutter für Gäste sorgt, ist es ihr Haus, ist es das Haus ihrer Tochter, ist es deshalb und nur deshalb das Haus ihres Schwiegersohns Simon Petrus. Höchstwahrscheinlich lebte Petrus mit der Familie seiner Frau zusammen. Deshalb sollten wir, wenn wir genau sein wollen, nicht vom Haus des Petrus, sondern vom Haus der Frau des Petrus in Kafarnaum sprechen.

Zum anderen: Matthäus ist besonders daran interessiert, die Wohnorte Jesu mit prophetischen Ankündigungen in Verbindung zu bringen. Jesus verließ Betlehem, das für Matthäus im Unterschied zu Lukas vermutlich der Heimatort seiner Eltern war, und »ließ sich in einer Stadt namens Nazaret nieder. Denn es sollte sich erfüllen, was durch die Propheten gesagt worden war: Er wird Nazoräer genannt werden« (Matthäus 2:23). Und in Matthäus 4:13-16 heißt es: »Er verließ Nazaret, um in Kafarnaum zu wohnen, das am See liegt, im Gebiet von Sebulon und Naftali. Denn es sollte sich erfüllen, was durch den Propheten Jesaja gesagt worden ist: ›Das Land Sebulon und das Land Naftali, die Straße am Meer, das Gebiet jenseits des

Jordan, das heidnische Galiläa: das Volk, das im Dunkel lebte, hat ein helles Licht gesehen; denen, die im Schattenreich des Todes wohnten, ist ein Licht erschienen.«« Machte Jesus das Haus der Frau des Petrus in Kafarnaum zu seiner »Basis«, und wenn er es tat, was bedeutete »Basis«?

Matthäus hat wahrscheinlich die Vorstellung, dass Kafarnaum Jesu »Heimatbasis« war, von Markus gewonnen. Bei Markus wird Mehrdeutigkeit jedoch eher hervorgehoben als beseitigt. Einerseits heißt es in Markus 2:1, dass Jesus vermutlich im Haus (der Frau) des Petrus in Kafarnaum »zu Hause« war. Aber war er Gast in diesem Haus, oder bildete dieses Haus seine Basis? Diese Frage stellt sich auf Grund der Beschreibung, die Markus (1:16-32) von dem ersten Tag, an dem Jesus in Kafarnaum ist, gibt. Da Jesus mit großer Überzeugungskraft lehrte und heilte, verbreitete sich sein Ruf in ganz Galiläa, und nach dem Sonnenuntergang kamen Menschen in Scharen zu dem Haus. Jeder mediterrane Leser hätte erwartet, dass sich Jesus dort niedergelassen und Petrus, seine Familie und sein Dorf ihn in der Umgebung bekannt gemacht hätten. Stattdessen heißt es bei Markus 1:35-38: »In aller Frühe, als es noch dunkel war, stand er auf und ging an einen einsamen Ort, um zu beten. Simon und seine Begleiter eilten ihm nach, und als sie ihn fanden, sagten sie zu ihm: Alle suchen dich. Er antwortete: Lasst uns anderswohin gehen, in die benachbarten Dörfer, damit ich auch dort predige; denn dazu bin gekommen.«

Nach Markus betet Jesus zu Beginn seines öffentlichen Lebens in Kafarnaum und am Ende in Getsemani. Er betet, wenn er der Versuchung zu erliegen droht, vom göttlichen Willen abzuweichen. Sich in Kafarnaum niederzulassen und alle zu sich kommen zu lassen, widerspricht der besonderen »Geografie« des Reiches Gottes. Deshalb ist auch davon die Rede, dass Jesus aus dem Haus der Frau des Petrus »hinausging«. Es konnte nicht seine »Heimatbasis« sein. Denn das hätte bedeutet, dass das Reich Gottes wie die Königreiche von Caesar Augustus in Rom, von Herodes dem Großen in Caesarea oder Herodes Antipas in Sepphoris und später in Tiberias einen beherrschenden Mittelpunkt, ein kontrollierendes Zentrum, eine ortsfesten Sitz und einen Namen haben könnte.

Weder Matthäus noch Lukas wissen, was sie mit der markinischen Angabe von Jesu Aufbruch anfangen sollen. Jeder löst das Problem auf eine andere Weise. Matthäus übernimmt alle anderen

Ereignisse des ersten Tages in Kafarnaum von Markus, kommt aber nicht auf Jesu Gebet am Morgen und seinen Aufbruch zu sprechen. Lukas übernimmt die markinische Einheit, ersetzt aber den Schlusssatz aus Markus »denn dazu bin ich gekommen« durch seine eigene Alternative »denn dazu bin ich gesandt worden« (Lukas 4:43).

Jenes Haus in Kafarnaum aus dem ersten Jahrhundert war möglicherweise das Haus, in dem sich Jesus als Gast aufhielt. Aber es war nicht die »Heimatbasis« des Reiches Gottes. Das konnte weder bei seiner Familie in Nazaret noch bei Petrus in Kafarnaum sein, denn im Gegensatz zu den am Kommerz orientierten Königreichen, zu denen es ja in Opposition stand, konnte das am Bund ausgerichtete Königreich keinen dominanten Ort haben, zu dem alle hinkommen mussten, sondern nur einen beweglichen Mittelpunkt, der sozusagen auf alle zukam.

Das Haus des Petrus und die Ironie des Schicksals. Ironischerweise verwandelte sich ein Haus, in dem Jesus möglicherweise mit der Schwiegerfamilie von Petrus in einem privaten Raum ein einfaches Mahl geteilt hat, unter römischer Schutzherrschaft in einen öffentlichen Pilgerort. Ironischerweise standen das Reich Gottes, das Jesus propagierte, und das Königreich, das Herodes propagierte, zunächst in Konkurrenz zueinander, später jedoch scheint sich Kafarnaum mehr in Richtung auf Herodes' kommerzielles Königreich hin entwickelt zu haben.

Anfang des ersten Jahrhunderts wurden Mahlzeiten in Kafarnaum und ähnlichen Dörfern im Kreis der Familie eingenommen. Während es in städtischen Prachtvillen und Königspalästen geschmackvoll eingerichtete Speisesäle gab, nahmen die Dorfbewohner ihre Mahlzeiten in der kurzen kalten Regenzeit in einem der größeren Räume und in der langen heißen Sommerzeit in den schattigen Teilen des Innenhofs ein. Sie benutzten keine Teller, sondern in Olivenöl getränkte Brotscheiben, auf die sie Linsen, Bohnen oder gedämpftes Gemüse legten; außerdem aßen sie Oliven und vielleicht etwas Käse oder Obst. Manchmal gab es auch gepökelten Fisch, Dörrfisch oder gegrillten Fisch. Wein – natürlich aus der Region – machte einen Teil der täglichen Kalorienzufuhr aus und entschädigte für einen harten Arbeitstag. Keines der Wohnhäuser in Kafarnaum wies einen Bereich auf, der architektonisch durch verputzte Wände oder Wände mit Freskenmalereien, ganz zu schweigen von Mosaikböden, besonders hervorgehoben wurde. Kein einziges der vorbereiteten, behauenen Mosaiksteinchen (*tesserae*) wurde gefunden, das in die Zeit des ersten Jahrhunderts gehört hätte.

Während es in den Häusern Kafarnaums üblicherweise keine verputzten Wände oder Freskenmalereien gab, wies der »geheiligte Bezirk« der *insula sacra* der spätrömischen und byzantinischen Schicht solche Wände und Malereien auf. Insofern unterschied er sich signifikant von anderen Räumen und ließ den Rückschluss zu, dass es sich bei ihm nicht um einen Wohnbereich, sondern um eine Hauskirche oder ein Heiligtum handelte. Dieser Raum wurde zunächst privat genutzt, dann wurden seine Wände verputzt, später ritzten Christen Graffitis ein, und schließlich wurde er zu einem öffentlichen Raum mit monumentalem Charakter. Die achteckige Basilika mit Säulen und Mosaiken wurde als heiliger Ort von der Umgebung abgehoben. Der vormals private und von der Außenwelt abgeschiedene Raum wurde zu einem öffentlichen und imperialen Raum mit einem Zugang durch drei ineinander liegende Oktogone.

Diese architektonischen Veränderungen korrespondieren mit Veränderungen bei der ausgegrabenen Keramik. Schöne hochwertige Tonwaren aus berühmten Produktionsstätten in Afrika und Zypern sind in der byzantinischer Zeit zuzuordnenden Schicht häufig in Kafarnaum anzutreffen. Als christliche Pilger ins Heilige Land reisten, haben sie möglicherweise solch hochwertige Tonwaren aus ihrer Heimat als Geschenke mitgenommen oder, was wahrscheinlicher ist, so viel Geld in die regionale Wirtschaft gepumpt, dass sich einige Menschen aus der Region diese teuren Tonwaren aus dem fernen Ausland leisten konnten. Viele Scherben waren aus qualitätsvollem, fachmännisch gebranntem Ton, viele von ihnen mit Kreuzen versehen. In der *insula sacra* von Kafarnaum gab es weniger Haushaltswaren, die im Familienkreis bei der Zubereitung und Einnahme von einfachen Mahlzeiten benötigt wurden, sondern mehr Tonlampen und schöne feine Tellerwaren. Die Häufung von Tellern und Bechern in der insula sacra deutet darauf hin, dass dort Eucharistie gefeiert wurde. Der Ort, an dem einst niedrige Arbeiten verrichtet, einfache Mahlzeiten eingenommen wurden und ein Familienleben stattfand, wurde durch die kaiserlichen Fördermaßnahmen in der christlichen Zeit in ein bürgerliches Leben integriert, das von den sozialen Eliten durch finanzielle Patronage und priesterliche Hierarchie beherrscht wurde.

Dieses Kapitel wirft eine Frage von grundlegender Bedeutung auf, die zu Beginn des folgenden Kapitels erneut gestellt wird und auf die am Ende des letzten Kapitels noch einmal eingegangen wird. Wenn das Leben im Reich Gottes, wie es von Jesus und seinen Jüngern gelebt wurde, dem Leben in der Tetrarchie des Antipas, dem Königreich des Herodes und dem Kaiserreich des Augustus oder Tiberius entgegengesetzt war, wie verhielt sich dies zum Christlichen Kaiserreich Konstantins? Im folgenden Kapitel wird ausgeführt, wie einfache, gemeinschaftliche und religiöse Mähler in Familien in zivile und symbolische Akte unter priesterlicher Leitung, hierarchischer Aufsicht und königlicher Patronage verwandelt wurden, zuerst von Herodes, der einen Tempel errichten ließ, dann durch Philippos, der eine Stadt gründete. Wenn ein herodianisches Bauwerk den Platz einnimmt, der lange dem Heidentum und seinem Gott Pan geweiht war, wie genau unterscheidet sich dies von einem konstantinischen Gebäude, das einen christlichen, dem Petrus geweihten Platz einnimmt?

JESUS VERORTEN

Sagen Sie mir, wie Sie essen, sagte der Anthropologe, und ich werde Ihnen sagen, wie Sie leben; zeigen Sie mir Ihren Tisch, und ich weiß, mit wem Sie verkehren. Wie sieht Ihr Mahl mit Ihrem Gott aus? Stehen die Sitze und Mahlzeiten allen offen oder nicht, werden sie allen gleich oder in Orientierung an einer Hierarchie zugewiesen? Und sollten sie in hierarchischer Orientierung zugewiesen werden, stellt sich die Frage, auf welcher Grundlage eine solche Hierarchie errichtet wurde. Wie isst man mit seinem König? Richten sich die Einladungen an alle gleichermaßen oder nur an einige wenige? Und auf Grund welcher Kriterien zählt man zu den wenigen Privilegierten? Wie isst man mit Augustus und/oder Herodes und/oder Antipas im Römischen Reich? Und vor allem, wie isst und trinkt man mit Jesus von Nazaret im Reich Gottes?

Im Heiligtum eines Gottes

In der Antike war es gang und gäbe, Göttern Essensgaben zu opfern, mit ihnen zu essen und sogar die Götter zu essen. Archäologen haben in Heiligtümern im gesamten Mittelmeerraum Anzeichen für geweihtes Essen und rituelle Mahlzeiten entdeckt, als sie Inschriften, Altäre, Überreste geschlachteter Tiere, Kochtöpfe und Schüsseln freilegten.

Einer der angenehmsten Schauplätze, an denen solche Rituale stattfanden, war die Stadt Banyas, die auf einem Plateau am südlichen Fuß des Berges Hermon am Rande einer Höhle in der Nähe einer der Quellen des Jordans, etwa 30 Meilen von Kafarnaum und dem See Gennesaret entfernt lag. Das üppig grüne Gebiet in der Nähe dieser Grotte und Quelle wurde in der Antike mit dem Gott Pan, der zur einen Hälfte die Gestalt eines Menschen, zur anderen Hälfte die Gestalt einer Ziege hatte, dem Begleiter der Waldnymphen, dem ausgelassenen, aber auch lyrischen Gott der Wälder, Berge und Flüsse, in Verbindung gebracht. An einer schmalen Terrasse befand sich, eingefasst von den steilen Klippen oben und Teichen, die von den Quellen unterhalb gespeist wurden, ein Ort, der Einheimische wie Besucher gleichermaßen in seinen Bann zog. Im Schatten der Klippen und reichen Laubwerks und gekühlt durch das Quellwasser diente der Ort in der hellenistischen und römischen Zeit als Heiligtum des Naturgottes Pan; die Grotte wurde im Griechischen *Paneion* und das umgebende Gebiet *Panias* genannt, das heute auf Arabisch Banyas heißt. Ursprünglich war das Heiligtum in einen bukolisch ländlichen Kontext eingebettet, bis Herodes der Große das *Augusteion* errichten ließ, einen Caesar geweihten Tempel vor der Grotte. Später ließ sein Sohn Philippos das Heiligtum ausbauen und gründete südlich der Quellen die Stadt *Caesarea Philippi*, die er zu seiner Hauptstadt erwählte.

Das Heiligtum des Gottes Pan

Ausgrabungen in der Umgebung des Tempelgebäudes und in Caesarea Philippi haben zu Erkenntnissen geführt, die es ermöglichen, die Geschichte des Auf- und Niedergangs des Ortes zu rekonstruieren. Die eingehende stratigrafische Untersuchung der Architektur und die Analyse der Überreste von Tonwaren werfen ein Licht auf die Praxis des rituellen Essens am Heiligtum. In der frühesten Phase gab es an dem Kultort keine architektonischen Gebäude. Eine von Andrea Berlin vorgenommene Untersuchung der am Ort freigelegten Tonwaren belegt, dass die Menschen in der hellenistischen Zeit an den Ort kamen und Spuren ihres Besuches in Form von Überresten von Kochtöpfen, Kasserolen, Schüsseln und Tellern hinterließen. Einige der Töpfe, die sie mitbrachten, gingen entzwei, und die Teile dieser Töpfe wurden in der Antike von der Terrasse weggefegt. Zahlreiche Scherben aus der hellenistischen Zeit zeugen davon, dass sich Besucher im Verlauf der beiden Jahrhunderte vor Christi Geburt um die Grotte versammelt haben. Aufschluss darüber, was sie dort taten, geben die Töpfe, die sie zurückließen. Von den etwa 250 für eine Diagnostik geeigneten Tonscherben aus hellenistischer Zeit – von Scherben, die sich auf Grund ihrer Größe sicher bestimmen und in Bezug auf Form und Art datieren lassen – gehörte keine einzige zu Lampen oder zu Gefäßen, die der Aufbewahrung von Lebensmitteln dienten und in freigelegten – privaten oder öffentlichen – Räumen häufig anzutreffen sind. Vielmehr gehören die Scherben zu Kochtöpfen und Schüsseln. Viele von ihnen weisen Brandflecken auf. An der Pangrotte wurde vor allem Essen zubereitet und eingenommen.

Herstellungsweise und Art der Tonscherben lassen Rückschlüsse auf die Herkunftsorte der Pilger zu. Fast 90 Prozent der Tonwaren waren in der Region hergestellt worden. Einige von ihnen gehörten zu den bräunlich-pinkfarbenen, heiß gebrannten und groben Tonwaren der Ituräer, aber die meisten stammten von bemalten Gefäßen syrophönizischer Herkunft. Die Ituräer, ein halbnomadisches, heidnisches Hirtenvolk mit Ursprüngen im Libanon, lebten in der hellenistischen Zeit auch im nördlichen Golan, und die Syrophönizier waren griechisch sprechende Heiden von der Nordküste in der Gegend um Tyros und Sidon, die bis zum Hule-Tal ins Binnenland eingedrungen waren. Die wenigen Stücke, die nicht aus der Region kamen, waren Waren mittlerer Qualität von der Küste, zwei Weinamphoren stammten von den griechischen Inseln: Überreste solcher Waren sind allgemein an syrophönizischen Orten freigelegt worden.

In der hellenistischen Zeit war das Heiligtum ein lokales Heiligtum, das heidnische Besucher aus der unmittelbaren Umgebung, die ihre Opfergaben und ihr Essen in einfachen Tonwaren aus der Region mitbrachten, anzog. Sie ließen weder beeindruckende Geschenke noch irgendetwas anderes, das auf Wohlstand hindeutete, zurück. Das scheint dafür zu sprechen, dass dort rituelle Mahlzeiten eingenommen wurden. Aber vielleicht wurden, wie Berlin zu bedenken gibt, dort auch nur Picknicke abgehalten. Heiliges Mahl oder Picknick? Vielleicht trifft beides zu, auch wenn der Archäologe sich aufgefordert fühlt, zwischen solchen Mahlzeiten zu unterscheiden und mehr über die Besucher in Erfahrung zu bringen, als dass sie Essen zubereiteten, es einnahmen und an der Grotte von Banyas Töpfe zurückließen. Die nächste an dem Ort freigelegte Schicht ist der frührömischen Zeit zuzuordnen. Es begegnen alle architektonischen Merkmale eines Heiligtums und die aufgefundene Keramik verweist auf kultische Mähler und Opfer.

Der Tempel des Herodes

Herodes der Große erhielt das Gebiet in der Umgebung der Quellen ungefähr in der Mitte seiner Herrschaft als Belohnung für seine Loyalität gegenüber Caesar Augustus. Josephus zufolge, ließ Herodes seinerseits umgehend bei der Grotte einen Tempel errichten, den er Augustus weihte und *Augusteion* nannte. Bis vor kurzem verdeckten Steine, die von den Klippen heruntergefallen waren, den Ort. Archäologen trugen die Steine ab und legten Überreste dieses Tempels frei. Drei Mauern, zwei im rechten Winkel zur Klippe, und eine Fassade wurden auf einer Plattform mit einer Fläche von 10 zu 20 Metern errichtet, die außerhalb der Grotte ausgemeißelt worden war. Sie waren aus Kalksteinquadern in der *opus-quadratum*-Technik, möglicherweise von denselben italienischen Architekten erbaut worden, die Herodes mit der Errichtung seines Palastes in Jericho beauftragt hatte. An der Innenseite der Mauern waren einst Marmorplatten befestigt, verschiedene runde und rechteckige Nischen waren für kleine Hausstatuen ausgemeißelt worden. Der Tempel hatte keine Rückwand, sondern war zur Grotte hin offen. Der erbaute Teil des Tempels diente als Vorhof, während die Grotte das innerste Heiligtum darstellte. Das *Augusteion* behielt den natürlichen Charakter bei, der zu Pan passte; hinzukamen jedoch eine Fassade und weitere architektonische Elemente, die dem römischen Kaiserkult entsprachen.

Die Stadt des Philippos

Philippos, einer der Söhne von Herodes, erbte dieses Gebiet, auf dem er im Jahr 2 v. Chr. unterhalb des Paneion eine Verwaltungsstadt im griechisch-römischen Stil erbauen ließ, die er zur Hauptstadt seiner Tetrarchie erhob. Wie es in seiner Familie Sitte war, gab er der Stadt zu Ehren des römischen Kaisers den Namen Caesarea, fügte aber noch Philippi hinzu, um seine Stadt von der an der Küste gelegenen Stadt seines Vaters zu unterscheiden. Das Gebiet, auf dem sich zuvor ein isoliertes Heiligtum befunden hatte, wurde in einen städtischen Raum mit einem Heiligtum umgewandelt. Das Pan geweihte Gebäude wurde während und nach seiner Regentschaft erweitert. Ein openair-Heiligtum wurde auf dem Vorgebirge um eine neu ausgemeißelte künstliche Grotte herum errichtet, die in einer späteren Inschrift aus der Mitte des zweiten Jahrunderts n. Chr. als »Grotte des Pan und der Nymphen« bezeichnet wurde. Auch um andere Elemente wurde der Gebäudekomplex erweitert: einen Zeus und Pan geweihten Tempel, ein weiteres der Nemesis geweihtes open-air-Heiligtum, ein langes schmales Gebäude mit drei Hallen, das an den Fels angrenzte, und ein bühnenähnliches Gebäude, das die Archäologen, die es freilegten, »Tempel des Pan und der Ziegen« getauft haben.

In den drei Jahrhunderten nach der Regentschaft von Philippos wurde viele griechische Inschriften in die Felsen und auf die Gebäude gemeißelt. Auf der Basis der Nische, die sich genau über der künstlich angelegten Grotte befindet, liest man: »Der *Priester* Viktor, Sohn des Lysimachos, widmete diese Göttin dem Gott Pan, Liebhaber der Echo«. In der Nähe des offenen Hofs stand geschrieben: »Für die Erhaltung unserer *Gebieter* und *Herrscher* widmete Valerios [Titi]anos, *Priester* des Gottes Pan, die Herrin Nemesis und ihr Heiligtum, für dessen Errichtung Felssteine weggeschlagen worden waren... mit dem eisernen Zaun, im Monat des Apellaios.« An der Vorderseite der Klippe ist über dem Heiligtum der Nemesis in der Nähe einer schmucklosen Nische zu lesen: »Agrippas, Sohn des Markos, Herrscher im Jahr 223, der in einem Traum göttliche Anweisungen empfing, widmete die Göttin Echo zusammen mit Agrippia, seiner Frau, und Agrippinos und Markos und Agrippas, *Stadtratmitgliedern*, und Agrippine und Domne, ihren Kindern.«

Den in der folgenden Schicht zu Tage tretenden architektonischen Veränderungen entspricht eine Verschiebung im keramischen Profil. Unter der herodianischen Schutzherrschaft wurden in Banyas nicht nur Gebäude, die religiösen Zwecken dienten, errichtet, auch die Überreste von zurückgelassenen Tonwaren deuten auf einen Wandel hin. Die Scherben aus der frührömischen Zeit, die von den Gebäuden weggefegt wurden und sich in Vertiefungen an den Rändern der Terrasse ablagerten, lassen auf Veränderungen bei Besuchen dort schließen. Von den 457 für eine Diagnostik geeigneten Scherben aus der frührömischen Zeit stammen 141, also mehr als ein Drittel, von Öllampen. Demgegenüber stammten nur 7 Scherben aus der hellenistischen Zeit von Öllampen. Die deutliche Zunahme von Tonlampen ist darauf zurückzuführen, dass viele Besucher sich kürzer an dem Ort aufhielten und wenig kostspielige und zeitaufwändig herzustellende Gaben zurückließen. Dass auch in der frührömischen Zeit dort Kochtöpfe, von denen viele Brandspuren aufwiesen, sowie Trinkbecher als auch Schüsseln benutzt wurden, belegt, dass, wie es verbreiteter syrophönizisch-heidnischer Praxis entsprach, am Heiligtum des Pan weiterhin Mahlzeiten eingenommen und Opfergaben dargebracht wurden.

Die Funde frührömischer Tonwaren zeugen von einer Zunahme von Importartikeln. Mehr als die Hälfte der freigelegten Lampen waren in Italien, Zypern oder Syrien hergestellt worden. Zu einem

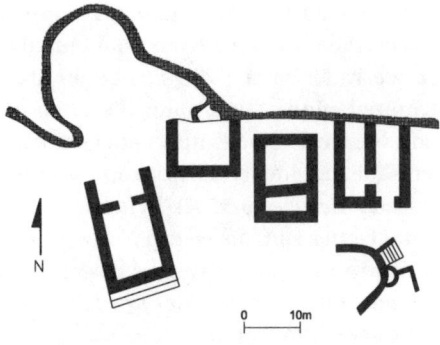

Das Heiligtum des
Gottes Pan in Caesarea
Philippi (nach Maoz).

N

0   10m

großen Teil waren die Tonwaren nicht in der unmittelbaren Umgebung gebrannt worden. Einige stammten aus dem nahe gelegenen Obergaliläa oder von der syrophönizischen Küste, einige wenige Waren hoher Qualität kamen aus ferneren Ländern. Dass Lampen importiert wurden und Tonwaren die oben beschriebenen Merkmale aufwiesen, bedeutet nicht, dass nun Pilger aus Kleinasien, Italien oder Zypern das Heiligtum aufsuchten, sondern dass einige Einheimische, die in Caesarea Philippi lebten, sich schönere Importartikel leisten konnten. Das Heiligtum begann Menschen aus höheren Gesellschaftsschichten anzuziehen.

Als der Komplex seinen baulichen Höhepunkt erreichte, seit dem Ende des ersten und im Verlauf des zweiten Jahrhunderts n. Chr., fiel die Menge der zeitlich zuzuordnenden Tonwaren auf ihren Tiefpunkt. Es wurden nicht nur unterschiedlich viele Tonscherben, nämlich 251 aus der hellenistischen, 457 aus der frührömischen und nur 52 aus der mittelrömischen Zeit gefunden, gleichzeitig war zu beobachten, dass sich die Formen der Tonwaren grundlegend verändert hatten. Fast alle Scherben aus der mittelrömischen Zeit stammten von Lampen oder Tischgefäßen, nur eine einzige ist einem Kochtopf zuzuordnen. Die Praxis, Mahlzeiten am Ort zuzubereiten und sie Pan oder seiner Gefährtin zu opfern, war an ein Ende gelangt. Nichts zeugte mehr davon, dass an der Grotte gegessen wurde. Unter architektonischen Gesichtspunkten wies das Heiligtum, das unter offizieller herodianischer Schutzherrschaft errichtet und, wie epigrafische Zeugnisse belegen, später kaiserliche Unterstützung empfing und unter dem Patronat der führende städtischen Schichten stand, zu keinem Zeitpunkt beeindruckendere Formen auf. Einheimische kamen aber nicht mehr, um am Heiligtum, das den Charakter eines offiziellen zivilen Kultes angenommen hatte, zu verweilen, zu essen und zu opfern. Bis zum zweiten Jahrhundert n. Chr. war das Heiligtum in Caesarea Philippi zu einem architektonischen Medium geworden, das den Wohlhabenden der Zurschaustellung ihrer Freigebigkeit und Großzügigkeit diente. Der abrupte Einbruch bei der Keramik in mittelrömischer Zeit bedeutet nicht, dass das Heiligtum aufgelassen oder dass es nicht mehr aufgesucht wurde. Er deutet vielmehr darauf hin, dass Familien, Freunde oder sonstige Gruppen dort keine Opfer mehr darbrachten und keine rituellen oder anderen Mahlzeiten mehr zu sich nahmen. Was als Rahmen für Familienessen und ganztägige Aufenthalte gewöhnlicher Menschen diente, geriet unter die imperiale Kontrolle einer Priesterhierarchie und wurde in ein bürgerliches Leben integriert, das die sozialen Eliten beherrschten, die Schutzherren des Tempels waren. Der Gipfel der Ironie besteht darin, dass das, was mit dem Heiligtum des Pan in Caesarea Philippi unter heidnisch-imperialer Schutzherrschaft geschah, auch mit dem Haus des Petrus in Kafarnaum unter christlich-imperialer Schutzherrschaft geschehen sollte.

Im Palast eines Königs

Während die Syrophönizier und Ituräer aus Städten und Dörfern in der Nähe der Jordanquellen in die Natur hinausgingen, um Mahlzeiten einzunehmen, holten wohlhabende Bürger und Herrscherfamilien Elemente aus der Natur in ihre Speisesäle. Diese wurden als *triclinia* (Singular: *triclinium*) bezeichnet. Der Begriff verweist auf zwei sehr spezifische Merkmale. Erstens gab es drei (daher *tri*) begehrte Liegen, eine mittlere für den Gastgeber und zu seiner Linken und Rechten jeweils eine für seine Ehrengäste. Zweitens saßen der Gastgeber und seine wichtigsten Gäste nicht wie wir auf Stühlen, sondern lagen (daher *clinia*) und brauchten deshalb Diener, die ihnen die Speisen reichten. Wer im Liegen aß, markierte damit seinen hohen sozialen Status.

In Landvillen gaben Fenster und Türen der *triclinia* den Blick auf besonders schöne Naturszenen, Strände, Wälder oder Oasen frei.

Besitzer luxuriöser Stadthäuser stellten den Bezug zur Natur dadurch her, dass sie den von einem Säulengang umgebenen Innenhof in eine Landschaft mit Garten und Teich verwandelten. Motive aus der Natur und bukolische Szenen kehrten auch im Inneren der *triclinia* wieder. Motive aus der Pflanzen- und Tierwelt sowie aus der Mythologie wurden auf die Wände gemalt bzw. in Mosaiken miteinander kombiniert. Als Herodes der Große und seine Nachfolger in Banyas die Gelegenheiten einschränkten, zu denen gewöhnliche Menschen in der Natur Mahlzeiten einnehmen konnten, schufen sie genau diese Atmosphäre in ihren Bankettsälen. Als Herodes Tempel in Banyas und in anderen Städten errichten ließ, nahmen seine Bankettsäle insofern gleichzeitig Elemente des öffentlichen Raums auf, als sie mit wohl überlegt angeordneten Säulen, Mosaiken und Marmor ausgestattet wurden. Wohlhabende Bürger aus dem gesamten Mittelmeerraum privatisierten bewusst architektonische Formen, die Bestandteile des hellenistischen öffentlichen Lebens der *polis* gewesen waren. Damit machten sie insbesondere ihr *triclinium* zu einem prestigeträchtigen Raum. Die Tatsache, dass Elemente aufgenommen wurden, die für die öffentliche Architektur charakteristisch waren, verlieh ihren Häusern ein monumentales Gepräge, und die durchdachte Nutzung von Raum und Dekorationsmöglichkeiten unterstrich ebenso wie die ostentative Zurschaustellung ihres Wohlstands ihren hohen gesellschaftlichen Status.

Auf Grund archäologischer Ausgrabungen weiß man, dass einige der Essgewohnheiten unter den herodianischen Königen auch in den höheren Gesellschaftsschichten des Heimatlandes der Juden Eingang gefunden haben. Die gehobene Esskultur überall in der römischen Welt kennzeichnete, dass sie die Illusion von Naturnähe in die Gestaltung der *triclinia* einbrachte, Elemente der öffentlichen Architektur aufnahm und die Position des Gastgebers an der Spitze der gesellschaftlichen Hierarchie unterstrich. Jeder dieser Trends ist deutlich an den einzigartigen Palästen, die Herodes errichten ließ, ablesbar, dem in der Oase bei Jericho erbauten Palast, dem nördlichen Felsenpalast von Masada mit Blick auf das Tote Meer, dem Festungspalast des Herodeion in der judäischen Wüste und dem Palast am Meer in Caesarea Maritima.

Masada – auf dem Berg

In den sechziger Jahren des 20. Jahrhunderts grub der berühmte Archäologe und Staatsmann Yigael Yadin den Palast, den Herodes der Große am nördlichen Rand Masadas hatte errichten lassen, einschließlich eines *triclinium* auf der untersten Terrasse, das einen spektakulären Blick auf das Tote Meer und die judäische Wüste bot, aus. Dank der Entdeckung verschiedener Halbsäulentrommeln mit Schlitzen für Fensterverankerungen ebenso wie vorhandener Fensterbrüstungen weiß man, dass das *triclinium* in nördlicher Richtung einen atemberaubenden Blick auf die zerklüftete Landschaft bot. Vor der Sonne, die im Süden brannte, geschützt, erfreuten sich die Gäste nicht nur des Schattens, sondern auch eines überwältigenden Panoramas, da die judäischen Hügel hier auf das transjordanische Plateau treffen. Selbst an einem so entfernt liegenden Schauplatz unterhielt der Gastgeber seine Gäste auf königliche Weise. Obwohl der Ort weit von der Küste entfernt lag und beinahe unzugänglich war, weshalb die Einfuhr von schweren Marmorsäulen unmöglich und selbst von Marmorverkleidungen unwahrscheinlich war, waren die Gäste von Fassaden umgeben, die diese hochwertigeren Baumaterialien nachahmten: Säulentrommeln aus lokalem Stein wurden mit Stuckkannelierungen und korinthischen Kapitellen ausgestattet, Wände wurden gleichmäßig verputzt und so bemalt, dass sie wie Marmorverkleidungen wirkten. Die Speisen wurden auf Liegen eingenommen, die auf einem wasserfesten Mosaikboden standen, den die Diener daher leicht säubern konnten, da die Abfälle gewöhnlich von den Gästen auf den Boden geworfen wurden.

Durch die Gestaltung des Raumes in Form von zwei konzentrisch angelegten, mit Säulen ausgestatteten Vierecken, wurde eine Wandelhalle geschaffen, die an die Architektur der überdachten Promenaden der *Stoa* oder sogar eines Tempelvorbaus erinnerte. Im inneren Raum vermittelten Pilaster, halb in die Wand eingebaute Säulen, und Freskenmalereien, die die Illusion schufen, dass die Säulen von der Wand abgerückt waren, den Gästen das Gefühl, an einem momunentalen Schauplatz zu speisen und ließen eine Aura entstehen, die einem Mahl oder Opfer in einem Tempel nicht unähnlich war. Es versteht sich von selbst, dass die Gäste wahrhaft göttlich tafelten. Das Essgeschirr war von hoher, erlesener Qualität, die verarbeiteten Lebensmittel kamen vorwiegend aus dem Ausland. Die meisten in der Nähe des Nordpalastes freigelegten Ton-

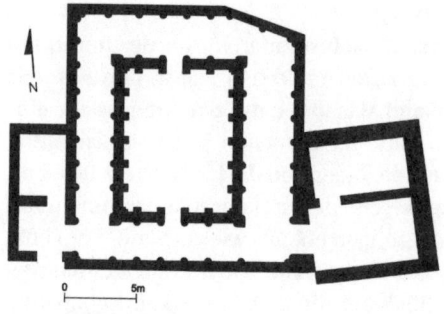

*Das Triclinium im
Nordpalast in Masada
(nach Foerster).*

waren waren hochwertigste Platten und flache Schüsseln. Aufschriften auf Scherben von Aufbewahrungsgefäßen und Prägezeichen auf Amphorenhenkeln geben einige Aufschlüsse darüber, was wann und von wo aus in Schiffsladungen nach Masada ging. Zu den überraschendsten Importen zählen verschiedene Luxusgüter aus Italien, die in Palästina als außergewöhnlich galten, wie konservierte Äpfel aus Cumae, die pompejische Spezialität *garum* (Fischsauce) und verschiedene Weine. Eine große Ladung aus dem Jahr 19 v. Chr. enthielt Weine, die in der Umgebung der süditalienischen Stadt Brindisi hergestellt worden waren. Solche Funde zeugen davon, dass Herodes an den erlesensten Speisen und Getränken Gefallen fand und eine Vorliebe für stilvolles Essen hatte.

Caesarea – an der Küste

An einem ebenso überwältigenden, wenn auch weniger entlegenen Schauplatz ließ Herodes der Große einen Palast am südlichen Rand der Stadt Caesarea Maritima errichten. An der einzigen Stelle, an der die Küstenlinie dieser Stadt ins Meer hinausführt, ließ er auf einem Felsvorsprung einen massiven Palast mit einer Grundfläche von ca. 60 zu 90 Metern erbauen, der gleichermaßen für Besucher, die mit dem Schiff anreisten, wie für die Einwohner Caesareas sichtbar war. In dem von einem Säulengang umgebenen Hof lag das Zentrum des Palastes, ein in den Felsen gehauenes Becken mit einer Fläche von 18 zu 36 Metern. Dieses Becken hatte Herodes mit wasserfestem Putz versiegeln lassen. In ihm befand sich Süsswasser, das von Hand herbeigeschafft werden musste, aber zum Baden höher geschätzt war als das Mittelmeerwasser. Obwohl die Meereswellen Jahrhunderte lang die Gebäudereste überflutet und abgetragen

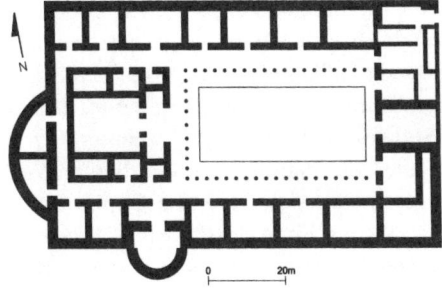

Der Palast Herodes' des Großen in Caesarea am Meer (nach Netzer).

haben, beträgt die Tiefe des Beckens immer noch mehr als 90 cm. Das Becken hatte nicht nur einen ästhetischen Wert, sondern diente wahrscheinlich auch als Schwimmbecken. Herodes stand insofern in der Tradition der früheren hasmonäischen Könige, als er Becken und Bäder nicht nur hier, sondern auch in Jericho und Masada, zu wichtigen Bestandteilen seines Palastes machte. Umgeben war das Becken von einem aufwändig angelegten Garten, wobei Bäume, Hecken und Blumenbeete in Vertiefungen Aufnahme fanden, die ebenfalls in den Fels getrieben waren. Der Garten wurde durch eine Kolonnade und eine breite Promenade umgrenzt. Der Boden dieser Promenade bestand vermutlich einmal aus Mosaik- oder Marmorsteinen, die zu unterschiedlichen geometrischen Mustern verlegt wurden. Der Hauptraum des Palastes war ein *triclinium*, der im westlichen Trakt des Gebäudes zwischen Becken und Meer lag. Wie in Masada war Herodes auch hier daran gelegen, eine offensichtliche Verbindung zwischen Speisesaal und Natur herzustellen. Nach außen hin hatte man einen weiten Blick auf das Mittelmeer und bei Mahlzeiten am Abend auf beeindruckende Sonnenuntergänge im Westen. Zur anderen Seite hin erblickte man den Pool umgeben von üppiger Flora.

Mit einer Fläche von annähernd einem halben Hektar stellte der Palast ein monumentales Gebäude dar. Gleichwohl war Herodes weise genug, nicht dem Größenwahn zu verfallen. Sein Palast war nicht größer als der Roma und Augustus geweihte Tempel, der zusammen mit dem Hafen die architektonische Landschaft dominierte. Der Palast des Herodes, der größer als andere Residenzen war, nahm fast ähnliche Dimensionen wie öffentliche Gebäude an. Da ähnliche Bautechniken und Materialien verwendet worden waren, ähnelte er mehr einem öffentlichen als einem privaten

Raum. Trotz einer gewissen Uneindeutigkeit zwischen öffentlich und privat war die Botschaft des Palastes, Herodes' gesellschaftliche Stellung betreffend, unmissverständlich. Herodes ließ seinen Palast nicht in den Stadtvierteln mit privaten Wohnquartieren errichten, sondern als Teil eines im Südwesten der Stadt gelegenen größeren Komplexes von Bauwerken, die Unterhaltungszwecken dienten. Wie im letzten Kapitel erwähnt, erstreckte sich das große Amphitheater am Ufer entlang bis zum südlichen Ende des Palastes. Weiter im Südosten befand sich das Theater, gegenüber dem vorgelagerten Palast, der zugleich Bühnenhintergrund war.

Die von Herodes sorgfältig geplante Stadt macht Anleihen bei städtebaulichen Elementen, wie sie etwa in Alexandria und Rom anzutreffen waren, in denen die Häuser der Herrschenden in das städtische Leben hineinragten und auf subtile Weise die gesellschaftliche Hierarchie stärkten. In Caesarea hat Herodes jedenfalls den Raum meisterlich für seine eigenen Zwecken instrumentalisiert. Gewöhnliche Stadtbewohner, Arbeiter, Seeleute oder Bauern von außerhalb, die das Theater oder Amphitheater besuchten, also die Masse der Zuschauer, wurden schnell durch einen der zahlreichen Ausgänge oder v*omitoria* geschleust. Privilegierte Bürger oder Würdenträger von außerhalb gingen dagegen in der Südkurve des Amphitheaters bzw. in der Nähe der Theaterbühne hinaus und gelangten in einen vestibülähnlichen Garten, der direkt zum Palast führte. Innerhalb des Palastes fanden die Eliten ihren Platz ihrem gesellschaftlichen Rang gemäß. Einige gelangten nur bis zum großen Audienzsaal, der an den Palast und seinen mit Säulen umgebenen Innenhof angebaut war. Privilegiertere fanden im Palast selbst Einlass und wurden vielleicht im Vestibül angehalten oder aber zur Gartenanlage am Pool vorgelassen. Nur sehr wenige wurden jedoch zu einem Essen in das *triclinium* eingeladen. In dem gesamten Aufbau des Palastes, vom vestibülähnlichen Garten, zum Audienzsaal im höher gelegen Innenhofkomplex, zum Atriumgarten mit Pool, zu den angrenzenden Räumen bis zum *triclinium* kam sehr deutlich die bestehende soziale Schichtung zum Ausdruck. Die verschiedenen, aufeinander folgenden Schwellen waren nicht gegeneinander abgeschlossen, jeder war von jedem Standort aus sichtbar, so dass der Status der jeweiligen Person – sei es ihr Aufstieg oder ihr Abstieg auf der sozialen Leiter – öffentlich angezeigt war.

In der Villa eines Adligen

Die prunkvollen Bankettsäle und Paläste von Herodes dem Großen und sein mit ihnen einhergehendes Interesse, die gesellschaftliche Hierarchie deutlich zu markieren, sind archäologisch gut dokumentiert. Auch wenn anzunehmen ist, dass sein Sohn Antipas ihn nachahmte, so sind doch die Überreste, die er hinterließ, schwerer bestimmbar. Die erste Stelle im Markusevangelium, an der von Antipas die Rede ist, beschreibt, wie er mit seinen Hofbeamten und vornehmen Bürgern ein Festmahl einnimmt und wie ihm später der Kopf des Täufers Johannes auf einer Schale gebracht wird (Markus 6:14-29). Schichten aus dem ersten Jahrhundert bieten weder in Sepphoris noch in Tiberias klare Hinweise auf die Paläste von Antipas, ganz zu schweigen von ihren *triclinia*. Aber genau sie hätten wir natürlich im Folgenden beschreiben wollen.

Stattdessen lenken wir gezwungenermaßen die Aufmerksamkeit auf die Akropolis von Sepphoris, betrachten eine spätere Villa eines Adligen und versuchen uns vorzustellen, dass das *triclinium* von Antipas zwischen dem in dieser Villa und den soeben beschriebenen in den Palästen von Herodes dem Großen liegt. Auch wenn es aus einer späteren Schicht als der des ersten Jahrhunderts stammt, soll es unter dem Interesse kommentiert werden, den gesellschaftlichen Zweck solcher Speisesäle in der gesamten römischen Welt und in der gesamten römischen Zeit hervorzuheben. Bei dem von uns ausgewählten Beispiel handelt es sich um die so genannte Dionysos-Villa, die auf die mittel- oder spätrömische Zeit zu datieren ist.

Die Villa wurde oberhalb der Akropolis von Sepphoris im späten zweiten oder frühen dritten Jahrhundert n. Chr. erbaut. Für die geplante Fläche von über 900 m² musste eine Plattform geschaffen werden, durch Nivellierung des Geländes im Westen und Aufschüttungen an der Südseite. Bei der Abflachung des Geländes wurden Überreste früherer Gebäude (vielleicht eines Palastes?) zerstört. Wie für andere öffentliche Gebäude aus der Zeit wurden auch für die Villa große Kalksteinquader verwendet, die vermutlich ein zweites Stockwerk trugen. Ähnlich wie andere Häuser wohlhabender und einflussreicher Bürger war die Villa so konstruiert, dass man vom Eingang über den mit Säulen umgebenen Innenhof in das *triclinium* gelangte.

In dem im Innenhof gelegenen Garten gab es einen kleinen Brunnen oder Teich, der dem urbanen Setting einen Anstrich von Natur verlieh. Einige Innenwände der Villa wiesen Freskenmalereien mit floralen Mustern auf, welche die Blumenpracht des Gartens in den umgebenden Räumen visuell aufgriffen. Der kunstvoll gearbeitete Mosaikboden des *triclinium* schuf eine bukolisch-ländliche Atmosphäre. Auf einer farbenreichen u-förmigen Borte sind Bauern dargestellt, die in einem Umzug die landwirtschaftlichen Erträge ihrer Arbeit darbieten (!). Diese Borte umgrenzte ein sich im Zentrum befindendes Rechteck, das aus verschiedenen Feldern mit Darstellungen der Freuden des Weintrinkens und des Lebens von Dionysos, dem Gott des Weines und engem Verbündeten des Gottes Pan besteht. In diesem Mosaik schlagen sich nur wenige Kultelemente nieder, und auch der Raum wird nicht mit dem Dionysoskult oder seinen Mysterien in Verbindung gebracht. Das zentrale Feld führt das Thema des Mosaiks insofern deutlich vor Augen, als es einen Trinkwettbewerb zwischen dem Muskelprotz Herakles und dem Weingott Dionysos darstellt. Auf den umgebenden Feldern wird Dionysos zum Sieger erklärt, denn er ruht in seinem Triumphwagen und wirft einen Blick auf das nächste Feld, das einen speienden Herakles zeigt, der von einem männlichen Satyr und einer weiblichen Mänade Unterstützung erhält. Andere Felder greifen die Freude an der Frucht des Weines auf, zeigen das Zertreten der Trauben und ein Dorffest. Einige Felder rufen Legenden über Dionysos in Erinnerung, sie stellen z. B. dar, wie Dionysos von seinen Ammen, die ihn versteckten, um ihn in Sicherheit zu bringen, gebadet wird, wie er den Hirten das Mysterium des Weines enthüllt, und seine Heirat mit Ariadne. Dazwischen sehen wir häufig Medaillons mit bukolischen Umzügen von Bauern, die fröhlich ihre Ernte übergeben. Gegenüber der Liege des Gastgebers das Portrait einer schönen Frau (Ariadne oder die Herrin des Hauses?), das die Ausgräber »Die Mona Lisa von Galiläa« getauft haben. Die Augen eines Mannes blickten auf das Gesicht einer Frau, die Augen Adliger betrachteten Darstellungen ländlichen Lebens. Das Leben nahm sich aus privilegierter Sicht glücklich und sozial wohlgeordnet aus.

Die Festessen wurden von bukolischen Szenen umrahmt, welche die festliche Atmosphäre unterstrichen. Die Teilnehmer konnten auf den Garten blicken und sich an der Natur erfreuen, aber auch auf den Garteneingang blicken, der zur Straße führte, auf der jene standen, die von dem Festessen ausgeschlossen waren. Die Säulen im Atrium, die Mosaikböden, die Wände mit Freskenmalereien und

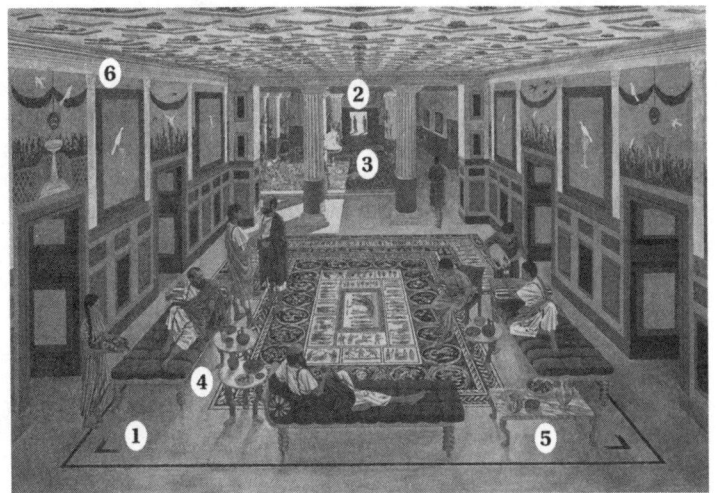

Rekonstruktion der spätrömischen Dionysos-Villa in Sepphoris. Sie wurde von einem der angesehensten Bürger der Stadt bewohnt. In der Villa, die über ein Jahrhundert nach Jesus erbaut wurde, wurde in der für die römische Welt typischen Weise festlich gespeist. Die Gäste nahmen ihrem hierarchischen Rang entsprechend auf drei Liegen im Triclinium Platz, auf die die »Gamma«-Zeichen, die an der Seite zu sehen sind (1), hinweisen. Die axiale Anlage der Villa hob die Unterscheidung zwischen privaten und öffentlichen Bereichen hervor: Außenstehende (2) konnten den von Säulen umgegebenen Innenhof (3) einsehen und wussten, dass sie von dem Festessen ausgeschlossen waren. Diese Anlage dokumentierte auch den Reichtum des Besitzers, der auf dieser Abbildung durch importierte Keramikwaren (4), fein gearbeitete Glasschlüsseln und Karaffen (5) angezeigt wird. Mit Freskenmalereien versehene Wände (6) und verzierte Decken waren auch in anderen Prachtbauten in der ganzen römischen Welt anzutreffen.

Marmor schufen – auch wenn es kein echter Marmor war, sondern eine durch malerische Effekte erzeugte Illusion – eine städtische Aura. Der Fischteich oder Brunnen stellte, mag er im Vergleich zu dem Schwimmbecken im Palast von Caesarea auch noch so klein gewesen sein, Verbindungen zum öffentlichen Leben in Bädern, um einen Brunnen (*nymphaeum*) herum oder in einem abgetrennten heiligen Bereich her.

Die Dionysos-Villa wurde mit ihrem Dach aus roten Ziegeln und ihren weiß gekälkten Wänden sichtbar von ihrer Umgebung abgerückt, und ihre Lage oben auf der Akropolis führte der ganzen Stadt den hohen sozialen Status und Reichtum ihres Besitzers ostentativ vor Augen. Wie der Palast des Herodes in Caesarea wurde auch das Wohnhaus in Sepphoris von einem Theater flankiert, und sein Besitzer unterstützte wahrscheinlich mit finanziellen Mitteln Theateraufführungen. Auch der Grundriss des Hauses zeugt von seinem Interesse, seinen Wohlstand öffentlich zur Schau zu stellen. Insbesondere die Anlage des Hauses mit einem Säulenhof machte bestehende soziale Unterschiede augenfällig, da der Innenbereich deutlich vom Außenbereich abgesetzt wurde. Den Wenigen, denen im Liegen Speisen und Getränke serviert wurden, standen die Vielen gegenüber, die zwar einen Blick in das Haus werfen konnten, es aber nicht betreten durften. Von ihnen konnten allenfalls Diener, Gefolgsleute und die, die für Unterhaltung sorgten, an dem Geschehen teilnehmen.

Die gesellschaftliche Hierarchie wurde auch in Bezug auf die Eliten, die in das *triclinium* eingeladen wurden, markiert. Das 5,5 Meter breite und 7 Meter lange Mosaik, das von herausragender künstlerischer Qualität war, wurde aus Steinen in über zwanzig verschiedenen Farben zusammengesetzt. Es unterteilte den Raum in verschiedene Bereiche. In einem u-förmige Bereich mit weißen Mosaiksteinen war die Position der drei zentralen Liegen markiert. Diese Aufteilung stellte den Gastgeber mit seinen Ehrengästen zur Rechten und zur Linken heraus. Da alle Gäste auf Liegen *ruhten*, mussten ihnen Speisen und Getränke von einer Vielzahl von Dienern *serviert* werden. Die anderen Teilnehmer drängten sich in absteigender sozialer Rangfolge in den mit weißen Mosaiksteinen ausgelegten Bereichen. Diese Anordnung wird in Lukas 14:7-11 angesprochen, wo ein Gast zuerst den letzten Platz wählt und dann aufgefordert wird, aufzurücken und neben dem Gastgeber als Ehrengast Platz zu nehmen.

In den Häuser der Eliten

Die Dionysos-Villa zeugt deutlich von einer Architektur adliger Wohnhäuser im römischen Stil in Sepphoris im dritten Jahrhundert. Sie wurde zwar lange nach Jesus erbaut, einige ihrer charakteristischen Merkmale sind jedoch schon viel früher, nämlich in der Zeit, als Herodes Antipas die Stadt umbauen ließ, anzutreffen. Im Folgenden soll dies am Beispiel zweier Häuser aus dem ersten Jahrhundert illustriert werden, die elegant waren, aber nicht ganz das Niveau der Villa aus dem dritten Jahrhundert erreichten.

Ein Binnenhofhaus

Bei dem ersten Beispiel handelt es sich um ein Binnenhofhaus, das oberhalb der westlichen Wohnquartiere erbaut worden war und in den frühen neunziger Jahren des 20. Jahrhunderts von Eric und Carol Meyers vom Regionalen Sepphoris Projekt und der Duke University ausgegraben wurde (Einheit II genannt). Das Familienleben wurde durch die architektonische Anlage des Hauses in gewisser Weise von der Umgebung abgeschirmt, da der Binnenhof nicht von Säulen eingefasst war. Im Inneren des Gebäudes markierten die Besitzer jedoch insofern ihren sozialen Status, als sie auf dekorative Elemente wie Freskenmalereien, Mosaike, weißen Putz und rote Dachziegel zurückgriffen.

Die Wände waren aus Kalksteinquadern gleicher Form und Größe auf solidem Felsgestein erbaut worden. Die ca. 60 cm dicken, sorgfältig in der Binder-und-Läuferverband-Technik errichteten Wände konnten mühelos die Last eines zweiten Stockwerkes tragen. Einige Räume waren mit *al-secco*-Fresken versehen, einer preiswerten und einfachen Technik, bei der der Verputz nach dem Trocknen bemalt wird. Verwendet wurden einfache florale oder geometrische Muster sowie grüne und rote Rechtecke aus Marmorimitat, die denen im Palast des Herodes in Masada ähnelten. Die mit Freskenmalereien versehenen Räume wiesen wie der Binnenhof Gipsestriche auf, und es wurden Reste von Mosaiksteinen entdeckt, die, nachdem sie von ihrem ursprünglichen Platz entfernt worden waren, in einem anderen Raum als Füllmaterial Verwendung fanden, dessen frührömische Gestalt allerdings unrettbar zerstört wurde. Der Küchenbereich und verschiedene andere Räume wiesen jedoch nur Böden auf, die aus gestampfter Erde bestanden.

Neben der Freskenmalereien und Mosaiken spiegeln auch verschiedene Gebrauchsgegenstände den Wohlstand der Hausbewohner des ersten Jahrhunderts wider. Überreste eines kostbaren, aus Glas gegossenen Gefäßes, eine Hängelampe und ein Weihrauchbecken zählen ebenso zu den Funden aus frührömischer Schicht wie fein verarbeitete Haarnadeln aus Knochen und ein Spachtel für das Make-up. Die Bewohner waren natürlich weder so wohlhabend noch so prunksüchtig wie Herodes der Große oder Antipas. Ihre Kosmetikutensilien bestanden nicht aus Elfenbein, sondern aus Knochen, sie tranken keine importierten Weine, und ihre Tonwaren waren größtenteils gewöhnliche Produkte, die in galiläischen Dörfern hergestellt worden waren, wenn auch einige Scherben, die von kostbaren Platten aus *terra sigillata* stammen, gefunden wurden. Aber sie lebten auf der Akropolis von Sepphoris, und sie standen an der Spitze der gesellschaftlichen Hierarchie in Galiläa.

Ein Haus mit einem Säulenhof

Ebenfalls in Sepphoris, gerade über die Straße in Richtung Norden, zeugt ein weiteres reiches Haus aus derselben Zeit davon, dass einige jüdische Familien nicht nur auf dekorative Bauelemente zurückgriffen, sondern auch ihren Wohlstand in prahlerisch-römischer Manier zur Schau stellten. Dieses Haus, das mit einem von einem Säulengang umgebenen Hof erbaut worden war, was den Blick in das Atrium erlaubte, wurde zuerst 1931 von Leroy Watermann von der Universität Michigan ausgegraben. Er hielt es auf Grund der Säulen, Mosaikböden, verputzten Wände und Freskenmalereien für eine christliche *Basilika*. Des Weiteren nahm er an, dass die in das Muttergestein gemeißelten Höhlen katakombenähnliche Gebilde aus der Zeit waren, in christliche »Riten im Geheimen praktiziert wurden«. Vor kurzen grub James F. Strange von der *University of South California Excavations* diesen Gebäudekomplex weiter aus und stellte fest, dass es sich bei ihm um eine Villa handelte und dass die gemeißelten Höhlen *Mikwen*, jüdische Ritualbäder, waren.

Watermanns Fehlinterpretation war nicht allein Folge der romantischen und abenteuerlichen Suche früherer Generationen nach dem sensationell Religiösen. Die Anlage des Hauses im Verein mit den Absichten des Eigentümers führte Elemente des öffentlichen Raumes in dieses Privathaus ein: Pfeiler, axiale Ausrichtung, gut bearbeitete Kalksteinquader, weißer Putz, einige Freskenmalereien und Mosaikböden mit schwarzweißen geometrischen Mustern und Einfassungen. Als Villa konnte dieses Haus identifiziert werden, nachdem Strange die Küche und mehrere *Mikwen* bestimmt hatte, die auch in anderen Häusern in Sepphoris häufig angetroffen wurden. Außerdem gruben beide Archäologen zahlreiche Haushaltsgegenstände aus: Kochgeschirr, Haarnadeln aus Knochen, Kosmetikutensilien und Tongewichte von Webstühlen.

Pax Romana in Galiläa

Diese beiden Häuser zeugen davon, wie bewusst sich wohlhabende Einwohner von Sepphoris römischer Architekturstile waren, die in der weiteren mediterranen Welt vorherrschten. Sie lassen auch erkennen, wie versessen sie darauf waren, das, was die gesellschaftliche Elite kennzeichnete, zu besitzen: Fresken, Mosaike und importierte Luxuswaren. Sie zeugen ferner davon, dass nur die Oberschicht der galiläischen Gesellschaft bereit und in der Lage war, sich das römische System der öffentlichen Zurschaustellung des eigenen gesellschaftlichen Ranges zu leisten. Vor Antipas kannten die jüdische Hasmonäer keine Paläste in Galiläa, und Herodes der Große ließ seine Paläste zunächst an abgeschiedenen Orten, in Masada und Jericho, und erst später in Städten wie Caesarea und Jerusalem errichten. Er ließ jedoch nie einen Palast in Galiläa erbauen. Erst unter Antipas, der sicher Paläste in Sepphoris und Tiberias errichtete, führten die städtischen Eliten Galiläas eine ausgeprägte soziale Schichtung ein. Natürlich gab es in größeren galiläischen Städten einige solcher Häuser wie die in Yodefat und Gamla ausgegrabenen, aber diese stellten eher eine Ausnahme dar und wurden sonst in galiläischen Städten nicht angetroffen.

Die Verbreitung des Wohlstands in Galiläa war keine persönliche Angelegenheit, sondern ein gesellschaftlicher Tatbestand, denn mit der Zurschaustellung von Luxusgütern markierten die Menschen ihre Stellung in der gesellschaftlichen Hierarchie. Der Wert dieser Güter ergab sich daraus, in welchem Maße diese den unteren sozialen Schichten jeweils nicht zugänglich waren. Weniger der Besitz als die Zurschaustellung der Güter bestimmte deren Wert. Die Zunahme an Luxusgütern und die Steigerung des Konsums mussten natürlich in der einen oder anderen Weise durch eine erhöhte Produktivität der Landwirtschaft finanziert werden.

Was dachte die Landbevölkerung über die Stadt Sepphoris, die Antipas im Jahr 4 v. Chr. zur, wie Josephus es formulierte, »Zierde von ganz Galiläa« umbauen ließ, und was dachte sie über die 19 n. Chr.

gegründete Stadt Tiberias, die Sepphoris als Residenzstadt ablöste? In seinem Werk *Das Leben des Josephus* beschrieb Josephus, was die Bauern (die er »die Galiläer« nannte) tatsächlich tun wollten, während er versuchte, sie in den Jahren 66 und 67 n. Chr. auf die unausweichlichen Vergeltungsmaßnahmen des römischen Militärs zu Beginn des ersten Jüdischen Aufstands vorzubereiten. Bemerkenswert an dem folgenden Zitat ist, wie häufig die Worte *Hass, Abscheu* und *Ausrottung* vorkommen:

> *Ich zog mit so vielen Truppen, wie ich zusammenziehen konnte, gegen Sepphoris und eroberte die Stadt im Sturm. Die Galiläer ließen sich diese besonders günstige Gelegenheit, ihrem Hass auf eine der Städte, die sie verabscheuten, Luft zu machen, nicht entgehen und stürmten in der Absicht nach vorne, alle, die Bewohner wie Fremde, auszurotten. Sie stürmten in die Stadt und setzten die Häuser, die sie verlassen vorfanden, in Brand. Die entsetzten Bewohner waren gemeinsam zur Zitadelle geflohen. Sie plünderten alles und verschonten ihre Landsleute vor keiner Form der Verwüstung. ... Als sie sich jedoch weigerten, Vorhaltungen und Befehle entgegenzunehmen, und in ihrem Hass meine Ermahnungen in den Wind schlugen, wies ich einige meiner Freunde an, die Nachricht zu verbreiten, dass die Römer mit einer großen Truppe in ein anderes Viertel der Stadt eingedrungen waren... damit... ich dem Wüten der Galiläer etwas entgegensetzen und so Sepphoris retten konnte. ... Tiberias war einer Plünderung durch die Galiläer nur knapp entgangen, die lauthals ihre Bewohner als Verräter und Königstreue [Agrippa II.] denunzierten und verlangten, die Erlaubnis zu erhalten, hinunterzugehen und ihre Bewohner auszurotten. Denn sie verabscheuten die Bewohner von Tiberias genauso wie die Bewohner von Sepphoris (374-384).*

Romanisierung ging mit Urbanisierung und Kommerzialisierung einher, insbesondere als Tiberias in den früheren zwanziger Jahren gegründet wurde, traf der wirtschaftliche Aufschwung der neuen *Pax Romana* Untergaliläa mit aller Wucht. Hätte Amos Antipas im Tiberias des ersten Jahrhunderts viel anderes entgegengesetzt, als er Jerobeam II. acht Jahrhunderte zuvor in Samaria entgegengesetzt hätte? Wie dem auch immer sei, entscheidend ist, dass in den späten zwanziger Jahren die Täuferbewegung des Johannes und die Reich-Gottes-Bewegung Jesu in den von Herodes Antipas beherrschten Gebieten aktiv wurden. Warum ausgerechnet zu jenem Zeitpunkt? Warum ausgerechnet in jenen Gebieten? War es ein Zufall oder war es Ausdruck eines Widerstandes?

Im Königreich Gottes

In der Antike beschimpften Menschen andere genauso übel wie Menschen heutzutage. Im Hänseln und bei übler Nachrede standen sie uns in nichts nach. Manchmal jedoch kann man sich auf die Beschreibung des *Was* konzentrieren, auch wenn man das anschuldigende *Warum* unberücksichtigt lässt, kann man die beschriebene Handlung (z. B. er »lehrte«) akzeptieren und die unterstellte böse Absicht (z. B. »zu seinem eigenen Vorteil«) ignorieren. Bei der gegen Johannes den Täufer oder Jesus gerichteten Kritik ist zwischen der Beschreibung (dessen, was sie taten) und der Anschuldigung (weshalb sie etwas taten) zu unterscheiden. Darüber hinaus ist zu berücksichtigen, dass Gegner der Täuferbewegung des Johannes und der Reich-Gottes-Bewegung Jesu die Anführer als seltsam, merkwürdig und als von der Norm abweichend einschätzten und der Meinung waren, dass sie nicht nur andere, sondern entgegengesetzte Interessen vertraten. Diese Abweichung von der Norm und anderen Zeitgenossen diskutierten sie schwerpunktmäßig in Bezug auf die Frage, welche Bedeutung Johannes und Jesus dem Essen und Trinken beimaßen.

Anschuldigungen zu den Essgewohnheiten Johannes' des Täufers
Nachdem es in der Forschung einen Konsens darüber gab, dass sowohl Matthäus als auch Lukas das Markusevangelium als Hauptquelle benutzt hatten, war offenkundig, das diese beide Evangelisten auch auf eine andere Quelle zurückgegriffen haben. Denn sie wiesen, hinsichtlich der allgemeinen Anordnung wie der spezifischen Inhalte, zu viele Ähnlichkeiten auf, die bei Markus nicht zu finden und nicht als reine Zufälle zu erklären sind. Diese andere

Quelle wurde Q genannt, was aber nur ihren Gebrauch bezeichnet; mit Bezug auf ihre eigene Identität sprechen wir vom Q-Evangelium. Nur hier begegnen die Anschuldigungen gegenüber Johannes und Jesus, die in Matthäus 11:16-19 = Lukas 7:31-35 aufbewahrt sind.

Den Kontext bildet eine von Jesus gegenüber seinen Gegnern vorgenommene Gegenanschuldigung, in der er sie mit Kindern vergleicht, die auf dem Marktplatz sitzen und einander zurufen, dass sie weder in die vorgetragenen Hochzeitslieder noch in die Klagelieder einstimmen. In dieser Entgegnung Jesu kommen die Anschuldigungen seiner Gegner indirekt zu Wort. Erstens: »Johannes der Täufer ist gekommen, er isst kein Brot und trinkt keinen Wein, und ihr sagt: Er ist von einem Dämon besessen.« Zweitens: »Der Menschensohn ist gekommen, er isst und trinkt; darauf sagt ihr: Dieser Fresser und Säufer, dieser Freund der Zöllner und Sünder!« Bei jeder dieser Anschuldigungen muss zwischen der *Beschreibung*, und der *Anschuldigung* unterschieden werden, um so die aktuelle Basis, die die Attacke begründet und ihr die Glaubwürdigkeit gibt, welche sie auch immer zumal unter Gegnern haben mag, in den Blick nehmen zu können.

Dass Johannes als Fastender beschrieben wird, ist leicht verstehbar und relativ glaubwürdig. Das, was wir über ihn wissen, stammt aus zwei Hauptquellen, die darin übereinstimmen, dass er den Beinamen »der Täufer« hat und von Herodes Antipas hingerichtet wurde. In viel mehr Punkten stimmen sie allerdings nicht überein.

In seinem Werk *Jüdische Altertümer* (18.116-119) sagt Josephus, als er die Rede auf Johannes bringt, nichts über die Bedeutung der Wüste, des Jordan und der Vergebung der Sünden. Die Taufe des Johannes war, so sagt er, eine Reinigung des Leibes von zweitrangiger Bedeutung, nachdem und nur nachdem die Reinigung der Seele bereits erfolgt war. Sie war »eine Heiligung des Leibes, die Seele nämlich sei schon vorher durch ein gerechtes Leben gereinigt«. Sich richtig zu verhalten bedeutete, »Gerechtigkeit gegeneinander und Frömmigkeit gegen Gott zu üben«. Diesem völlig friedlichen Programm fügt Josephus ohne weitere Erklärung die Bemerkung an, dass Antipas Johannes in einem Präventivschlag enthaupten ließ – »bevor seine Tätigkeit zu einem Aufstand führte«. Aber weshalb sollte Antipas allein aus der Tatsache, dass Fromme sich an einem Ort versammeln, auf eine solche Möglichkeit schließen? Die knappe Darstellung der Lebens- und Todesumstände ist lückenhaft. Irgendetwas wurde weggelassen. Wurde irgendetwas bewusst weggelassen? Was ist es?

Das Werk des Josephus gibt nur sehr wenig Aufschluss über den Messianismus und die Apokalyptik des ersten Jahrhunderts. Josephus präsentiert eine völlig tendenziöse Interpretation der mit diesen Lehren verbundenen Konzepte und Erwartungen. Neben den drei älteren und eher gemäßigten jüdischen philosophischen Schulen, die durch die Essener, Pharisäer und Sadduzäer repräsentiert wurden, gab es, wie er sagt, eine neu aufgekommene Schule, die er nur als die »vierte Philosophenschule« bezeichnet. Ihre Devise lautete: »Kein Herr außer Gott«, sie weigerte sich, sich Rom zu unterwerfen, führte das Volk schließlich in den desaströsen Krieg von 66–74 n. Chr. und war zutiefst im Messianismus und/oder der Apokalyptik verwurzelt. Dazu äußert sich Josephus jedoch nicht näher; er behauptet, diese messianische Prophezeiungen und apokalyptischen Erwartungen stünden nicht in einer Beziehung zu einer jüdischen Gestalt, sondern zum Beginn der Dynastie des Flavius Vespasian, der neuen römischen Herrschaftsfamilie. »Was sie mehr als alles andere zum Krieg aufstachelte [selbst als der Tempel von Jerusalem im Jahr 70 n. Chr. brannte] war ein mehrdeutiges Orakel..., das in ihren heiligen Schriften nachzulesen war, nach dem zu jener Zeit einer aus ihrem Land die Weltherrschaft erlangen würde. Dies bezogen sie auf einen ihres Stammes. Auch viele ihrer Weisen irrten sich in der Auslegung des Orakels. In Wirklichkeit wies es auf die Herrscherwürde des Vespasian hin, der auf jüdischem Boden zum Kaiser ausgerufen wurde« (*Der Jüdische Krieg* 6.312-313).

Andere Juden hatten zuvor den erhofften davidischen Messias in heidnischen Herrschern, einem persischen König im sechsten Jahrhundert oder einem ägyptischen Pharao im zweiten Jahrhundert v. Chr. gesehen, ihn in einem römischen Kaiser zu finden, dessen Sohn Titus gerade den Tempel von Jerusalem hatte niederbrennen lassen, war viel mehr als nur bemerkenswert. Jedenfalls, und im Gegensatz zu dieser Theologie des Josephus, wird Johannes der Täufer von jeder messianischen und apokalyptischen Assoziation freigehalten. Aber genau diese Assoziation wird in der anderen Quelle, mit der wir uns beschäftigen, hergestellt.

In den Evangelien wird anders als in den *Jüdischen Altertümern* des Josephus davon gesprochen, dass Johannes in der Wüste am

Jordan lebte und zur Vergebung der Sünden taufte. Seine Taufe ist nicht vergleichbar mit den üblichen jüdischen Reinigungsritualen, auf die im folgenden Kapitel eingegangen wird. Diese Reinigungsrituale wurden nie von einer anderen und vor allem nicht von einer bestimmten Person vorgenommen. Darüber hinaus verkündet Johannes eine apokalyptische Botschaft. Diese betrifft die unmittelbar bevorstehende Ankunft des rächenden Gottes, dessen Wegbereiter Johannes ist. Das Q-Evangelium lässt Johannes in Matthäus 3:7-10 = Lukas 3:7-9 verkünden: »Ihr Schlangenbrut, wer hat euch denn gelehrt, dass ihr dem kommenden Gericht entkommen könnt? ... Schon ist die Axt an die Wurzel der Bäume gelegt; jeder Baum, der keine gute Frucht hervorbringt, wird umgehauen und ins Feuer geworfen.«

Wie kann man sich auf die Rache Gottes vorbereiten, und wie vor allem kann man ihr entgehen? Ihr müsst, sagte Johannes, das vorgereinigte Volk des reinigenden Gottes werden. Wie? Durch Erneuerung des Exodus, durch das Überschreiten des Jordan, durch den Weg aus der Wüste ins Gelobte Land. Vor allem müsst ihr eure Sünden im reinigenden Wasser des Flusses hinter euch lassen. Auf diese Weise würde eine kritische Masse von Gottesfürchtigen gebildet und wenn der rächende Gott käme, würden die Übeltäter vernichtet, aber dieses heilige Volk würde errettet. Möglicherweise käme er erst dann, wenn diese kritische Masse Gestalt angenommen hätte, zur erwarteten apokalyptischen Rache und Befreiung.

Was Johannes tat, war nichts anderes als die Erneuerung des Exodus in der Weise, dass er Bußfertige aus der Wüste durch den Jordan ins Gelobte Land führte, um es erneut in Heiligkeit in Besitz zu nehmen. Dies ist sowohl eine Vorbereitung auf die lang erwartete und nun unmittelbar bevorstehende Erfüllung der Apokalypse als auch deren Vorwegnahme. Es ist eine Handlung, mit der das in Gang gesetzt wird, was sie symbolisiert. Johannes ist dem späteren Propheten, dem »Ägypter«, der eine unbewaffnete Schar aus der Wüste über den Jordan vor die Mauern Jerusalems führte, auf dass sie wie diejenigen von Jericho bei ihrer Ankunft einstürzen sollten, ähnlich, und gleichzeitig unterscheidet er sich von ihm. Aber so wie Josephus Johannes für die römische Leser aufbereitete, so taten es auch die Evangelisten für ihre christlichen Leser. Johannes wird wiederum zu einer religiös-spirituellen – nicht zu einer religiös-politischen – Gestalt. Wüste und Jordan werden zu zufälligen, neutralen Schauplätzen. Johannes bereitet nicht die Ankunft (= Advent) Gottes, sondern das Auftreten Jesu vor.

Sieht und versteht man beide Quellen auf dem Hintergrund ihres Vorverständnisses zusammen, erscheint Johannes deutlich als Prophet der bevorstehenden apokalyptischen Vollendung, der sich auf der gefährlichen Grenze zwischen passiver und aktiver Erwartung bewegte. In Markus 1:6 wird erwähnt, wie er gekleidet ist und wie er sich ernährt: »Johannes trug ein Gewand aus Kamelhaaren und einen ledernen Gürtel um seine Hüften, er lebte von Heuschrecken und wildem Honig.« Ähnlich beschreibt Josephus die Lebensweise seines eigenen Mentors Banus, der »in der Wildnis lebte, dessen Kleidung aus Baumrinde bestand und der nur wildwachsende Kräuter aß« (*Das Leben des Josephus* 11).

Das kann als Entscheidung für ein asketisches Leben und/oder als Zivilisationskritik und/oder als strenge Orientierung an Reinheitsvorstellungen interpretiert werden. In jedem Fall erklärt es, weshalb Johannes »kein Brot isst und keinen Wein trinkt«. Ort und Handlung, Kleidung und Ernährung bilden eine zusammenhängende Einheit. Es stellt sich jedoch die Frage, wie dies in Beziehung zu der Beschreibung zu setzen ist, die von Jesus gegeben wird. Dass jemand nicht aß und trank, forderte zu Kommentaren und Kritik heraus. Es wird verständlich, wie Gegner von einer zutreffenden Beschreibung zu einer persönlichen Anklage gelangen konnten. Johannes war offensichtlich ein asketischer Prophet der bevorstehenden Apokalypse. Beschimpfungen sind besonders wirkungsvoll, wenn sie einen wahren Kern enthalten. Wie aber wird Jesus von seinen Gegnern behandelt?

Kritik an der Einstellung Jesu zum Essen

Die beiden oben zitierten, im Q-Evangelium enthaltenen Anschuldigungen gegen Johannes und Jesus beziehen sich beide auf die Ernährung (zu wenig, zu viel). Jesus wird wegen seiner Essgewohnheiten und seines sozialen Umgangs kritisiert. Johannes dagegen, so heißt es, sei besessen. Die meisten Exegeten nehmen diesen Kommentar nicht ernst. Sie setzen sich in der Regel nicht mit der Frage auseinander, ob Johannes von einem Dämon besessen war oder nicht. Sie interpretieren es als Schmähung, Schelte oder Rufmord. Bei Jesus verhält es sich jedoch etwas anders. Die erste gegen ihn gerichtete Anschuldigung, dass er ein Fresser und Säufer sei, wird wiederum als Gehässigkeit eingeschätzt, die zweite Anschuldigung, dass er ein »Freund von Zöllnern und Sündern« sei, dagegen nicht. Mit ihr wollen wir uns im Folgenden näher beschäftigen.

Was bedeutete im ersten Jahrhundert der Begriff »Sünder«? Er bezog sich weder auf all jene, die nicht die strengen Reinheitsvorschriften einhielten, die andere Mitmenschen befolgten, noch auf die »so genannten Sünder«, also jene, die arm waren oder ein Leid zu ertragen hatten und deshalb gesündigt haben mussten, weshalb sie mit einer Krankheit oder mit Armut bestraft worden waren. Er bezog sich sicherlich auch nicht auf die reuigen »Sünder«, sondern auf jene, die vorsätzlich, ständig und uneinsichtig Schlechtes taten. Der Begriff »Zöllner« bezeichnet jene, die mit lokalen oder imperialen Unterdrückern zusammenarbeiteten und/oder übermäßig gewalttätig oder korrupt waren. Die Wendung »Zöllner und Sünder« bezeichnet die moralisch und berufsbedingt Bösen, die unwiderruflich Bösen.

Matthäus formuliert, als er zum Ausdruck bringen will, dass man einem Gemeindemitglied unter allen Umständen aus dem Weg gehen muss: »dann sei er für dich wie ein Heide oder ein Zöllner« (18:17). Dieser Satz bezieht sich auf Menschen, die man strikt meiden muss, die man nicht besuchen darf, mit denen man nicht befreundet sein darf und die man nicht zur Umkehr bewegen kann. Ein anderer Vers lautet dagegen: »Denn Johannes ist gekommen, um euch den Weg der Gerechtigkeit zu zeigen, und ihr habt ihm nicht geglaubt; aber die Zöllner und die Dirnen haben ihm geglaubt. Ihr habt es gesehen, und doch habt ihr nicht bereut und ihm nicht geglaubt« (21:32). Hier ist die Rede von einer weiteren Kombination sprichwörtlicher Übeltäter beiderlei Geschlechts, aber dieses Mal handelt es sich um erfolgreich zur Umkehr bewegte, nicht um unrettbar verlorene Menschen. Solche Formulierungen eignen sich besonders gut für gehässige Bemerkungen. Wer Jesus als einen »Freund von Zöllnern und Sündern« bezeichnete, drückte seine verunglimpfende Ablehnung aus.

Die Anschuldigung, die darauf abhebt, Jesus mit »Zöllnern und Sündern« in Verbindung zu bringen, ist im Q-Evangelium also nicht wörtlich zu verstehen. In anderen Texten ist sie wörtlich zu verstehen, aber Jesus wird dann gegen den Vorwurf unmoralisches Verhaltens dahingehend verteidigt, dass er den Kontakt nur gesucht hat, um die Menschen zur Umkehr zu bewegen. In diesen Fällen wird Jesus insbesondere gegenüber den Pharisäern oder anderen, die sein Verhalten kritisieren, in Schutz genommen. Ein Beispiel hierfür findet sich in Markus 2:13-17, wo Jesus mit Levi und anderen »Zöllnern und Sündern« gemeinsam isst. Aber das wird damit erklärt, dass Jesus deshalb gekommen ist, »um die Sünder zu rufen, nicht die Gerechten«, und in Lukas 5:32 wird, um jedem Missverständnis vorzubeugen, »zur Umkehr« hinzugefügt. Jesus kehrt nicht nur bei Levi in Kafarnaum, sondern auch bei Zachäus in Jericho ein, dem »obersten Zollpächter«, der »sehr reich« (19:2) war. Jesus »ist bei einem Sünder eingekehrt«, daraufhin jedoch gibt Zachäus die Hälfte seines Vermögens den Armen und gibt denen, von denen er zu viel gefordert hat, das Vierfache zurück. »Heute ist diesem Haus das Heil geschenkt worden, weil auch dieser Mann ein Sohn Abrahams ist. Denn der Menschensohn ist gekommen, um zu suchen und zu retten, was verloren ist« (19:9-10). Wenn aber solche Kontakte dazu führten, dass Menschen gerettet und zur Umkehr bewegt wurden, sollten sie auf Zustimmung, nicht auf Kritik stoßen. Welcher einzelne Jude, welche jüdische Gruppe oder Sekte hätten Jesus dafür kritisieren sollen, dass er Sünder zu Heiligen, Laster zu Tugenden oder Heiden zu Juden machte?

Genau hierin besteht das Problem. Unterstellt man, dass Jesus nicht mit unwiderruflich bösen Menschen zusammen gegessen hat und er ebenso wenig ein Säufer war wie Johannes ein Besessener, ist zu klären, was konkret die gegen ihn erhobenen Anschuldigungen hervorrief. Was genau ist gemeint, wenn beschrieben wird, wie er isst und trinkt? Inwiefern ist die Beschreibung, unabhängig von irgendwelchen mit ihr verbundenen Anschuldigungen, bedeutungsvoll? Jesus isst und trinkt. Ja, und? Selbst wenn man diese Anschuldigung für im wörtlichen Sinn zutreffend hält, stellt sich doch die Frage, wie übermäßiges Essen und Trinken den Tod an einem römischen Kreuz zur Folge haben konnten.

Die Weigerung des Paulus, das Gebot Jesu zu befolgen

Stützte man sich allein auf den Vergleich zwischen Johannes und Jesus, der in den beiden im Q-Evangelium enthaltenen Anschuldigungen gezogen wird, könnte man vermuten, dass Jesus einfach nur deshalb kritisiert wird, weil er sich von Johannes unterscheidet. Ihm wird vorgeworfen, im Gegensatz zu Johannes dem Täufer kein Asket zu sein. In Markus 2:19-20 z. B. werden, nachdem Jesus dafür in Schutz genommen wurde, dass er mit Zöllnern und Sündern gegessen hat, um sie zur Umkehr zu bewegen, die Jünger dafür kritisiert, dass sie nicht wie die Jünger von Johannes und die Pharisäer fasteten. Zielt die Anschuldigung nur darauf, dass Jesus kein fastender Asket ist, sondern wie seine Jünger normal isst? Da das Markusevangelium und das Q-Evangelium zur ersten Ebene der dritten Schicht gehören, stellt sich die Frage, ob in früheren etwas über Jesus und sein Essverhalten zu finden ist, und ob auf Grund ihrer Analyse verständlich wird, weshalb Jesus als Fresser und Säufer beschrieben wird. Wir wenden uns im Folgenden erneut der komplizierten exegetischen Schichtung zu.

Das in den Paulusbriefen verwendete Material stammt aus Schichten, die in der Tradition Jesu am sichersten datiert werden können. Im Winter 53/54 n. Chr. z. B. schrieb Paulus an die Gemeinde von Korinth und rechtfertigte sich gegenüber denen, »die abfällig über ihn urteilten«. Ihnen erwiderte er: »Haben wir nicht das Recht zu essen und zu trinken?« (1 Kor 9:4) Die Anschuldigung lautet nicht, dass Paulus ungebührlichen Gebrauch von ihrer Gastfreundschaft macht, sondern im Gegenteil, dass er von ihr nicht in der normalerweise zu erwartenden Art Gebrauch macht. Er sagt: »So hat auch der Herr denen, die das Evangelium verkündigen, geboten, vom Evangelium zu leben.« Gleichzeitig räumt er jedoch ein: »Aber ich habe all das nicht in Anspruch genommen« (9:14-15).

Es ist nicht unmittelbar einleuchtend, weshalb sich Paulus in Korinth weigert etwas zu befolgen, von dem er selbst sagt, dass es ein Gebot Jesu sei, dem andere gehorchen. Er ist nicht prinzipiell dagegen, finanzielle Unterstützung von seinen Gemeinden anzunehmen. »Ihr wisst selbst, ihr Philipper, dass ich beim Beginn der Verkündigung des Evangeliums, als ich aus Mazedonien aufbrach, mit keiner Gemeinde durch Geben und Nehmen verbunden war außer mit euch und dass ihr mir in Thessalonich und auch sonst das eine oder andere Mal etwas geschickt habt, um mir zu helfen« (Phil 4:15-16). Er bezieht sich in der Tat, als er an die Korinther schrieb, genau auf dieses Beispiel: »Andere Gemeinden habe ich ausgeplündert und Geld von ihnen genommen, um euch dienen zu können, aber als ich zu euch kam und in Schwierigkeiten geriet, bin ich niemand zur Last gefallen; was ich zu wenig hatte, ergänzten die Brüder, die aus Mazedonien kamen« (2 Kor 11:8-9). Später sagt er den Römern, dass er hoffe, sie auf seinem Weg nach Spanien zu sehen und dann von ihnen für die Weiterreise ausgerüstet zu werden (Röm 15: 24).

Vielleicht war eine finanzielle Unterstützung akzeptabel, weil sie *von* einer Gemeinde kam und *an* eine andere ging. Vielleicht war es, was wahrscheinlicher ist, speziell in Korinth problematisch, finanzielle Hilfe anzunehmen. An Stelle der von Paulus zitierten radikal egalitären Vorstellungen, nach denen es nicht mehr Juden und Griechen, nicht Sklaven und Freie, nicht Mann und Frau (Gal 3:28) gab, gab es wohlhabende Mitglieder der Gemeinde von Korinth, vermutlich ehemalige Sklaven, die sich an den Rangordnungen der griechisch-römischen Tradition orientierten. Die Gleichheit der Christen verursachte Probleme bei der Feier des Herrenmahles (1 Kor 11) und zwang Paulus wahrscheinlich dazu, eine von Gleichheits- zu Gunsten einer von Hierarchievorstellungen geprägten Form der Gastfreundschaft aufzugeben.

Jedenfalls lehnt Paulus es ab, sich von den Korinthern finanziell unterstützen oder bewirten zu lassen, aber er räumt ein, dass sie ihn zu Recht dafür kritisieren, dass er nicht dem allgemeinen Brauch, der sich aus dem Gebot Jesu ableitete, entsprach. Dieses Eingeständnis entspringt nicht einer persönlichen Einsicht, sondern der gemeinsamen Tradition. In anderen Worten: die paulinische Tradition gehört zur zweiten Schicht der Tradition, während das Gebot Jesu zur ersten Schicht gehört, also dem historischen Jesus selbst zuzuordnen ist. Aber was genau bedeutet das? Jesus hat gastfreundliches Verhalten gefordert. Wer tat das nicht? Jesus hat gefordert, gebührenden Lohn zu zahlen. Wer tat das nicht? Jesus selbst hat gegessen und getrunken. Weshalb wird in der gesamten Jesustradition so viel Aufhebens um das Essen gemacht?

Ein Programm wechselseitigen Teilens

Im Folgenden wird unter Berufung auf zwei zentrale Forschungserkenntnissen vorausgesetzt, dass es das Q-Evangelium gibt und das *Thomasevangelium* unabhängig von Q entstanden ist. Unter dieser Prämisse verweisen siebenunddreißig ähnliche Einheiten, die in den beiden Evangelien recht unterschiedlich verstreut begegnen, auf einen mündlichen Traditionsschatz, auf den beide unabhängig voneinander zurückgreifen. Diese Forschungserkenntnisse waren in der Einleitung unseres Buches zu den wichtigsten exegetischen »Entdeckungen« gezählt worden. Bei der Beschäftigung mit dieser spezifischen mündlichen Tradition, der Allgemeinen Spruchtradition, gilt die Aufmerksamkeit insbesondere der Ermahnung, die *Sendung* zu erfüllen und die *Botschaft* zu verkünden. Die Versionen im *Thomas-*, im Markus- und im *Q-Evangelium* unterscheiden sich wie folgt:

Im *Thomasevangelium* 14 spricht Jesus das Gebot aus: »Wenn ihr in ein Land geht und von Ort zu Ort wandert, dann esst, wenn die Menschen euch in ihr Haus aufnehmen, was sie euch anbieten. Heilt die Kranken.« Beachtenswert ist, dass eher von einer ländlichen als einer städtischen Situation, der impliziten Möglichkeit der Nichtannahme und einer Wechselbeziehung von Essen und Heilen ausgegangen wird.

Die Verhältnisse im *Q-Evangelium* sind komplizierter, weil Matthäus und Lukas beide die Version im *Q-Evangelium* und die in Markus 6:7-13 gelesen haben. In der Forschung herrscht die Auffassung vor, dass Matthäus 10:7-15 die beiden Quellen integrierte, während Lukas sie getrennt verarbeitete, wobei Lukas 9:1-6 auf Markus und Lukas 10:4-12 auf das *Q-Evangelium* zurückgehen:

Markus 6:7-13: »*Jesus zog durch die benachbarten Dörfer und lehrte. Er rief die Zwölf zu sich und sandte sie aus, jeweils zwei zusammen. Er gab ihnen die Vollmacht, die unreinen Geister auszutreiben, und er gebot ihnen, außer einem Wanderstab nichts auf dem Weg mitzunehmen, kein Brot, keine Vorratstasche, kein Geld im Gürtel, kein zweites Hemd und an den Füßen nur Sandalen. Und er sagte zu ihnen: Bleibt in dem Haus, in dem ihr einkehrt, bis ihr den Ort wieder verlasst. Wenn man euch aber in einem Ort nicht aufnimmt und euch nicht hören will, dann geht weiter und schüttelt den Staub von euren Füßen. Die Zwölf machten sich auf den Weg und riefen die Menschen zur Umkehr auf. Sie trieben viele Dämonen aus und salbten viele Kranken mit Öl und heilten sie.*«

Lukas 10:4-12: »*Nehmt keinen Geldbeutel mit, keine Vorratstasche und keine Schuhe! Grüßt niemand unterwegs! Wenn ihr*

in ein Haus kommt, so sagt als Erstes: Friede diesem Haus! Und
wenn dort ein Mann des Friedens wohnt, wird der Friede, den
ihr ihm wünscht, auf ihm ruhen; andernfalls wird er zu euch
zurückkehren. Bleibt in diesem Haus, esst und trinkt, was man
euch anbietet; denn wer arbeitet, hat ein Recht auf seinen Lohn.
Zieht nicht von einem Haus in ein anderes! Wenn ihr in eine Stadt
kommt und man euch aufnimmt, so esst, was man euch vorsetzt.
Heilt die Kranken, die dort sind, und sagt den Leuten: Das Reich
Gottes ist euch nahe. Wenn ihr aber in eine Stadt kommt, in der
man euch nicht aufnimmt, dann stellt euch auf die Straße und
ruft: Selbst den Staub eurer Stadt, der an unseren Füßen klebt,
lassen wir euch zurück; doch das sollt ihr wissen: Das Reich
Gottes ist nahe. Ich sage euch: Sodom wird es an jenem Tag nicht
so schlimm ergehen wie dieser Stadt.«

Unsere Aufmerksamkeit gilt dieser Einheit aus der Allgemeinen
Spruchtradition nicht nur, weil diese Texte sich beide mit dem
Thema Essen beschäftigen, sondern auch aus vier weiteren Gründen. Erstens, da diese Einheit von Jesus stammt, Essen und Trinken,
Gastfreundschaft und gegenseitiges Nehmen und Geben betrifft,
steht sie in direkter Beziehung zu dem Gebot des Herrn, das zu
befolgen Paulus in 1 Korinther 9 ablehnt. Können wir hier möglicherweise Inhalt und Zweck des Gebots erkennen?

Zweitens erscheint in Markus eine parallele Einheit, und diese
Kombination von Paulus, der Allgemeinen Spruchtradition und
Markus lässt unabhängige Bezeugung annehmen und verdient
besondere Aufmerksamkeit. Drittens haben Forscher darüber diskutiert, ob die Worte oder die Taten, die Aussprüche oder die Handlungen Jesu bevorzugt oder sogar ausschließlich analysiert werden
sollten. Diese Texteinheit hebt insofern solche Dichotomien auf, als
sie Worte über Taten, Aussprüche über Handlungen enthält, also
stärker die Wechselbeziehungen zwischen den einzelnen Elementen betont.

Viertens zeigt die Einheit einen Unterschied zwischen dem Programm der Reich-Gottes-Bewegung Jesu und der Täuferbewegung
des Johannes an, der für die divergierende Entwicklung dieser Bewegung von entscheidender Bedeutung war. Johannes wird sowohl
von Josephus als auch im Neuen Testament der Beiname »der Täufer« gegeben. Die Menschen tauften sich nicht selbst, und sie wur-

den nicht von anderen, sondern von Johannes persönlich getauft. So erklärt sich sein Beiname. Unabhängig davon, was diese Taufe konkret bedeutete, kam der Person des Johannes offenbar eine solch hervorragende Bedeutung zu, dass seine Hinrichtung den langsamen, aber unvermeidbaren Niedergang seiner Bewegung nach sich zog. Ohne Johannes den Täufer konnte es eine Täuferbewegung wohl nicht geben.

In der nun zu analysierenden Einheit fordert Jesus seine Anhänger auf, hinauszuziehen und genau das zu tun, was er selbst tut. Sie werden nicht aufgefordert, es in seinem Namen zu tun. In eine moderne Terminologie übersetzt, bedeutet das: Johannes schuf ein »Täufermonopol«, Jesus dagegen ein »Reich-Gottes-Franchising«, was die Fortführung seiner Bewegung nach seiner eigenen Hinrichtung zwar nicht zwangsläufig machte, jedoch gewährleistete, dass seine eigene Hinrichtung nicht das unvermeidliche Ende seiner Bewegung war.

Heilen und Essen. Im Folgenden sollen die Anweisungen Jesu zur Aussendung seiner Jünger am Beispiel verschiedener Begriffspaare näher kommentiert werden. Dabei gilt die Aufmerksamkeit insbesondere dem Begriffspaar Heilen und Essen. In beiden Versionen der Allgemeinen Spruchtradition werden Heilen und Essen explizit aufeinander bezogen, im Markusevangelium ist die wechselseitige Beziehung zwischen beiden dagegen nur implizit, da das Essen nur indirekt (wenn man euch in einem Ort aufnimmt) zur Sprache kommt und das Heilen eher beschrieben als angeordnet wird. Vorausgesetzt wird dabei eine wechselseitige Beziehung zwischen zwei sozialen Schichten, nämlich denjenigen, die auf Wanderschaft sind, und den Hausbesitzern, den Mittellosen und den Armen. Jeder kann dem anderen jedoch etwas anbieten: der eine verfügt über spirituelle Gaben (Heilen), der andere über materielle Möglichkeiten (Ernähren). Dieses Nebeneinander beinhaltet eine enge Neuverbindung und freie Neuverteilung spiritueller und materieller Güter an der Basis einer bäuerlichen Gesellschaft.

Kleidung und wechselseitige Abhängigkeit. Die Verbindung von Kleidung und wechselseitiger Abhängigkeit begegnet in der Allgemeinen Spruchtradition nicht, sondern nur im *Q-Evangelium* und im Markusevangelium. Aber einerseits ist diese Verbindung eng mit den vorausgehenden Elementen verknüpft, andererseits schwächt Markus die im *Q-Evangelium* enthaltenen Ermahnungen ab. So wird aus »nehmt keine Schuhe mit« des *Q-Evangeliums* in Matthäus 10:10 = Lukas 10:4 »an den Füßen nur Sandalen« in Markus 6:9. Die Jünger sollen nicht nur ohne schützende Fußbekleidung, sondern auch ohne Vorratstasche reisen. Das ist fast ein Widerspruch in sich selbst, denn wenn sie Bettler sind, worin sollen sie ihre Almosen aufbewahren? Genau dieser Umstand verweist auf eine wechselseitige Abhängigkeit zwischen denen, die auf Wanderschaft sind, und den Hausbesitzern. Die, die auf Wanderschaft sind, sind darauf angewiesen, dass ihnen die Hausbesitzer Nahrung und Unterkunft zur Verfügung stellen und nicht nur milde Gaben reichen.

Werden die Gefährten Jesu zu privaten Innenhofhäusern wie denen in Nazaret oder Kafarnaum oder zu öffentlichen Plätzen in größeren oder kleineren Städten wie Sepphoris oder Tiberias ausgesandt? Das *Thomasevangelium* thematisiert eher das »Land«, nicht die größere oder kleinere Stadt und enthält nur indirekte Hinweise auf die Möglichkeit, dass die Jünger vielleicht auch zurückgewiesen werden könnten (»wenn die Menschen euch in ihr Haus aufnehmen«). Im Markusevangelium ist nur die Rede von dem »Haus«, gleichzeitig wird explizit gesagt, dass die Jünger aufgenommen (6:10) oder aber zurückgewiesen (6:11) werden könnten. Im Lukasevangelium wird zunächst die Möglichkeit angesprochen, dass die Jünger in einem Haus aufgenommen (10:5-6a,7) oder zurückgewiesen (10:6b) werden könnten, und dann, dass sie in einer größeren oder kleineren Stadt aufgenommen (10:8-9) oder zurückgewiesen (10:10-11) werden könnten. Matthäus (10:14) erkennt das Problem, dass diese beiden Möglichkeiten einander unvermittelt gegenüberstehen und spricht deshalb von »Stadt oder Dorf« (10:11) und »Haus oder Stadt« (10:14). In der ursprünglichen Schicht dieser Texteinheit lag also wahrscheinlich der Schwerpunkt auf Häusern, erst spätere Entwicklungen haben zu einer Ausweitung auf größere und kleinere Städte geführt. Hier ist an die im *Q-Evangelium* (Matthäus 11:20-24 = Lukas 10:13-15) gegen Chorazin und Betsaida, insbesondere aber gegen Kafarnaum ausgestoßenen Flüche zu erinnern. Wahrscheinlich machten die frühesten Gefährten Jesu viel positivere Erfahrungen in privaten Innenhofhäusern kleiner Ortschaften als auf den eher öffentlichen Plätzen größerer Dörfer oder kleinerer Städte.

Aufforderung zu Wanderschaft und Tischgemeinschaft

Oberflächlich betrachtet, ist klar, welche programmatische Aussage mit dieser Aufforderung verbunden wurde. So hat Wanderschaft nichts mit Vagabundentum oder einem Königreich von Bettlern zu tun, sondern mit der Weigerung, sich an einem zentralen Ort niederzulassen und alle zu sich kommen zu lassen, also dem Reich Gottes einen bestimmten geografischen Mittelpunkt zu geben. Tischgemeinschaft bedeutet nicht, aus Nächstenliebe an der Tür Almosen zu reichen, sondern mit anderen die Nahrung zu teilen, die materielle Grundlage des Lebens, das Gott gehört. Wanderschaft und Tischgemeinschaft sind Lebensformen, die sich aus der Sicht der Landbevölkerung wechselseitig bedingten. Als konstitutive Bestandteile des Reiches Gottes, das in Opposition zu dem Königreich von Antipas im engeren und dem Reich Caesars im weiteren Sinne stand, unterstehen sie dem Ziel, von unten eine Gesellschaft wiederherzustellen, die durch die von Herodes dem Großen eingeleitete Romanisierung, Urbanisierung und Kommerzialisierung gespalten worden war. Wanderschaft und Tischgemeinschaft bedürfen als konstitutive Bestandteile des Reiches Gottes einer genaueren Untersuchung.

Wanderschaft. Für Jesus war die Wanderschaft nicht nur eine grundlegende, an die Aussendung seiner Jünger geknüpfte radikale Bedingung, nicht nur die Aufforderung, dass sie ihre Häuser für immer verlassen und auf der Straße leben sollten. Vielmehr standen Heilen und Ernähren, Wanderschaft und Tischgemeinschaft von Anfang in einem dialektischen Verhältnis zueinander, auf das näher einzugehen ist. Zerstörte der historische Jesus, als er seine Gefährten aussandte, um genau das zu tun, was er selbst tat, glückliche Familien, oder rettete er, was noch zu retten war?

Erstens lassen sich Familien am schnellsten dadurch zerstören, dass sich die Ehepartner scheiden lassen oder trennen und ihren Kindern das Elternhaus vorenthalten. Genau das aber untersagte Jesus in seinem Ausspruch über die *Unauflöslichkeit der Ehe* nach Paulus in 1 Kor 7:10-11, dem Q-Evangelium in Lukas 16:18 = Matthäus 5:32 und in Markus 10:11-12 = Matthäus 19:9. Diese Zitate in Paulus, dem Q-Evangelium und Markus stammen höchstwahrscheinlich von dem historischen Jesus in der ersten Schicht der Tradition.

Zweitens verweist auch der Aphorismus über *Frieden oder Schwert*, der in der Allgemeinen Spruchtradition, d. h. im *Thomasevangelium* 16 und im *Q-Evangelium* in Lukas 12:51-53 und Matthäus 10:34-36 zu finden ist, auf den historischen Jesus in dieser ersten Schicht zurück. Aber hier geht es nicht um die Trennung von Ehepartnern, sondern die von Eltern und Kindern, wobei der Schwerpunkt auf ehelichen Kindern liegt. Eine Trennung von Eltern und Kindern wurde vor allem in solchen Fällen notwendig, in denen Großfamilien angesichts der zunehmenden Kommerzialisierung gezwungen waren, außerhalb ihres gemeinsamen Gehöfts zu arbeiten.

Urbanisierung und Kommerzialisierung trugen den Wirtschaftsaufschwung der *Pax Romana* nach Untergaliläa, schwächten gleichzeitig jedoch die alten Strukturen der Absicherung von Familien, die auf dem Land lebten, den Zusammenhalt des Dorfes und wirkten sich auf die Verteilung des Landes auf. Natürlich machte er das gesamte Gebiet nicht ärmer, sondern im Gegenteil reicher (zu wessen Nutzen?), aber er ging mit tief greifenden Veränderungen und Enteignungen einher, da kleinere Gehöfte zu größeren Gutshöfen zusammengeschlossen wurden und Bauern mit einem eigenem Gehöft zu Pächtern oder Tagelöhnern degradiert wurden. So entstand eine typische Situation, die im Gleichnis von den Arbeitern im Weinberg zur Sprache kommt (Matthäus 20:1-15). Hausherren konnten am frühen oder späten Vormittag, aber auch am frühen oder späten Nachmittag auf den Marktplatz gehen und fanden wegen der hohen Arbeitslosenrate immer Arbeitssuchende. Sie konnten sogar wegen ihrer Arbeitslosigkeit als »Faulenzer« beschimpft werden, und bei Sonnenuntergang konnte der Hausherr mit den Löhnen, die er ihnen gab, persönlich zufrieden sein. Das wirft jedoch die Frage auf, wie es um strukturelle Gerechtigkeit in dieser Gesellschaft bestellt war.

Im Namen des Reiches Gottes begaben sich gerade die enteigneten Bauern, also die vor kurzem erst verarmten, nicht die seit langem bedürftigen Menschen, auf Wanderschaft. Ihnen kann Jesus, wie in der Allgemeinen Spruchtradition im *Thomasevangelium* 54 und im Q-Evangelium in Matthäus 5:3 = Lukas 6:20 sagen: »Selig sind die Mittellosen.« Diese Übersetzung ist angemessener als »Selig sind die Armen.« Die *Armen*, das meint die Bauern insgesamt, die den Hof der Familie noch halten können. Die *Mittellosen* sind jene, die ihren Be-

Im ersten Jahrhundert erbautes Binnenhofhaus in Kafarnaum (Rekonstruktion). Das einfache bäuerliche Leben einer galiläischen Familie spielte sich vorwiegend im Innenhof ab, in dem Kinder spielten, Lebensmittelvorräte aufbewahrt wurden und die Familienmitglieder arbeiteten und aßen. Dieser Wiedergabe liegt das so genannte Haus des Apostels Petrus zugrunde. Die meisten Lagerräume (1), die den Innenhof umgaben, waren einstöckig. Diese Zeichnung zeigt allerdings zweistöckige Lagerräume. Die Lagerräume wurden aus einheimischen Basaltsteinen erbaut und mit gepresster Erde und Stroh isoliert (2). Die Mauern bestanden aus aufeinander geschichteten Feldsteinen und kleineren Steinen. Die Dächer (3), die zusätzlichen Raum zum Trocknen von Fischen (4) oder zum Schlafen (5) boten, waren aus Stroh und Lehm gemacht. Ein Dach dieser Art wird vermutlich in Markus 2 vorausgesetzt, wo berichtet wird, dass Freunde des Gelähmten »die Decke durchschlugen« und den Gelähmten durch die Öffnung zu Jesus hinabließen. Die Abbildung zeigt schließlich auch Frauen beim Mahlen des Korns und Brotbacken.

sitz verloren haben oder gezwungen waren, um ihr bloßes Überleben zu sichern, außerhalb ihrer ehemaligen Gehöfte oder als Unfreie auf solchen Gehöften zu arbeiten. Man könnte sagen, dass sich auf Wanderschaft zu begeben bedeutete, aus der Not eine Tugend zu machen, da aber die Not in Gottes Augen ungerecht war, trifft eher die Behauptung zu, dass die Tugend auf der Seite der Enteigneten war.

Ursprünglich also hatte die Wanderschaft Jesu nichts mit Askese und der freiwilligen Aufgabe von Familie, Haus und Besitz zu tun. In einer sehr frühen Phase der Jesustradition begann die freiwillige

Askese an die Stelle unfreiwilliger Enteignung zu rücken. Diese Tendenz zeichnet sich ebenso im *Thomasevangelium* wie im *Q-Evangelium* ab. Viele der berühmten Aussprüche über die Aufgabe von Hab und Gut oder den Hass gegenüber den Eltern wurden schließlich als Aufforderungen interpretiert, ein asketisches Leben zu führen. Jene, die sich an diesen Aussprüchen orientierten, gaben Hab und Gut auf, verließen ihre Familien freiwillig und gerieten in ernsthafte Konflikte mit Hausbesitzern wie jene in der Gemeinde der *Didache*, die mit der Ermahnung antwortete, nicht über sie zu urteilen und sie nicht nachzuahmen (11:11). In den frühesten Schichten zielte die Wanderschaft jedoch nicht auf eine neue, individuelle Form der Askese ab, vielmehr kam in ihr die Sehnsucht nach dem alten Gemeinschaftsrecht zum Ausdruck.

Reinheit. Bevor auf das Thema Tischgemeinschaft eingegangen werden kann, sind einige Hintergrundinformationen zu jüdischen Reinheitskodes notwendig, da die von Juden *innerhalb* des Judentums geführten Debatten und Invektiven über Reinheitsvorschriften zu Debatten und Invektiven wurden, die von Christen *gegen* das Judentum geführt wurden. Polemische Karikaturen von pharisäischen Juden durch christliche Juden, von essenischen Juden durch pharisäische Juden oder von sadduzäischen Juden durch essenische Juden stellen familieninterne, nicht -externe Auseinandersetzungen dar. Aber angesichts weit verbreiteter, seit langem bestehender christlicher Fehldeutungen, die häufig mit unberechtigter Kritik an der buchstabengetreuen Gesetzesauslegung der Pharisäer einhergingen, müssen die jüdische Reinheitsvorschriften, die in der Zeit des Zweiten Tempels galten, historisch erhellt werden.

Erstens ist nach jüdischen Vorstellungen die Gegenüberstellung rein vs. unrein nicht mit den Entgegensetzungen Tugend vs. Laster oder gut vs. böse gleichzusetzen. Vielmehr verweist Reinheit symbolisch auf den Tempel (in Jerusalem), die Gegenwart Gottes und in einem weiteren Sinne auf das leibliche Leben und den Tod des Leibes. Die meisten Dinge, die einen Menschen auf Grund von Berührungen unrein machen, stehen in Beziehung zum Tod: Leichen von Menschen, Kadaver von Tieren, sogar tote Reptilien oder Insekten, Sperma, weil es den Verlust einer Leben spendenden Kraft impliziert, und Blut, das sowohl mit der Verringerung der Lebenskraft als auch mit dem Tod assoziiert wird. Die Bestattung der Toten stellt eine Verpflichtung dar, die aus den heiligen Schriften hervorgeht, die Fortpflanzung eine, die in der Genesis formuliert wird, und die Menstruation ist ein natürlicher, unvermeidlicher Vorgang. Jeweils handelt es sich nicht um eine Sünde oder um einen moralischen Defekt, vielmehr muss man sich, nachdem man mit dem menschlichen Bereich des Todes in Berührung gekommen ist, einfach waschen und muss warten, bevor man sich dem göttlichen Bereich des Lebens wieder nähern kann. Das ist eine konkrete, leibbezogene Form der Erkenntnis, dass Gott der Urheber des Lebens, heilig und weltüberlegen ist. Nur bei moralischen Verfehlungen waren neben der Reinigung und dem Warten zusätzliche Opfer notwendig, aber Reinheit selbst ist jedoch als symbolische Form aufzufassen, durch die Israel an seinen Auftrag erinnert wird: »Wähle also das Leben [...] das du in dem Land verbringen darfst, von dem du weißt: Der Herr hat deinen Vätern Abraham, Isaak und Jakob geschworen, es ihnen zu geben« (Deuteronomium 30:19-20). Die Waschungen erfolgten nicht in abgestandenem Wasser, sondern in »lebendigem Wasser«, in einer Quelle, einem Fluss oder einem See. Für die *Mikwe* (Ritualbad) wurde ersatzweise Regenwasser verwendet, wenn es in Städten oder Häusern keine geeignete Quelle in der Nähe gab. Die Waschung und das Warten wurden in keinem jüdischen Text als magische Handlungen dargestellt; es wurden keine Zauberformeln oder Gebete rezitiert, die Waschung hatte nicht in dem Sinne eine therapeutische Bedeutung, dass sie einen Menschen heilte. Sie war eher ein Glaubensbekenntnis, eine Handlung, mit der man seinen Respekt vor Gott zum Ausdruck brachte, eine kontinuierlich wiederkehrende, leibbezogene Erinnerung daran, dass das Leben Gott gehörte.

Zweitens ging es in der Thora, dem Bundesgesetz, um die Frage, wie man ein heiliges Volk eines heiligen Gottes in einem heiligen Land sein konnte. Heiligkeit implizierte sowohl Gerechtigkeit als auch Reinheit, nicht nur Gerechtigkeit, nicht nur Reinheit, sondern beides, und zwar in der genannten Reihenfolge. In der Regel war es einfach, zwischen Gerechtigkeit und Reinheit zu unterscheiden. Häufig konnten Gerechtigkeit und Reinheit getrennt voneinander betrachtet werden, manchmal jedoch nicht.

Ging es z. B. am Sabbat um Gerechtigkeit, um ein Reinheitsritual oder um beides? Folgende Abschnitte aus dem Alten Testament sollen der Klärung dieser Frage dienen:

Exodus 23:12: »*Sechs Tage kannst du deine Arbeit verrichten, am siebten Tag aber sollst du ruhen, damit dein Rind und dein Esel ausruhen und der Sohn deiner Sklavin und der Fremde zu Atem kommen.*«

Deuteronomium 5:12-15: »*Achte auf den Sabbat: halte ihn heilig, wie es dir der Herr, dein Gott, zur Pflicht gemacht hat. Sechs Tage darfst du schaffen und jede Arbeit tun. Der siebte Tag ist ein Ruhetag, dem Herrn, deinem Gott, geweiht. An ihm darfst du keine Arbeit tun: du, dein Sohn und deine Tochter, dein Sklave und deine Sklavin, dein Rind und dein Esel und dein ganzes Vieh und der Fremde, der in deinen Stadtbereichen Wohnrecht hat. Denk daran: Als du in Ägypten Sklave warst, hat dich der Herr, dein Gott, mit starker Hand und hoch erhobenem Arm dort herausgeführt. Darum hat es dir der Herr, dein Gott, zur Pflicht gemacht, den Sabbat zu halten.*«

Es ist nahezu unmöglich, in diesen beiden Texten Verteilungsgerechtigkeit von der Einhaltung eines Rituals zu unterscheiden, geschweige denn sie getrennt voneinander zu betrachten. Der Ruhetag ist nicht nur der Gottesverehrung vorbehalten, er ist eine Form der Gottesverehrung. Tiere und Menschen, Sklaven und Freie, Eltern und Kinder müssen alle gleichermaßen einen Ruhetag bekommen. Unabhängig davon, wie unterschiedlich alles andere gehandhabt wird, gilt der Ruhetag für alle gleichermaßen. Es gibt also ein Ritual, das Ausdruck göttlicher Gerechtigkeit ist.

Drittens haben Gesetze über Gerechtigkeit und Reinheitskodes eines gemeinsam: beide rücken den Leib in den Mittelpunkt des Interesses. Bei der Gerechtigkeit geht es nicht um mentale Vorstellungen oder spirituelle Absichten, sondern um die Frage, wie jeder einen fairen und gleichen Zugang zur materiellen Lebensgrundlage erhält, einer unverzichtbaren Grundlage, ohne die ein erfülltes menschliches Leben nicht möglich ist. Göttliche Gerechtigkeit bezieht sich laut Thora weniger auf das Land oder die Nahrung als auf das Leben selbst. Da der Körper im Mittelpunkt der Reinheitsrituale steht, erinnern diese die Menschen permanent daran, dass die Forderungen der Gerechtigkeit wesentlich auch die leibliche Existenz betreffen.

Viertens schließen Reinheitskodes und Reinigungsrituale im weitesten Sinne die körperliche *Verfassung* und im engeren Sinne die *Ernährung* ein. Im Folgenden gilt die Aufmerksamkeit vor allem dem zweiten Aspekt, Reinheit in Bezug auf die Ernährung. Im nächsten Kapitel gilt sie dem ersten Aspekt.

Tischgemeinschaft. Der vollständige Wortlaut des bereits teilweise zitierten Ausspruchs über *Sendung und Botschaft* nach der Version des *Thomasevangeliums* 14 (vgl. Mk 7:15) ist folgender: »Wenn ihr in ein Land geht und von Ort zu Ort wandert, dann esst, wenn die Menschen euch in ihr Haus aufnehmen, was sie euch anbieten. Heilt die Kranken. Denn euch macht nicht unrein, was in euren Mund hineingeht, sondern das, was aus eurem Mund herauskommt, wird euch unrein machen.« Die in diesem Ausspruch thematisierte Tischgemeinschaft scheint in Opposition zu Reinheitsvorstellungen über das, was gegessen und was nicht gegessen werden sollte, zu stehen. Anders formuliert: Ein (oder das?) Hauptcharakteristikum des Entwurfs des Reiches Gottes durch den historischen Jesus in der ersten Traditionsschicht stellte die Kritik an jüdischen Reinheitsvorstellungen, zumindest in Bezug auf die Nahrung, dar. Eine solche Interpretation ist jedoch in dreifacher Hinsicht problematisch.

Erstens stellt sich die Frage, weshalb in der Apostelgeschichte 10-11 Petrus feierlich offenbart werden muss, dass er nicht zwischen reinen und unreinen Speisen unterscheiden soll, wenn die Nichteinhaltung von Reinheitsvorschriften (zumindest) in Bezug auf die Nahrung dem historischen Jesus zuzuschreiben ist. Gott sagt Petrus dreimal unter Bezugnahme auf »alle möglichen Vierfüßler, Kriechtiere der Erde und Vögel des Himmels«: »Was Gott für rein erklärt, nenne du nicht unrein!« Dies wird in 11:6-10 in voller Länge wiederholt, als Petrus es den Aposteln erzählt: »... die Vierfüßler der Erde, die wilden Tiere, die Kriechtiere und die Vögel des Himmels ... Was Gott für rein erklärt, nenne du nicht unrein!« Eine dreimal von Gott getroffene Aussage wird bei Lukas zweimal wiedergegeben. Diese rhetorische Anstrengung verweist gerade nicht auf eine alte von Jesus herrührende Überlieferung.

Zweitens wurde Mitte des ersten Jahrhunderts in Jerusalem die Frage diskutiert, ob Heiden, die zum Christen(juden)tum konvertiert waren, beschnitten werden mussten (nein), und in Antiochia wurde zur gleichen Zeit darüber debattiert, ob Speisen, die von Juden und konvertierten Heiden gemeinsam eingenommen wurden, koscher sein sollten (ja). Zu diesen Themen wird aber weder in dem eher polemischen Bericht, den Paulus in Galater 2 gibt, noch in der eher irenischen Version von Lukas in der Apostelgeschichte 15 der historische Jesus von irgendjemanden zitiert. In Galater 2:11-14 z. B. wendet sich die gesamte Gemeinde von Antiochia, dem Druck des Jakobus nachgebend, von den unkoscheren Speisen ab und den koscheren zu. Paulus war der Einzige, der diesen Verhaltenswechsel anders beurteilte, aber zu seiner eigenen Verteidigung zitierte er kein Gebot Jesu.

Drittens konnten im letzten Viertel des ersten Jahrhunderts zwei Evangelien völlig entgegengesetzte Auffassungen hinsichtlich der Frage, ob zwischen reinen und unreinen Speisen unterschieden werden muss, vertreten.

Markus 7:15 wiederholt denselben Ausspruch über *Innen und Außen*, der sich im Anhang der Einheit über *Aussendung und Botschaft* im *Thomasevangelium* 14 findet. Zur Begründung fügt er jedoch drei Kommentare hinzu. Der Ausspruch muss den Jüngern persönlich in 7:17-23 erklärt werden. Er wird durch eine explizite Aussage von Markus glossiert, der versichert: »Damit erklärte Jesus alle Speisen für rein«. Er erfolgt unmittelbar, bevor Jesus in ein heidnisches Gebiet aufbricht, eine Art vorweggenommener Heidenmission. Stammt dies aus der ersten oder der dritten Schicht der Evangelientradition, von Jesus oder von Markus?

Die bei Markus anzutreffende Formulierung, dass Jesus »alle Speisen für rein« erklärt, wird an der parallelen Stelle in Matthäus 15:17-18 weggelassen. Das war zu erwarten, nachdem Jesus zuvor in Matthäus 5:17-18 gesagt hatte: »Denkt nicht, ich sei gekommen, um das Gesetz und die Propheten aufzuheben. Ich bin nicht gekommen, um aufzuheben, sondern um zu erfüllen. Amen, das sage ich euch: Bis Himmel und Erde vergehen, wird auch nicht der kleinste Buchstabe des Gesetzes vergehen, bevor nicht alles geschehen ist.« Markus und Matthäus legen den historischen Jesus, was die Frage angeht, ob zwischen reinen und unreinen Speisen unterschieden werden muss, kontrovers aus. Und diese Möglichkeit bestand auch noch in den siebziger und achtziger Jahren.

Die vorausgehenden Ausführungen machten deutlich, dass die früheste Schicht keine eindeutigen Hinweise darauf liefert, ob der historische Jesus in Bezug auf Speisen *für* oder *gegen* die Einhaltung von Reinheitsvorschriften war. Er befolgte genau dieselben Reinheitsvorschriften wie die galiläischen Bauern seiner Zeit. Weshalb, wenn nicht mit Rücksicht auf Reinheit, maß er dann aber der Nahrung eine so zentrale Bedeutung bei?

Land und Welt – Land und Nahrung

Zu erinnern ist an das, was im vorausgehenden Kapitel über das am Gottesbund orientierte Königreich, die Gerechtigkeit Gottes im Gesetz und die Gerechtigkeit der Propheten, die gerechte Aufteilung des Landes und den in der Thora unternommenen Versuch gesagt wurde, die Ausbreitung von Schulden einzudämmen. Land als materielle Lebensgrundlage konnte nicht wie andere Güter gekauft und verkauft werden. Es gehörte Gott auf eine so besondere Weise, dass seine gerechte Verteilung nicht eine menschliche Tugend, sondern eine göttliche Notwendigkeit darstellte. »Das Land darf nicht endgültig verkauft werden; denn das Land gehört mir, und ihr seid nur Fremde oder Halbbürger bei mir« (Levitikus 25:23). Die Bedeutung, die in der Thora dem Land zugeschrieben wird, soll im Folgenden unter zwei verschiedenen Perspektiven kommentiert werden.

Land und Welt

Die Herrschaft Gottes richtete sich nicht nur im Besonderen auf das Land Israel, mit Blick auf die Gerechtigkeit Gottes erstreckte sie sich auf die ganze Welt. In Psalm 82 hält Gott als oberste Gottheit Gericht über die anderen Götter, welche die Verantwortung für die Völker tragen und die Macht über die Erde haben. Seine Anklage lautet: »Wie lange noch wollt ihr ungerecht richten und die Frevler begünstigen? Verschafft Recht den Unterdrückten und Waisen, verhelft den Gebeugten und Bedürftigen zum Recht! Befreit die Geringen und Armen, entreißt sie der Hand der Frevler!« Die angeklagten Götter scheinen die Situation nicht zu erfassen und auch die Anklage nicht zu verstehen. Es hat den Anschein, als hätten sie nie gewusst, dass die Ausübung von Gerechtigkeit einen Teil, wenn nicht den wichtigsten Teil ihrer Aufgaben ausmacht. »Sie aber haben weder Einsicht noch Verstand, sie tappen dahin im Finstern.« Ihr Scheitern hat jedoch katastrophale Folgen: »Alle Grundfesten der Erde wanken«

(82:5). Dass es ihnen misslingt, die Welt gerecht zu verwalten, erregt nicht nur bei Gott Missfallen, sondern erschüttert auch die Grundfesten der Schöpfung. Die Gerechtigkeit, die hier angesprochen wird, entspringt weder der Vorstellung des Menschen, noch ist sie allein ein Gebot Gottes. Allein auf ihr beruht die Welt, und allein sie kann die Welt als rechtmäßigen Besitz eines gerechten Gottes in ihrem Fortbestand sichern.

Häufig assoziieren Christen den Gerechtigkeitsbegriff des Alten Testaments mit Bestrafung und Vergeltung. In diesem Psalm z. B. geht es jedoch nicht vorrangig um eine individuelle, an Vergeltung orientierte Gerechtigkeit, sondern um eine strukturelle, ausgleichende Gerechtigkeit. Jene Götter, die versagt haben, werden durch die oberste Gottheit nicht bestraft. Das einzige, was aus ihrem Scheitern folgt, ist die Aufrechterhaltung der Gerechtigkeit auf der ganzen Welt. »Wohl habe ich euch gesagt: Ihr seid Götter, ihr alle seid Söhne des Höchsten. Doch nun sollt ihr sterben wie Menschen, sollt stürzen wie jeder der Fürsten« (82:6-7). Götter der Macht sterben am Ende, wenn die Macht, die sie aufrechterhielt, zerbricht. Die griechischen Krieger starben und mit ihnen Zeus. Die römischen Krieger starben und mit ihnen Jupiter. Kann aber ein Gott der Gerechtigkeit jemals sterben?

Der letzte Vers des Psalms 82 »Erheb dich, Gott, und richte die Erde! Denn alle Völker werden dein Erbteil sein« appelliert an Gott, Gerechtigkeit in einer Welt aufzurichten, in der diese fast nicht mehr zu finden ist. »Schließ ohne Zögern Frieden mit deinem Gegner, solange du mit ihm noch auf dem Weg zum Gericht bist. Sonst wird dich dein Gegner vor den Richter bringen, und der Richter wird dich dem Gerichtsdiener übergeben, und du wirst ins Gefängnis geworfen. Amen, das sage ich dir: Du kommst von dort nicht heraus, bis du den letzten Pfennig gezahlt hast« (Matthäus 5:25-26). In diesen Versen spiegelt sich wider, was die meisten Bauern in der Antike als Gerechtigkeit unter den Menschen verstanden: Man sollte sich von Gerichten fernhalten, andernfalls bleibt man solange in einen Streitfall verwickelt, bis von einem der letzte Pfennig herausgepresst worden ist. Wenn man hier auf Erden keine ausgleichende Gerechtigkeit findet, sehnt man sich nach einem Gott, der die Welt fair und gerecht regiert.

Christen übersetzen das neutestamentliche Wort *agape* mit »lieben« und verstehen darunter, seinen Nächsten zu lieben und Almosen zu spenden. Sie sollten dieses Wort nicht mit dem vagen Begriff »lieben«, sondern mit dem präziseren Begriff »teilen« übersetzen, wobei teilen nicht bedeutet, dass Menschen untereinander teilen, was ihnen gehört, sondern gerecht aufteilen, was Gott gehört. D. h. Gerechtigkeit im christlichen Alten Testament ist gleichbedeutend mit *agape* im christlichen Neuen Testament.

Land und Nahrung

Nicht das Land, sondern die Nahrungsmittel, die auf ihm hergestellt werden, stellen die materielle Lebensgrundlage dar. Gerechte Aufteilung des Landes bedeutet gerechte Aufteilung der Nahrungsmittel. Deshalb zielen die Visionen des eschatologischen und/oder apokalyptischen Königreichs Gottes auch nicht auf immer mehr Land, sondern auf immer mehr Fruchtbarkeit ab. Die zukünftige Fruchtbarkeit des Landes wird in zwei Texten beschrieben, die in einem Abstand von drei Jahrhunderten verfasst wurden. Der erste Text thematisiert die Zeit vor der seleukidischen Verfolgung und dem Aufstand der Makkabäer, der zweite die Zeit nach dem Römischen Krieg und der Zerstörung des Tempels in Jerusalem. Im *Buch der Späher* in 1 Henoch 10:19 heißt es: »Jedes Samenkorn, das auf ihr [der neuen, gerecht verteilten Erde] gepflanzt wird, wird das Tausendfache hervorbringen, und jede Olive wird so viel wert sein wie zehn Olivenpressen.« Und in 2 *Baruch* 29:5-6 heißt es: »Die Erde wird Früchte in zehntausendfacher Menge hervorbringen, der Weinstock wird tausend Äste haben, und ein Ast wird tausend Weintrauben hervorbringen, und eine Weintraube wird tausend einzelne Trauben hervorbringen, und eine Traube wird ein Kor (= 220 l) Wein hervorbringen.« Jene eschatologische Welt, jenes göttliche Eutopia auf Erden wäre gekennzeichnet durch ein mediterranes Übermaß an Getreide, Öl und Wein.

Weshalb bezieht sich zu Zeiten Jesu ausgleichende, verteilende Gerechtigkeit zunehmend weniger auf das Land und zunehmend mehr auf die Nahrung? Sah Jesus voraus, dass sich die späteren Christen von einer ländlichen in eine städtische Umgebung bewegen würden, traf er Vorbereitung für ein Leben in mediterranen Städten und nicht in galiläischen Dörfern? Die Verkündigung, dass Gottes erneuerte Schöpfung notwendigerweise eine gerechte Aufteilung der Nahrungsmittel verlange, kam den städtischen Handwerkern ohne Landbesitz, den freigelassenen Sklaven und der ersten Generation ihrer als Freie geborenen Kinder entgegen. Dass Jesus weniger dem Land als vielmehr der Nahrung zentrale Bedeutung beimaß, hatte aber wohl weniger mit einem Wissen um zukünftige Entwicklung als mit den damaligen gesellschaftlichen Bedingungen zu tun. Zumindest in den späten zwanziger Jahren ließ die Situation in Untergaliläa eine Änderung der Aufteilung des Landes von Grund auf nicht zu. Im Königreich von Antipas hätte allein der Vorschlag, das Land gerecht aufzuteilen, geschweige denn der Versuch, diesen Vorschlag umzusetzen, fast unweigerlich zu gewalttätigen Auseinandersetzungen geführt. Es gab nur noch die Möglichkeit, die materiellen und spirituellen Lebensgrundlagen (Ernährung und Heilung) von Grund auf neu zu verteilen. Das war das Reich Gottes. Auf Erden.

Die wesentlich jüdische Vision Jesu in der Überlieferung der ersten Schicht ist Land als Nahrung und Gerechtigkeit als Teilen. Die ebenfalls im Kern jüdische Grundlage bildet eine Schöpfungstheologie, die nicht nur danach fragt, wer die Welt erschuf, sondern auch danach, wem sie gehört. Menschen haben sich nie angemaßt, die Welt erschaffen zu haben, gewöhnlich erheben sie jedoch den Anspruch, dass sie ihnen gehört.

JÜDISCHER WIDERSTAND GEGEN
RÖMISCHE VORMACHTSTELLUNG

Für die folgenden Ausführungen sind zwei Überlegungen von zentraler Bedeutung. Erstens stellt in jeder Situation, in der es zu Diskriminierung und Unterdrückung kommt, offener Widerstand nur die Spitze des Eisberges dar, daneben formiert sich verdeckter Widerstand schleichend, aber stetig. Zweitens sollten Begriffspaare wie Widerstand und Widerstandslosigkeit, Gewalt und Gewaltlosigkeit nicht vorrangig als Gegensatzpaare aufgefasst werden. Vielmehr sollte berücksichtigt werden, dass es eine Vielzahl unterschiedlicher Kombinations- und Verwandlungsmöglichkeiten gibt, die zwischen den Elementen solcher Begriffspaare liegen. Wenn man jedoch die Extrempositionen nicht vor Augen hat, ist es schwierig, das Spektrum der Handlungsmöglichkeiten in den Blick zu bekommen, mit denen einzelne Personen oder Gruppen sich in einem Jahrhundert konfrontiert sahen, das im Jahr 4 v. Chr. mit der Kreuzigung von zweitausend Rebellen in Jerusalem begann und im Jahr 70 n. Chr. mit der Kreuzigung von täglich fünfhundert Menschen endete.

Religion und Politik, Kolonie und Imperium

Im Heimatland der Juden sind mehrere tausend Münzen aus dem ersten Jahrhundert christlicher Zeitrechnung an vielen Stätten ausgegraben worden. Diese Münzen waren ursprünglich nicht nur ein Tauschmittel, sondern auch das einzige Masseninformationsmedium der antiken Welt.

Eine Münze von Julius Caesar zeigt, wie er kometengleich aufsteigend seinen Platz unter den Göttern einnimmt. Eine Münze von Augustus Caesar bezeichnet ihn als *divi filius*, Sohn eines Gottes, Sohn des oben genannten Julius Caesar. Eine Münze von Tiberius Caesar rühmt ihn als *pontifex maximus*, als obersten Brückenbauer zwischen Himmel und Erde, hoher Priester einer Weltmacht. Ein Tagelöhner erhielt als Tageslohn einen Silberdenar, und wenn Tage-

löhner jemanden bezeichnet hätte, der jeden Tag einer Arbeit nach-
ging, und nicht jemanden, der jeden Tag Arbeit suchte, wäre dies ein
sehr guter Lohn gewesen. Wenn ein Tagelöhner nach drei harten
Arbeitstagen seine Silberdenare in der Hand hielt, wie hätte er zwischen Politik und Religion im Römischen Reich unterscheiden können und sollen?

Augustus Caesar war in vierfacher Hinsicht göttlich. Er war göttlich als Nachfahre der Göttin Aphrodite-Venus und des Menschen
Anchises, wie es in Vergils *Aeneis* dargestellt wird, auf Grund eines
tausend Jahre zurückliegenden Stammesursprungs zu Zeiten des
Troianischen Krieges. Er war göttlich, weil er, wie am Ende des ersten
Kapitels dargelegt wurde, von Apollo und Atia empfangen wurde. Er
war göttlich, weil er, wie auf seiner Münze zu sehen ist, von Julius
Caesar adoptiert wurde. Und schließlich wurde er, als sei dies alles
noch nicht genug, nach seinem Tod im Jahr 14 n. Chr. auf Grund
eines Senatsbeschlusses persönlich als Gottheit verehrt. Wie konnte
man angesichts solcher Vergötterung zwischen Politik und Religion
unterscheiden? Konnte man sich Augustus aus politischen, aber
nicht aus religiösen, aus religiösen, aber nicht politischen Gründen
widersetzen? Aus der Sicht des Augustus stellte sich die Frage, weshalb man überhaupt etwas gegen die *Pax Romana*, seine neue Welt-
ordnung, die politische Reform und moralische Wiederaufrüstung,
seine Straßen, auf denen es keine Banditen gab, seine Meere, auf
denen es keine Piraten gab, seine Städte, die durch eine gemeinsame
Kultur und wirtschaftlichen Aufschwung geprägt waren, und seine
Legionen, die die Randzonen überwachten, in denen sich nur west-
liche Barbaren und östliche Parther herumtrieben, haben sollte,
nicht.

Rom allein hatte ein Königreich errichtet, und nur Rom konnte
entscheiden, wie ein Unterkönigtum zu errichten war. Wie schied
man nun Politik und Religion im Aufbau eines Königreiches – mit
oder gegen Rom? Wem fielen Königreich, Macht und Ruhm in dieser
schwierigen Situation des ersten Jahrhundert christlicher Zeitrechnung zu?

Zu diesem Zeitpunkt stand das Heimatland der Juden dreihundert
Jahre unter dem Einfluss des griechischen Kulturimperialismus und
weniger als einhundert Jahre unter dem Einfluss des römischen
Militärimperialismus. Dieses Kapitel beschäftigt sich mit Reaktionen auf diese beiden Formen eines Imperialismus. Vermutlich

hat nicht jeder Jude an Widerstand gedacht, und die, die sich der Vorherrschaft widersetzten, taten es sicherlich nicht auf dieselbe Weise. Wie zu jedem anderen wichtigen Thema bezogen die Juden auch zu diesem Thema sehr unterschiedliche Positionen. Nur wenn man von einem breiten Spektrum unterschiedlicher Optionen ausgeht, wird man dem Judentum des ersten Jahrhunderts christlicher Zeitrechnung, das sich aus heterogenen Gruppen zusammensetzte, den Denkmustern der Antike verpflichtet war und Traditionen eine zentrale Bedeutung beimaß, gerecht, als es mit einer herablassenden Haltung seiner Kultur gegenüber und mit einer überwältigenden militärischen Übermacht konfrontiert wurde. Aus einem wichtigen Grund wird die Aufmerksamkeit im Folgenden jedoch den Reaktionen auf den Imperialismus und dem Widerstand gegen Unterdrückung gelten.

Das Heimatland der Juden stand etwa fünfhundert Jahre, bevor die Römer kamen, bereits unter imperialer Kontrolle. Nachdem die Babylonier den Ersten Tempel zerstört und die jüdische Oberschicht deportiert hatten, wurde das Land nacheinander von den Persern, den Griechen, den griechisch-ägyptischen Ptolemäern und den griechisch-syrischen Seleukiden beherrscht. In der gesamten Zeit gab es nur einen einzigen Aufstand, und zwar im Zuge der Provokationen seleukidischer Religionspolitik, die in ein Jahrhundert jüdischer Herrschaft unter den Hasmonäern mündete. In den ersten zwei Jahrhunderten römischer Herrschaft kam es zu vier größeren Aufständen gegen die Besatzungsmacht: im Jahr 4 v. Chr., in den Jahren 66–74 n. Chr., 115–117 n. Chr. und 132–135 n. Chr. Nach dem Ende dieser Aufstände wurde die unmittelbare römische Herrschaft errichtet, wurde der Zweite Tempel in Jerusalem dem Erdboden gleich gemacht, das ägyptische Judentum vernichtet und war Jerusalem offiziell eine heidnische Stadt, zu der Juden der Zutritt verboten war. Im Verlauf des ersten Jahrhunderts begegneten die Juden der imperialistischen Vorherrschaft auf vielfältige Weise. Sie sahen sich insbesondere mit der Frage konfrontiert, ob sie Widerstand leisten sollten oder nicht.

Unterschiedliche Formen eines Verzichts auf Widerstand

Der Verzicht auf einen Widerstand gegen die Kolonialherrschaft konnte in einem passiven Erdulden oder einer aktiven Unterstützung der Unterdrücker zum Ausdruck kommen. In der Praxis war es, wie die Biografien von Tiberius Julius Alexander und Flavius Josephus belegen, nicht immer leicht, zwischen Verrat und Kollaboration deutlich zu unterscheiden.

Verräter

Tiberius Julius Alexander, Sohn eines berühmten, wohlhabenden Finanzbeamten in der römischen Stadt Alexandria und Neffe des Philosophen Philo, war als Jude geboren worden, konvertierte aber vom Judentum zum römischen Paganismus. Später übte er erfolgreich wichtige Funktionen in Palästina und Ägypten aus und war Prätorianer des Kaisers in Rom. Als bedeutender Statthalter bekundete er im Jahr 69 n. Chr. seine Loyalität gegenüber den imperialen Machtansprüchen Vespasians. Als ranghoher Offizier war er an der Belagerung und Zerstörung Jerusalems und seines Tempels im Jahr 70 n. Chr. beteiligt und gehörte zum Beraterstab von Titus, dem Sohn Vespasians. Aus römischer Sicht hatte er Karriere gemacht. Es stellt sich jedoch die Frage, ob diese Karriere aus jüdischer Sicht mit Verrat oder Apostasie erkauft worden war. In seinem Werk *Der Jüdische Krieg* lobt Josephus ihn, ohne ihn auch nur mit einem Satz zu kritisieren. Während seiner Zeit als Statthalter im Heimatland der Juden »erhielt er den Frieden in seinem Volk dadurch aufrecht, dass er die Sitten des Landes unangetastet ließ« (2.220). In seinem späteren Werk *Jüdische Altertümer* äußerte er sich insofern weniger positiv, als er betonte, dass der ältere Alexander »seinen Sohn Alexander auch an Frömmigkeit übertraf, da dieser den väterlichen Gebräuchen und Satzungen nicht treu blieb« (20.100).

Zumindest aus heutiger Sicht wirkt diese Kritik sehr milde: Immerhin orientierte sich Alexander nicht mehr an den Traditionen seines Volkes. Daraus sollten jedoch keine voreiligen Schlüsse gezogen werden. Vielleicht war es möglich, die alten Traditionen Israels zu bewahren und sich gleichzeitig jeder Opposition gegen die römische Vorherrschaft zu enthalten. Vielleicht war es möglich, an den religiösen Bräuchen des jüdischen Volkes festzuhalten und mit der römischen Macht zusammenzuarbeiten, weil man sie als Ausdruck des göttlichen Willens interpretierte. Wie konnte sich ein Jude jedoch fern der Traditionen des Bundes einer schleichenden, aber stetigen Akkulturation durch griechisch-römische Vorgaben widersetzen? Wie konnte die jüdische Identität ohne Befolgung der religiösen Bräuche überhaupt noch aufrechterhalten werden? Wer die Reinheitsvorschriften befolgte, konnte möglicherweise die in der Thora gestellten Anforderungen an Gerechtigkeit zeitweise ignorieren. Wer sie jedoch nicht befolgte, dürfte sich auch über weiteres vermutlich nicht den Kopf zerbrochen haben. Wer die Reinheitsvorschriften beachtete, konnte der Urbanisierung durch die Römer positiv gegenüber stehen: Wer sie nicht beachtete, gab vermutlich dem Gottesbund nicht lange den Vorrang vor dem Kommerz.

Im weiteren Verlauf dieses Kapitels wird zu zeigen sein, wie einzelne Juden oder jüdische Gruppen entschlossen an äußerlichen Ritualen körperlicher Reinigung festhielten, die sich von den Ritualen der sie beherrschenden Heiden unterschieden. Die jüdischen Reinheitsvorstellungen hatten mit jüdischer Identität, einem grundlegenden Widerstand der Juden gegen die Vereinnahmung durch griechisch-römische Einflüsse und der Zukunft, d. h. der Frage zu tun, ob es für die jüdische Tradition, das jüdische Volk und den Gott der Juden eine Zukunft gab.

Kollaborateure

Josephus stammte aus einer Familie des Jerusalemer Priesteradels und bereitete Galiläa auf den Krieg gegen Rom in den Jahren 66 und 67 n. Chr. vor. Nachdem er sich dem römischen Befehlshaber Vespasian ergeben und dessen Zukunft als imperialer Herrscher vorausgesagt hatte, war er bei der Belagerung Jerusalems im Jahr 70 n. Chr. Berater von Titus. In seinem Werk *Der Jüdische Krieg* verteidigte er die Römer gegenüber den Juden. Später verteidigte er in seinen Werken *Jüdische Altertümer* und *Gegen Apion* dagegen die Juden gegenüber den Römern. War er ein Kollaborateur? Sicherlich. War er ein Verräter? Vielleicht nicht. War er ein Apostat? Sicherlich nicht. Seinem Werk *Der Jüdische Krieg* zufolge war er, was Rom anging, von drei Dingen überzeugt.

Erstens wollte Gott, dass das Land Israel intern eine von Priestern geführte Theokratie und extern eine Kolonie des Imperiums war: »Gott, der die Herrschaft bei den einzelnen Nationen umgehen lasse, sei jetzt auf der Seite Italiens« (5.367). Zweitens hatte Gott Vespasian zum lang ersehnten Messias des Judentums erklärt: »ein mehrdeutiges Orakel..., das in ihren heiligen Schriften nachzulesen war, nach dem zu jener Zeit einer aus ihrem Land die Weltherrschaft erlangen würde. Dies bezogen sie auf einen ihres Stammes. Auch viele ihrer Weisen irrten sich in der Auslegung des Orakels. In Wirklichkeit wies es auf die Herrscherwürde des Vespasian hin, der auf jüdischem Boden zum Kaiser ausgerufen wurde« (6.312-313). Drittens bedeutete eine Auflehnung gegen Rom daher eine Auflehnung gegen Gott und den Messias Gottes: »Ihr führt nicht nur gegen die Römer, sondern auch gegen Gott Krieg« (5.378). Tiberius Julius Alexander und Flavius Josephus zählten beide zum Beraterstab von Titus, als Jerusalem fiel und der Tempel niedergebrannt wurde. Zumindest ihre erklärten Absichten unterschieden sich jedoch relativ deutlich voneinander.

Wer die von Josephus vertretene imperiale Theologie als bloßen Versuch der Selbstrechtfertigung eines Überläufers oder als Eigeninteresse eines Kollaborateurs abtun will, sollte sich ins Gedächtnis rufen, dass Delegationen palästinischer und römischer Juden nach dem Tod Herodes' des Großen diese Position auch verfochten haben. Der Schrift *Der Jüdische Krieg* zufolge baten sie Augustus, »ihr Land mit Syrien zu vereinigen und es durch römische Prokuratoren verwalten zu lassen« (2.91). Diese Position sollte später, nachdem der Widerstand im Heimatland der Juden fast völlig niedergeschlagen worden war, auch die rabbinische Mehrheit übernehmen. Wenn für einige der Verzicht auf Widerstand eine Unterwerfung unter Gottes Willen bedeutete, stellte er für andere wahrscheinlich eine opportunistische Identifikation mit der römischen Macht dar.

Formen des Widerstands

Die Entscheidung, keinen Widerstand zu leisten bzw. mit den Machthabern zu kollaborieren, ist relativ einfach darstellbar. Die Gegenposition ist schwerer fassbar, weil nur idealtypisch zwischen drei verschiedenen Formen des Widerstands unterschieden werden kann und in der Praxis Vermischungen und Überschneidungen vermutlich häufiger als klare Grenzziehungen anzutreffen waren.

Banditen

Eine Form des Widerstands leisteten die Banditen. Einige von ihnen waren möglicherweise Rowdies oder gewöhnliche Kriminelle. Angesichts imperialer Machtverhältnisse ist es jedoch oft schwierig, zwischen der systembedingten Gewalt der Eroberer und der individuellen Gegengewalt der Eroberten deutlich zu unterscheiden. In jedem Fall jedoch legt die Tatsache, dass Josephus für das erste Jahrhundert eine Zunahme an Banditentum feststellt, den Schluss nahe, dass die enteigneten Bauern es vorzogen, in den Hügeln zu kämpfen, als in den Städten zu betteln und in den Schutzwällen zu sterben. Wenn Heere gegen die Legionen zogen, sprachen die Römer respektvoll von einem *bellum iustum*, wobei sie darunter weniger einen *gerechten* als einen *realen* Krieg verstanden. Wenn »Banditen« von den Hügeln oder Sumpflandschaften aus einen Guerillakrieg führten, bezeichneten sie ihn verächtlich als einen *bellum servile*, einen Krieg der Sklaven. Der Begriff »Banditen« ist in Anführungszeichen zu setzen, weil jene, die aus Sicht der Machthaber »Banditen« waren, aus Sicht der Unterdrückten »Befreier« sein konnten.

Apokalyptiker

Eine andere Form des Widerstands leisteten die Apokalyptiker. Die Lehre, der sie anhingen, verkündete ein unmittelbar bevorstehendes Eingreifen Gottes, das bald, sofort, jetzt die ganze Welt, vor allem aber das Land Israel in einen Ort überbordender Fruchtbarkeit und eines Reichtums, der nicht durch Arbeit erworben werden muss, in ein Eutopia vollkommener Gerechtigkeit, idyllischen Friedens und absoluter Heiligkeit verwandeln wird. In diesem Zusammenhang ist noch einmal darauf hinzuweisen, dass Apokalypse damals nicht Zerstörung, sondern Veränderung, nicht das Ende der materiellen Welt von Raum und Zeit, sondern das Ende der sozialen Welt des Bösen, der Unreinheit, der Ungerechtigkeit und Gewalttätigkeit bedeutete.

Im Folgenden gehen wir auf drei Formen des Widerstands, die sich im Rahmen solcher apokalyptischer Erwartungen ausgebildet haben, näher ein. Diese Formen werden aus Gründen der Darstellung zwar getrennt voneinander besprochen, erneut ist jedoch der Hinweis notwendig, dass sie in der Realität nicht so deutlich voneinander zu unterscheiden waren.

Militante Gewalt. Die erste Form des Widerstands wird z. B. durch die *militante Gewalt* des Galiläers Judas repräsentiert. Sein Motto lautete: »Kein Herr außer Gott«. Unter diesem Motto zettelte er einen Aufstand an, als die Römer Herodes Archelaos im Jahr 6 n. Chr. ins Exil verbannten und Steuerschätzung anordneten, um danach seine Territorien direkt einem römischen Statthalter zu unterstellen. Nicht der Kaiser, sondern nur Gott sollte als Herr bezeichnet werden. Vieles von dem, was Josephus als »vierte Philosophenschule« bezeichnete, die er im Gegensatz zu den drei früheren Philosophenschulen der Essener, Pharisäer und Sadduzäer disqualifizierte, ging wahrscheinlich auf apokalyptisches Gedankengut zurück und wurde möglicherweise im Zusammenhang mit militanten Gewaltaktionen vertreten. Wenn Josephus Gottes Willen in einem Verzicht auf Widerstand entdecken konnte, konnte Judas ihn ebenso leicht im Widerstand ausmachen.

Archetypischer Symbolismus. Die zweite Form des Widerstands wird durch *archetypischen Symbolismus* repräsentiert. Als Vertreter sind Johannes der Täufer und der ägyptische Prophet und andere in den fünfziger und sechziger Jahren des ersten Jahrhunderts n. Chr. zu nennen. Der Prophet versammelte eine Schar von Anhängern am Jordan, führte sie in der Erwartung durch den Fluss, dass die Stadtmauern von Jerusalem bei seiner Ankunft ebenso zusammenstürzen würden wie mehr als tausend Jahre zuvor die Mauern von Jericho vor Josua zusammengestürzt waren. Gott hatte damals gehandelt, Gott würde auch nun handeln. Anfang und Ende würden zu einer Einheit verschmelzen. Jene Scharen waren unbewaffnet, da Gott allein den ersehnten Ausgang herbeiführen würde. Sie wurden jedoch niedergemetzelt, da Gott diesen Ausgang nicht herbeiführte.

Bundesgemeinschaft. Die dritte Form des Widerstands wird durch die *Bundesgemeinschaft* repräsentiert. Als Beispiel ist das so genannte *Damaskus Dokument,* eine Gemeinschaftsregel zu nennen, die sowohl aus mittelalterlichen Abschriften aus der Geniza, der Schatzkammer der (nun schön restaurierten) Esra-Synagoge von Altkairo als auch aus Abschriften, die in verschiedenen Höhlen in Qumran gefunden wurden, bekannt ist. Welche Beziehung wird dort zwischen apokalyptischer Erwartung und Bundesverpflichtung hergestellt? Die Regel scheint auf den bewussten Versuch abzuzielen, sich der imperialen Machtgier durch die Bildung von Gemeinden zu widersetzen, deren Mitglieder die Güter untereinander aufteilten und die versuchten, eine Bundesheiligkeit zu leben, welche die apokalyptische Vollendung aktiv initiieren oder sie vorwegnehmen sollte. Die, die den »neuen Bund« eingingen, sollten sich »entweder mit einem Versprechen oder einem Gelübde dem sündhaften Reichtum, der die Menschen beschmutzt, und dem Reichtum, von dem der Tempel zeugt, fernhalten. Sie sollten nicht die Armen des Volkes bestehlen, Witwen nicht ins Verderben stürzen und Waise nicht ermorden.« Ihr Gebot besagte, »dass jeder seinen Nächsten wie sich selbst lieben, die Armen, Bedürftigen und Fremden unterstützen, den Frieden seines Nächsten im Auge haben und nicht gegen das Inzestverbot verstoßen sollte«. Von jedem wurde »der Lohn von mindestens zwei Tagen pro Monat« verlangt. »Sie sollen ihn dem Vorsteher oder den Richtern geben. Von diesem [Lohn] sollen sie etwas den Waisen geben, und mit diesem Lohn sollen sie die Bedürftigen und Armen und die alten Menschen, die im Sterben liegen, und die Vagabunden und die Gefangenen aus fremden Ländern und die Mädchen, die keinen Beschützer haben, und die unverheirateten Frauen, die keinen Verehrer haben, und alle anderen Aktivitäten der Gemeinschaft unterstützen.« Auch oder vor allem das war Widerstand gegen die imperiale Ungerechtigkeit.

Protestierende

Alle *Banditen* wandten menschliche Gewalt an. Einige *Apokalyptiker* rechneten mit göttlicher Gewalt, andere mit menschlicher Gewalt, einige mit beiden Formen der Gewalt und einige mit keiner dieser beiden Formen der Gewalt. (Eine solche Gewalt war, wie schon erwähnt, immer eine Reaktion auf die imperiale Ungerechtigkeit.) *Protestierende* sollen jene genannt werden, die Widerstand leisteten, ohne Gewalt anzuwenden, also nicht die, die (wie der Galiläer Judas) gewaltsamen Widerstand leisteten, und auch nicht die,

die (wie der Geschichtsschreiber Josephus) weder Widerstand leisteten noch Gewalt anwandten. Bei dieser Form des Widerstandes handelte es sich um eine radikale, äußerst konsequente Protesthaltung, die im Zweifel eher zu einer Entscheidung für den Märtyrertod als für die Unterwerfung führte. Sie wird deshalb als *martyrologische Protesthaltung* bezeichnet. Sie forderte die imperiale Macht insofern dazu heraus, ihre verdeckte Gewalttätigkeit offen zu legen, als sie unbewaffnete, nicht gewalttätige Gegner abschlachten ließ.

Beispiele für gewaltlosen Widerstand. Ein erstes Beispiel bezieht sich auf die militärischen Standarten des Pilatus. Es ist auf die Jahre 26–27 n. Chr. zu datieren, als Pontius Pilatus seine Karriere als Präfekt gerade begonnen hatte. Seine Truppen brachten Standarten mit Kaiserbildnissen nach Jerusalem. Den Schriften *Der Jüdische Krieg* (2.169-174) und *Jüdische Altertümer* (18.55-59) zufolge brachte die »Empörung der Städter die Menschen vom Land so sehr auf, dass sie sich in Scharen« nach Caesarea, dem Stützpunkt von Pilatus, begaben. Sie hielten sich fünf Tage lang vor seiner Residenz auf, und als sie schließlich von bewaffneten Soldaten umzingelt wurden, »warfen sich die Juden alle, als hätten sie sich abgesprochen, auf den Boden, reckten ihre Hälse und schrien, dass sie eher zu sterben bereit wären als das Gesetz zu überschreiten«. Pilatus gab nach und entfernte die Standarten.

Ein zweites, besonders aussagekräftiges Beispiel bezieht sich auf die Statue des Gaius Caligula. Die Begebenheit, die im Folgenden näher kommentiert werden soll, geht auf die Jahre 40-41 n. Chr. zurück, als Gaius Caligula versuchte, seine Statue im Tempel von Jerusalem aufzustellen. Was damals geschah, beschreiben nicht nur die beiden Quellen des jüdischen Geschichtsschreibers Josephus, *Der Jüdische Krieg* (2.185-203) und *Jüdische Altertümer* (18.261-309), sondern auch die Schrift des jüdischen Philosophen Philo, *Die Gesandtschaft an Gaius* (203-348). Als der syrische Statthalter Petronius von Antiochia aus mit Legionen nach Süden zog, wurde er Josephus zufolge zuerst in der Mittelmeerhafenstadt Ptolemais (»viele zehntausend Juden«) und dann in Tiberias (»viele zehntausend«) von Menschen aus dem Volk empfangen, die gegen ihnen protestierten. Sie waren nicht gewalttätig, denn »die Juden versammelten sich mit ihren Frauen und Kindern« und versicherten ihm, dass, »wenn er diese Statue aufstellen wolle, er zuerst das ganze jüdische Volk opfern müsse, und dass sie, ihre Frauen und ihre Kinder bereit seien, sich töten zu lassen«. Petronius erkannte, »die Gefahr, dass das Land nicht bestellt werden würde, denn es war Saatzeit, und die Menschen hatten fünfzig Tage damit zugebracht, auf ihn zu warten«. Petronius gab nach und kehrte mit seinen Legionen nach Antiochia zurück. Der gewaltlose Widerstand wird nicht nur durch die Bereitschaft unterstrichen, den Märtyrertod zu erleiden, sondern auch durch die Weigerung, das Land zu bestellen.

Philo berichtet in etwas anderer Form von derselben Begebenheit. Bei ihm ist z. B. nicht von einer Weigerung, das Land zu bestellen, sondern von der Gefahr einer Brandstiftung zur Erntezeit die Rede. Gleichzeitig jedoch hebt Philo noch deutlicher als Josephus sowohl die Gewaltlosigkeit des Widerstands als auch die Bereitschaft, den Märtyrertod zu erleiden, hervor:

Sobald die Bewohner der heiligen Stadt und der ganzen Umgebung von der Absicht, die für die Aufregung sorgte, erfuhren, kamen sie alle zusammen, wie auf ein abgesprochenes Signal hin – ihr gemeinsamer Schmerz hatte ihnen das Signal gegeben –, und gingen geschlossen voran, und nachdem sie ihre Städte, Dörfer und Häuser leer zurückgelassen hatten, eilten sie einmütig nach Phönizien, wo sich Petronius gerade aufhielt... Und die Menschenmenge unterteilte sich in sechs Gruppen, alte Männer, junge Männer und Knaben, daneben betagte Frauen, Frauen, die in der Blüte ihres Lebens standen, und Mädchen...»Wir sind, wie du siehst, unbewaffnet... [und wir] bieten unseren Leib jedem an, der ihn töten will. Wir haben dir unsere Frauen und unsere Kinder und unsere ganzen Familien gebracht, und wir werden uns dir als Stellvertreter von Gaius [Caligula] zu Füßen werfen, wir haben keinen einzigen Menschen zu Hause zurückgelassen, so dass du entweder uns alle verschonen oder uns alle auf einmal auslöschen kannst. ... Und wenn wir uns in dieser Sache bei dir nicht durchsetzen können, sind wir dazu bereit, uns selbst dem Untergang zu weihen, damit wir nicht lebend ein schrecklicheres und größeres Unglück als den Tod ertragen müssen. ... Wir sind entschlossen und bereit, uns töten zu lassen.«

Wenn nur Josephus diesen gewaltlosen Widerstand, der durch die Bereitschaft, den Märtyrertod zu erleiden, unterstrichen wurde, beschrieben hätte, könnte man es als propagandistische Rede über das, was seiner Auffassung nach in der Vergangenheit hätte geschehen sollen, oder über das, was seiner Ansicht nach in der Zukunft geschehen sollte, abtun. Aber zumindest in diesem konkreten Fall stimmen beide Autoren in den wichtigsten Punkten überein.

Anführer. Jene öffentlichen, groß angelegten Demonstrationen kamen nicht einfach spontan zustande, sondern setzten Planungen, Kontrollen und Anführer voraus. Dafür sprechen z. B. auch bestimmte Formulierungen (»wie auf ein abgesprochenes Signal hin«). Wer organisierte jene gewaltlosen, martyrologischen Protestaktionen in der ersten Hälfte des ersten Jahrhunderts n. Chr.? Wer hielt damals die Masse der Widerstandleistenden unter Kontrolle?

Drei Punkte, auf die Forscher vor kurzem aufmerksam gemacht haben, sind für eine Beantwortung dieser Fragen vielleicht von Bedeutung. Erstens übten die Pharisäer damals einen großen Einfluss auf das Volk aus. Zweitens bezog sich die führende Rolle der Pharisäer nicht nur auf exegetisch-rechtliche Diskussionen, sondern auch auf politisch-religiöse Aktivitäten. Religion und Politik waren zwei Seiten einer Medaille. Herodes der Große ließ z. B. pharisäische Lehrer, die ihre Schüler dazu aufgestachelt hatten, den römischen Adler von einem Haupttor des Tempels zu entfernen, hinrichten. Drittens unterschieden sich die beiden wichtigsten Schulen in der pharisäischen Tradition, die Schammaiten und die Hilleliten, wohl nicht nur darin, dass sie die Gesetze unterschiedlich streng auslegten, sondern auch darin, dass sich die eine für einen gewaltsamen, die andere gegen einen gewaltsamen Widerstand gegen die römische Besatzungsmacht aussprach. Wahrscheinlich haben die hillelitischen Pharisäer den gewaltlosen, zum Märtyrertod bereiten Widerstand des frühen ersten Jahrhunderts begründet und organisiert.

Einwände. Auf welche religiöse bzw. theologische Grundlage stützten sich die gefährlichen martyrologischen Protestaktionen? Diese Frage bleibt in den oben zitierten Texten unbeantwortet. Denkbar ist Folgendes: Die gewaltlosen Widerstandleistenden hofften, dass ihr Märtyrertod Gott zu einer gewaltsamen oder sogar apokalyptischen Vergeltung bewegen würde. Oder sie vermieden Gewalttaten, weil sie im Gegensatz zu den griechisch-römischen Heiden nicht das Land Gottes durch Blutvergießen beschmutzen wollten. Heiden taten, was sie tun mussten, aber *sie* nahmen nicht einmal im Zusammenhang mit defensiven Maßnahmen gegen Unterdrücker Blutschuld auf sich. Oder jene Widerstandleistenden wollten im Einklang mit einem gewaltlosen Gott handeln. In diesem Zusammenhang ist daran zu erinnern, dass Josephus (kein Widerstand und keine Gewaltanwendung) und der Galiläer Judas (gewaltsamer Widerstand) sich zur Rechtfertigung ihrer konträren Positionen auf den Willen desselben jüdischen Gottes beriefen. Wenn auch Unsicherheit bezüglich der Begründung und des Inhalts des martyrologischen Protestes besteht, er war jedenfalls präsent.

Stellt aber womöglich – diesen Einwand haben Sie eventuell schon erwogen – der beanspruchte gewaltlose Widerstand eine unzulässige Projektion der von Tolstoi, Gandhi und King vertretenen Positionen in vergangene Zeiten dar? Ein solcher Anachronismus wäre eine Gefahr, wie es nicht minder die arrogante Annahme ist, dass nur die Moderne, nicht aber die Antike Formen eines gewaltlosen Widerstands erfunden haben könnte. Alle denkbaren Möglichkeiten eines gewaltlosen Widerstandes gegen die Besatzungsmacht wurden bereits im ersten Jahrhundert christlicher Zeitrechnung angewandt und/oder erfunden. Das lässt sich am Beispiel der Sikarier (ein *sica* ist ein kurzer Dolch, der sich leicht verstecken lässt) veranschaulichen, die dem anderen Ende des Spektrums religiös-politischer Widerstandstandsformen zuzurechnen sind.

Erstens erfanden nicht die Sikarier den konspirativen Mord. Ihn gab es schon vorher überall. Sehr wohl aber erfanden sie den städtischen Terrorismus, wobei diese Bezeichnung keinen Anachronismus, keine Projektion von der Moderne auf die Antike darstellt. Den Schriften *Der Jüdische Krieg* (2.254-257) und *Jüdische Altertümer* (20.208-210) zufolge töteten die Sikarier hochrangige Juden, insbesondere Juden aus Hohepriesterfamilien, die mit der römischen Herrschaft kollaborierten. Sie ermordeten sie heimtückisch, inmitten einer Menge von Stadtbewohnern: »die Furcht vor ihnen verbreitete mehr Entsetzen als die Unglücksfälle selbst; jeder rechnete, als befände er sich auf einem Schlachtfeld, jederzeit mit seinem Tod«. Zweitens waren Feste ihre bevorzugten Aktionstage, nicht nur weil sie sich in der Menge verstecken, sondern auch weil sie mit ihren Aktivitäten die größte Publikumsaufmerksamkeit erzielen konnten.

Drittens erfanden sie auch das Kidnapping zum Zweck des Gefangenenaustausches: »[Sie] kidnappten den Schreiber des Hauptmanns [des Tempels] Eleazar, Sohn des Hohenpriesters Ananias, und führten ihn in Fesseln fort. Sie ließen Ananias wissen, dass sie ihm den Schreiber ausliefern würden, wenn er [den römischen Präfekten] Albinus dazu bewegen würde, zehn von ihren Leuten, die gefangen genommen waren, freizulassen.« Viertens führte dieser anfängliche Erfolg unweigerlich zu »größeren Unruhen«, da die Sikarier weiterhin Angehörige der Oberschicht kidnappten, um eigene Gefangene freizupressen. Wäre man ohne die genauen Beschreibungen, die Josephus in seinen Werken gab, auf die Idee gekommen, dass solche Strategien im Jerusalem des ersten Jahrhunderts angewandt wurden? Keiner dieser Punkte lässt sich als Beweis anführen für einen von den Hilleliten organisierten gewaltlosen Widerstand, der durch die Bereitschaft zum Märtyrertod unterstrichen wird. Deutlich wird jedoch, dass es nicht angemessen ist, alle möglichen Erfindungen voreilig der Moderne zuzuschreiben.

Masada und Qumran im Süden

Alle thematisierten Reaktionen auf die Imperialmacht sind in den heute noch greifbaren Zeugnissen aus jenem bewegten ersten Jahrhundert n. Chr. gegenwärtig. Wie aber steht es um die materiellen Überreste? Sie können die Aufmerksamkeit auf verlassene Orte, geschwärzte Steine, verkohlte Holzstücke, beschädigte Mauern, verweste Leichen, Pfeilspitzen, Lanzenschafte und zurückgelassene Waffen lenken. Es stellt sich jedoch die Frage, ob nur gewaltsame Revolten bleibende Spuren hinterlassen können. Im Folgenden sollen die Sikarier zunächst unter einer anderen Perspektive betrachtet werden. Anschließend ist zu klären, was aus archäologischer Sicht noch zu entdecken und interpretieren ist.

Die Sikarier in Masada

Der Aufstand der Juden gegen Rom endete etwa vier Jahre nach der Eroberung Jerusalems und der Zerstörung des Tempels im Jahr 70 n. Chr. und gut acht Jahre nach seinem Beginn im Jahr 66 n. Chr. auf den Felsen von Masada. Der gewaltsame Widerstand gegen die römische Vorherrschaft wurde an der Festungsanlage niedergeschlagen, die Herodes der Große etwa ein Jahrhundert zuvor in der Nähe des Toten Meeres hatte errichten lassen.

Erzählungen. Josephus zufolge hatten eine Gruppe Sikarier und ihre Familien in der Nacht, bevor die römischen Legionen Masada eroberten, Selbstmord begangen. Josephus erzählt die dramatische Geschichte dieser Menschen, welche die Festung zu Beginn des Aufstands eingenommen und dank großer Vorräte an Weizen, Wasser, Wein und Waffen zunächst überlebt hatten, am Ende aber den Entschluss fassten, sich lieber das Leben nehmen zu wollen, als von den Römer getötet zu werden. Jeder Mann tötete seine Frau und seine Kinder mit dem Schwert, zehn Männer, die zuvor dazu auserkoren worden waren, töteten die anderen Männer, und von den überlebenden zehn Männern wurde einer durch Losentscheid dazu bestimmt, die übrigen zu töten, die Gebäude und Wertgegenstände zu verbrennen und dann sein Schwert gegen sich selbst zu richten. So »wählten sie lieber den Tod als die Sklaverei« und setzten ihren Entschluss in die Tat um, »weder den Römern noch irgendeinem anderen außer Gott zu dienen«. Diese Formulierungen schrieb Josephus der dramatischen Rede ihres Führer Eleazar ben Yair zu.

Nachdem Yigael Yadin die Stätte in den Jahren 1963 und 1965 ausgegraben hatte, wurde Masada zu einer Metapher für den Staat Israel und »Nie wieder wird Masada fallen« zu einem nationalen Motto. Wie christliche Archäologen, ausgehend von konservativen theologischen Prämissen, häufig versuchen, aus den materiellen Überresten Erzählungen aus der Bibel zu verifizieren, versuchten israelische Archäologen, ihre nationale »Saga« auf den Bericht des Geschichtsschreibers Josephus über die Ruinen von Masada zu gründen.

Heute werden Yadins damalige Interpretationen jedoch stark in Zweifel gezogen. Der Massenselbstmord, der im Zentrum des Berichts steht, ist in ein kritisches Licht gerückt worden. Er wird mehrfach auch in anderen Werken von Josephus thematisiert und begegnet zudem in der griechisch-römischen Literatur. Problematisiert worden ist auch, dass Skelettüberreste voreilig den Sikariern zugeordnet wurden. Die Knochen eines Mannes, eines Kindes und einer Frau wurden zusammen mit etwa zwanzig Skeletten, die in einer Zisterne gefunden worden waren, im Rahmen eines feierlichen Staatsaktes begraben, obwohl es sich auch um Skelette von Römern handeln könnte, die den Ort bis zum Jahr 111 n. Chr. besetzt hatten. Weshalb sollten, so fragt der israelische Anthropologe Joe Zias, die Römer, die diesen Ort noch vierzig weitere Jahre besetzt hielten, verwesende Leichen im nördlichen Palast geduldet haben? Wie ist angesichts der Tatsache, dass die Darbringung von Opfergaben zur römischen Bestattungspraxis zählte, der Fund von Schweineknochen, die bei den Skelettüberresten in den Höhlen ebenfalls gefunden worden waren, zu erklären? Dies, aber auch der Umstand, dass nur Skelettteile und Gebissabdrücke von Raubtieren gefunden worden sind, legt den Schluss nahe, dass nicht die letzte Ruhestätte jüdischer Familien, sondern der zeitweilige Bau einer Hyänenfamilie freigelegt wurde, die an Knochen von der Begräbnisstätte der römischen Garnison nagten.

Nach der von Yadin vorgenommenen Ausgrabung wurde die Erzählung von Josephus auch sehr schnell in Verbindung mit *Ostraka*, als Schreibmaterialien verwendete Tonscherben, die in Masada freigelegt wurden, in Verbindung gebracht. Diese Scherben, auf denen jeweils nur ein einziger Name stand, wurden in der Presse als jene Lose dargestellt, die vor dem Selbstmord gezogen worden waren. Eine trug die Inschrift »Ben Yair«, die Eleazar ben Yair, dem Anführer der Sikarier, zugeordnet wurde. Die Sammlung bestand jedoch aus elf Teilen und einem weiteren fragmentarisch erhaltenen Teil, nicht aus zehn Teilen, entsprechend dem Bericht bei Josephus. Oben auf der Bergterrasse wurden mehr als siebenhundert Ostraka freigelegt, auf die auch Frauennamen, einzelne Buchstaben, Bezeichnungen für Nahrungsmittel und Notizen von Priestern eingeritzt waren. Die Ostraka gehörten zu dem Vorrat, den die Sikarier angelegt hatten. Man kann nicht einen Teil herausgreifen und die Scherben einfach als Lose, die in der letzten Nacht vor dem Massenselbstmord gezogen worden waren, deklarieren. Aus archäologischer Sicht entbehrt die Erzählung über den Massenselbstmord einer gesicherten Grundlage.

Ausgrabungen. Davon, dass die Erzählung die Ereignisse im Kern zutreffend schildert, zeugen dagegen zweifellos Überreste, die von Archäologen freigelegt worden sind: eine große römische Einheit von Legionären und Hilfstruppen belagerte und besiegte eine kleine Gruppe von Juden auf dem Felsgebirge von Masada gegen Ende des

*Masada, die Feldlager der Zehnten Legion und die römische Rampe (repro-
duziert mit Genehmigung der Israel Exploration Society).*

jüdischen Aufstands. Diese Fakten sind unbestreitbar. Noch heute
sind die Überreste einer Befestigungsmauer, die Masada umgeben,
und acht rechteckige bzw. quadratische Belagerungscamps zu
sehen. Die zwei Meter dicke Mauer, an deren Nordwestseite sich
zwölf Türme, die in unregelmäßigen Abständen angeordnet sind,
befinden, wurde von römischen Konstrukteuren der *Legio X Fretensis* errichtet. Sie sollte sicherstellen, dass die Sikarier nicht flüchten
konnten. Zwei sehr große Feldlager befanden sich an der West- und
der Ostseite des Gebirges. In Größe und Form waren sie mit den
klassischen Legionsfeldlagern vergleichbar. Sie waren umgeben von
kleinen Festungen und hatten in jeder Himmelsrichtung jeweils
einen Eingang. Wie eine römische Stadt in Miniatur wurden sie
durch zwei Hauptstrassen unterteilt und beruhten auf einer hierarchischen Struktur. In der Mitte befand sich das *praetorium*, das
Wohnhaus des Kommandanten, und die kleineren Wohneinheiten
für die Soldaten waren gitterförmig angeordnet.

   Die eindrucksvollsten Überreste gehören zu der massiven römischen Belagerungsrampe, die im Westen Masadas aufgeschüttet
worden war. Die steilen Klippen auf beiden Seiten des Berges und
die das Plateau schützende Kasemattenmauer machten Masada zu

einer nur schwer einnehmbaren Festung; am Osthang wand sich der Schlangenpfad hinauf, wenige Wachtposten reichten aus, um ein ganzes Heer zurückzudrängen. Herodes der Große hatte seine Festung mit einer Wasserauffang- und -speicheranlage ausgestattet; die Silos waren im Fall einer Belagerung gut gefüllt. Da die Römer dies wussten und die Verteidiger aushungern lassen und einen weiteren Aufstand verhindern wollten, begannen sie mit einer systematischen Belagerung, deren Kernstück die Rampe war, die etwa 200 Meter lang und 200 Meter am Fuß des Berges und ca. 77 Meter an der höchsten Stelle breit war. Holzgerüste gaben Felsbrocken, Steinen und zusammengepresster Erde Halt und sorgten für so viel Stabilität, dass eine Belagerungsmaschine mit einer Plattform für Katapulte und einem Schutzdach für einen Belagerungswidder nach oben befördert werden konnte.

An der Westseite sind in der Nähe der Rampe grob behauene, grapefruitgroße Wurfgeschosse, die von der römischen Artillerie nach oben katapultiert worden waren, gefunden worden. Dort wurden auch zahlreiche verstreut herumliegende eiserne Pfeilspitzen entdeckt. Die Verteidiger hatten vergeblich versucht, die Kasemattenmauer zu verstärken. In diese Mauer war eine Bresche geschlagen worden; damit bestand eine Möglichkeit, ins Innere der Festung zu gelangen.

Verteidiger. Aus archäologischer Sicht steht fest, dass die Römer ins Innere der Festung gelangten, den Sieg davon trugen und die Stätte bis ins folgende Jahrhundert hinein besetzten. Woher wüsste man, wenn nicht von Josephus, dass die Besiegten Juden waren? Lassen die ausgegrabenen Gegenstände den Rückschluss zu, dass es sich bei den Besiegten tatsächlich um Sikarier handelte? Vier verschiedene Arten von Funden, die oberhalb von Masada entdeckt wurden, sprechen dafür, dass sie Juden zuzuordnen sind: Ostraka, die Aufschlüsse über Reinheitspraktiken und den an Priester zu entrichtenden Zehnten geben, Becher und Kelche aus weichem Kalkstein, mit einer Treppe versehene, verputzte Tauchbecken, die als *Mikwen* bzw. Ritualbäder bezeichnet werden, und eine neu errichtete Synagoge.

Ostraka. Ostraka sind Tonscherben, die für schriftliche Notizen verwendet wurden. Die meisten der ausgegrabenen Ostraka befanden sich in Schichten, die mit den Verteidigern in Zusammenhang zu bringen sind. Die meisten der über siebenhundert Ostraka trugen Inschriften in aramäischer und hebräischer Schrift, wie sie gegen Ende der zweiten Hälfte des ersten Jahrhunderts christlicher Zeitrechnung gebräuchlich waren. Einige wenige trugen Inschriften in der paläohebräischen Schrift, die für Schriftrollen mit Texten aus der Bibel und Münzen verwendet wurde, die während des Aufstands geprägt wurden. Viele Scherben mit Inschriften in schwarzer Tinte sind in oder der Nähe von Lagerräumen gefunden worden und wurden mit einem einzelnen Buchstaben, der vielleicht die Funktion einer Ziffer hatte, oder einem Namen und einer einzelnen Ziffer, die vielleicht in irgendeiner Form eine Rolle bei der Bevorratung spielte, etikettiert. Die Namen stellen in bemerkenswerter Weise eine Verbindung zur Vergangenheit dar. Sie sind ausschließlich typisch jüdische Namen: Yehohanan, Yehuda, Tochter von Demali, Jakobs Frau, Sohn von Yeshua. Auf mehreren Scherben, die im Westpalast freigelegt wurden, sind Namen vermutlich von Priestern wie Yoezer, Yoshaya und Ezekia zu lesen. Krüge, die der Aufbewahrung von Lebensmitteln dienten, befanden sich an einem separaten, den Priestern vorbehaltenen Ort. Sie trugen Kennzeichnungen, die sie als für Reinheitspraktiken geeignete oder ungeeignete Gegenstände auswiesen: »Zehnter des Priesters« oder »für die Reinheit geheiligter Dinge geeignet« stand auf einigen dieser Krüge geschrieben. Andere waren ungeeignet, auf einigen wenigen stand »ausgemustert« oder »diese Krüge sind ausgemustert« geschrieben.

Steingefäße. Stein wurde in der rabbinischen Literatur besonders wegen seiner Schutzfunktion im Blick auf rituelle Unreinheit geschätzt. An jüdischen Orten in der Zeit zwischen dem ersten Jahrhundert vor und dem ersten Jahrhundert nach christlicher Zeitrechnung wurde er häufig zu Bechern, Krügen und flachen Schüsseln verarbeitet. In Masada wurden Steingefäße aus dem typisch weißen Kalkstein gefunden; darunter befanden sich auch Becher mit Henkeln und einige mit Schnäbel, die häufig als »Maßbecher« bezeichnet werden und relativ grobschlächtig mit der Hand hergestellt worden waren. Die auf einer Drehbank hergestellten Schüsseln waren glatt und wiesen einfache dekorative Riffelungen auf.

Ritualbäder. Es sind auch zwei Ritualbäder (*Mikwen*) im Gebäudekomplex freigelegt worden. Diese Anlagen mit einem Zugang über

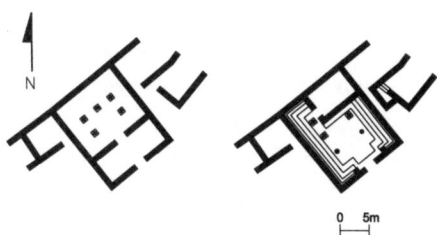

N

0 5m

Die Synagoge in
Masada, vorher und
nachher (nach Yadin).

eine Treppe gehörten nicht zu dem ursprünglichen Gebäudekomplex, den Herodes hatte errichten lassen, sondern waren in bereits vorher bestehende Räume eingebaut und mit einer dicken dunkelgrauen Putzschicht versiegelt worden. Auf Grund verschiedener jüdischer Münzen, auf denen das Jahr des Aufstandes angegeben war, sind sie eindeutig datierbar: »Jahr 1«, »Jahr 2«, »Jahr 3« oder »Jahr 4«. Es folgten Formulierungen wie »für die Freiheit Zions« oder »für die Erlösung Zions« in paläohebräischer Schrift. Jede Anlage bestand aus drei Becken. Ein Becken, das etwas von den beiden anderen Becken abgerückt war, wurde wahrscheinlich als Fußbecken bzw. als Becken benutzt, in dem man sich vor der rituellen Reinigung den Staub abwaschen konnte. Von den beiden anderen Becken besaß eines eine Treppe, auf der die Badenden hinabstiegen, um dann im Wasser einzutauchen. Das dritte war ein angrenzendes Sammelbecken, das mit dem Tauchbecken durch eine Röhre verbunden war. In dem Sammelbecken befand sich Regenwasser, »lebendiges Wasser«, wie es in Levitikus heißt. Durch den Zufluss gelangten kleinere Mengen Regenwassers in das Tauchbecken.

Synagoge. Der vierte Fund, der dafür spricht, dass die Verteidiger Juden waren, ist eine Synagoge an der im Westen gelegenen Kasemattenmauer. Die Synagoge war in einen zuvor bereits existierenden Raum gebaut worden. Die Trennwände im Inneren dieses Raumes waren herausgehauen, die Säulen neu platziert und an den Seiten waren Sitzbankreihen errichtet worden. Der im Nordwesten liegende Teil des Raumes war abgetrennt und diente möglicherweise zur Aufbewahrung von Schriftrollen, die zu alt waren, um noch genutzt werden zu können, und zu heilig, um weggeworfen werden zu können. In zwei unter dem Boden der Synagoge entdeckten Gruben waren Fragmente von Schriftrollen deponiert worden, die dank der klimatischen Verhältnisse bis zu ihrer Entdeckung erhalten geblieben waren. Diese zeugen davon, dass das Gebäude als Versammlungsstätte der Gemeinde gedient hat, an der u. a. Texte der religiösen Überlieferung gelesen und konsultiert wurden.

Ideale. Aus archäologischer Sicht ist nicht zu klären, ob die jüdischen Verteidiger tatsächlich Sikarier waren oder nicht. Die Funde geben jedoch sehr viel Aufschluss darüber, was es für sie bedeutete, Juden zu sein und für welche Ideale sie kämpften, lebten und starben. In diesem Zusammenhang sollte man sich noch einmal in Erinnerung rufen, wie der Palast konstruiert war, den Herodes der Große auf den Nordterrassen Masadas hatte errichten lassen. Dabei sollte man nicht nur an Details wie das *triclinium*, die Freskenmalereien und Mosaike denken, sondern auch an den architektonischen Gesamtplan, der seinem Entwurf von einem Königreich entsprach: ein rechtwinkliges Straßennetz, das seinem Interesse, Kontrolle auszuüben, entgegenkam und Strukturelemente enthielt, die der Festigung der gesellschaftlichen Hierarchie, an deren Spitze er selbst stand, dienten. Diese Motive waren in Caesarea anzutreffen, wurden in Masada aufgegriffen, wo Herodes darüber hinaus massive Festungsanlagen hatte errichten lassen, die einer langen Belagerung standhielten. Der Ort war am Ende, wie Herodes befürchtet hatte, belagert worden, schützte jedoch andere als die, die ursprünglich hier vor Feinden Sicherheit hatten finden sollen.

Herodes der Große hatte der Landkarte den Stempel *seines* Königreiches aufgedrückt, Jahre später hatten die jüdischen Verteidiger insofern *ihr* Gegenmodell in Masada realisiert, als sie den Gebäudekomplex umbauten. Die eleganten Paläste an der Nord- und Westseite wurden nicht mehr von einigen Familien bewohnt, sondern in Verwaltungszentren und Verteidigungsposten verwandelt.

Die Juden bewohnten andere, einfachere Gebäude. Sie errichteten zahlreiche primitive Trennwände, so dass gleichmäßig große Wohnunterkünfte entstanden. Auf dem gesamten Plateau zogen sie aus einfachen Steinen und Lehm, mit Segeltüchern, Korbgeflechten und Strohdächern abgedeckte Behausungen hoch, die wie Squattersiedlungen gewirkt haben mussten. Sie nutzten die Lagerräume von Herodes zur Verteilung von Lebensmitteln, was auf Ostraka festgehalten wurde. Bestimmte Gegenstände wurden nicht für Könige, sondern für Priester an einem separaten Ort bereitgestellt. An Stelle eines römischen *Basilika*gebäudes, in dem der Herrscher von der Apsis aus Reden hielt und Urteile fällte, bauten sie eine Synagoge mit umlaufend angeordneten Sitzreihen, von denen aus jeder jeden beobachten konnte. Wo Wasser vorher zum Vergnügen und zum Baden im römischen Stil benutzt worden war, bauten sie *Mikwen*. Rituelle Reinigung wurde als leibhaftige Erinnerung daran vorgenommen, dass in einem Land, das der Thora zufolge Gott gehörte, sich seine Gegenwart auf alle Bereiche des Lebens erstreckte.

Die in der Synagoge entdeckten Fragmente von Schriftrollen gehörten zum Deuteronomium und zu Ezechiel. Dass es sich dabei um diese Texte handelte, halten wir deshalb für einen Zufall, weil andere Schriftrollen in Räumen gefunden wurden, die ganz in der Nähe lagen. Dennoch verweisen diese beiden Bücher in gewisser Weise auf die Programmatik des Aufstandes. Das Deuteronomium wiederholt die Forderungen des mosaischen Gesetzes hinsichtlich des Lebens im Land. Es enthält unter anderem ein System gegenseitiger Kontrolle zur Gewährleistung einer gerechten Aufteilung des Landes und seiner Erzeugnisse und die Aussage, dass das Land Gott gehörte und dass alle seine Bewohner nur, wie es in Levitikus formuliert ist, Fremde und Halbbürger waren. Herodes der Große hatte Wein aus Italien nach Masada importieren lassen und war davon überzeugt, dass dieses Getränk den Luxusbedürfnissen des Adels entsprach, dagegen prüften die jüdischen Verteidiger ihren Wein auf seine Eignung für Priester hin und verteilten mit Hilfe beschrifteter Tonscherben Getreide.

Ezechiel, das erste nachexilische Prophetenbuch endet mit einer detaillierten Offenbarung des neuen, großen Tempelkomplexes, in dem Königen nur eine geringe Bedeutung zukam und Priester an ihrer Stelle regierten. Herodes der Große rückte sich selbst und Rom an die Spitze der sozialen Hierarchie; die jüdischen Verteidiger hofften auf die Befreiung Zions und seine Erlösung durch Gott. Die in Masada freigelegten Funde zeugen von einem Aufeinandertreffen unterschiedlicher Königreichmodelle. Dem herodianisch-römischen, kommerziellen Königreichmodell stand das jüdische, am Bund mit Gott orientierte gegenüber. Unterschiede zwischen diesen Modellen sind bereits in Kapitel 2 und 3 zur Sprache gekommen.

Die Essener in Qumran

Stellte Gewalt die einzige Möglichkeit dar, sich der römischen Herrschaft zu widersetzen und gegen Fremdeinflüsse zu protestieren, oder wurde der Kampf als interner Zersetzungsprozess wahrgenommen? Die nördlich von Masada ausgegrabene Siedlung Chirbet Qumran am Nordwestende des Toten Meeres und die Schriftrollen vom Toten Meer, die in nahe gelegenen Höhlen entdeckt worden waren, zeigen eine Alternative zum gewaltsamen Widerstand auf.

Forschungsdebatten. Kurz nach der Entdeckung der Schriftrollen wurden zwischen 1951 und 1956 unter der Leitung von Roland de Vaux von der *Ecole Biblique et Archéologique* in Jerusalem zwischen 1951 und 1956 die Überreste eines klösterlichen Zentrums ausgegraben. Die Siedlung wurde von Mitgliedern der jüdischen Sekte der Essener bewohnt, die aller Wahrscheinlichkeit nach die Schriftrollen vom Toten Meer angefertigt und kopiert haben. Diese Sekte ist durch Schriften des jüdischen Geschichtsschreibers Josephus, des jüdischen Philosophen Philo und des römischen Autors Plinius bekannt. De Vaux starb 1971, ohne einen abschließenden Bericht veröffentlicht zu haben. Da auch andere Autoren einen solchen Bericht bis heute nicht verfasst haben, sind einige Einzelheiten zur Besonderheit der Schichtung umstritten. Fraglich sind insbesondere das Datum der Gründung Qumrans, die ursprüngliche Funktion dieser Siedlung, der Zeitpunkt, zu dem die Siedlung in eine Klosteranlage umgebaut wurde, das Ausmaß von Erdbebenschäden, ungeklärt ist auch, wie lange die Stätte in der zweiten Hälfte des ersten Jahrhunderts vor christlicher Zeitrechnung verlassen war und ob es in der ersten Phase der Besiedlung Tieropfer gegeben hat oder rituelle Mahlzeiten eingenommen wurden.

Ausgrabungen. Ungeachtet dieser offenen Fragen ist festzustellen, dass die Siedlung gegen Ende der Regierungszeit Herodes' des Großen und bis zu ihrer Zerstörung durch römische Legionen im Jahr 68 n. Chr. zweifellos als Gemeindezentrum einer Sekte diente. Möglicherweise war die Siedlung ursprünglich als befestigtes Landgut Ende des zweiten oder Anfang des ersten Jahrhunderts vor christlicher Zeitrechnung erbaut worden. Gegen Ende der Regierungszeit Herodes' des Großen, war sie in eine Klosteranlage umgewandelt worden. Sie befand sich an einem entlegenen Ort, gut eineinhalb

*Die Wohnanlage
der Essener in
Chirbet Qumran
(nach Doncell).*

Kilometer vom Toten Meer entfernt, grenzte im Westen an Felsklippen und im Süden an ein *Wadi,* ein tiefes Flussbett, das nur in der Regenzeit Wasser führte. Die Stätte zeugt von einer ungewöhnlichen Architektur, zur der es an anderen Orten keine engen Parallelen gibt. Hinter den Mauern, die den Komplex umgrenzten, befanden sich verschiedene Wasseranlagen wie Reservoirs und verputzte, mit Treppenstufen versehene Becken. Es gab auch Gebäude mit großen Räumen, eine Töpferwerkstatt mit einem Brennofen, eine Küche, ein *Refektorium,* ein *Skriptorium* und einen Raum, in dem die Schriftrollen kopiert wurden.

Schriftrollen. Unter dem Schutt eines zweiten Fußbodens, der einstürzte, als der Ort zerstört wurde, entdeckte man Überreste von langen, schmalen Tischen, ein Tintenfass aus Bronze und mehrere Tintenfässer aus Terrakotta. Auf Grund dieser Funde konnte der Raum als Skriptorium identifiziert werden. Auf den Tischen wurden vermutlich die langen Schriftrollen ausgebreitet und Spalten und Zeilen mit einem scharfen Gegenstand markiert. In einem der Tintenfässer fanden sich noch Spuren der Tinte, die aus einer Mischung aus Ruß, Harz und Öl hergestellt und für die Aufzeichnung der Texte benutzt worden war. In der Nähe befanden sich Pergamentfragmente und Tonscherben mit Aufzeichnungen in unordentlich geschriebenen Buchstaben, bei denen es sich wahrscheinlich um stichprobenartige Aufzeichnungen von Schreibern handelte, die, als sie mit ihrer Tätigkeit begannen, zunächst ihre Federn ausprobierten und Schreibübungen machten.

Die Essener von Qumran haben möglicherweise ihr Pergament selbst hergestellt. In einem anderen, etwa 3 Kilometer entfernt gelegenen Gebäudekomplex wurden Gegenstände gefunden, die auf Viehhaltung hindeuten. Verputzte Becken und Röhren könnten in einer Gerberei, in der die Tierhäute weiter verarbeitet wurden, benutzt worden sein. Dort wurden mehrere Lederriemen und Schildchen, mit denen die Schriftrollen zusammengebunden und etikettiert wurden, gefunden.

Tonwaren. Die Essener haben ihre Tonwaren offenkundig selbst hergestellt. Neben einem Brennofen und einer Töpferwerkstatt wurden auch zahlreiche vollständig erhaltene oder reparaturfähige Tongefäße freigelegt. Über tausend befanden sich in einer Vorratskammer in der Nähe eines Raumes, der vermutlich das *Refektorium* war. Auffällig ist die durchgängig einfache, grobe Verarbeitung der Platten, Schüsseln und Kelche in einem rötlichen Orangeton; andere Servierwaren sind an diesem Ort nicht ausgegraben worden. Bezeichnenderweise befinden sich keine importierten Waren hoher Qualität darunter. Allerdings wurden unter den Tonwaren in der Nähe der Höhlen zahlreiche Exemplare einer ungewöhnlichen Variante gefunden, die an keinem anderen Ort entdeckt wurde: Krüge, in denen sich Schriftrollen befanden. Im Unterschied zu den bauchigen Krügen, in denen Wasser, Wein oder Öl aufbewahrt wurden, wiesen diese Krüge eine längliche Zylinderform auf.

Finanzen. Zwei Funde lassen gewisse Rückschlüsse auf die finanziellen Ressourcen der Gemeinschaft zu. Erstens entdeckte de Vaux in dem zentralen Verwaltungsgebäude 561 Silbermünzen, die in drei Töpfen versteckt waren. Bei den Silbermünzen handelte es sich fast ausnahmslos um tyrische *Vierdrachmenstücke*, die im Heimatland der Juden am verbreitetsten waren, aber auch um die erforderliche Münze für die Tempelsteuer in Höhe eines halben Schekels. Vielleicht sammelte die Gemeinschaft die Münzen für eine fällige Steuerzahlung, vielleicht zahlten aber auch die neuen Mitglieder Qumrans den entsprechenden Betrag stattdessen an die Gemeinschaft, weil sie die Tempelverwaltung zu jener Zeit für korrupt hielten. In jedem Fall jedoch handelte es sich um einen hohen Geldbetrag.

Zweitens wurde in der Nähe ein Ostrakon gefunden, dessen Inschrift wie der Entwurf einer Urkunde aussieht, der beinhaltet, dass eine Person ihren Besitz der Gruppe überlässt. Gab es in der Gemeinschaft Wohlstand und Besitztümer? Ja, aber über diese verfügte die Gemeinschaft; Wohlstand und Besitztümer dienten nicht der öffentlichen Zurschaustellung und wurden nicht dazu instrumentalisiert, Unterschiede zwischen den Gemeinschaftsmitgliedern entstehen zu lassen. Rom, Herodes und seine Nachfolger hatten eine Vorliebe für Fassaden an Gebäude und stellten ihren Reichtum als Indikator ihres gesellschaftlichen Status öffentlich zur Schau. Im Gegensatz zu ihnen errichteten die Essener von Qumran, obwohl sie über einigen Wohlstand verfügten, keine Fassaden und protzten auch in anderer Form nicht mit ihrem Vermögen.

Leben. In dem Gebäudekomplex befanden sich alle möglichen Räume, nur keine, die Schlafgelegenheiten boten. Hinweise auf Schlafgelegenheiten fand man in Höhlen entlang der Klippen. Dort wurden viele dicke Metallnägel, die vermutlich von den Sandalen der Gemeindemitglieder stammten, entdeckt. Auch andere Gegenstände wie Kämme, Öllampen, Tonwaren, die gleicher Art wie die in dem Gebäudekomplex benutzten waren, ein Zeltmast und sogar *mezuzot*, kleine, an den Eingängen angebrachte Schaukästen mit Versen aus dem Deuteronomium deuten darauf hin, dass die Gemeindemitglieder in der Nähe, aber nicht im Gebäudekomplex selbst schliefen.

Wichtige Hinweise auf die Lebensweise der ein- bis zweihundert Bewohner Qumrans liefern jedoch nicht nur die Schriftrollen. Sie schliefen in Höhlen, Zelten oder Hütten, strebten nach Autarkie, pflanzten Getreide auf einem nahe gelegenen Plateau und Datteln in einer ebenfalls nahe gelegenen Oase und hüteten Ziegen. Sie stellten ihre eigenen Ton- und Lederwaren sowie Pergament her. Sie führten ein einförmiges, einfaches, bescheidenes Leben. Während Herodes im Norden und Süden Lustpaläste hatte errichten lassen, wies Qumran keine äußeren Zeichen des Wohlstands auf. Die Essener benutzten für den Bau ihrer Häuser vorwiegend Bauschutt und nur wenige vierseitig behauene Steine, ihre Fußböden wiesen keine Mosaike auf, ihre Wände keinen Putz und keine Freskenmalereien. Die Essener stellten keine importierten oder andere Luxusartikel öffentlich zur Schau. Zwar wurden einige wertvollere Steingefäße, die auf größeren Drehbänken hergestellt worden waren, entdeckt; für diese Gefäße gaben die Essener Geld aus, aber nicht, weil sie dem

Luxus frönen, sondern weil sie im Einklang mit ihren Reinheitsgeboten leben wollten.

Rituale. Trotz der Wasserknappheit und der Schwierigkeiten, es zu ihrem Ort zu befördern, legten sie besonderen Wert auf rituelle Reinigungen, aber auch auf gemeinsam eingenommene Mahlzeiten. Überall in der judäischen Wildnis waren die Menschen auf eine Wasserauffang- und -speicheranlage angewiesen. Die Bewohner Qumrans hatten allerdings eine besonders hochentwickelte Anlage. Ein Staudamm fing nach den sintflutartigen Regenfällen, zu denen es im Winter gelegentlich kam, das Wasser von dem nahe gelegenen *Wadi* auf, das über Kanäle, die in den Kalkstein gemeißelt worden waren, in den Gebäudekomplex gelangte. Neben den Reservoirs, die in den heißen Sommermonaten das Überleben sicherten, wurden auch rund zwölf *Mikwen* freigelegt, darunter einige der größten, die jemals entdeckt wurden. Zwei relativ große *Mikwen*, die sich an Eingängen befanden, boten sehr vielen Menschen die Möglichkeit, sich häufig zu reinigen. Über zwölf Stufen führten in ein geräumiges Becken an der Südseite hinab, wobei der unreine Abstieg vom reinen Aufstieg separiert erfolgte. Die Badenden standen vermutlich oben Schlange und warteten, bis sie an der Reihe waren. Texten auf den Schriftrollen zufolge reinigten sich die Angehörigen der Gemeinschaft vor dem täglichen »reinen Mahl«.

Die Mitglieder saßen, einigen ihrer Texten nach zu urteilen, schweigend auf geflochtenen Bodenmatten zusammen, um das »reine Mahl« einzunehmen. Eine Weizenmühle, ein Backofen und ein Raum mit fünf Feuerstellen stellten sicher, dass viele Gemeinschaftsmitglieder gesättigt werden konnten. Essen bedeutete ein gerechtes Teilen der Nahrungsmittel. Wichtig war, was, wie und mit wem gegessen wurde. Gleichzeitig verwies das Essen symbolisch auf das Leben und die Hoffnungen der Essener. Das Mahl war nicht nur äußerlich rein, weil sie sich selbst zuvor gereinigt hatten, sondern auch innerlich, weil Gott im Gemeinschaftsmahl, das von *seiner* Nahrung bestritten wurde, gegenwärtig war.

Feinde. Einige der gefundenen Texte lassen das Missfallen der Essener an jenen erkennen, die den Tempel verwalteten. Sie berichten, dass sich die Essener auf den endgültigen Sieg Gottes über die amtierenden Usurpatoren vorbereiteten. Bereits vor der Ankunft der

Römer hatten sie sich von jeglicher Beteiligung am Geschehen im Tempel und vom Kalender der Hohenpriester in Jerusalem distanziert. Im Gegensatz zu den Hasmonäern lehnten sie die Vereinigung des Königs- und das Priesteramtes in einer Person als illegitim ab. Unter den Herodianern und Römern, die Hohepriester ernannten und wieder entließen, als seien sie kleine Beamte, wurde die Frage der Legitimität auch nicht befriedigender gelöst. Die den Essenern Qumrans verhassteren Gegner waren jedoch die Hohenpriester in Jerusalem, nicht die römischen Besatzer.

In ihren sektiererischen Schriften rückten sie die Römer nicht in ein besonders ungünstiges Licht, auch wenn sie sich gleichzeitig in der so genannten *Kriegsrolle* auf den endgültigen Kampf gegen sie vorbereiteten. Dieser sollte am Ende der Tage, wenn die Söhne des Lichts, die Mitglieder der Gruppe, auf die Söhne der Finsternis, die Römer (Codename *kittim*), treffen würden, stattfinden. Letztlich kam es tatsächlich zu einem Kampf gegen Rom, als der römischer Feldherr und zukünftige Kaiser Vespasian im Frühsommer des Jahres 68 n. Chr. auf seinem Marsch nach Jerusalem durch ihr Gebiet zog. Der letzte Kampf der Essener Qumrans endete jedoch nicht so, wie sie sich es in der *Kriegsrolle* vorgestellt hatten. Was de Vaux als Phase II des Ortes bezeichnet hatte, endete in einer völligen Zerstörung. Pfeilspitzen der Römer lagen überall am Ort verstreut herum. In einem letzten Verzweiflungsakt versteckten die Essener ihre heiligen Schriften in den benachbarten Höhlen, wo sie erst 1947 entdeckt werden sollten.

Yodefat und Gamla im Norden

Die im Süden gelegenen Orte Masada und Qumran reagierten aus sehr unterschiedlichen Gründen in sehr unterschiedlicher Form auf die römische Besatzungsmacht. Beide Orte wurden zerstört, der eine zu Beginn, der andere am Ende des Jüdischen Krieges von 66–74 n. Chr. Die im Norden gelegenen Orte Yodefat und Gamla repräsentieren den gleichen Typ eines erfolglosen Widerstands gegen die römische Besatzungsmacht zu Beginn dieses Krieges.

Die meisten Juden in Galiläa und im Golan widersetzten sich der römischen Vorherrschaft. Als die Feindseligkeiten ausbrachen und deutlich wurde, dass die Römer ihre Gegner wahllos niedermetzeln wollten, ergriffen die Galiläer die Flucht, um ihre Orte zu befestigen. Die Galiläer hatten als erste unter dem Zorn der Römer zu leiden, nachdem Vespasian und sein Sohn Titus im Jahr 67 n. Chr. die Legionen und Hilfstruppen am Hafen von Ptolemais formierten und dann ins Binnenland zogen. Zwei der Städte, die von den Römern im selben Jahr zerstört wurden, Yodefat und Gamla, sind nie wieder neu besiedelt worden. Archäologische Funde, die in jüngerer Zeit freigelegt wurden, dokumentieren, wie selbstmörderisch ihre Auflehnung war. Die Topografie bot beste Verteidigungsmöglichkeiten. Die untergaliläische Stadt Yodefat liegt auf einer Anhöhe, die nur von einer Seite aus leicht zu erreichen ist. Gamla ist ebenfalls nur aus einer Richtung leicht erreichbar.

Josephus berichtet von den Kämpfen, die in den beiden Orten stattgefunden haben. In Yodefat unterstützte er die Juden als Anführer und Übersetzer, bevor sich diese den Römern ergeben mussten. Seine Texte zeugen von zahlreichen mutigen Reden, heroischen Taten und tragischen Selbsttötungen. Auf Grund der archäologischen Ausgrabungen lassen sich die Eroberung und Zerstörung der Städte auf anschauliche Weise rekonstruieren. In beiden Städten versuchten die Bewohner und Flüchtlinge aus den umliegenden Dörfern die Mauern an ihren empfindlichsten Stellen zu befestigen.

In Yodefat wurde eine Mauer mit einem Turm, der auf die Hasmonäische Zeit zu datieren ist, verlängert und verstärkt. Jene frühen hasmonäischen Siedler hatten direkt auf dem Muttergestein in verschiedenen Lagen aus behauenen Kalksteinquadern einen massiven Turm mit einer Fläche von 9 zu 11 Metern gebaut. Die größten Quader waren fast zwei Meter lang. Die alten Mauern an der Norwestseite des Turmes waren weniger stabil, an einigen Stellen sogar baufällig. Sie wurden kurz vor dem römischen Angriff neu errichtet. Die Verteidiger bauten nicht auf das Muttergestein, sondern auf dem Kalksteinsplitt der ursprünglichen Mauer eine Kasemattenmauer. Sie verwendeten als Füllmaterialien Erde und Steine sowie Überreste aus der früheren Mauer. Diese Materialien verliehen dem Bauwerk keine große Stabilität. Die Außenmauer der Kasematte war fast 2 Meter dick. In einem der Innenräume waren noch kurz vor dem Angriff der Römer Feld- und Bruchsteine aufgestapelt worden.

In Gamla wurde ein großer runder Turm auf dem Bergkamm mit der »Verteidigungsmauer« entlang des Berghangs verbunden. Diese

Mauer bestand lediglich aus einer Reihe von Häusern, die am Stadtrand lagen, deren Außenräume mit Schutt aufgefüllt worden waren. Die Vorderfront dieser Mauer war stabiler. Sie bestand aus grob behauenen Basaltsteinen und unbehauenen Bruchsteinen, hinter deren Zwischenräumen größere Basaltrollsteine aufgeschichtet worden waren.

Die Mauern in Yodefat und Gamla waren den gut ausgebildeten Legionen Vespasians und seines Sohnes, die zunächst die Schwachstellen ausfindig machten, dann eine Belagerungsmaschine nach oben beförderten und schließlich zur Vorbereitung des Angriffs der Infanteristen eine Bresche schlugen, nicht gewachsen. In Gamla ist die Bresche noch heute sichtbar. Sie befindet sich rechts neben der Synagoge, deren Außenräume einen Teil der Mauer bildeten. In den Ruinen beider Städte wurden zahlreiche Gegenstände entdeckt, die auf die Kämpfe hindeuteten. In Gamla entdeckten Archäologen über sechzehntausend Pfeilspitzen, mehrere Bolzenspitzen von großen Katapulten und über tausend runde Basaltsteine, die den römischen Angreifern als Wurfgeschosse gedient hatten. In Yodefat wurden insgesamt weniger Gegenstände gefunden, vor allem jedoch an der Nordwestseite der Mauer, an der Josephus zufolge die Römer eine Bresche in die Mauer geschlagen hatten. In Gamla entdeckte man an der Innenseite der Stadtmauer Steine, welche die Verteidiger zusammengetragen hatten, um sie am folgenden Tag als Wurfgeschosse zu verwenden.

Nach der Zerstörung der Stadt hinterließen die Legionen Teile ihrer Rüstungen, Nägel von ihren Stiefeln, den Wangenschutz eines versilberten Helms, die vergoldete Spitze einer Schwertscheide und Nadeln von *fibulae*, mit denen ihre Tuniken in Form gehalten wurden. Die Sieger teilten die Kriegsbeute unter sich auf und ließen keinen einzigen wertvollen Gegenstand zurück. Moti Aviam von der *Israel Antiquity Authority,* unter dessen Leitung die Ausgrabungen in Yodefat stattfanden, entdeckte, dass die Verteidiger etwas Bemerkenswertes zurückgelassen hatten: auf einer kleinen Steinplatte war ein Krebs und ein Mausoleum eingezeichnet worden; der Krebs steht vermutlich für das Sternzeichen Krebs, das Mausoleum verweist auf den Tod. Einem Interpretationsvorschlag Aviams zufolge bedeuten die Piktogramme eines des Schreibens unkundigen Verteidigers, der die Hoffnung aufgegeben hatte: »Im Juli sterbe ich.«

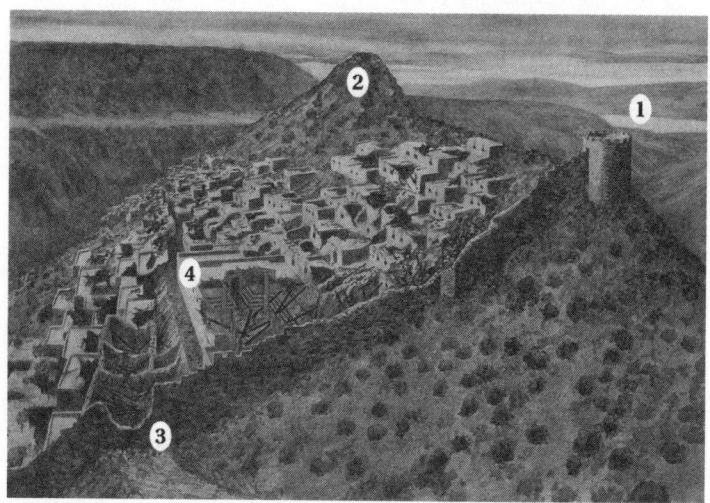

Rekonstruktion der zerstörten Stadt Gamla. Die Bewohner Gamlas hatten gegen die römischen Legionen keine Chance. Die Mauer der jüdischen Stadt waren im Jahr 67 n. Chr. niedergerissen worden. Gamla mit dem Galiläischen Meer in der Ferne (1) erhebt sich aus den umliegenden Tälern des Golan wie ein Kamelhöcker (2), von dem es auch seinen Namen hat. Jüdische Flüchtlinge, die sich vor den Römern in Sicherheit zu bringen suchten, ließen die Bevölkerungszahl ansteigen. Obwohl Gamla erbitterten Widerstand leistete, gelang es Titus und seinen Soldaten, eine Bresche in die Mauer zu schlagen (3) und die Bewohner zu besiegen. Bei Ausgrabungen wurden mehrere hundert römische Wurfgeschosse und mehrere tausend Pfeilspitzen in der Nähe der Bresche gefunden, die sich unweit einer der wenigen freigelegten Synagogen aus dem ersten Jahrhundert befand (4). Die Sitzbänke waren in Reihen angeordnet, und in der Nähe des Eingangs befand sich es ein Ritualbad.

Wurden jüdische Reinheitsrituale als Waffen im Widerstand gegen Rom eingesetzt? Die Mauern waren instabil und stellten keine nennenswerten Hindernisse dar. Die Römer hatten eine leistungsstarke Artillerie und gute Bogenschützen. Sie waren im Unterschied zu den Juden gut ausgebildet, gut organisiert, gut entlohnt und gut ernährt. Die Juden müssen jedoch entschlossen gewesen sein und zumindest etwas Hoffnung gehabt haben, sich erfolgreich gegen Rom auflehnen zu können. In ihren Häusern wurden viele Steingefäße und in der Siedlung wurden zwei *Mikwen* freigelegt. Selbst nachdem sie Jahrzehnte unter herodianischer und römischer Herrschaft gelebt hatten, erinnerten die Mikwen sie daran, dass Gott in ihrem Leben gegenwärtig war, und ermutigten sie, sich gegen die Besatzungsmacht zu erheben. Das Land gehörte schließlich Gott, nicht den Römern.

Wahrung der Identität als Form eines verdeckten Widerstandes

Yodefat, Gamla, Masada und Qumran wurden, wie ausgeführt, auf ähnliche Weise zerstört. Die Ereignisse in Masada waren spektakulär und dramatisch. Die archäologischen Funde und die Schriften von Josephus lassen Rückschlüsse auf die kämpferischen Auseinandersetzungen zu. Sie zeugen davon, dass Eleazar heroische Reden hielt, dokumentieren, dass die Sikarier gefürchtete Stadtterroristen waren, Masada die am schwersten einnehmbare Festung und die römischen Konstrukteure technische Meisterleistungen vollbrachten. In Masada spielten auch Reinheitsvorstellungen eine wichtige Rolle. Die Bewohner Qumrans führten ein asketisches, frommes Leben. Die archäologischen Funde und die Texte auf den Schriftrollen vom Toten Meer erzählen von einem Rückzug aus dieser Welt, von dem Gemeinschaftsleben, der Zurückweisung von Fremdeinflüssen und dem Kampf zwischen den Söhnen des Lichts und den Söhnen der Finsternis. Auch in Qumran spielten Reinheitsvorstellungen eine wichtige Rolle. Stellten Gewalt und Rückzug aus dem Leben die einzigen Möglichkeiten dar, Widerstand gegen die römische Vorherrschaft zu leisten?

Das Leben war auch in der Antike facettenreich. Seine Beschreibung entzieht sich einer bloßen Kontrastierung zwischen Schwarz und Weiß. Dank der geografischen Lage Masadas und Qumrans und des trockenen Klimas sind zahlreiche Gegenstände, einschließlich der Schriftrollen, die in einer feuchten Umgebung zerfallen wären, bis heute erhalten geblieben. Yodefat und Gamla wurden seit dem ersten Jahrhundert nicht wieder neu besiedelt. Auch dort bereiteten archäologische Ausgrabungen wenig Probleme. In Galiläa regnet es mehr, der Boden ist feuchter, viele Orte wurden neu besiedelt und frühere Baumaterialien wiederverwendet. Dort ist weniger erhalten geblieben, vieles davon nur teilweise. Die archäologischen Schichten sind komplexer. Komplex war auch das Leben der Galiläer unter Herodes dem Großen wie unter Herodes Antipas, den Klientelkönigen der Römer, und unter direkter römischer Herrschaft. Gewaltsamer Widerstand und Rückzug aus diesem Leben stellten nur Extrempositionen dar. Die meisten Galiläer entschieden sich für einen Mittelweg, der im Folgenden durch Beispiele aus zwei unterschiedlichen Ausgrabungskontexten veranschaulicht werden soll: Sepphoris in der Zeit vor dem Jüdischen Krieg und die Verwendung von Steingefäßen sowie die Benutzung von *Mikwen* in ganz Galiläa.

Sepphoris als Friedensstadt

Zu Beginn seiner Herrschaft ließ Herodes Antipas, wie bereits näher ausgeführt, zunächst Sepphoris umbauen, später gründete er Tiberias. Einheimische jüdische Eliten spielten bei der Errichtung seines Königreichs eine zentrale Rolle. Er selbst behielt eine wesentlich vom Judentum geprägte Mentalität bei. In seinen Städten gab es weder Statuen noch Bilder. Auf seinen Münzen war im Gegensatz zu denen seines Bruders Philippos, der eine vorwiegend heidnische Bevölkerung regierte, nicht sein Profil abgebildet. Antipas drückte seinen Städten den Stempel der römischen Architektur auf, und einige wohlhabendere Bewohner dieser Städte oder größerer Dörfer adaptierten in ihren Häusern römische Stilelemente. Sie übernahmen die römische Architektur jedoch in moderaterer Form als Herodes in Caesarea. Antipas brachte für sein Amt als römischer Klientelkönig in Galiläa günstige Voraussetzungen mit. Er war in Rom erzogen worden. Als Jude war er mit der traditionellen jüdischen Religion vertraut. Er scheint ein feines politisches Gespür gehabt zu haben, denn er übte Kontrolle über seine Untertanen aus, ohne ihnen gleichzeitig seinen Respekt zu versagen.

Einige später in Sepphoris geprägte Münzen dokumentieren, dass die städtischen Führer die von Antipas betriebene Politik fortsetzten. Während des Jüdischen Krieges ließ die Stadt Bronzemünzen prägen. Auf der einen Seite war ein doppeltes, gekreuztes Füllhorn, ein typisch jüdisches Fruchtbarkeitssymbol, zu sehen, auf der anderen Seite befand sich in großen Lettern *Caesar Nero Claudius*, also ein Name und nicht eine Abbildung. Darin kamen sowohl eine romfreundliche Haltung als auch der Respekt vor dem Bilderverbot der Thora zum Ausdruck. Die Legende war in einem unterwürfigeren

Ton verfasst: »Unter Vespasian, in *Eirenopolis – Neronias – Seppho-ris*«. Die aus dem Jahr 68 n. Chr. stammende Münze kündigte mit den neu hinzugefügten Worten *Neronias* nach dem Kaiser Nero und *Eirenopolis*, dem griechischen Wort für »Friedensstadt«, die Weige-rung, sich gegen Rom aufzulehnen, an. Dieselbe griechische Inschrift findet sich, umgeben von einem Kranz, auf einer anderen Prägung aus gleichen Jahr. Auf der anderen Seite ist nicht die Abbil-dung des Kaisers zu sehen, stattdessen in großen lateinischen Let-tern »S« und »C« für »S [enatus] C[onsulto]«, auf Beschluss des römi-schen Senats. Diese Münzen wiesen keine bildlichen Darstellungen auf und waren in diesem Sinn typisch jüdisch, obgleich sie vorwie-gend griechische Inschriften trugen und eine Verbeugung vor der römischen Herrschaft signalisierten. Herodes Antipas bewies im Umgang mit seinen Untertanen ein feines politisches Gespür, und auch die späteren Stadtregenten von Sepphoris waren klug genug, keinen abweichenden Kurs einzuschlagen. Sie verbeugten sich vor Nero und Vespasian, ohne gleichzeitig Münzen prägen zu lassen, die das religiöse Empfinden der Juden hätte verletzen können.

Nicht nur Münzen, sondern auch andere Gegenstände, die unter der Leitung von Eric und Carol Meyer ausgegraben wurden, spre-chen dafür, dass sich Sepphoris der römischen Herrschaft fügte. In den Jahren zwischen 1993 und 1997 legten sie in der Nähe der Akropolis die Überreste einer Festung frei, die etwa in der Zeit des Jüdischen Krieges systematisch verfüllt und planiert worden war. Die Festung wurde um das Jahr 100 v. Chr. erbaut, als jüdisch-has-monäische Herrscher Sepphoris zu einem wichtigen Stützpunkt im neu eroberten Galiläa machten. Sepphoris entwickelte sich wohl zu einer größeren Siedlung, aber die beeindruckenden Mauern der Fes-tung blieben für etwa zwei weitere Jahrhunderte an der Stelle, an der sie errichtet worden waren. Ausgegraben wurden sieben Mauern, die direkt auf dem Muttergestein errichtet worden waren. Drei ver-liefen in nordsüdlicher, vier in ostwestlicher Richtung.

Die Funde im Inneren der Festung entsprechen den Erwartungen: eine Zisterne für die Wasserversorgung, zahlreiche kleine Mün-zen, welche Soldaten vermutlich verloren hatten, einige Pfeilspitzen in den Ecken und zwei Wurfgeschosse an einer Mauer. Das Bauwerk selbst ist nicht allzu bemerkenswert. Was die Archäologen jedoch zunächst irritierte, war die Art, in der die Festung verlassen worden war. Nichts spricht für ein Feuer, eine Zerstörung oder einen Einsturz. Die Räume schienen aufgeräumt und gefegt worden zu sein. Die Mauern waren akribisch auf dieselbe Höhe abgetragen worden, dann wurde der gesamte Bereich aufgefüllt und planiert. Schmutz, kleine Steine und Tausende Tonscherben, die sich an einigen Stellen 2 Meter hoch stapelten, waren dort in einer umfangreichen Erdbewegungsarbeit abgeladen worden.

Wann und warum wurde die Festung abgetragen? Die späteste Münze, die in dem Schüttmaterial gefunden wurde, eine Münze von Herodes Agrippa II., stammt aus dem Jahr 53 n. Chr. Die Festung kann also nicht früher verfüllt worden sein. Die Tonscherben können zur Ermittlung des spätesten Auffüllungstermins herangezogen werden. Dieser Termin ist weniger genau bestimmbar; vermutlich erfolgte die Auffüllung um das Jahr 70 n. Chr., da verschiedene Typen von Kochtöpfen und Schüsseln an diesem Ort (und anderen galiläischen Orten) erst nach dem Aufstand im Jahr 70 n. Chr. aufkamen. Weshalb hatten die Einwohner von Sepphoris die Festung in ihrer Stadt in der Zeit zwischen 53 und 70 n. Chr. abgetragen? Als sich die Anzeichen für einen Aufstand konkretisierten, demonstrierten sie wahrscheinlich aus eigenem Antrieb den Römern gegenüber ihre antirebellische Haltung, um einem Angriff vorzubeugen. Möglich ist jedoch auch, dass Herodes Agrippa II. oder ein römischer Amtsträger ihnen befahl, ein solches Verhalten an den Tag zu legen. Sicher ist jedenfalls, dass sich Sepphoris nicht an dem Aufstand gegen Rom beteiligte. Das hebt auch Josephus in seinen Schriften durchgängig hervor. In seiner Autobiografie stellt er fest: Die Stadt »verbot ihren Bürgern, bei den Juden, die sich auf eine Konfrontation mit den Römern vorbereiteten, Militärdienst zu verrichten« und »sie ließ gerne eine von Cestius Gallus, Oberbefehlshaber der römischen Legionen in Syrien, bereitgestellte Garnison herein« (*Leben des Josephus*, 347).

Die Anführer der Juden in Sepphoris nahmen sich vor der römischen Macht in Acht, und jene, die für den Frieden plädierten, gewannen schließlich die Oberhand. Vielleicht war der Angriff der Römer auf ihre Stadt, der nach dem Tod von Herodes dem Großen im Jahr 4. v. Chr. unter der Führung des syrischen Gesandten Varus erfolgte, immer noch in ihrem kollektiven Gedächtnis verankert. Vielleicht hatte die Stadtbevölkerung bei einem Aufstand viel mehr als die Landbevölkerung zu verlieren. Jedenfalls verbeugten sie sich vor Rom und übten an ihren galiläischen Mitmenschen Verrat, ohne jedoch ihre jüdischen Traditionen preiszugeben. Die materiellen Funde verweisen in ähnlicher Weise auf eine Ambivalenz wie die Texte des Geschichtsschreibers Josephus. Sie waren zweifellos immer noch Juden und orientierten sich noch an alten Traditionen. Gleichzeitig kollaborierten sie jedoch mit der römischen Macht und ahmten den römischen Stil nach. Diese ambivalente Position weckte in großen Teilen der Landbevölkerung zu Beginn des Jüdischen Krieges den Wunsch, Sepphoris niederzubrennen.

Steingefäße und Ritualbäder

Die andere Strategie der Galiläer im Umgang mit der herodianischen und römischen Macht war, wie sich durch archäologische Untersuchungen belegen lässt, verbreiteter und komplexer. Nicht alle Galiläer lehnten einen Aufstand gegen die Vorherrschaft ab, im Gegensatz zu vielen galiläischen Dörfern, die zerstört wurden, blieb Sepphoris auf Grund seiner römerfreundlichen Einstellung – oder besser: seiner Ablehnung, sich an dem Aufstand zu beteiligen – verschont. Im Folgenden soll die Aufmerksamkeit nicht den städtischen Eliten der Akropolis von Sepphoris gelten, sondern den Dorfbewohnern, die in den Tälern Galiläas lebten. Untersucht werden nur fragmentarisch erhaltene Gegenstände, die in den Haushalten gefunden worden sind, und Anlagen, die an den Fundstätten freigelegt worden sind. Im Mittelpunkt sollen Steingefäße und Ritualbäder stehen, jene weit verbreiteten Gegenstände, die bereits in Qumran und Masada ausgegraben worden sind und die in archäologischer Beziehung für das Judentum typisch sind. Beide sind in den frührömischen Schichten überall im Heimatland der Juden, in Jerusalem, Judäa, Galiläa und im südlichen Golan, aber praktisch nicht in den Nachbargebieten anzutreffen.

Steingefäße. An jüdischen Fundstätten wurden insbesondere Gefäße aus weichem weißen Kalkstein freigelegt. Diese Steingefäße werden auch herodianische Steingefäße genannt, weil sie zu Beginn der herodianischen Herrschaft überall im Heimatland der Juden aufkamen. Es stellt sich erneut die Frage, ob ein ausgeprägtes Interesse an der Einhaltung jüdischer Reinheitsvorschriften auf eine verdeckte Form des Widerstandes gegen die herodianische und römische Herrschaft hinweist. Unter den Gefäßen gab es unterschiedliche

Steingefäß aus dem ersten Jahrhundert, ein so genannter Maßbecher (aus der Sammlung der Israel Antiquities Authority, *Israel Museum, Jerusalem).*

Formen zur Aufbewahrung von Flüssigkeiten: Schalen, Becher, Schüsseln und große Krüge. In Jerusalem und Umgebung entstand in der späten Zeit des Zweiten Tempels eine Industrie zur Herstellung dieser Gefäße, aber auch anderer Gegenstände aus dem gleichen Material wie Ossarien oder Tischbeine und -platten. Verschiedene Werkstätten, in denen Steingefäße hergestellt wurden, sind entdeckt und ausgegraben worden. Daher ist viel darüber bekannt, wie der Kalkstein in Blöcke gebrochen, in kleinere Stücken gehauen und auf einer Drehbank oder mit der Hand weiterverarbeitet wurde. Im Juni 1999 stieß ein Bauarbeiter im Ostteil Jerusalems auf eine Höhle, die in einen großen unterirdischen Komplex führte, in dem Schutt, nicht fertiggestellte Steingefäße und Abfälle herumlagen.

Produktionsstätten gab es nicht nur im Süden. Eine wurde auch im galiläischen Dorf Reina in der Nähe von Nazaret und Sepphoris entdeckt. Dort hatten die Gesteinsformationen entlang eines Hanges zur Ausbildung von Felsnasen aus Kalkstein geführt. Da solche Felsnasen aus Kalkstein in Galiläa verbreitet sind, konnten Steingefäße an verschiedenen Orten hergestellt werden. Der weiße Kalk ist besonders gut zu verarbeiten, wenn er vorher in Wasser eingeweicht wird. Er kann mit einfachen Metallwerkzeugen und einem Hammer bearbeitet werden. In Galiläa sind Becher mit einem oder zwei meist rechtwinkligen Henkeln in verschiedenen Größen besonders verbreitet, die mitunter fälschlicherweise als »Maßbecher« bezeichnet werden. Das Äußere, vertikal gemeißelt, fühlt sich eher rau und uneben an. Mit ihren Henkeln und ihrem Ausguss sind sie mit aus

Holz gefertigten Gefäßen vergleichbar. Darüber hinaus wurden auch einige hochwertigere Schüsseln und Becher entdeckt, die auf einer kleinen Drehbank hergestellt worden waren und einfache dekorative Muster an den Seiten aufwiesen.

Da Steingefäße nur in einem sehr trockenen oder einem sehr feuchtem Klima starken Schaden nehmen, konnten sie in den Füll-Schichten der meisten galiläischen Orten freigelegt werden. Zahlreiche Steingefäße wurden in allen galiläischen Orten gefunden, in denen es eine greifbare Schicht aus dem ersten Jahrhundert n. Chr. gab. So wurden in dem obergaliläischen Dorf Nabratein über fünfzig Überreste in der frührömischen Schicht freigelegt. In einem einzigen Innenhofhaus wurden mehrere Überreste und zahlreiche Kalksteinbrocken angetroffen, die vielleicht von einem Handwerker aus der Region stammten, der für seine Familie oder das ganze Dorf arbeitete. In Kafarnaum wurden in jedem Haus Überreste von Steingefäßen ausgegraben. Im gesamten Dorf wurden mehrere hundert entdeckt. Mehr als hundert Überreste wurden in Yodefat und in Gamla freigelegt. Auch in jedem Haus in Sepphoris, das auf das erste Jahrhundert zurückging, fanden sich Überreste von Steingefäßen.

Dieses einzigartige jüdische Kunsthandwerk ist eng verknüpft mit Reinheitsvorstellungen, wie sie in der rabbinischen Literatur begegnen. Steingefäße unterschieden sich von Tonwaren, welche nach dem Kontakt mit unreiner Flüssigkeit gemäß der *Halacha* zerstört werden mussten, da sie anderenfalls Unreinheit auf den späteren Inhalt und damit auf ihre Benutzer übertragen hätten. Stein erachtete man als ritueller Unreinheit enthoben, so dass Gefäße aus Stein immer als »rein« galten.

Weshalb Stein? Der als solcher aufgefundene und bearbeitete Stein war eher eine göttliche Gabe denn ein menschliches Produkt wie Glas, Metall oder Keramik. In der rabbinischen Literatur werden Steingefäße als reine Gefäße beschrieben, weil sie nicht gebrannt werden mussten; auch Gefäße aus sonnengetrocknetem Dung und Erde galten als rein (Mischna, Kelim 10:1; 4:4). Ein weiterer Grund: Die meisten Steingefäße haben vieles mit solchen aus Glas, Metall oder Keramik gemeinsam, welche allerdings importiert wurden und wesentlich teurer waren. Gefäßen aus Glas, Metall oder Keramik war leicht Unreinheit zu attestieren, wurden sie doch aus heidnischen Ländern eingeführt. Stein war nicht nur rituell rein, sondern auch ein preiswertes Material aus der Region, das sich leicht verarbeiten ließ.

Ritualbäder. Im Heimatland der Juden, in Judäa, Galiläa und im
Golan wurden über dreihundert Ritualbäder ausgegraben. An der
Küste gab es relativ wenige und in Samaria bzw. am anderen Ufer des
Jordans praktisch keine. Diese Anlagen weisen zwar nicht immer
dieselbe Form auf, die meisten sind jedoch durch folgende Merkmale gekennzeichnet: sie waren ausgehauen oder in den Erdboden
gebaut. Zur Vermeidung undichter Stellen wurden sie massiv verputzt und mussten auch häufig Ausbesserungen erfahren. In die
meisten konnte Regen oder Quellwasser eingelassen werden. Im
Unterschied zu Reservoirs oder Zisternen weisen sie Stufen auf, die
hinabführen.

Mikwen begegnen wie Steingefäße gehäuft seit der Zeit Herodes'
des Großen durch das erste Jahrhundert hindurch. In Jerusalem,
Sepphoris und einigen anderen größeren Städten gab es Ritualbäder
auch häufig in Privathäusern. Im westlichen Teil der Stadt Sepphoris
wurden über zwanzig *Mikwen* ausgegraben. In den meisten Häusern gab es mehrere *Mikwen*. Das deutet darauf hin, dass der Einhaltung von Reinheitsvorschriften eine große Bedeutung beigemessen
wurde. In den meisten galiläischen Orten befanden sich die *Mikwen*
wie in Gamla jedoch in der Nähe landwirtschaftlicher Anlagen oder
in der Nähe von Synagogen. Die Synagoge von Gamla ist die älteste
Synagoge, die im nördlichen Teil des Landes ausgegraben wurde. Sie
ist die einzige, die aus dem ersten Jahrhundert n. Chr. datiert. Ihr
Hauptraum, dessen Eingang nach Jerusalem zeigte, hatte eine Fläche von ca. 30 × 40 Metern. An den vier Seiten dieses Raumes, dessen
Dach durch Säulen gestützt wurde, befanden sich Sitzreihen aus
Stein. Obwohl die *Mikwe* sich nicht direkt in der Synagoge befand,
war sie Teil eines westlich gelegenen Komplexes, der mit der Synagoge durch einen Kanal verbunden war, der Wasser in das Ritualbad
leitete, das auf dem Dach der Synagoge gespeichert wurde. Das
ca. 4 × 10 Meter große Tauchbad mit Stufen, von denen sieben noch
vorhanden waren, wurde zweifellos von allen Bewohnern des Dorfes
benutzt.

Eine weitere *Mikwe* wurde in der Nähe einer sehr großen Ölpress-
anlage mit zwei Ölpressen und mehreren Auffangbecken, die ebenfalls von allen Bewohnern des Dorfes benutzt worden waren, entdeckt. Der Raum, in dem sich die *Mikwe* befand, war Teil dieses
Komplexes. In ihm befand sich ein kleines, badewannenähnliches
Becken auf dem Boden und daneben eine große, ovalförmige, mas-

*Eine Mikwe in Seppho-
ris aus dem ersten Jahr-
hundert (mit freundli-
cher Genehmigung von
Eric Meyers, Copyright*
Sepphoris Regional
Project, *Duke Univer-
sity).*

siv verputzte *Mikwe*, die in den Erdboden gebaut war. Wer ein
Tauchbad nehmen wollte, benutzte eine spiralförmig nach unten
führende Treppe. Vermutlich diente das kleine Becken der Reinigung des Körpers; das schmutzige Wasser wurde durch einen
Abwasserkanal abgeleitet, so dass das *rituell* reine Wasser der *Mikwe*
nur wenig Schweiß und Schmutz derer, welche die Ölpressen
bedienten, aufnehmen musste.

Josephus berichtet, wie die Bewohner des obergaliläischen Dorfes Gush Halav Juden in größeren heidnischen Küstenstädten mit
koscherem Öl versorgten. Da flüssige Nahrungsmittel leicht in Gefahr gerieten, unrein zu werden, war die Produktionsweise des
Olivenöls von entscheidender Bedeutung. Die rabbinische Literatur
brachte Steingefäße und *Mikwen* gleichermaßen mit Reinheitsvorschriften in Verbindung. In der Mischna ist eine eigene Abhandlung
der richtigen Benutzung von *Mikwen* gewidmet.

Reinheit. Erneut drängt sich die Frage auf, inwiefern Steingefäße und *Mikwen* auf eine verdeckte Form des Widerstands gegen Rom verweisen. Solche Gefäße und Ritualbäder stehen in Zusammenhang mit Verhaltensmustern, durch die sich die Juden gegenüber anderen abgrenzten. Sie stellten eine verdeckte Form der Auflehnung dar, sie erinnerten täglich an die eigene Tradition und den mit Gott geschlossenen Bund, sie standen für die Anerkennung der Heiligkeit Gottes und der besonderen Reinheit Israels.

Im ersten Jahrhundert n. Chr. waren die Reinheitsvorstellungen und -rituale noch nicht in einem einheitlichen System kodifiziert. Die Priester assoziierten Reinheit sehr eng mit den Aufgaben, die sie im Tempel wahrzunehmen hatten. Ihr Hauptaugenmerk galt dabei Nahrungsmitteln und Kontakten, bevor sie sich der göttlichen Gegenwart im Tempel näherten. Auf ihre Reinheit waren sie besonders am Versöhnungstag bedacht, an dem der Hohepriester das Allerheiligste betrat.

Zwar bildete der Tempel den Mittelpunkt der jüdischen Religion, die Pharisäer, die volksnahen Interpreten der Thora, versuchten jedoch nicht nur zu Fragen Stellung zu nehmen, welche die Reinheit von Priestern betrafen – und konkurrierten in diesem Sinne mit den Priestern um soziales Prestige –, sondern übernahmen auch Reinheitsideale, die ursprünglich den Priestern vorbehalten waren, und wandten sie auf sich selbst an. Ihre Aktivitäten hatten sich neben dem Tempelkult ausgebildet, standen bisweilen auch in Konflikt zu ihm, denn mit der Einnahme reiner Mahlzeiten übertrugen die Pharisäer Elemente dieses Kultes in das Alltagsleben. Vielleicht ahmten sie die priesterlichen Mähler im Tempel nach, sicherlich jedoch erkannten sie an, dass Gott bei ihren Mahlzeiten gegenwärtig war, was dieselbe Reinigung aller Teilnehmer voraussetzte und was daneben auch für andere Lebenszusammenhänge galt. Sie führten untereinander heftige Debatten darüber, wie die Schrift, vor allem in Bezug auf Reinheitsvorstellungen, auszulegen ist. Diese Debatten haben Ende des zweiten Jahrhunderts in die Mischna Eingang gefunden.

Identität. Weshalb spielten Gegenstände, die mit Reinheitsvorstellungen assoziiert wurden, in ganz Galiläa eine so große Rolle? War jedes Haus in Sepphoris das Haus eines Priesters, weil in ihm Steingefäße und *Mikwen* gefunden wurden? Wohl kaum. Nahmen alle Haushalte Mahlzeiten nach Art der Pharisäer ein, weil dort Steingefäße entdeckt wurden? Das ist eher unwahrscheinlich. Waren die Dorfbewohner von Yodefat alle Essener? Nein. In der Zeit des Zweiten Tempels maßen alle Juden der Reinheit eine zentrale Bedeutung bei. Denn für sie war es wichtig, ihren Leib in angemessener Form darauf vorzubereiten, vor Gott zu stehen, da Gott in ihrem Land gegenwärtig und Teil des Alltagsleben war.

Was verstanden gewöhnliche Menschen unter Reinheit? In Einzelfragen gingen die Meinungen sicherlich auseinander. Die Pharisäer kritisierten, dass »die Menschen vom Lande« nicht ihren Empfehlungen folgten. Sie kritisierten aber auch die Priester, und untereinander diskutierten sie über Unterschiede zwischen der weniger strengen Schule der Hilleliten und der strengeren Schule der Schammaiten. Wahrscheinlich kannten viele Galiläer diese Diskussionen nicht in allen Details. So entsprachen nur sehr wenige der Mikwen in Galiläa völlig den rabbinischen Vorschriften, die später im Regelwerk der Mischna festgeschrieben wurden. Das Thema selbst nahmen sie jedoch sehr ernst: Steingefäße gab es überall, und *Mikwen* waren weit verbreitet.

Dass in galiläischen Dörfern für die Zubereitung von Mahlzeiten Steingefäße und für die rituelle Reinigung *Mikwen* benutzt wurden, verweist weder wie in Masada auf einen gewaltsamen Widerstand gegen Rom noch wie in Qumran auf einen Rückzug aus dieser Welt. Alle Juden, auch jene, die keine dieser Extrempositionen vertraten, beschäftigten sich mit der Frage, wie man dem Bund mit Gott gemäß das Leben in seinem Land gestaltet. Die Benutzung von Steingefäßen und *Mikwen* diente der Stabilisierung jüdischer Identität, im Fall der *miqwaoth* durch Wiederherstellung der individuellen Zugehörigkeit zur Gemeinschaft des Bundesvolkes, im Fall der Steingefäße durch die Bewahrung des eigenen Status vor Gott. Steingefäße und *Mikwen* waren konkrete Gegenstände der Selbstidentifikation, die Juden neben Namen, Kleidung, Beschneidung, Ernährung, Bestattungspraktiken, Schriften und Überlieferungen die Gelegenheit boten, sich gegenüber anderen abzugrenzen.

Diese Konkretisierungen einer Reinheitspraxis standen in Konkurrenz zur Bade- und Esskultur der hellenistisch-römischen Welt. Das Bad in *Mikwen* kontrastierte mit den elitären Badepraktiken römischen Stils. Es stellte eine Alternative dar, welche die jüdische Identität unterstrich und den Widerstand gegen die Fremdherrschaft verstärkte. Steingefäße stellten eine einheimische, preiswerte

Alternative zu den importierten Luxusartikeln aus Glas, Metall oder Keramik dar. Ist eine kontinuierliche Selbstbestimmung über Materialien und den Leib als eine Form des Widerstands aufzufassen? Die jüdische Selbstbestimmung war die nachhaltigste Form des gewaltlosen Widerstands gegen die Kolonialmacht. Sicherlich war es möglich, jüdische Reinheitsvorschriften einzuhalten und gleichzeitig mit Rom zu kollaborieren. Wenn Juden solche Vorschriften jedoch nicht befolgten, konnten sie dann überhaupt in irgendeiner Form Widerstand leisten?

Radikaler gewaltloser Widerstand

Für welche Form des Widerstands hat sich Jesus entschieden? Aus zwei zentralen Gründen zählt er nicht zu jenen, die keinen Widerstand leisteten. Erstens geht aus dem, was über sein Leben bekannt ist, relativ deutlich hervor, dass er das (König-) Reich Gottes ankündigte. Er und/oder seine Gefährten haben wahrscheinlich aus Respekt vor dem Namen Gottes nicht von dem Reich Gottes, sondern vom Himmelreich gesprochen. Bedauerlicherweise ist Himmelreich häufig als Reich missverstanden worden, das *im* Himmel, und nicht als Reich, das *vom* Himmel *aus* errichtet wird, also mit einem Leben nach dem Tod assoziiert worden. Matthäus z. B. hat »dein Reich komme« zutreffend durch den Zusatz »dein Wille geschehe, im Himmel wie auf Erden« erklärt. Himmelreich bedeutet, dass Gott für diese Erde hier unten, hier und jetzt ein Reich errichten will. Wie – mit anderen Worten – würde Gott die Welt gestalten, wenn er Caesars Thron einnehmen würde? Wie müsste eine vollkommene Welt, in der es Wohlstand und Fruchtbarkeit, Gerechtigkeit und Frieden, Reinheit und Heiligkeit gibt, aussehen? Die Bedeutung einer solchen Welt müsste, anders formuliert, gemäß dem überlieferten Kontinuum der Bundes-, eschatologischen und apokalyptischen Herrschaft Gottes auf Erden entfaltet werden.

Zweitens geht aus dem, was über Jesu Tod bekannt ist, relativ deutlich hervor, dass die Römer ihn als einen Subversiven aus der Unterschicht betrachteten, da die Kreuzigung eine öffentlich zur Schau gestellte Warnung vor einer solch verbrecherischen Einstellung darstellte. Vor Jesus war Herodes der Große von Rom offiziell zum »*König* der Juden« erklärt worden. Nach Jesus wurde Herodes Agrippa I. offiziell von Rom zum »König der Juden« erklärt. In der Zeit, die dazwischen lag, starb Jesus von Nazaret, nachdem er von Rom beschuldigt worden war, kein rechtmächtiger »König der Juden« zu sein. Rom allein entschied darüber, wer rechtmäßiger König der Juden war und wer nicht. Jesus war hingerichtet worden, weil er sich dem römischen Recht, der römischen Ordnung und Herrschaft widersetzt hatte. Wo verorten wir ihn im Spektrum des Widerstands, das wir bereits aufgezeigt haben?

In der aktuellen Forschung ist u. a. vor allem die Frage diskutiert worden, ob der historische Jesus eine apokalyptische Gestalt war oder nicht. Die kontroversen Positionen sind häufig jedoch nicht im Detail ausgeführt worden. So stellt sich die Frage, was ihn genau als apokalyptische Gestalt ausmacht, wenn er denn eine solche war. War die Antwort seines Gottes auf das Böse die *Ausrottung* oder die *Bekehrung* der Übeltäter? Sollten die Gläubigen *passiv* warten oder sich *aktiv* an diesem Prozess beteiligen? Wenn er keine apokalyptische Gestalt ist, ist zu klären, wie denn dann das Reich Gottes zu verstehen ist. Unsere Hoffnung ist, aus der Sackgasse herauszukommen, indem wir uns beharrlich auf das oben erwähnte Kontinuum beziehen. Von daher sollte eine genauere Lokalisierung Jesu und der Reich-Gottes-Bewegung unter den Apokalyptikern und/oder den Protestierenden des ersten Jahrhunderts möglich sein.

Jesus als eine apokalyptische Gestalt zu interpretieren, bedeutet nicht, ihn zugleich als einen Verfechter *militanter Gewalt* darzustellen. Militante Gewalt konnte sicherlich unter Bezugnahme auf die apokalyptische Hoffnung legitimiert werden, wie dies die Vertreter der so genannten vierten Philosophenschule im Allgemeinen oder der Galiläer Judas im Besonderen taten. Wenn Pilatus jedoch gemeint hätte, dass von Jesus diese Art der Bedrohung ausging, wären viele seiner Anhänger an seiner Seite gestorben. Jesus handelte auch nicht in Orientierung an einem *archetypischen Symbolismus* wie der ägyptische Prophet. Auch in diesem Fall wären viele der Anhänger Jesu mit ihm gestorben. Wenn er individuell gehandelt hätte, wie Johannes, der Menschen im Jordan taufte, – kein solches Ritual wäre auf uns gekommen. Wir müssen ihn daher an der Schnittstelle zwischen Bundesgemeinschaft und martyrologischem Protest verorten.

In Kapitel 3 beschäftigten wir uns mit der Allgemeinen Spruchtradition, der frühesten Konkretisierung einer mündlichen Jesustradition, die, da das *Q-Evangelium* und das *Thomasevangelium* unabhängig voneinander auf sie zurückgriffen, als solche identifizierbar ist. In diesem Kapitel werden wir uns mit dem beschäftigen, was wir als Allgemeines Spruchcluster bezeichnen wollen, das früheste Cluster schriftlich überlieferter Jesusaussprüche, welche, da das *Q-Evangelium* und die *Didache* unabhängig voneinander auf sie zurückgriffen, als solche identifizierbar sind. In der Einleitung dieses Buches schlossen wir uns Forschungserkenntnissen über dieses Material an, die hier vorausgesetzt, aber nicht nicht näher ausgeführt werden: (1) es gibt ein *Q-Evangelium*, (2) das *Thomasevangelium* ist unabhängig von ihr entstanden und (3) die *Didache* ist ebenfalls unabhängig vom *Q-Evangelium* oder einem der vier kanonischen Evangelien entstanden. Diese Forschungserkenntnisse wurden in der Einleitung zu den zehn wichtigsten exegetischen »Entdeckungen« gezählt. Ob man diesen Erkenntnissen zustimmt oder nicht, diesbezügliche Entscheidungen müssen getroffen werden und die Plausibilität aller weiteren Schlussfolgerungen hängt an der Richtigkeit solcher Entscheidungen.

Die Radikalisierung der Goldenen Regel

Im Folgenden wird die Bezeichnung Allgemeines Spruchcluster für ein Set von sechs aufeinander bezogenen Aussprüchen benutzt, die am Anfang der *Logienquelle*, dem Q-Evangelium, und der *Didache* begegnen.

Das Cluster der Sprüche im *Q-Evangelium* begegnet in Matthäus 5:38-48 = Lukas 6:27-36, wo es Teil der programmatischen Rede Jesu ist. In der *Didache* steht es in 1:2c-5a, wo es in eine Rede zur Belehrung von Konvertiten eingefügt ist. Bei diesen Konvertiten handelte es sich vermutlich eher um Heiden als um Juden, weil die ethischen Maßstäbe, an denen sich Heiden orientierten, stärker der Kritik ausgesetzt werden. Die Einfügung findet sich am Anfang einer früheren oder Vor-*Didache* Belehrung von typisch jüdischem Zuschnitt. Sie spricht von den zwei Wegen, dem Weg des Lebens und der Tugend in 1.1-2c and 2:1-4:14 und dem Weg des Todes und der Laster in 5:1-6:2. Diese Belehrung (die schon relativ radikal war) wird durch die Einfügung in 1:2c-5a (weiter) radikalisiert. Sie wird aber gleichzeitig auch durch den letzten Satz der Einfügung etwas abgeschwächt: »Wenn ihr das ganze Joch des Herrn erleiden könnt, seid ihr vollkommen, wenn ihr es nicht könnt, tut, was ihr könnt.« Die Goldene Regel kam sowohl in dem jüngeren als auch in dem älteren Text vor.

Die nachfolgend aufgeführte Tabelle präsentiert die Aussprüche in der Reihenfolge, in der sie im Matthäus-, im Lukasevangelium und in der *Didache* erscheinen. Die Aussprüche erscheinen in einer unterschiedlichen Reihenfolge, da Matthäus und Lukas der Rede Jesu, die sie dem *Q-Evangelium* entnahmen, in ihren Texten eine jeweils andere Form verliehen. In der Forschung herrscht die Auffassung vor, dass sich Lukas stärker an der ursprünglichen Reihenfolge orientiert als Matthäus.

Matthäus (aus dem *Q-Evangelium*)	Lukas (aus dem *Q-Evangelium*)	Didache
Die andere Wange	Liebt eure Feinde	Die goldene Regel
Gib, ohne etwas zurückzuverlangen	Die andere Wange	Liebt eure Feinde
Liebt eure Feinde	Gib, ohne etwas zurückzuverlangen	Besser als Sünder
Besser als Sünder	Die goldene Regel	Die andere Wange
Wie euer Vater	Besser als Sünder	Gib, ohne etwas zurückzuverlangen
Die goldene Regel	Wie euer Vater	Wie euer Vater

Der vollständige Text dieses Sets von Aussprüchen lautet:

1. *Die Goldene Regel*: Was ihr von anderen erwartet, das tut auch ihnen. (Was ihr nicht wollt, das man euch tut, fügt auch anderen nicht zu.)
2. *Liebt eure Feinde*: Liebt eure Feinde, tut Gutes denen, die euch hassen. Segnet die, die euch verfluchen, betet für die, die euch verleumden.
3. *Besser als Sünder*: Wenn ihr nur die liebt, die euch lieben, welchen Dank erwartet ihr dafür? Auch die Sünder lieben die, von denen sie geliebt werden.
4. *Die andere Wange*: Dem, der dich auf die eine Wange schlägt, halt auch die andere hin, und dem, der dir den Mantel wegnimmt, lass auch das Hemd; und wenn dich jemand zwingt, eine Meile zu gehen, dann geh zwei Meilen mit ihm.

5. *Gib, ohne etwas zurückzuverlangen:* Gib jedem, der dich bittet; und wenn dir jemand etwas wegnimmt, verlang es nicht zurück.
6. *Wie euer Vater:* Damit ihr Söhne eures Vaters im Himmel werdet; denn er lässt seine Sonne aufgehen über Bösen und Guten, und er lässt regnen über Gerechte und Ungerechte. Ihr sollt also vollkommen sein, wie auch euer himmlischer Vater vollkommen ist.

Im vorausgehenden Kapitel war argumentiert worden, dass die Allgemeine Spruchtradition von siebenunddreißig Aussprüchen eher auf eine mündliche Tradition als eine schriftliche Quelle zurückzuführen ist, weil diese Aussprüche im *Q-Evangelium* und im *Thomasevangelium* (das als eine Auflistung von Aussprüchen keinen Grund für eine neue Anordnung hätte haben können) nicht in der gleichen Reihenfolge erscheinen. Dagegen ist das Allgemeine Spruchcluster eher auf eine schriftliche Quelle als eine mündliche Tradition zurückzuführen, da im *Q-Evangelium* und der *Didache* in ähnlicher Weise zwischen »du« und »ihr« differenziert wird. Während in den Aussprüchen *Die andere Wange* und *Gib, ohne etwas zurückzuverlangen* der Singular verwendet wird, wird in den Aussprüchen *Liebt eure Feinde* und *Besser als Sünder* der Plural benutzt. Es ist schwer vorstellbar, dass in einer mündlichen Tradition diese Differenzierung vorgenommen worden sein könnte.

Die goldene Regel wird im *Q-Evangelium* positiv (»Was ihr von anderen erwartet, das tut auch ihnen.«), in der *Didache* negativ (»Was ihr nicht wollt, das man euch tut, fügt auch anderen nicht zu.«) formuliert. Zwischen der positiven und der negativen Fassung besteht kein Bedeutungsunterschied. Beide Versionen sind in der Tradition allgemein bekannt. Wird *Die Goldene Regel* mit anderen Aussprüchen dieses Sets kombiniert, stellt sich folgende Frage: Ist die Regel offensiv oder defensiv aufzufassen? Besagt sie (nur offensiv): »Wenn ihr nicht angegriffen werden wollt, greift auch selbst nicht an«? Oder besagt sie (auch defensiv): »Wenn ihr nicht angegriffen werden wollt, greift selbst auch dann euererseits nicht an, wenn ihr angegriffen wurdet«? Ermahnt sie, nicht anzugreifen, oder als Reaktion auf einen Angriff nicht anzugreifen? Verbietet sie, die Initiative zur Gewalt zu ergreifen oder jede Form der Gewalt?

Das Set der Aussprüche stellt eine radikale Interpretation der Goldenen Regel und zugleich die Begründung für diese Regel dar.

Die Goldene Regel ist das Kernstück dieses Sets von Aussprüchen. Für sich genommen kann die Ermahnung offensiv oder defensiv interpretiert werden. Die anderen Aussprüche wie *Liebt eure Feinde*, *Die andere Wange* und *Gib, ohne etwas zurückzuverlangen*, die diese Regel auslegen, machen jedoch deutlich, dass die Regel nicht nur offensiv, sondern auch defensiv aufzufassen ist.

Die Regel wird sowohl mit Blick auf die Menschen in *Besser als Sünder* als auch mit Blick auf Gott in *Wie euer Vater* begründet. Die Angesprochenen sollen besser sein und besser handeln als die Völker, Heiden und heidnische Sünder. Wichtiger ist, was in Bezug auf Gott gesagt wird. Im *Q-Evangelium* sollen sie »vollkommen sein« (Matthäus) oder »barmherzig« (Lukas), »damit ihr Söhne eures Vaters im Himmel werdet; denn er lässt seine Sonne aufgehen über Bösen und Guten, und er lässt regnen über Gerechte und Ungerechte«. Bei Lukas heißt es: »und ihr werdet Söhne des Höchsten sein; denn auch er ist gütig gegen die Undankbaren und Bösen«. In der *Didache* gibt es keine parallele Stelle, auch wenn dort von »vollkommen sein« die Rede ist. In der *Didache* wird dagegen der Ausspruch *Gib, ohne etwas zurückzuverlangen* ausführlicher diskutiert, weil das, was wir geben, ohnehin nicht uns, sondern Gott gehört: »Denn der Vater will, dass alle von dem geben, was sie empfangen haben«. Was wir unsererseits geben, gehört uns nicht, vielmehr partizipieren wir an der Freigebigkeit Gottes. Es sollte hervorgehoben werden, wie es in einem neueren Kommentar heißt, dass das, was die Reichen den Armen geben, in Wirklichkeit Gott gehört und seine Gabe ist. Insofern handelt es sich nicht um ein großzügiges Almosen von Menschen, sondern um eine ausgleichende Gerechtigkeit Gottes.

Der Vergleich mit den heidnischen Sündern macht deutlich, dass das Allgemeine Spruchcluster nicht den Gegensatz zwischen Christentum und Judentum, sondern den zum griechisch-römischem Heidentum thematisiert. Es zielt auf eine sehr radikale Gemeinde des Widerstands auf der Grundlage der Partizipation an göttlichem Handeln. Hätten wir nur *die Goldene Regel*, könnte sie eher offensiv (greift nicht an) denn defensiv verstanden werden (greift nicht an, wenn ihr angegriffen wurdet). Hätten wir nur *die andere Wange*, könnte eher gewaltlose Existenz denn gewaltloser Widerstand gemeint sein. Das Cluster als Ganzes betrachtet verbindet den radikalen Gott ausgleichender, egalitärer Gerechtigkeit der Thora mit dem radikalen Ideal gewaltlosen Widerstands im Allgemeinen

Spruchcluster. In diesem Fall gründet Widerstand auf dem Lebensstil einer Gemeinde, die von dem, was sie hat, anderen abgibt, weil es von einem solchen Gott kommt, und die selbst in einer Situation, in der sie in die Defensive gedrängt wird, Gewalt vermeidet, da dies dem Wesen ihres Gottes entspricht.

Jesus war zunächst Anhänger des Johannes, weil er von ihm im Jordan getauft wurde. Zumindest in jenem Moment muss Jesus die Vision des Johannes von der unmittelbar bevorstehenden Ankunft eines Rache übenden Gottes, der die Sünde und die Sünder gleichermaßen auslöscht, akzeptiert haben. Aber, wie bereits am Anfang des dritten Kapitels erwähnt, waren sich selbst ihre gemeinsamen Gegner darin einig, dass sie, obwohl sie beide einen seltsamen Charakter hatten, in gegensätzlicher Weise seltsam waren. Später teilte Jesus die Position des Johannes nicht mehr. Ein wichtiger Grund für diesen Gesinnungswandel liegt vielleicht darin, dass Gott nicht unmittelbar Rache übte und dass er auch nicht rechtzeitig eingriff, um Johannes zu retten. Daher war Jesus später davon überzeugt, dass Gott so nicht handeln würde, weil er eben kein gewalttätiger Gott ist, sondern andere Wege beschreitet, sogar und besonders in Bezug auf die Erfüllung der apokalyptischen Erwartungen.

Jesus, die Christen und der Kaiser

Neben einigen isolierten Texteinheiten in den Paulusbriefen oder anderen Texten der Bibel stellen die Allgemeine Spruchtradition (a) von siebenunddreißig Einheiten im *Q-Evangelium* und im *Thomasevangelium* und das Allgemeine Spruchcluster (b) von sechs Einheiten im *Q-Evangelium* und der *Didache* die frühesten Konkretisierungen einer mündlichen (a) und einer schriftlichen (b) Jesustradition dar, die zum gegenwärtigen Zeit als solche zu identifizieren sind. Beide Komplexe reichen noch vor die erste Ebene der dritten Schicht zurück, auf eine Zeit noch vor der Entstehung der *Logienquelle* bzw. des *Q-Evangeliums* zurück, da beide zu ihren Quellenmaterialien gehören. Wo immer wir Jesus verorten im Kontinuum von bundesorientiertem zu eschatologischem und apokalyptischem Widerstand, das Reich Gottes steht für gewaltlosen Widerstand sowohl gegen soziale als auch gegen koloniale Unterdrückung.

Gegen diese Interpretation lassen sich jedoch zwei zentrale Einwände erheben. Leisteten die früheren Gefährten und späteren Jünger Jesu, auch wenn sie Angriffen ausgesetzt waren, keinen gewaltsamen Widerstand? Teilte Jesus nicht selbst die Welt zwischen Gott und dem Kaiser auf?

Wanderstab und Schwert. Es gibt zwei sehr interessante Anhaltspunkte dafür, dass nicht alle Anhänger des Reiches Gottes im Einklang mit dessen Programm handelten. Aber auch nachdem sie von diesem Programm abgewichen waren, bezeugen sie seine frühere Geltung.

Im *Q-Evangelium* und im Markusevangelium 6:6b-13 ist, wie im vorausgehenden Kapitel näher ausgeführt wurde, die Rede davon, dass Jesus seine Gefährten aussandte, damit sie so lebten und handelten wie er, spirituelle (Heilung) und materielle (Nahrung) Gaben untereinander teilten und den Anbruch des Reiches Gottes verkündeten. Das *Q-Evangelium* verbietet ausdrücklich die Mitnahme eines Wanderstabes (Matthäus 10:10 und Lukas 9:3). In Markus 6:8 wird sie dagegen ausdrücklich gestattet. Der Wanderstab wurde überall zur Abwehr von Hunden und Dieben eingesetzt. Von niemandem wurde erwartet, dass er sich ohne einen Wanderstab auf den Weg machte. Auch wenn nur das Markusevangelium überliefert wäre, könnte man vermuten, dass es frühere Texte gegeben haben musste, welche die Mitnahme eines Wanderstabes untersagten. Der Wanderstab diente selbst denen, deren Unterhalt und Unterkunft auf ihrer Wanderschaft gesichert war, als Verteidigungswaffe. Zu erinnern ist z. B. an das, was Josephus über die Gastfreundschaft von Gemeinden gegenüber essenischen Reisenden sagte: »Sie führen also nichts mit sich auf ihren Reisen, außer Waffen zum Schutz vor Banditen« (*Der Jüdische Krieg* 2.125). Die Tatsache, dass im *Q-Evangelium* die Mitnahme eines Wanderstabes verboten und im Markusevangelium gestattet wird, lässt auf einen Einstellungswandel schließen.

An die symbolische Kleidung und beschränkte Ausrüstung (kein Wanderstab, keine Vorratstasche, kein Brot, kein Geld und kein zweites Hemd in Lukas 9:3 und kein Geldbeutel, keine Vorratstasche und keine Schuhe in Lukas 10: 4) derer, die im Namen des Reiches Gottes auf Wanderschaft gehen, erinnert Jesus in der Nacht seiner Gefangennahme: »Dann sagte Jesus zu ihnen: Als ich euch ohne Geldbeutel aussandte, ohne Vorratstasche und ohne Schuhe, habt ihr da etwa Not gelitten? Sie antworteten: Nein. Da sagte er: Jetzt aber soll der, der einen Geldbeutel hat, ihn mitnehmen und ebenso die Tasche. Wer aber kein Geld hat, soll seinen Mantel verkaufen und sich dafür ein Schwert kaufen« (Lukas 22:35). Wahrscheinlich verneint eher Lukas als Jesus die früheren Verbote. Seit Lukas ist die Mitnahme eines Schwertes zu Verteidigungszwecken gestattet. Der historische Jesus hatte sich im Namen des Reiches Gottes dagegen für einen gewaltlosen Widerstand gegen Ungerechtigkeit ausgesprochen.

Kaiser und Gott. Wie ist der bekannte Ausspruch Jesu »Gebt dem Kaiser, was dem Kaiser gehört, gebt Gott, was Gott gehört« aufzufassen? Werden Politik (der Kaiser) und Religion (Gott) nicht getrennt voneinander betrachtet? Wird ein Widerstand gegen den Kaiser nicht verboten?

Erstens ist daran zu erinnern, dass es im ersten Jahrhundert unmöglich war, Religion und Politik, Ethik und Wirtschaft getrennt voneinander zu betrachten. Zweitens: Wäre der Kontext, in den dieser Ausspruch eingebettet ist, nicht bekannt, wäre es kaum möglich, diesen als überhaupt von einem Juden des ersten Jahrhunderts geäußerten zu verstehen. Josephus, der wie kaum ein anderer eine römerfreundliche Position vertrat, hat die Welt nie zwischen dem Kaiser und Gott aufgeteilt, sondern war der Auffassung, dass Gott dem Kaiser Macht gegeben hatte und dass der Kaiser diese Macht in dem von ihm gewollten Sinn ausüben sollte. Dem Kaiser etwas zu geben, bedeutete für Josephus, Gott etwas zu geben. Ähnlich äußert sich Paulus im Römerbrief: »Jeder leiste den Trägern der staatlichen Gewalt den schuldigen Gehorsam. Denn es gibt keine staatliche Gewalt, die nicht von Gott stammt; jede ist von Gott eingesetzt« (13:1). Wie also konnte Jesus zwischen Angelegenheiten, die den Kaiser betreffen, und solchen, die Gott betreffen, unterscheiden?

Zur Beantwortung dieser Frage ist es notwendig, den Ausspruch Jesu in seinen Kontext einzubetten. Dieser Ausspruch kommt in zwei unabhängig voneinander entstandenen Versionen, im *Thomasevangelium* und im Markusevangelium, vor:

Thomasevangelium 100: Sie zeigten Jesus eine Goldmünze und sagten zu ihm: Die Bediensteten des römischen Kaisers verlangen Steuern von uns. (Was hältst du davon?) Er sagte zu ihnen: ›Gebt dem Kaiser, was des Kaisers ist. Gebt Gott, was Gottes ist. Und gebt mir, was mein ist.‹

Markus 12:13-17: Einige Pharisäer und einige Anhänger des Herodes wurden zu Jesus geschickt, um ihn mit einer Frage in die Falle zu locken. Sie kamen zu ihm und sagten: Meister, wir wissen, dass du immer die Wahrheit sagst und dabei auf niemand Rücksicht nimmst; denn du siehst nicht auf die Person, sondern lehrst wirklich den Weg Gottes. Ist es erlaubt, dem Kaiser Steuer zu zahlen, oder nicht? Sollen wir sie zahlen oder nicht zahlen? Er aber durchschaute ihre Heuchelei und sagte zu ihnen: Warum stellt ihr mir eine Falle? Bringt mir einen Denar, ich will ihn sehen. Man brachte ihm einen. Da fragte er sie: Wessen Bild und Aufschrift ist das? Sie antworteten ihm: Des Kaisers. Da sagte Jesus zu ihnen: So gebt dem Kaiser, was des Kaisers ist, und Gott, was Gottes ist! Sie waren sehr erstaunt über ihn.

Im Markusevangelium soll Jesus mit einer Frage, die ihn dazu verleiten soll, sich für oder gegen Steuerabgaben an den Kaiser zu entscheiden und damit römische Dissidenten oder Kollaborateure gegen sich aufzubringen, in die Falle gelockt werden. Aber Jesus selbst führt nicht einmal Münzen des Kaisers bei sich. Als sie ihm eine bringen, gibt er ihnen eine (in ihren Augen) vieldeutige Antwort. Hatte er sie dazu aufgefordert, dem Kaiser die Münzen aufmüpfig ins Gesicht zu schleudern oder dem Kaiser pflichtgemäß Steuern zu zahlen? Auch nach der wesentlich kürzeren Version müssen die Pharisäer ihm eine Münze zeigen. Entscheidend ist nicht, ob man dem Kaiser Steuern zahlt oder nicht, sondern ob man dessen Münzen bei sich führt oder nicht. Jesus hatte diese Frage für sich bereits geklärt. Bedauerlicherweise wurde die Antwort Jesu Jahrhunderte lang missverstanden und niemand hörte mehr das Lachen Jesu oder das seiner Begleiter, als sie sich von den Fallenstellern abwandten und ihres Weges zogen.

SCHÖNHEIT UND VIELDEUTIGKEIT
IN JERUSALEM

Bevor die Babylonier den Ersten Tempel von Jerusalem zerstörten und Adlige, Schriftgelehrte und Hohepriester in die Verbannung schickten, waren Monarchie und Hohespriestertum Jahrhunderte lang personell voneinander geschieden. Ihr Fortbestand war jeweils durch Erbfolge gesichert worden. Die Monarchie stammte (zumindest im südlichen Teil des geteilten Königreiches Israel) von David ab, das Hohepriestertum von Zadok, der zu Zeiten Salomos lebte. In den folgenden Jahrhunderten wurde das Hohepriestertum wiederhergestellt, die Monarchie jedoch nicht. Israel war ein erfolgreich von Priestern geführter theokratischer Staat. Israel stand zunächst unter persischer, später unter griechischer, ägyptischer und syrischer Kolonialherrschaft. In der zweiten Hälfte des zweiten Jahrhunderts lehnten sich die hasmonäischen Makkabäer gegen die Syrer auf und errichteten ein jüdisches Königreich, an dessen Spitze ein Herrscher stand, der König und Hoherpriester in einer Person war. Die Verschmelzung der beiden Rollen stellte einen tiefen Bruch mit alten Traditionen dar und ließ die Legitimität des Hohenpriestertums in einem kritischen Licht erscheinen.

Die gewöhnlichen Menschen haben vermutlich nicht das Bewusstsein entwickelt, dass die neue Herrscherrolle Probleme aufwarf. Die Essener von Qumran haben wahrscheinlich den heiligen Raum des Jerusalemer Tempels verlassen und sich nicht mehr an der heiligen Zeit des Mondkalenders orientiert, weil sie die Legitimität des hasmonäischen Priestertums anzweifelten. Illegitimität stellte die schlimmste Form der Unreinheit dar. Wie sollte ein unreiner, illegitimer Hoherpriester das Allerheiligste des Tempels betreten und am Versöhnungstag das Land und das Volk Israel vor Gott repräsentieren können? Die von den Hasmonäern eingeführte Neuerung geriet unter starken Beschuss, als Qumran die Ankunft eines doppelten Messias ankündigte, eines priesterlichen und eines königlichen, getrennt und in dieser hierarchischen Folge.

Unter hasmonäischer und römischer Herrschaft wurde die Situation nicht besser, auch als Hohespriestertum und Monarchie erneut personell voneinander geschieden waren. Herodes der Große war Idumäer, Angehöriger einer ethnischen Gruppe, die unter den Hasmonäern zum Judentum konvertiert war. Er selbst hat sich jedoch nicht zum Hohenpriester erklärt. Während der Herrschaft der Römer wurden die Hohenpriester als untergebener Staatsdiener behandelt. Die Hohenpriesterfamilien wurden gegeneinander ausgespielt und Hohepriester nach Gutdünken ernannt und entlassen. Diese Politik war für alle Betroffenen schlecht. Eine imperialistische Aristokratie ist immer auf die Zusammenarbeit mit der Aristokratie des besetzten Landes angewiesen. Im günstigsten Fall ist die Aristokratie des besetzten Landes bestrebt, die Schäden, welche die Imperialmacht anzurichten versucht, in Grenzen zu halten. Im ungünstigsten Fall beteiligt sie sich an der Ausbeutung der Besatzer. Im einen wie anderen Fall ist meist sie die erste, die ums Leben kommt, wenn das Volk revoltiert.

Wie in Kapitel 2 näher ausgeführt, beruhte der Konflikt zwischen Rom und dem Heimatland der Juden vor allem darauf, dass die Juden unter Berufung auf die Thora darauf insistierten, dass das Land Gott als Eigentümer und Gesetzgeber gehörte, während die Römer behaupteten, es gehöre ihnen, weil sie es erobert und die tatsächliche Macht über es erlangt hätten. Dieser Konflikt eskalierte aus zwei weiteren Gründen. Die römische Autorität wurde durch einen Statthalter wahrgenommen, der nur Hilfstruppen und keine Legionen befehligte und deshalb dem Legaten von Syrien, welcher die Grenze, die der Euphrat bildete, gegen das Reich der Parther mit drei oder vier Legionen verteidigte, unterstand. Im Innern ersetzten die Herodianer die Hasmonäer, und verschiedene Personen, die um das Amt des Hohenpriesters konkurrierten, setzten dem alten, auf Erbfolge beruhenden Hohepriestertum ein Ende. Vielleicht hätte schon der Streit um das Land zu einem Aufstand geführt, der Streit um die Macht machte ihn nahezu unausweichlich.

Vor dem skizzierten Hintergrund wird verständlich, weshalb dieses Kapitel den Titel »Schönheit und Vieldeutigkeit in Jerusalem« trägt. Im ersten Jahrhundert n. Chr. standen das Hohepriestertum, der Kult und der Tempel im Spannungsfeld gegensätzlicher Tendenzen. Auf der einen Seite wurde der Schönheit des Altehrwürdigen gehuldigt, auf der anderen Seite wurde Legitimität vieldeutig ausgelegt. So konnten sich Juden – von einer Position strenger Orientierung an Reinheitsvorschriften aus – vom zeitgenössischen Hohenpriestertum und dem Tempelbetrieb distanzieren. War der Hohepriester legitimiert oder nicht? War der Tempel ein Heiligtum, das es zu schützen galt, oder eine Festung, die zerstört werden sollte? War er nur die Akropolis Jerusalems? Sowohl Josephus als auch Tacitus tun sich schwer damit, seine Zerstörung in Worte zu fassen.

In der Kritik am jüdischen Hohenpriestertum und/oder dem Tempel schwingt häufig ein theologischer Antijudaismus oder ein rassischer Antisemitismus mit. Einige christliche Gemeinschaften ohne Priesteramt haben das alte jüdische Priestertum kritisiert als Surrogat eines neueren christlichen Priestertums, gegen das sie opponieren wollten.

Als Christen sind wir uns zutiefst der Tatsache bewusst, dass solche Attacken von Vorurteilen und einer ahistorischen Sichtweise geprägt sind. Wir lehnen jeden Versuch ab, *inner*jüdische Konflikte in *anti*jüdische Attacken umzumünzen. Aus Gründen der Fairness vergleichen wir auch nicht christliche Ideale mit schwierigen jüdischen Entscheidungen, die im ersten Jahrhundert n. Chr. zu treffen waren. Damals war das Judentum eine große, traditionsreiche Religion, die sich gegen den griechischen Internationalismus und den römischen Imperialismus zur Wehr setzte. Weltmächte erobern und spalten, während Kolonien untereinander in Streit geraten und am Ende verlieren. Die essenischen Juden, die pharisäischen Juden und die Juden, die Josephus der vierten Philosophenschule zuordnete, konnten untereinander, besonders aber mit den sadduzäischen Juden in Streit geraten, die auf Grund ihrer Kollaboration mit den römischen Behörden ein Machtmonopol innehatten. Jeder dieser Konflikte richtete sich insbesondere gegen die adligen Priester, da ihr übermäßig luxuriöser Lebensstil, ihre Kontrollgewalt, ihre Legitimität und ihre Loyalität jüdischen Traditionen gegenüber in Frage gestellt werden konnten.

Wie in Kapitel 3 näher ausgeführt, unterließ es Jesus, sich mit seiner Familie in Nazaret oder mit Petrus in Kafarnaum niederzulassen, weil ein geografisches Zentrum, zu dem sich alle hätten hinbewegen sollen, mit seinem Programm des Reich Gottes nicht zu vereinbaren war. Heilungen und Tischgemeinschaften teilten untereinander die spirituelle und materielle Kraft, die letztlich Gott allein gehörte. Die Thora schrieb eine gerechte Aufteilung des Landes vor, das einem gerechten Gott gehörte. Angesichts der von Antipas vorangetriebenen Romanisierung, Urbanisierung und Kommerzialisierung Galiläas konnte Jesus sich nur auf die Nahrung beziehen, die das Land hervorbrachte. Gemäß der Schöpfungstheologie der Thora musste das Land gleichmäßig und gerecht verteilt werden, weil dessen Besitzer nur Verwalter waren. Jesu Vision und Programm des anhebenden Reiches Gottes lud alle ein, exakt das zu tun, was er selbst tat, und nicht auszuziehen und andere zu ihm zu bringen oder auch nur in seinem Namen zu handeln. Jesus betet nicht, wenn er andere heilt, und fordert auch seine Gefährten nicht dazu auf, es zu tun, da jene, die in das Königreich Gottes Eingang gefunden haben, jetzt in dessen kraftvoller Gegenwärtigkeit leben. Diese seine Königreichbewegung rückte Jesus in eine Gegenposition zu Antipas, der wie sein Vater König der Juden werden wollte. Sein Lebensprogramm hätte Jesus schließlich die Hinrichtung eingebracht, so sicher, wie sie Johannes vor ihm ereilte.

Jerusalem war ein wesentlich gefährlicherer Ort. Dort gab es statt eines herodianischen Tetrarchen sowohl einen sadduzäischen Hohenpriester als auch einen römischen Präfekten. Wenn Jesus, einerseits, in Jerusalem, zumal in der besonderen Atmosphäre des Passahfestes, getan und gesagt hätte, was er in Galiläa gesagt und getan hatte, wäre seine sofortige Hinrichtung mit an Sicherheit grenzender Wahrscheinlichkeit zu erwarten gewesen. Wie sollte aber, andererseits, sein Königreich Gottes nicht in Konflikt mit dem Römischen Reich geraten, wo doch Kult, Priestertum und Tempel weniger der Gottesverehrung zu dienen als von tagtäglicher Kollaboration mit den Römern überschattet zu sein schienen?

Zwei möglichen Missverständnissen gilt es vorzubeugen. Auf der einen Seite: Jesus hat weder das Judentum selbst attackiert, noch hat er gar nichts attackiert. Er war Jude und hatte das Recht, *inner*jüdische Kämpfe auszufechten, ohne dass Christen dies zu bestreiten oder seine Kämpfe als antijüdische auszulegen hätten. Auf der anderen Seite: Auch wenn der Hohepriester Kajaphas ein Heiliger gewesen wäre, hätte er mit dem Präfekten Pilatus zusammenarbeiten müssen. Am Ende setzte der syrische Legat beide ab, weil sie vermutlich selbst aus römischer Sicht zu gut zusammengearbeitet hatten. Römer und Juden, Imperium und Kolonie, Hohespriestertum und Tempel sind in der Tat unter der Überschrift »Schönheit und Vieldeutigkeit in Jerusalem« zu erfassen.

Kolonialer Aufstand und Klassenkrieg

Der koloniale Aufstand gegen Rom, die beiden großen Kriege der Jahre 66–74 und 132–135 n. Chr., haben deutliche archäologische Spuren hinterlassen. Während dieser Aufstände wurden die bedeutende Pilgerstadt Jerusalem und ihr Tempel zerstört.

Die Zerstörung Jerusalems

Während des ersten Aufstandes wurde der jüdische Widerstand gegen die römische Vorherrschaft nach achtjährigem Kampf gebrochen. Die Legionen schlugen zunächst den Aufstand in Galiläa und schließlich in Masada nieder, den Höhepunkt erreichten sie jedoch mit der Eroberung Jerusalems und der Zerstörung des Tempels. Josephus zufolge wurde der Tempel am neunten Tag des jüdischen Monats Av im Jahr 70 n. Chr. zerstört. Einige Juden hielten noch einen weiteren Monat in der Oberstadt die Stellung. Jene, die den Kampf überlebt hatten, wurden gekreuzigt oder als Sklaven verkauft. Die römischen Legionen richteten zur Feier ihres Sieges ihre Standarten auf, auf denen sich ein goldener Adler, der Blitze in seinen Klauen hielt, befand und die Insignien SPQR, *Senatus Populusque Romanus* standen. Der Adler symbolisierte Roms Schutzgott, Jupiter Optimus Maximus; die Insignien verwiesen darauf, dass sie dem »römischen Senat und dem römischen Volk« dienten. Der Tempel von Herodes dem Großen wurde niedergebrannt und die Reste systematisch abgetragen, obwohl, dem römischen Geschichtsschreiber Tacitus zufolge, selbst hartgesottene Offiziere nur widerwillig den von Titus erteilten Auftrag, den Tempel vollständig zu zerstören, ausführten, weil sie das Gefühl hatten, »dass es nicht richtig war, ein heiliges Gebäude zu zerstören, das als eines der bedeutendsten Schöpfungen menschlicher Anstrengung galt«.

Forscher des neunzehnten und zwanzigsten Jahrhunderts haben große Steine und Schuttmassen freigelegt, welche die Römer vom herodianischen Tempelplatz hinabgeworfen hatten. Die massiven Fundamente hatten sie nicht zerstören können. Wohl aber rissen sie Säulen, Bögen und die oberen Mauern nieder. Überreste liegen immerhin noch verstreut auf den gepflasterten Straßen und Stufen unterhalb des Tempelbergs herum. Die Römer plünderten einen großen Teil der Stadt aus und machten ihn dann dem Erdboden gleich. Auf dem westlich des Tyropöontals gelegenen Hügel stationierten sie Einsatztruppen der Zehnten Legion, welche die verbliebenen Einwohner unter Kontrolle hielten.

Überreste, die vom römischen Sieg und der weiteren Besatzungsherrschaft zeugen, sind über der Schicht, die die Kriegszerstörung bewahrt, verstreut aufzufinden. In Jerusalem wurden Triumphbögen mit Inschriften zu Ehren der Zehnten Legion und von Titus, dem Sohn Vespasians, der im Jahr 69 n. Chr. Kaiser wurde, errichtet. Die siegreiche Zehnte Legion ließ Gegenstände zurück, die auf dem westlichen Hügel der Stadt verstreut angetroffen wurden: Dachziegel, Abflussrohre und Ziegelsteine mit den Insignien LXF, *Legio X Fretensis* und der Darstellung eines Wildschweins, dem Emblem der Legion.

Später machte Kaiser Hadrian das, was von der Stadt übrig geblieben war, zu einer römischen Kolonie, die er nach sich selbst (Aelius Hadrianus) und seinem Schutzgott (Jupiter Capitolinus) Aelia Capitolina nannte. Juden verwehrte er den Zugang zu dieser Stadt. Er verlieh der Stadt durch die Anlegung eines Straßennetzes mit zwei *cardines* mit Kolonnaden einen römischen Charakter und ließ alles beseitigen, was auf ein jüdisches Leben hindeutete. Er ließ einen heidnischen Tempel, der Jupiter Capitolinus geweiht war, direkt über dem zerstörten jüdischen Tempel, der Jahwe geweiht war, errichten. Diesen Tempel suchte er auf seiner Reise durch die östlichen Provinzen in den Jahren 129–130 n. Chr. auf. Auf dieser Reise macht er u. a. in Philadelphia, Petra, Skythopolis und Caesarea im Westen Halt. In jeder dieser Städte erfolgte sein Besuch als königlicher Advent. Zu diesen Anlässen zog Hadrian in Festtagsrüstung auf einem Schimmel in die Städte ein. Dort begegnete er sowohl Würdenträgern und Staatsbeamten, die Hymnen sangen und Reden hielten, als auch den gewöhnlichen Bewohnern, die die Straßen säumten und zum Zeichen seiner Siege mit Palmzweigen winkten. Hadrian brachte den Göttern Opfer für die Stadt und gewährte ihren Bewohnern Privilegien, die alle den Zweck erfüllten, die Verehrung des Kaisers und die Loyalität gegenüber Rom zu befördern. Auf seiner Reise ließ er Heiligtümer und Tempel, die dem Kaiserkult gewidmet waren, errichten. In diesen Bauwerken befanden sich Statuen, die ihm selbst als Zeus gewidmet waren. Im Blick auf eine spätere Bezugnahme gesprochen: das war *ein* Weg, eine Stadt als Herrscher zu betreten.

Die Stadt Jerusalem, die selbst über keine natürlichen Ressourcen verfügte und weit von den Haupthandelswegen entfernt lag, war einst eine blühende jüdische Pilgerstadt, die auch heidnische Besucher anzog, nun aber nahm sie weder jüdische Besucher noch jüdische Einwohner auf. Auch nachdem sie von Hadrian zu einer Kolonie gemacht worden war, stieg ihre Bevölkerungszahl nicht an. Sie blieb relativ klein, bis Konstantin der Große das Reich zum Christentum bekehrte. Erneut wurde Jerusalem zum Zielort für Pilger, dieses Mal jedoch eher für christliche als für jüdische Pilger. Zur Bezeichnung der Stadt wurden wie einst lateinische oder griechische Namen verwendet. Jerusalem wurde jedoch in eine christliche Heilige Stadt verwandelt, deren Mittelpunkt nicht länger der Tempel war, dessen Ruinen nun an den Sieg der Christen über die Juden gemahnten, sondern die Grabeskirche, jenem Ort, an dem Jesus auferstanden sein soll. Später kämpften dort byzantinische und persische Armeen gegeneinander. Die Muslime machten Jerusalem zu ihrer drittheiligsten Stadt. Sie erbauten zum Gedenken an die Himmelsreise Mohammeds den Felsendom auf dem Tempelberg. In späteren Jahrhunderten hinterließen Eroberungszüge der Kreuzfahrer, die ottomanische und türkische Herrschaft, der europäischer Kolonialismus und der Sechstagekrieg im Jahr 1967 ihre Spuren in Jerusalem.

Nach dem Sechstagekrieg fanden umfangreiche Ausgrabungen südlich und westlich des Tempelberges statt, der weiterhin unter muslimischer Kustodie stand, und im Jüdischen bzw. herodianischen Viertel, das in der Oberstadt gelegen ist. Dort arbeiteten die bekanntesten Archäologen Israels: Nahman Avigad leitete Ausgrabungen in Wohnquartieren der Oberstadt, Benjamin Mazar und Meir Ben-Dov arbeiteten außerhalb des Tempelbergbezirkes, wo gegenwärtig noch Ronny Reich Ausgrabungen vornimmt. Ein etwa dreihundert Meter langer Tunnel wurde größtenteils unter der Leitung des Archäologen Dan Bahat entlang der Westmauer (der so genannten Klagemauer) im Auftrag des israelischen Ministeriums für religiöse Angelegenheiten gegraben.

Das Gebiet außerhalb des Tempelbergbezirkes war bereits viel früher archäologisch erforscht worden. Im neunzehnten Jahrhundert gruben die britischen Forscher Charles Wilson und Charles Warren, die unter der Schirmherrschaft des *Palestine Exploration Fund* arbeiteten, eine Reihe tiefer vertikaler Schächte entlang der West-

mauer bis zum Muttergestein aus. Sie legten die westlich des Tempelberges gelegene Herodesstraße und ihre tiefsten Lagen frei.
Zuvor hatte der Schweizer Forscher und Architekt Titus Tobler die
Überreste eines Bogens, der aus der Westmauer hervorragte, entdeckt. Heute ist er als Wilson-Bogen bekannt, da dieser den Fund
publizierte. Vor ihm hatte der Amerikaner Edward Robinson die
Überreste einer im Südwesten des Tempelberges gelegenen Treppe
ausgegraben.

Ein Aufstand innerhalb eines Aufstandes

Alle diese Ausgrabungen, die in Jerusalem und an seinem Tempel
stattfanden, vermitteln einen Eindruck von der einstigen Größe der
Stadt und ihrer Verwüstung nach dem großen Aufstand gegen das
Römische Reich in den Jahren 66–74 n. Chr. Die riesigen Steine, die
die Römer damals gewaltsam nach unten befördert hatten, werden
stets daran erinnern. Der Widerstand, der sich im ersten Jahrhundert formierte, richtete sich jedoch nicht nur gegen die Herrschaft
der Römer, sondern auch gegen die Machtposition der eigenen Aristokratie. Umso mehr wird Jerusalem zu einer vieldeutigen Stadt. In
Kapitel 4 wurden die unterschiedlichen Möglichkeiten, auf die
imperiale Herrschaft zu reagieren, diskutiert. In diesem Zusammenhang ist noch einmal darauf hinzuweisen, dass sich diese Möglichkeiten nicht immer deutlich gegeneinander abgrenzen ließen, sondern häufig auf verschiedene Weise kombiniert wurden. Zu erinnern
ist auch an die Ausführungen zu Beginn des zweiten Kapitels: Amos,
der Bauer-Prophet aus dem judäischen Tekoa, sprach im Namen
Gottes und gegen Jerobeam, den König Israels, und gegen Amazja,
den Hohenpriester von Bet-El. Sein Protest richtete sich nicht gegen
Kolonialherren und zielte auch nicht auf die Forderung nach
menschlicher Freiheit ab, sondern entsprang dem Bedürfnis, im
Interesse eines am Bund orientierten Königreichs der Forderung
nach göttlicher Gerechtigkeit Nachdruck zu verleihen.

Der Widerstand der Propheten konnte wie der des Propheten
Amos aus dem achten Jahrhundert ein gewaltloser oder wie der der
Propheten Elija und Elischa aus dem neunten Jahrhundert ein
gewaltsamer Widerstand sein. Sie brachten die Omri-Dynastie zu
Fall und ersetzten sie durch die Jehu-Dynastie. Bevor sich kolonialer
Widerstand in der einen oder anderen Form gegen die imperiale

Herrschaft rührte, leisteten Propheten bereits einen gewaltsamen und/oder gewaltlosen Widerstand gegen Ungerechtigkeiten des eigenen Königs. Am tiefsten in der Tradition Israels war nicht der Widerstand gegen fremde Vorherrschaft verankert, sondern Bundes-Widerstand gegen ungerechte Unterdrückung im eigenen oder fremden Land. Wie bereits dargestellt, fasste dieser Widerstand stets Grund im idealen Kontinuum vom bundesgemäßen durch das eschatologische in das apokalyptische Königreich Gottes.

Der Klassenkrieg *innerhalb* der Rebellion gegen die römischen Kolonialherren mit seiner Eskalation der Gewalt ist charakteristisch für den großen Aufstand zwischen 66–74 n. Chr. in Galiläa und in Judäa. Das bedeutet nicht, dass es nicht auch andere innerjüdische Spannungen in diesem Krieg gegeben hätte. So existierten tiefe Spaltungen in der Priesteraristokratie aber auch zwischen Aristokraten und Gefolgsmännern. Die Sikarier waren z. B. eher gebildete Lehrer als Angehörige der Priesteraristokratie. Es gab tiefe Spannungen zwischen regionalen Gruppen wie den Idumäern, Judäern und Galiläern, aber auch zwischen einzelnen Anführern unterschiedlichster sozialer und regionaler Herkunft. Im Folgenden gilt die Aufmerksamkeit jedoch insbesondere der inneren sozioökonomischen Revolution innerhalb und unter dem Schutz der äußeren Rebellion gegen die imperiale Macht.

Die Verteidigung Galiläas

Zu Beginn des Aufstandes wurde Josephus von Jerusalem nach Galiläa gesandt, um die Bewohner auf die bevorstehende Ankunft der Legionen Vespasians vorzubereiten. Später, als er unter flavischer Schutzherrschaft seine Werke verfasste, hatte er ein persönliches Interesse daran, seine eigenen galiläischen Kohorten als würdige Gegner des besten Feldherrn Roms darzustellen, der gerade neuer Kaiser von Rom geworden war. Er hatte »eine kampfbereite Armee, die aus sechzigtausend Mann zu Fuß und dreihundertfünfzig Reiter bestand«, und er hatte diese Armee »nach römischer Art« ausgebildet (*Der Jüdische Krieg* 2.583, 577). Als Vespasian seine Legionen und Hilfstruppen in Ptolemais im Frühjahr 67 zusammenstellte, erreichte er ebenfalls die Truppenstärke von 60000 Mann (3.69). Alles schien auf eine Begegnung zwischen zwei gleichwertigen Titanen hinauszulaufen. »Als die unter der Befehlsherrschaft von

Josephus stehenden Truppen, die in der Nähe der nicht weit von Sepphoris entfernt liegenden Stadt Garis stationiert waren, erkannten, dass sie in einen Krieg verwickelt zu werden drohten und sie in jedem Moment von den Römern angegriffen werden könnten, trieben sie auseinander und flohen nicht erst, bevor die kriegerische Auseinandersetzung begonnen hatte, sondern schon bevor sie ihre Feinde gesehen hatten« (3.129). Das war natürlich sehr klug.

Die Vorbereitung Galiläas auf den drohenden Rachefeldzug der Römer hatte Josephus keinen militärischen Erfolg gebracht. Für die Menschen hatte er jedoch Positives bewirken können. Seine Armee bestand nicht aus bäuerlichen Truppen, die es nach wenigen Wintermonaten Ausbildung mit den Legionen hätten aufnehmen können, sondern aus Räuberbanden, die loyal zu ihm standen, weil er sie mit Geldern bezahlen konnte, die ihm jene zur Verfügung gestellt hatten, die sie sonst ausgeraubt hätten. In seinem wesentlich später verfassten Werk *Das Leben des Josephus* heißt es: »Ich rief auch die meisten Anhänger der Räuber zu mir, und als ich sah, dass es unmöglich war, sie zu entwaffnen, überredete ich die Menschen dazu, sie als Söldner zu bezahlen; denn ich machte ihnen klar, dass es besser wäre, ihnen freiwillig eine kleine Summe zu geben, als zu riskieren, dass sie sich gewaltsam ihres Eigentums bemächtigten« (77-78). Dass Straßenräuber zu Söldnern gemacht wurden, wird im *Jüdischen Krieg* nur indirekt zur Sprache gebracht und geht in den wilden Phantasien, die Josephus über sich als Prototyp eines modernen römischen Feldherrn ausbreitet, nahezu unter. Über seine Krieger sagte er, dass er »ihre militärische Disziplin, noch bevor sie zum Einsatz kamen, überprüfte und kontrollierte, ob sie sich von ihren schlechten Gewohnheiten, von Diebstahl und Raub, distanzierten und aufhörten, ihre Landsleute zu betrügen und als persönlichen Vorteil ein Unrecht anzusehen, das ihre engsten Freunde erlitten« (2.581).

Josephus hätte die Römer niemals in einer Schlacht besiegen können oder ihnen lange standhalten können. Dennoch hatte er in Galiläa etwas bewirken können. Er hatte den Ausbruch eines Klassenkrieges in einer Situation verhindern können, in der sich Widerstand gegen die Kolonialherren regte. Er hatte verhindert, dass sich Land- und Stadtbewohner, Banditen vom Lande und städtische Landbesitzer gegenseitig abschlachteten, bevor die Legionen anrückten, um die Übriggebliebenen zu vernichten. Seine Streitkräfte ergriffen die Flucht, als die Römer nahten. Diese »Galiläer«, Josephus' üblicher Begriff für die Landbevölkerung, waren nicht darauf versessen, sich auf eine kriegerische Auseinandersetzung mit den römischen Legionen einzulassen, gleichzeitig hatten sie jedoch großes Interesse daran, zwei größere Städte der Region wie Sepphoris und Tiberias zu zerstören (vgl. Kapitel 3). In diesen Städten tagten die Gerichte, wurden Steuerarchive geführt, und dort lebten Großgrundbesitzer. Dem Feldherrn Josephus war es nicht gelungen, einen Kolonialkrieg zu gewinnen, er verhinderte aber einen Klassenkrieg. Später sollte in Jerusalem niemand auch nur einen dieser beiden Kriege erfolgreich abwehren können.

Zeloten und Aristokraten

Der Begriff »Zeloten« bezieht sich auf eine lockere Vereinigung von Kämpfern bäuerlicher Herkunft (die einige als Straßenräuber, andere als Befreier ansahen), die in die Schutzmauern Jerusalems gedrängt wurden, als die Truppen Vespasians, der eine Politik der verbrannten Erde betrieb, im Winter/Frühjahr 67–68 in den Süden vordrangen. Im Sommer 68 bis hinein ins Jahr 69 blieb Jerusalem überraschend von einer Belagerung verschont. In diesem Zeitraum beging Nero Selbstmord und wurde Vespasian zum Kaiser ausgerufen, nachdem drei andere Kandidaten vergeblich versucht hatten, diese Machtposition zu erringen. In Jerusalem brach währenddessen ein Klassenkrieg aus, als die Zeloten eine Terrorherrschaft, die sich gegen die Oberschichten richtete, installierten. Die übliche Anschuldigung war Konspiration, um die Rebellion an die Römer zu verraten. Josephus ist von dem, was er zu berichten hat, entsetzt (*Der Jüdische Krieg* 4.147-148, 153-157).

Folgendes verweist symptomatisch auf die ideologischen Ziele der Zeloten: Das Hohepriesteramt war seit Zadok zu Zeiten Salomos durch Erbfolge geregelt, bis sich die neue jüdisch-hasmonäische Dynastie im zweiten Jahrhundert v. Chr. selbst zu Priesterkönigen erklärte. Später ernannten und entließen sowohl die Herodianer als auch die Römer Hohepriester nach Gutdünken und machten sich vier verschiedene Familien nach dem Prinzip »Teile und Herrsche« dienstbar. Die Zeloten favorisierten eine Hohepriesterklasse, wahrscheinlich mit besserer zadokidischer Legitimation. Durch Losentscheid ermittelten sie dann einen Kandidaten aus ihr.

Das Los wurde göttlicher Vorsehung, nicht menschlichem Glück zugeschrieben. An die Stelle einer von Menschen getroffenen Entscheidung trat also eine Auserwählung durch Gott. Hier gab es eine lange Tradition, die von der Wahl Sauls als König in 1 Samuel 10:21 (»Darauf ließ er den Stamm Benjamin (geordnet) nach seinen Sippen antreten, und das Los fiel auf die Sippe Matri. Und schließlich fiel das Los auf Saul, den Sohn des Kisch.«) bis zu der von Matthias als Apostel in der Apostelgeschichte 1:26 (»Dann gaben sie ihnen Lose; das Los fiel auf Matthias, und er wurde den elf Aposteln zugerechnet.«) reichte. Es spielte auch in der *Gemeinschaftsregel* der Qumran-Essener eine wichtige Rolle: »Das Los soll in jeder Angelegenheit, die Rechts-, Eigentums- und gerichtliche Fragen betrifft, entscheiden.«

Vor dem Hintergrund dieser Tradition luden die Zeloten laut Josephus »eine der hohenpriesterlichen Klassen namens Eniachin vor, und warfen das Los, um über das Hohepriesteramt zu entscheiden. Zufällig fiel das Los auf eine Person, die auf bemerkenswerte Weise die Verderbtheit der Klasse verkörperte; bei dieser Person handelte es sich um Phanni, den Sohn des Samuel aus dem Dorf Aphthia«. Zwar deutet die Tatsache, dass diese Klasse »vorgeladen« wurde, darauf hin, dass die Frage der Legitimität von Menschen geklärt wurde. Das »Los« führt im Resultat jedoch zu einer Entscheidung Gottes für die Bauern und gegen die Adligen; Josephus kann nur mit Mühe seine Fassungslosigkeit darüber verbergen, dass ein Bauer einen Adligen als Hoherpriester ablöst. Dieses Ereignis veranschaulicht auf symbolisch besonders eingängige Weise das Programm der Zeloten.

Darüber hinaus inhaftierten, verurteilten und exekutierten die Zeloten »Antipas, einer aus der [herodianischen] Königsfamilie«, der »des öffentlichen Verrats angeklagt worden war«, und ebenso erging es – neben anderen hochangesehenen Menschen des Landes – Levias und Syphas, die »beide ebenfalls königlichen Blutes waren« (*Der Jüdische Krieg* 4.139-46). Außerdem töteten sie mit Unterstützung idumäischer Bauern die ehemaligen Hohepriester Ananus und Jesus: Dabei gingen sie »in ihrer Unfrömmigkeit so weit, die Leichen wegzuwerfen, ohne sie zu bestatten, obwohl Juden so viel Wert auf Bestattungsrituale legen, dass selbst Übeltäter, die zur Kreuzigung verurteilt worden sind, vom Kreuz genommen und vor Sonnenuntergang bestattet werden«. Dagegen wurden jene Adligen »nackt weggeworfen, um von Hunden und Beutetieren zerfleischt zu werden« (4.317). Die »jungen Adligen« wurden gefangen genommen, »damit sie sich ihrer Partei [der der Zeloten] anschlössen«, und als alle dies ablehnten, wurden sie gefoltert und hingerichtet, »so dass zwölfhundert junge Adlige ums Leben kamen« (4.327,333). Eine weitere Etappe dieses breit angelegten Säuberungsprozesses stellte der Schauprozess des Zacharias, des Sohnes des Baris, dar, »eines der angesehensten Bürger..., der auch reich war«. Siebzig Richter aus der »bürgerlichen Oberschicht« sprachen ihn von der Konspiration mit den Römern frei, und dennoch ließen die Zeloten ihn hinrichten (4.335, 336, 343). Josephus fasste den Klassenkrieg wie folgt zusammen: »Keiner entkam außer jene, die wegen ihrer niedrigen Herkunft überhaupt nicht beachtet wurden, es sei denn durch Zufall« (4.365). Schließlich sandte Matthias, der amtierende adlige Hohepriester nach dem messianischen Kämpfer Simon bar Goria als einem, »der die Stadt der Zeloten befreien sollte«, und als dieser in Jerusalem eintraf, »wurde er von den Menschen als ihr Retter und Beschützer begrüßt«. Der Klassenkrieg und die soziale Revolution waren an ein Ende gelangt, aber die politische Rebellion dauerte noch an, und einem dem Untergang geweihten Jerusalem sollte ein römischer Rachefeldzug bevorstehen.

Das Verhältnis zwischen dem Widerstand gegen die koloniale Vorherrschaft und dem Klassenkrieg lässt sich wie folgt charakterisieren: Erstens gab es einen Widerstand gegen die römische Vorherrschaft und/oder gegen soziale Diskriminierung unter einer wie auch immer gearteten Bezugnahme auf das Königreich Gottes. Zweitens formierte sich ein Widerstand gegen die Kolonialherren, der nicht mit einem Klassenkrieg einherging. So begann der Aufstand der Jahre 66–74 mit einer Spaltung innerhalb der aristokratischen Hohenpriesterschaft, die darauf zurückzuführen war, dass der Brauch, dem römischen Kaiser im Tempel von Jerusalem täglich Opfergaben darzubringen, aufgegeben wurde. Drittens und vor allem gab es in dieser von kolonialer Vorherrschaft geprägten (oder in irgendeiner anderen) Situation keinen Klassenkrieg, der nicht auch eine Abwehrhaltung gegen die Kolonialherren beinhaltete. Wer gegen die kollaborierende jüdische Aristokratie opponierte, opponierte auch gegen ihre imperialen römischen Schutzherren und Sponsoren.

Der zuletzt genannte Punkt bedarf einer näheren Erläuterung. Im ersten Jahrhundert n. Chr. hatten sowohl der Tempel in Jerusalem als auch die Hohepriesterschaft für viele eine beunruhigende Vieldeutigkeit angenommen. Für die Essener waren beide nicht mit ihrer Sorge um Bundestreue und rituelle Reinheit vereinbar. Hätten sie die Macht in Jerusalem übernommen, hätten sie laut ihrer eigenen *Tempelrolle*, die in Qumran entdeckt wurde, an Tempel und Stadt wesentlich höhere Reinheitsmaßstäbe angelegt. Für die Zeloten waren Tempel und Priesterschaft mit ihrem Klassenkrieg nicht vereinbar. Inwiefern wandten sich die Pharisäer von beiden ab? Weshalb übertrugen die Pharisäer das Konzept priesterlicher Reinheit auf ihre eigenen Häuser? Wollten sie es in einen größeren Rahmen stellen, weil sie davon überzeugt waren, dass die Reinheitsvorschriften perfekt eingehalten wurden, oder wollten sie es an einem anderen Ort umsetzen, weil sie umgekehrt der Auffassung waren, dass den Reinheitsvorschriften nicht in idealer Weise entsprochen wurde? Sollten die Judenchristen gegen den Tempel und/oder die Priesterschaft opponiert haben, wäre es ein schwerwiegender historischer Fehler, dies als abstrakte Kritik an Opfer und Reinheit, Heiligtum oder Priesterschaft oder gar als eine Attacke des »Christentums« gegen das »Judentum« zu interpretieren. In den Augen vieler Juden des ersten Jahrhunderts verdeckten exzessiver Luxus, Fragen dynastischer Legitimität, die Vormachtstellung der Adligen und die Kollaboration mit dem Römischen Reich die Schönheit der Hohenpriesterschaft, den Glanz des Tempels und die Herrlichkeit Jerusalems unter Schichten, die den Stellenwert der Stadt in einer unübersehbaren Weise beeinträchtigten.

Die Herrlichkeit des Tempels

Lange nach der Zerstörung des Tempels vertraten die Weisen Israels die Ansicht, dass »wer Herodes' Bauwerk nicht gesehen hat, nie ein schönes Bauwerk gesehen hat«. Josephus, Philo, Tacitus und andere Autoren der Antike rühmen einmütig die Schönheit des Tempels. Dank archäologischer Ausgrabungen und Entdeckungen können Herodes' Leistungen, die Ausführung des gesamten Komplexes, Konstruktionsdetails und architektonische Verfahren bestimmt werden. Deshalb ist es möglich, den Tempel so zu beschreiben, wie Jesus ihn gekannt hat.

Herodes der Große konnte das innerste Heiligtum des Tempels gegenüber der Form, die nach dem Babylonischen Exil der Vorgabe Salomos und biblischen Vorschriften folgend rekonstruiert worden war, nicht wesentlich verändern. Fassaden konnten wiederhergestellt, Säulen mit Gold verziert werden, aber das Heiligtum selbst ließ sich weder abbauen noch vergrößern. Deshalb plante Herodes die Fläche des Tempelberges, auf dem der Tempel stand, verdoppeln zu lassen. Dieses Bauvorhaben wurde im Jahr 19 v. Chr. eingeleitet und erst lange nach seinem Tod abgeschlossen.

Neben den Bauwerken, die Herodes der Große in Caesarea am Meer und in der Judäischen Wüste errichten ließ, ist auch der Tempelberg in Jerusalem Teil des Projektes, seine Vorstellungen von einem Königreich architektonisch umzusetzen. Caesarea orientierte sich an Rom und verfolgte den Ausbau von Handelsbeziehungen. Die Paläste in der Judäischen Wüste boten zugleich Sicherheit und Luxus. Jedes dieser Gebäude wies ihn als einen *römischen Klientelkönig* aus, der seinen luxuriösen Lebensstil gerne zur Schau stellte. Im Folgenden gilt das Hauptaugenmerk seiner Glanzleistung als *König der Juden*. Wie bereits erwähnt, bildeten alle diese Bauwerke eine Einheit. Der Hafen von Caesarea war in erster Linie unter kommerziellen Interessen erbaut worden. Er zog jedoch auch Heiden, die sich zum Tempel von Jerusalem begeben wollten, an. Weshalb sonst hätte Herodes den Tempel mit einem großen Vorhof der Heiden versehen lassen sollen, wenn er nicht damit gerechnet hätte, dass Heiden als neugierige Touristen und/oder fromme Pilger dorthin reisten?

Die geografisch zentrale Lage des Tempels

Herodes der Große beauftragte seine Architekten damit, die Plattform des Tempelberges zu verdoppeln, um so für das Heiligtum eine neue, prachtvolle Umgebung zu schaffen. Das war kein einfaches Unterfangen, da Jerusalem auf einem bergigen Gelände lag und Hügel den Tempel auf allen Seiten umgaben. Das Tyropöontal befand sich an der Westseite, ein kleineres Tal lag im Norden, das viel größere Kidrontal im Osten. Herodes machte dieses Gelände seinen Zwecken dienstbar. Zur Erweiterung der Plattform ließ er eine Erdsenkung im Norden und einen Teil des Tyropöontals im Westen auffüllen, entlang des Südhanges ließ er eine Reihe von Gewölbebögen errichten, die den höher gelegene Tempelplatz stützten. Dann ließ Herodes an allen vier Seiten des Tempelberges eine massive Umfassungsmauer errichten. Die Ostmauer der früheren Plattform blieb erhalten, wurde aber in nördlicher und südlicher Richtung verlängert. Auf diese Weise entstand eine riesige Plattform neben dem Heiligtum. Sie hatte annähernd die Form eines Trapezes. An der Ost-Westseite war sie etwa 300 Meter breit, an der Nord-Südseite etwa 480 Meter lang. Um die Stabilität des etwa 30 Meter über der Straße liegenden Tempelplatzes gewährleisten zu können, mussten die Umfassungsmauern vor allem an der Süd- und der Westseite ein solide gebautes Fundament aus massiven Steinen aufweisen. Herodes' Architekten trugen das gesamte Gelände ab und gruben noch weitere 18 Meter ins Muttergestein, das behauen und für eine etwa 5 Meter dicke unterste Steinlage geebnet wurde. Um sich Arbeit zu ersparen, brachen sie die Steine in der Nähe bergauf, die dann relativ leicht nach unten befördert werden konnten. So wie jede Steinlage platziert war, wurde der Raum zwischen der neuen und alten Mauern aufgefüllt und mit Bauschutt abgedichtet, so dass die nächste Lage darauf geschichtet werden konnte.

Einige der Steine in den unteren Schichten waren riesengroß. Der Tunnel, der im Auftrag des israelischen Ministerium für religiöse Angelegenheiten entlang der Klagemauer gegraben worden war, legte die so genannte Meister-Lage frei. Ein einziger Stein war gut 12 Meter lang und über 3 Meter hoch und über 4 Meter dick. Er wog mehr als fünfhundert Tonnen. Der nächste Stein der Meister-Lage war ebenfalls über 12 Meter lang, ein weiterer knapp 8 Meter und ein weiterer etwa zwei Meter. Allein diese vier Steine erreichten eine Länge von über 30 Metern. Die meisten Quadersteine in den unteren Lagen hatten keine solchen Ausmaße. Sie waren durchschnittlich 1,20 Meter hoch; doch selbst die kleineren wogen zwischen 3 und 5 Tonnen. Alle Steine waren gleichmäßig viereckig und so glatt gemeißelt, dass die gesamte Umfassungsmauer ohne Mörtel errichtet werden konnte. Jeder Stein grenzte so dicht an die nebenliegenden an, dass selbst heute, zwanzig Jahrhunderte später, weder ein Messer noch ein Stück Papier tief in die schmalen Zwischenräume geschoben werden kann.

Die prachtvolle Fassade des Tempels

Die Mauern von Herodes' Tempelberg bildeten auch eine imposante ca. 30 Meter hohe Fassade. Jede Lage wurde um etwa 2,5 Zentimeter nach innen versetzt, was dem Ganzen einen leichten pyramidalen Effekt verleiht. Die Außenseite jedes Quadersteins war in typisch herodianischem Stil behauen. Dabei wurde auf der Vorderseite ein äußerer Rand ausgemeißelt, der 7-15 Zentimeter tiefer als die gerahmte innere Fläche liegt. Die sorgfältig bossierten Ränder und Flächen der Quader verliehen dem Bauwerk eine einzigartige Ästhetik: es erschien nicht wie eine monolithische, weiß getünchte Fassade, vielmehr traten die einzelnen Steine deutlich hervor, und im Laufe des Tages entstanden auf dem Quadermauerwerk unterschiedliche Muster aus Licht und Schatten. Die abwechslungsreiche Struktur der Umfassungsmauer bewirkte, dass die sandfarbenen Steine bei Sonnenauf- und Sonnenuntergang eine rötliche Färbung annahmen. Zu anderen Tageszeiten glänzten die Steine, als wären sie aus Marmor. Die Umrisse der Quadersteine zeichneten sich erst ab, wenn man näher an die Mauer herantrat. Einige Steine wiesen kubusähnliche Vorsprünge auf, an denen ursprünglich Seile festgebunden worden waren für den Transport mit Ochsenfuhrwerken. Diese waren von den meisten Quadern entfernt worden, nachdem sie an Ort und Stelle eingepasst waren, an einigen befanden sie sich jedoch noch. Sie ließen auf der Fassade des Tempelberges zusätzliche Licht- und Schattenmuster entstehen.

Die unteren Teile der Umfassungsmauer wiesen im Unterschied zu den oberen Teilen eine glatte, gleichzeitig aber auch sehr abwechslungsreiche Struktur auf. Alle oberen Mauern und Gebäude entlang der äußeren Plattform waren von den Römern zerstört worden. Sie können jedoch von Archäologen und Architekten an Hand der entdeckten Überreste rekonstruiert werden. Die oberen Teile wiesen Pilaster und Kapitelle auf. Bei diesen halb eingebauten Säulen handelte es sich um rechteckige Halbsäulen, nicht um Rundsäulen, wie sie im Palast von Masada anzutreffen waren. Von außen betrachtet, bestand die Fassade des Tempelbergs aus zwei Teilen, der unteren leicht abhängigen Umfassungsmauer und der oberen mit Pilastern versehenen Mauer, die von einer Brüstung abgeschlossen wurde. An jeder Ecke befand sich ein Turm. Dort hielten Priester und Leviten Wache, und dort wurden einer Inschrift zufolge Trompetensignale gegeben.

Diese Inschrift wurde bei den späten Ausgrabungen, die unter der Leitung von Benjamin Mazar stattfanden, im südwestlichen Teil des Tempelberges entdeckt. Die hebräische Inschrift, die in einen ca. 2,5 Meter langen Quaderstein geritzt war, bedeutet in der Übersetzung: »für den Ort, an dem Trompeten geblasen werden für…« Die letzten Buchstaben der Inschrift waren abgebrochen, entweder als die Römer sie hinabwarfen oder, was wahrscheinlicher ist, als Charles Warren seinen Forschungsschacht grub. Wie das Ende der Inschrift gelautet haben könnte, ist nicht eindeutig zu klären. Diskutiert werden folgende Möglichkeiten: Es war ein Ort, an dem Trompeten »für die Priester«, »für den Tempel« oder »um den Sabbat anzuzeigen« erklangen. Da die Handschrift etwas unbeholfen wirkt und Spuren von Putz entdeckt wurden, wird vermutet, dass die Inschrift auf dem Steinbruch mit einem Vermerk über den endgültigen Bestimmungszweck versehen und später, als sich der Stein an der vorgesehenen Stelle befand, von den Bauarbeitern mit Putz überdeckt wurde. Jedenfalls zeugt die Inschrift davon, dass dort Priester Beobachtungsposten besaßen und der Sabbat und andere Festtage durch einen Trompetensignal begonnen wurde, wie es bei Josephus und in der späteren rabbinischen Literatur beschrieben wird.

Die architektonischen Energie, die für die Gestaltung der Fassade des Tempels aufgebracht wurden, entwickelte Strenge in einer ausgeklügelten Ästhetik und das wahrscheinlich aus zwei Gründen. Erstens war mit der Errichtung einer Fassade, die nur aus Steinen bestand, eine enorme Ersparnis von Putz verbunden. Dieses zum Teil aus gebranntem Kalkstein bestehende Material war in der Stadt, die in der Judäischen Wüste lag, mangels vorhandenen Brennholzes nur unter großem Aufwand herzustellen. Gleichzeitig fielen nur wenige Reparaturarbeiten an. Herodes' Tempel sollte die Zeit überdauern.

Zweitens trug die Architektur der Entscheidung des Herodes Rechnung, das Bilderverbot der Juden zu respektieren. Außer in einer Schrift von Josephus, auf die später einzugehen sein wird, ist in keinem Text von der Darstellung eines Lebewesens im Tempelbezirk die Rede; und es wurde weder eine Statue noch ein Relief von einem Menschen oder einem Tier gefunden. Es gab nur florale und geometrische Muster, die sich vorwiegend im Inneren der Gebäude befanden. Wer den Tempel über die Südtreppe, durch das so genannte Doppelte Tor der Huldatore betrat, passierte die Königliche Halle unterirdisch und betrat durch eine Öffnung den Tempelplatz, nachdem er eine Reihe von unterschiedlich farbigen und mit großartigen Ornamenten versehene gewölbte Räume durchschritten hatte. Quadrate, deren Innenflächen verschiedene komplexe geometrische Muster aufwiesen, wurden mit Rosetten kombiniert, die an Chrysanthemen und andere Pflanzen aus der Region erinnerten, wobei Weinreben und -trauben dominierten. Bei diesem Eingang handelt es sich möglicherweise um die Schöne Pforte, an der Petrus der Apostelgeschichte 3:1-10 zufolge einen gelähmten Bettler geheilt hat.

Tempelarchitektur und gesellschaftliche Hierarchie

Durch welches der verschiedenen Tore Menschen den Tempelkomplex betraten, hing von ihrer jeweiligen sozialen Stellung ab. Die meisten näherten sich dem Gebäude vom Süden und betraten es durch eine der beiden Huldatore, die zum höher gelegenen Tempelplatz führten. Auf der linken Seite, direkt neben einem Gebäude, in dem sich mehrere *Mikwen* befanden, führte eine breite Treppe zum Doppelten Tor, das Laien benutzen durften. Auf der rechten Seite gelangte man über eine schmalere Treppe zum kleineren Eingang des Dreifachen Tores, das nur Priester passieren durften. An der Südwestseite stieg man über eine monumentale Treppe, heute Robinson-Bogen genannt, direkt vom südlichen Platz unterhalb des Tempelberges zur Königlichen Halle, die sich oberhalb der Südmauer erstreckte, hinauf.

Diese Eingänge konnten leicht kontrolliert werden. An jedem Tor standen levitische Wachposten. Allen, Juden und Heiden, Männern und Frauen, die ins Innere gelangt waren, war der Vorhof der Heiden, der zwei Drittel der Fläche des Tempelplatzes ausmachte, gleichermaßen zugänglich. Jenseits dieses Vorhofes, hinderte der so genannte *soreg*, eine relativ niedrige Schranke die Nichtjuden daran, weiter zum Tempel vorzudringen. Im neunzehnten Jahrhundert und in der ersten Hälfte des zwanzigsten Jahrhunderts wurde zwei Inschriften aus dem ersten Jahrhundert n. Chr. entdeckt, die Heiden, welche die Schwelle überschritten, die Todesstrafe ankündigten. Die in Stein gemeißelte vollständige Inschrift in griechischer Sprache lautet:

Kein Fremder darf den durch die Schranke umfriedeten Tempel-
bereich betreten. Wer darin ergriffen wird, ist selbst schuld, weil
darauf der Tod folgt.

Die andere Inschrift ist ein Fragment dieser Inschrift, das 1938 entdeckt wurde und noch etwas rote Farbe aufwies, die sich deutlich
von der Farbe des Steins abhob. Einerseits durften Heiden unter
Androhung der Todesstrafe jene Schranke nicht durchschreiten.
Andererseits hatten sie Zugang zu einem größeren Bereich des
Tempelgeländes als dem Rest insgesamt. Die Behauptung des markinischen Jesus, dass der Tempel ein Haus des Gebetes für alle Völker sein sollte, aber nicht war, ist sicher nicht zutreffend (Markus
11:17).

Die oben kommentierten Angaben beruhen auf archäologischen
Forschungen. Weitere Details zum Tempel sind den Schriften des
Josephus und der rabbinischen Literatur zu entnehmen. Jüdische
Priester und Laien, Männer wie Frauen, konnten den *soreg* passieren
und gelangten in den nächsten Bereich, der eine Grenze markierte.
Dieser Bereich war in drei kleinere Bereiche unterteilt, von Ost nach
West in den Vorhof der Frauen, den Vorhof der Israeliten, in den jüdi-
sche Männer ihre Opfergaben brachten, und in den Vorhof der
Priester, wo diese auf dem Altar opferten.

In der Forschung ist umstritten, ob Laien ihre eigene Tiere zur
Opferung mitbrachten, sie in der Königlichen Halle kauften oder
ob zu einem bestimmten Zeitpunkt die Wahl zwischen beiden
Möglichkeiten bestand. Nicht ganz geklärt ist auch, wer die Tiere
während ihrer Schlachtung festhielt. Außer Frage steht dagegen,
dass die Priester und ihre levitischen Gehilfen versierte Schlächter
waren, die Vierbeinern die Kehle durchschnitten und Vögeln
den Hals umdrehten, die das Blut abfließen ließen, die Tiere auf-
schnitten und sie auf dem Altar verbrannten. Im Inneren des
Heiligtums und hinter dem Altar befand sich, nach Osten blickend
und präzise auf den Sonnenaufgang am Versöhnungstag ausgerichtet, das Allerheiligste. Es beherbergte einst die Bundeslade.
Später und zur Zeit Jesu befand sich nichts im Allerheiligsten, da
Gott bildlos verehrt wurde. Nur der Hohepriester konnte am
Versöhnungstag und in vollkommener Reinheit das Allerheiligste
betreten. Die Architektur des Tempels gehorchte einem hierarchischen Prinzip, das allerdings nicht auf römische Vorherrschaft oder

königliche Würde, sondern auf jüdische Reinheitsvorstellungen bezogen war.

Die in konzentrischer Form angelegte Tempelanlage wurde durch zwei bedeutende Bauwerke, die Königliche Halle, die sich oberhalb der Südmauer befand, und die Antonia-Festung, die jenseits der Nordmauer lag, flankiert. Die Königliche Halle war eine riesige Basilika, die vier Säulenreihen mit jeweils vierzig Säulen aufwies, welche sich fast über die gesamte Länge der fast 300 Meter langen Südmauer erstreckte. Die südlichste Reihe bestand aus Pilastern, die in die Südmauer des Tempelberges eingebaut waren. Die beiden mittleren Reihen, die das Schiff flankierten, führten ergänzende Säulenreihen nach oben fort; diese trugen auch das obere Dach. Die vierte, nördlichste Reihe bildete eine offene Kolonnade, durch die man direkt zum Tempelplatz gelangte. Die Archäologen entdeckten einige umgestürzte Säulen, die so groß waren, wie Josephus behauptet hatte: Drei Männer konnten sie mit ausgestreckten Armen kaum umfassen.

Die Königliche Halle diente als Ort, an dem das Geld für die Tempelsteuer in tyrische Halbschekel umgetauscht wurde, Opfertiere gekauft werden konnten und vermutlich der Hohe Rat, der *sanhedrin*, tagte. In dieser Halle fanden also die Geschäfte statt, von denen die Einnahmen des Tempels abhingen.

Herodes benannte die Antonia-Festung nach seinem ehemaligen Schutzherrn Marcus Antonius, bevor dieser Octavius unterlag und sich Herodes der neuen römischen Macht unterwarf. Zu Zeiten der Hasmonäer war diese Stätte der Standort der Festung Baris. Archäologisch weiß man wenig darüber, wie diese Stätte in der hasmonäischen Zeit aussah, weil Hadrian große Teile seiner neuen *Aelia Capitolina* auf ihr hat errichten lassen. Dort gab es u. a. einen mit großen Steinen gepflasterten Ort, der Touristen und Pilgern seit der Zeit der Kreuzzüge bis zum heutigen Tag als der *Lithostrotos* (Steinpflaster) präsentiert wird, auf dem Pilatus Johannes 19:13 zufolge Gericht über Jesus hielt. Der Ort stammt jedoch nicht aus dem ersten Jahrhundert, der Zeit des Pilatus, sondern eher aus dem zweiten Jahrhundert, der Zeit Hadrians. Der Standort der Festung macht, unabhängig davon, ob er von einem herodianischen König oder einem römischen Präfekten genutzt wurde, deutlich, wie wichtig es war, sich regelmäßig einen Überblick über das Tempelgelände zu verschaffen, direkt einzuschreiten, und alles zu kontrollieren, was in den tiefer gelegenen Vorhöfen des Tempels vor sich ging. Das Römische Reich und das herodianische Königtum hatten ein wachsames Augen auf den Tempel, die Priester und die Menschenmassen. Die liturgischen Gewänder des Hohenpriesters wurden häufig von den römischen Prokuratoren und Präfekten in der Antonia-Festung aufbewahrt. Sie händigten diese an Feiertagen erst aus, nachdem sie sichergestellt hatten, dass die Massen unter Kontrolle waren.

Der goldene Adler des Tempels

Archäologische Forschungen bestätigen, dass im herodianischen Tempel das jüdische Bilderverbot respektiert wurde. Weshalb hätte man auch für ein gläubiges Volk ein Gebäude, das zu einem der Sieben Weltwunder zählen sollte, errichten sollen, wenn man es durch die Ausstattung hätte provozieren wollen? Allerdings ist aus Texten eine Begebenheit bekannt, die auf einen Verstoß gegen das Bilderverbot verweist. Archäologisch hat diese Begebenheit keine Spuren hinterlassen. Diese Begebenheit trug sich kurz vor dem Tod Herodes' des Großen zu und war ein unmittelbares Vorspiel zu dem Gemetzel während des Passahfestes, das, wie später ausführlich beschrieben wird, sein Sohn Archelaos im Tempel veranlasste. Folgendes wird in den Werken *Der Jüdische Krieg* (1:650-655) und *Jüdische Altertümer* (17:151-167) über den Adler des Tempels berichtet:

> Es war in der Tat ungesetzlich, Bilder, Büsten oder irgendeine andere Darstellung von einem Lebewesen aufzustellen; dessen ungeachtet hatte der König über dem großen Tor einen goldenen Adler anbringen lassen. Jene Gesetzeslehrer (Judas, Sohn des Sepphoraeus und Matthias, Sohn des Margalus) stachelten ihre Schüler dazu auf, ihn abzuhacken. ... In der Mittagszeit, als sich viele Menschen im Tempel aufhielten, ließen sie sich mit starken Seilen vom Dach hinab und machten sich daran, den goldenen Adler mit Äxten abzuhacken. Der Palastkommandant des Königs... mit einer beträchtlichen Heeresmacht, ließ vierzig der jungen Männer gefangen nehmen und vor den König führen. ... Jene, die sich vom Dach abgeseilt hatten, ließ er, gemeinsam mit ihren Lehrern, bei lebendigem Leib verbrennen. Die anderen Gefangenen händigte er seinen Henkern aus.

Rekonstruktion des Tempelberges mit Blick auf den Ölberg. Der Tempel, den Herodes der Große auf einem künstlich aufgeschütteten Berg hatte errichten lassen, erhob sich über der Jerusalemer Unterstadt (1), die hier von der Oberstadt (2) aus zu sehen ist. Im Zentrum der größten heiligen Stätte der Antike befand sich das weiß-goldfarbene Heiligtum (3) vor dem die Priester Opfergaben darbrachten. Der Tempelberg war für die adligen Priester, die in der Oberstadt lebten, über einen Brückenweg, der das Tyropöontal (4) überspannte, erreichbar. Die meisten Pilger betraten den Gebäudekomplex von dem im Süden gelegenen Platz aus, auf dem sich Ritualbäder (5) befanden, durch das Doppelte Tor (6), durch das man zum höher gelegenen Tempelplatz gelangte, oder über die große Treppe (7), die zur Königlichen Halle (8) führte, aus der Jesus vermutlich die Geldwechsler vertrieb. Hinten links ist die Antonia-Festung (9) zu sehen, die zu Zeiten Jesu römische Truppen beherbergte, die am Passahfest oder an anderen Festen darüber wachten, dass die Menschenmenge nicht außer Kontrolle geriet.

Wo befand sich das »große Tor«, über dem der goldene Adler angebracht worden war? Josephus macht dazu keine eindeutigen Angaben. Vielleicht hat er es selbst nicht gewusst. Der Brückenweg von den reichen Vierteln der Oberstadt durch das Tyropöontal führte zur Mauer des Tempelberges gleich hinter dem Heiligtum. Über jene königliche Brücke gelangten die jüdischen Eliten aus der Oberstadt zum Tempel, und auf diesem Weg betraten ihn auch Herodes und seine Gäste, heidnische Würdenträger. Aller Wahrscheinlichkeit nach ließ Herodes den goldenen Adler über dem entsprechenden

Eingang in der Westmauer anbringen. Er konnte weder vom Inneren des Tempels aus noch von einem der im Süden gelegenen Zugänge, die von den Massen benutzt wurden, wohl aber auf dem Weg, den die römischen Machthaber nahmen, wenn sie den Tempelplatz betraten, gesehen werden.

Der Adler wurde sicher nicht angebracht, um zu provozieren. Er befand sich dort wahrscheinlich bereits mehrere Jahre, bevor jemand entschied, dass Gott seine Demontage verlangte. Der Adler hatte wohl weniger mit der Schönheit des Tempels zu tun, denn mit der Vieldeutigkeit der riesigen Quadersteine, der monumentalen Fundamente. Die Römer haben sich vermutlich gefragt, ob Herodes ein prachtvolles Heiligtum oder eine uneinnehmbare Festung erbauen ließ. Deshalb musste das Bauwerk mit einem Symbol versehen werden, das eindeutig auf die Unterwerfung unter die römische Vorherrschaft verwies. Der goldene Adler, der die römische Vorherrschaft und die jüdische Unterordnung repräsentierte, musste zwischen dem Heiligtum und der Stadt angebracht werden. So wie in Caesarea der Augustustempel eine Verbeugung vor Rom darstellte, so signalisierte auch Herodes' jüdischer Tempel, dass die Juden die römischen Herrschaft anerkannten. So könnte eine plausible Annahme die Lokalisierung des römischen Adlers wie Herodes' Intention betreffend lauten.

Die Viertel der Hohenpriester

Der jüdische Tempel des Herodes war ein Gotteshaus, aber auch ein Ort der Kollaboration mit den Römern, ein prachtvolles Heiligtum und zugleich eine beeindruckende Festung. Er stand unter der Kontrolle einer aristokratischen Priesterschaft, die vermutlich mit der römischen Imperialmacht zusammenarbeitete. In einer Situation, in der sich Juden gegen die imperiale Vorherrschaft auflehnten und gleichzeitig ein Klassenkrieg wütete, wurde dieser Tempel zerstört und seine Priesterschaft vernichtet. Was geschah, als die Zeloten im Ersten Jüdischen Krieg (66–74 n. Chr.) die Macht über Jerusalem an sich rissen? Die Zeloten Jerusalems haben weniger archäologische Spuren hinterlassen als die Sikarier Masadas. Deshalb soll im Folgenden das Interesse dem gelten, was die Archäologie über die Viertel Jerusalems, in denen die Hohenpriester lebten, zu sagen hat. Ihre Bewohner waren sicherlich nicht korrupter als andere Adlige eines besetzten Landes, die mit der Imperialmacht kollaborierten. Wenn über die Zeloten nur etwas auf Grund der Exegese der Schriften des Josephus in Erfahrung gebracht werden kann, drängt sich die Frage auf, was über jene ausfindig gemacht werden kann, gegen die die Zeloten so gewalttätig vorgingen.

Im ersten Jahrhundert führte, wie bereits erwähnt, eine breite Überführung, die als Fußweg und Aquädukt diente, von der Jerusalemer Oberstadt zum Tempelberg. Sie begann am Wilsonbogen an der Westmauer des Tempelberges, überquerte das Tyropöontal und verband so die Tempelhöfe mit der Oberstadt, in der die Oberschichten und wohlhabenden Priester lebten. Nahman Avigad von der *Hebrew University of Jerusalem* begann 1969 mit systematischen Ausgrabungen auf dem Westhügel der Jerusalemer Altstadt, wo sich das Viertel befindet, das heute als das Jüdische bzw. Herodianische Viertel bezeichnet wird. Er entdeckte Häuser aus der herodianischen oder frührömischen Zeit, die im Jahr 70 n. Chr. zerstört worden waren. Diese Häuser lagen in der Oberstadt, in der literarischen Quellen zufolge die Familien der Hohenpriester wohnten. Sie waren ähnlich reich ausgestattet wie die Villen in Pompeji oder Herculaneum. Eines dieser Häuser, das nach Avigads Ansicht in mancher Hinsicht einem Palast ähnelte, ist heute unter dem Namen »Palasthaus« bekannt.

Das Palasthaus

Das Haus war um einen quadratischen Innenhof angelegt, der im Unterschied zu den in Kafarnaum anzutreffenden Innenhöfen mit glatten, rechteckigen Fliesen ausgelegt war. Auf der Westseite, wo die erste Etage und einige Mauern in einer Höhe von 3 Metern noch erhalten sind, führte ein Vestibül vom Innenhof zu einem großen Saal (Empfangssaal oder *triclinium*?); auf der Ostseite, wo nur noch die Fundamente des Hauses erhalten sind, waren verschiedene Wasseranlagen und Lagerräume in das Muttergestein gehauen worden. Die Anlage war etwa so groß wie die Dionysos-Villa in Sepphoris oder die größeren Stadtvillen in der römischen Welt. Sie war größer als andere Wohnhäuser in der Unterstadt. Da bei seiner Errichtung auf ähnliche Bautechniken, Materialien und Stile zu-

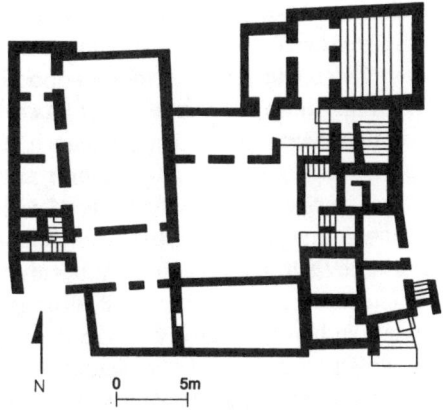

Das in der Jerusalemer
Oberstadt gelegene
Palasthaus aus dem
ersten Jahrhundert
(nach Avigad).

N   0   5m

rückgegriffen worden war wie beim Bau des Tempels, zeichnete sich
auch dieses Haus durch eine subtile Vieldeutigkeit aus, welche die
Grenzen zwischen Öffentlichem und Privatem, Heiligem und Profa-
nem verschwimmen lässt.

Freskenmalereien. Das Haus war auf Muttergestein unter Verwendung gleichmäßig behauener Quadersteine errichtet worden. Fast
alle Wände aus der früheren Phase, etwa aus der ersten Hälfte des
ersten Jahrhunderts, wiesen farbenprächtige Freskenmalereien ver-
wandt mit denen des Zweiten Pompejischen Stils auf: einige zeigten
Pflanzen, Girlanden, Granatäpfel und andere Äpfel; andere imitierten Marmorverkleidungen oder wiesen geometrische Muster in
leuchtendrot, ocker und grün auf; und an einer Stelle wurden
gemalte Überreste einer kannelierten ionischen Säule gefunden. Die
Freskenmalereien dieses Hauses und der anderen Häuser der Oberstadt trugen alle dem Bilderverbot Rechnung. In der Nähe des Berges Zion wurde allerdings die Darstellung eines Vogels entdeckt, die
völlig aus dem Rahmen fällt. Die Wände des Hauses waren al fresco
gemalt, auf den nassen Putz, also im Unterschied zu der preiswerten
und technisch weniger anspruchsvollen *al secco*-Methode, die in der
Insula II in Sepphoris angewandt worden war.

Stuck. In der letzten Bauphase ließen die Eigentümer die Freskenmalereien in sog. Tagewerken anfertigen und eine neue, ornamentale Stuckschicht auf die Wände anbringen. Die Wände waren

geglättet und mit Quadermauerwerk imitierenden Vertiefungen versehen worden, was in vieler Hinsicht sehr an die im herodianische Stil bearbeiteten Quader des Tempels erinnert. Zwar waren die Decken der Räume zerstört; Überreste von Stuckarbeiten, die auf den Fußböden entdeckt wurden, zeugen jedoch von der ehemaligen Pracht des Hauses: Eierstabornamente umgrenzten verschiedene sechs- und achteckige geometrische Muster. Die Eigentümer kehrten den in der mediterranen Welt vorherrschenden Trend um, nach dem geometrische Reliefs und einfache Verkleidungen einem farbenfrohen, illusionistisch-naturalistischem Realismus wichen, da sie die leuchtenden Farben, die zuvor die Wände schmückten, durch gedeckte Pseudo-Quader ersetzten. Vielleicht waren sie des knallig bunten Kitsches überdrüssig geworden und entschieden sich deshalb für einen eher konservativen, minimalistischen Stil. Wahrscheinlicher ist jedoch, dass sie die Aura des öffentlichen und religiösen Lebens Jerusalems auch privat genießen wollten, und deshalb ihre Architekten anwiesen, auf architektonische Elemente, die für den Tempel charakteristisch waren, zurückzugreifen, um sich durch die Verbindung der eigenen Residenz mit der göttlichen an die Spitze der sozialen Hierarchie zu setzen.

Mosaik. Die Fußböden verschiedener Räume wiesen Mosaike auf, die überwiegend aus einfachen weißen Steinen bestanden. Allerdings wurden auch einige ornamentale Mosaike mit einfachen geometrischen Mustern in rot und schwarz freigelegt: eine rotschwarze Rosette mit sechs einfachen Blütenblättern und ein schwarzweißes, rot umrandetes Damebrett. In nahe gelegenen Häusern wurden weitere Steinböden mit Ornamenten gefunden, die von verwinkelten Labyrinthen mit Wellenkämmen an den Rändern, Bandornamenten, Dreiecken bis zu dem *opus sectile* Fußbodenbelag, wie er in Herodes' Palästen in Masada und Jericho begegnet, reichen, bei dem dreieckige und quadratische Steine Muster bilden und poliert werden. Die Fußböden und die Freskenmalereien zeugen davon, dass sich die Eigentümer an traditionellen Werten orientierten, da sie auf Darstellungen von Menschen und Tieren verzichteten. Gleichzeitig sprechen sie dafür, dass die Eigentümer zur wohlhabenden Elite gehörten.

Die kleinen Funde, die im Inneren des Palasthauses und anderer Häuser der Oberstadt gemacht wurden, dokumentieren den Reichtum der Bewohner. Sie erwarben die hochwertigsten Waren aus dem Ausland, die in der Region kaum anderswo begegneten und besonders prestigeträchtig schienen, weil sie für Angehörige der unteren Schichten unerschwinglich waren. Die im Folgenden näher kommentierten Gegenstände waren im Besitz derer, die an der Spitze der sozialen Hierarchie Jerusalems standen.

Tonwaren. Im Palasthaus gab es relativ viele Tonwaren aus der Region, die für den alltäglichen Gebrauch bestimmt waren. Viele, die in Zisternen aufbewahrt worden waren, sind ganz erhalten geblieben. Was die Ausstattung der Häuser der Oberstadt jedoch von der galiläischer Dörfer unterschied, war die große Zahl von hochwertigen Serviergefäßen, zu denen sowohl importierte Waren als auch in der Region hergestellte Schüsseln höchster Qualität zählten. Zu den importierten Waren gehörten leuchtend rote Karaffen und Schüsseln aus dem Westen, eine ausgefallene megarische Schüssel, in einer Form mit reliefartigen Ornamenten gefertigt. Darüber hinaus besaßen die Bewohner dieser Häuser flache, dünnwandige Schüsseln mit streifenförmigen floralen Mustern in rot, braun oder schwarz.

Glasartikel. Es wurden auch viele Glasartikel gefunden. Unter ihnen befanden sich gegossene Schüsseln mit geriffelten Rändern, Salben und Parfumflaschen und Überreste von einem ausgefallenen vasenähnlichen Krug. Obwohl er durch den Brand, der das Haus im Jahr 70 n. Chr. zerstörte, beschädigt wurde, konnte dieser Krug fast vollständig rekonstruiert werden. Unter seinem Henkel befindet sich die griechische Inschrift *Ennion epoiei*, »Ennion stellte dies her« bzw. »Dies wurde von Ennion hergestellt«. Ennion war ein bekannter phönizischer Glasmacher aus Sidon. Einige seiner Werke sind z. B. im *Metropolitan Museum of Art* in New York ausgestellt.

Lampen. Die meisten der entdeckten Lampen waren gewöhnliche herodianische Lampen, die auf einer Scheibe mit einer Kanüle zur Aufnahme des Dochtes hergestellt wurden. Es wurden allerdings auch mehrere ausgefallenere Exemplare wie die »Ephesuslampen« gefunden, die mit schwarzer oder roter Glasur versehen sind, die manchmal auch zwei Dochtlöcher aufwiesen und mit einem Handgriff gehalten werden konnten.

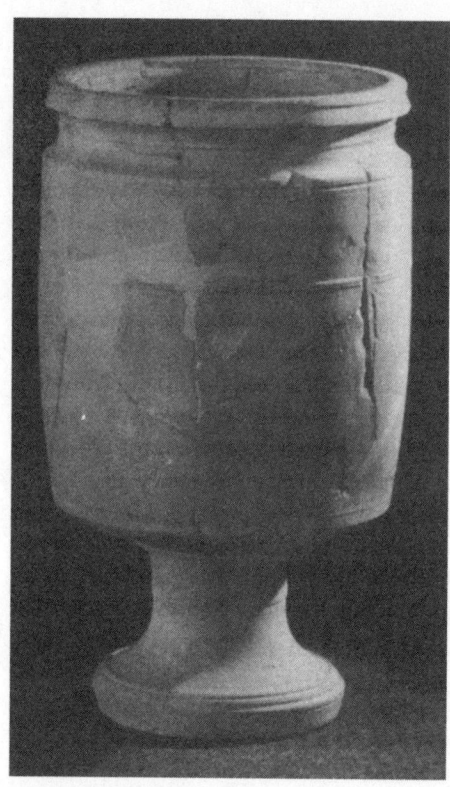

Das Palasthaus und andere Häuser in der Oberstadt enthielten nicht nur hochwertige Artikel, die deren Besitzer gerne zur Schau stellten, sondern auch Gegenstände, die deutlich mit jüdischen Reinheits-vorstellungen in Verbindung zu bringen sind: Steingefäße und *Mik-wen.* In jedem der von Avigad ausgegrabenen Häuser gab es mehrere *Mikwen* und zahlreiche Steingefäße. Bei näherer Betrachtung zeugen aber auch sie vom Reichtum der Bewohner.

Steingefäße. Unter den zahlreichen Steingefäßen befanden sich auch einige der in Galiläa so verbreiteten handgefertigten »Maßbe-cher«. Viele andere wie die fein polierten kugelförmigen Schüsseln mit einfachen eingravierten Verzierungen waren jedoch auf einer kleinen Drehbank hergestellt worden. Besondere Beachtung verdie-nen aber die zahlreichen sehr großen Krüge, die in jedem der Häuser der Oberstadt gefunden wurden. Diese durchschnittlich über 30 Zentimeter großen und bis zu 90 Zentimeter hohen Krüge fassten viele Liter Wasser und waren von der Art, die vermutlich auch bei der Hochzeit zu Kana Verwendung fand, bei der Jesus Johannes 2 zufolge Wasser in Wein verwandelte. Sie wurden aus riesigen Steinblöcken hergestellt und verdankten ihre fast perfekte runde Form der Tatsache, dass sie von mindestens drei Menschen auf einer großen Drehbank hergestellt worden waren. Sie sind innen und außen fein verarbeitet. Einige wiesen am Rand oder am Fuß einfache gedrehte Vertiefungen auf, während andere mit dekorativeren Eierstabornamenten oder vertikalen Kannelierungen versehen waren. Solche auf großen Drehbänken hergestellte Gefäße waren in galiläischen Dörfern so gut wie nie anzutreffen. In Nabratein wurden keine, in Gamla, Yodefat und Kafarnaum nur sehr wenige entdeckt. In den Häusern der Adligen von Sepphoris fand man allerdings einige. Diese Gefäße sind möglicherweise nach dem Vorbild von Bronze- oder auch Keramikkratern, die in griechischen und römischen Adelshäusern gebräuchlich waren, angefertigt worden. Sie zeugen davon, dass ihre Besitzer darauf bedacht waren, Reinheitsvorschriften einzuhalten, aber auch davon, dass sie auf rituelle Reinheit in kosmopolitischem Stil bedacht waren.

Ritualbäder. In galiläischen Dörfern befanden sich *Mikwen* an Orten, die häufig von Gemeindemitgliedern aufgesucht wurden, in Gamla beispielsweise an einer Olivenpresse und in der Nähe der Synagoge. In Qumran gab es große Bäder, die von der ganzen Gemeinschaft benutzt wurden. An der Südseite des Tempelberges befanden sich *Mikwen*-Gebäude. Viele *Mikwen*, die von Pilgern benutzt worden waren, wurden auch in der Unterstadt freigelegt. Nur in den reicheren Privathäusern der Akropolis von Sepphoris waren jedoch verputzte, mit Treppenstufen versehene Bäder anzutreffen. Die Häuser in der Jerusalemer Oberstadt hatten dagegen viele *Mikwen*. Einige von ihnen waren hochentwickelte Anlagen.

So führte beispielsweise ein mit einfachen, weißen Mosaiksteinen ausgestattetes Vestibül zu drei verschiedenen Bädern. Man betrat das Vestibül, das wohl als Umkleideraum benutzt wurde; auf der linken Seite lag ein Raum mit einer Badewanne (so eine wie die in Masada), wiederum möglicherweise für hygienische Bedürfnisse. Vom Vestibül geradeaus führten fünf Stufen zu einer knapp 2 Meter breiten und knapp 3 Meter langen *Mikwe* hinab, die deutlich mehr Wasser als die in der Mischna geforderten 40 *sea* fasste. Ein drittes, kleineres Becken, durch einen Kanal mit dem vorgenannten verbunden, diente der Speicherung zusätzlichen Wassers, aber da es spiralförmig nach unten führende Stufen aufwies, kann es auch zur Reinigung benutzt worden sein.

Grabungen in das Muttergestein, die Verputzung und Versiegelung der Aushöhlungen, die Überwölbung, die Ausstattung des Umkleideraumes mit Mosaiksteinen und insbesondere die Kanalisierung des Regenwassers vom Dach in die Bäder des Untergeschosses waren kostspielige, technisch aufwändige Arbeiten. Solche Mühen nahmen die Wohlhabenden gerne auf sich, da so sichergestellt war, dass sie mit den Plebejern keine öffentlichen Anlagen teilen mussten. Sie zogen das Tauchbad in einer luxuriösen, privaten Atmosphäre allemal dem in dörflichen Gemeindebädern oder offenen Gewässern wie dem See Gennesaret in Kafarnaum vor. Erst recht empfanden sie sicherlich deutliche Distanz zur politischen und apokalyptischen Taufe, wie sie Johannes praktizierte. Die *Mikwen* der Oberstadt zeugen davon, dass Reinheitsvorstellungen für ihre Besitzer eine wichtige Rolle spielten, aber auch davon, dass sie es sich leisten konnten, sich in ihren luxuriösen Häusern zu reinigen.

Interessanterweise machten wohlhabende Priester zur gleichen Zeit, in der die Pharisäer deren Reinheitsvorstellungen und -praktiken über den Tempelbereich auf ihre Mahlzeiten und den Alltag ausdehnten, aus Hilfsmitteln für die rituelle Reinigung Luxusgegenstände. Während sich auch gewöhnliche Juden an der Demokratisierung der göttlichen Präsenz neben dem Tempel beteiligten und Steingefäße und Mikwen benutzten, machten wohlhabende Juden sich daran, die Reinheitsvollzüge so zu gestalten, dass sie ihren sozialen Status anzeigten.

Steuern und Zehnten, Priester und Opfer

Anthropologischen Studien zufolge besaß die Priesterschaft in einer typisch agrarischen Gesellschaft häufig mehr als 15 Prozent des Landes, des Grundkapitals der antiken Wirtschaft. Umso bemerkenswerter ist es, dass das Land in der israelitischen Tradition unter alle Stämme aufgeteilt wurde. Nur der Priesterstamm Levi wurde davon ausgenommen. Ihr Erbbesitz war nicht das Land sondern Gott. So heißt es beispielsweise in Deuterononium 18:1-5:

> *Die levitischen Priester – der ganze Stamm Levi – sollen nicht wie das übrige Israel Landanteil und Erbbesitz haben. Sie sollen sich von Opferanteilen des Herrn, von seinem Erbbesitz, ernähren. Der Stamm Levi soll inmitten seiner Brüder leben, aber keinen Erbbesitz haben. Der Herr selbst ist sein Erbbesitz, wie er es ihm zugesagt hat. Und das ist das Recht, das die Priester gegenüber dem Volk haben, die ein Schlachtopfertier schlachten, sei es ein Stier oder ein Lamm: Man soll dem Priester den Bug, die Kinnbacken und den Magen geben. Du sollst ihm den ersten Ertrag von Korn, Wein und Öl und den ersten Ertrag der Schafschur geben. Denn der Ewige, dein Gott, hat den Stamm Levi unter allen deinen Stämmen dazu ausgewählt, dass er im Namen Gottes dasteht und Dienst tut – Levi und seine Nachkommen, ihr Leben lang.*

Nach der Thora sollten die Priester ihren Landanteil nur indirekt über Steuern, Zehnten und Opfergaben erhalten. Im Idealfall sollten diese gleichmäßig unter die Priester aufgeteilt werden. Die gerechte Aufteilung des Landes unter die Stämme schloss die gerechte Aufteilung der Nahrungsmittel unter die Priester ein. Dass Priester Nahrung, aber kein Land erhielten, entsprach dem in der Schrift formulierten Ideal. Die Realität sah jedoch anders aus. Bereits kurz nach dem babylonischen Exil besaßen einige Priester Nehemia 13 zufolge Ackerfelder, und im ersten Jahrhundert hatten viele große Ländereien erworben. Josephus, der selbst Priester war, berichtet, dass er von seinem Schutzherrn Titus für das Land in der Nähe von Jerusalem, das er während des Aufstandes verloren hatte, mehr Land in der fruchtbaren Ebene an der Küste (*Das Leben des Josephus* 422) erhalten hatte. Einige Priester erwarben mehr Reichtum als ihre Kollegen und natürlich als die Bauern.

Nach einer in der Thora fixierten Vorschrift hatte das Volk Opfer darzubringen und den Zehnten zu entrichten. Unter römischer Herrschaft wurde jedoch auf die Einhaltung dieser Vorschrift kein großer Wert gelegt. Niemand wurde gezwungen, Opfergaben darzubringen, und galiläische Bauern unternahmen sicherlich nicht jährlich die drei großen Pilgerreisen nach Jerusalem. Viele der Opfertiere wurden ganz verbrannt, sodass nichts zum Essen übrig blieb. Einige der geopferten Tiere gingen an die Priester, die offensichtlich mehr Fleisch als die gewöhnlichen Menschen aßen. Welches Tier geopfert werden sollte, war nicht genau festgelegt: In Levitikus 5 ist von einem Schaf die Rede, das jedoch durch zwei Turteltauben oder zwei junge Tauben ersetzt werden konnte. Die, die sich keine Vögel leisten konnten, konnten auch Feinmehl opfern. Die Menschen brachten Gott Opfergaben dar, die Priester erhielten ihren Anteil, und so hatten sie vermutlich auch ohne Landbesitz ihr Auskommen.

Auf Grund ihrer proteinreichen Ernährung waren die Priester größer und muskulöser als andere. Allerdings stellte Fleisch, das nicht gekühlt wurde, eine Gesundheitsgefahr dar. Kinder von Fleischessern liefen in der Antike häufig Gefahr, sich eine Nahrungsmittelvergiftung zuzuziehen. In dem Ossarium des Hohenpriesters Kajaphas, auf das im nächsten Kapitel näher eingegangen wird, befanden sich die Skelette von einem Kind und zwei Kleinkindern. Selbst Wohlstand war keine Garantie für ein langes Leben.

Zweitens sicherten die Zehnten von landwirtschaftlichen Erzeugnissen den Lebensunterhalt der Priester, die nicht außerhalb des Tempels arbeiten konnten. Die Entrichtung des Zehnten folgte komplizierten Regeln. Levitikus macht dazu andere Angaben als das Deuterononium, und Josephus interpretierte sie anders als die Rabbis. Inwieweit diese unterschiedlichen Auslegungen in der Bevölkerung bekannt waren, ist fraglich. Die Priester jedenfalls werden kaum für jede Familie den genauen Betrag ermittelt und auch den vollen Betrag eingefordert haben. Die Menschen brachten das, was sie für den Zehnten ihrer landwirtschaftlichen Erzeugnisse hielten, zum Tempel, damit es unter die Priester verteilt werden konnte. Gläubige Galiläer, die keine Pilgerreise machen konnten, gaben ihren Zehnten direkt den Priestern in ihrer Umgebung. Deuterononium 14 zufolge sollte für einen Teil des Zehnten, der nach Jerusalem gehen sollte, die verschiedensten Dinge einschließlich »Wein und Bier« gekauft werden. Auf diese Weise wurde Jerusalem finanziell unterstützt und konnten die Pilger Festtage begehen.

Drittens betrug die Tempelsteuer nur einen halben Schekel. Dieses Geld verdienten gewöhnliche Arbeiter in zwei Tagen. Auch zur Tempelsteuer machen die Quellen unterschiedliche Angaben. In Exodus 30 heißt es, dass jeder männliche Israelit über zwanzig Jahre einen halben Schekel zahlen sollte, allerdings offenbar nur einmal in seinem Leben. Nehemia 10 zufolge sollte jeder einen drittel Schekel jährlich zahlen. Im ersten Jahrhundert hatte sich, wie Josephus, Philo und der rabbinischen Literatur zu entnehmen ist, die Praxis durchgesetzt, jährlich einen halben Schekel zu zahlen. Das Geld wurde für die Instandhaltung des Tempels und insbesondere für die Deckung der Kosten, auf die sich die Opfergaben beliefen, welche die Gemeinde darbrachte, verwendet. Vespasian forderte die Steuer nach dem Aufstand von 66–74 n. Chr. übrigens von allen jüdischen Männern, Frauen und Kindern, die dem Tempel des Jupiter Optimus Maximus Capitolinus in Rom zugute kam.

Die Steuern und Zehnten reichten nicht, so ist zusammenfassend festzustellen, zur Finanzierung des luxuriösen Lebensstils der Priester in Jerusalem aus. Selbst die Gesetzestreuesten gaben vermutlich nicht mehr als 15 Prozent ihrer Einkünfte ab, viele andere gaben wahrscheinlich nur gelegentlich kleine Spenden, und höchstwahrscheinlich entrichteten einige Galiläer, die nicht in der Nähe Jerusalems lebten, nur hin und wieder den Zehnten. Die galiläischen Bauern fühlten sich nicht durch den Zehnten, sondern durch die Steuern, die Herodes Antipas unter Androhung von Inhaftierung, extremer Gewalt und der Konfiszierung von Land systematisch eintreiben ließ, belastet. Diese Steuern machten etwa 25-40 Prozent aller Erzeugnisse und Einkünfte aus.

Den literarischen Quellen nach zu urteilen, hegte die jüdische Laienschaft im Allgemeinen wenig Groll gegen die Tempelsteuern und Zehnten. Dagegen wurden die wohlhabenderen Priester mitunter beschuldigt, ihre ärmeren Kollegen zu sehr zur Kasse zu bitten. Josephus kommentiert zwei Begebenheiten, die für eine Feindseligkeit zwischen diesen beiden Gruppen sprechen. Die eine trug sich unter dem Hohenpriester Ismael im Jahr 59 n. Chr. zu, die andere unter Ananias kurz vor dem Ersten Jüdischen Aufstand:

In jener Zeit übertrug König Agrippa das Hohepriesteramt Ismael, dem Sohn des Phabi. Zwischen den Hohenpriestern auf der einen und den Priestern und Anführern der Jerusalemer Bevölkerung entstand wechselseitige Feindseligkeit... In ihrer Schamlosigkeit und Unverfrorenheit schickten die Hohenpriester ihre Knechte zu den Dreschböden, um die Zehnten, die den Priestern zustanden, einzutreiben, sodass die ärmeren Priester den Hungertod erlitten. ...

Aber [der Hohepriester] Ananias hatte Diener, die zu den übelsten Schurken zählten und mit den skrupellosesten Männern zu den Dreschböden gingen und sich mit Gewalt der Zehnten der Priester bemächtigten. Die Hohenpriester machten sich derselben Verfehlungen wie ihre Knechte schuldig, und keiner konnte ihnen Einhalt gebieten. Daher erlitten nun jene unter den Priestern, deren Lebensunterhalt vormals durch die Zehnten gesichert worden war, den Hungertod (Jüdische Altertümer 20.179-181.206).

In einigen Fällen wurde zwar Missbrauch getrieben. Dass der Zehnte denen zukommen sollte, die Gott dienten, wurde jedoch von niemandem ernsthaft in Frage gestellt. In der *Didache* forderten Judenchristen die Gemeinde auf, ihren Propheten den Zehnten abzutreten, »sowohl von eurem Rebensaft und euren Dreschböden als auch von euren Rindern und Schafen . . ., denn sie sind eure Hohenpriester« (13:3).

Viele waren verbittert darüber, dass sich die Römer der Reichtümer des Tempels bemächtigten. Der Feldherr Crassus ließ im Jahr 54 v. Chr. den Tempelschatz, der aus einigen zehntausend Talenten Münzen bestand, plündern (ein Talent entsprach etwa 41 kg). Pontius Pilatus sorgte für Aufruhr, als er Tempelgelder für den Bau eines Aquäduktes benutzte. Ein anderer römischer Prokurator, Gessius Florus, stahl siebzehn Talente aus dem Tempelschatz. Dies führte zu Unruhen unter der Bevölkerung.

Am Beispiel der Zeloten wird deutlich, dass militante Landbewohner gegebenenfalls ein Blutbad anrichteten, dem ihre eigenen Priester zum Opfer fielen. Ihre Aggressionen richteten sich ebenso gegen die imperiale Vorherrschaft der Römer wie gegen die adligen Hohenpriester, die Reichtum und Macht angehäuft, mit der Besatzungsmacht kollaboriert hatten und möglicherweise auch weiterhin Verrat an ihrem Volk zu begehen trachteten. Aus diesen Gründen errichteten die Zeloten ein Terrorsystem gegen die Aristokratie. Zumindest für einige Landbewohner waren die Probleme, die sie mit aristokratischen und insbesondere mit Hohepriesterfamilien hatten, weniger individueller als struktureller Art. Sie verurteilten, dass ihr Wohlstand nicht nur ihren Diensten, die sie im Tempel verrichteten, sondern auch ihrer Kollaboration mit den Römern zuzuschreiben war.

Das verbrannte Haus

Der Kollaboration mit Rom und der Anhäufung von Reichtümern wurde für alle diese aristokratischen Familien ein Ende gesetzt. Der Tempel wurde niedergebrannt, die Oberstadt hielt noch einen Monat den Angriffen stand. Danach wurden die Viertel, in denen die Priester lebten, völlig zerstört. Nirgendwo sonst lässt sich das Ausmaß der Verwüstungen so deutlich ablesen wie in dem so genannten verbrannten Haus, das Nahman Avigad im Januar 1970, fast neunzehn Jahrhunderte nach seiner Zerstörung, entdeckte. Verkohlte Quadersteine und Balken aus den oberen Stockwerken waren in das untere Stockwerk des Hauses gestürzt. Zwei Funde zeugen von den letzten Augenblicken vor der Zerstörung des Hauses. An der Ecke einer Wand befand sich noch eine Speerspitze aus Bronze. Auf einer Treppe wurde der skelettierte Arm einer Frau in den Zwanzigern gefunden, die vermutlich versucht hatte, vor den Römern zu fliehen und dem Inferno zu entkommen.

Der Zusammensturz des Hauses und der Tod der Frau lassen sich eindeutig datieren. Freigelegte Tonwaren stammen aus der zweiten Hälfte des ersten Jahrhunderts, Münzen exakt aus dem Jahr 70 n. Chr. Einige der Münzen hatten römische Prokuratoren von Judäa, die meisten hatten jedoch Juden aus Jerusalem während des Ersten Aufstandes prägen lassen. Die Legenden lauteten: »Jahr zwei/ Die Freiheit Zions« und »Jahr drei/Die Freiheit Zions« und »Jahr vier/ Die Errettung Zions«, also 69/70 n. Chr.

Einige der in dem Haus freigelegten Gegenstände erinnern an eine Küche. Da aber so viele Öfen, Stößel und Mörser aus Basalt, Schleifsteine und große Steingefäße in verschiedenen Räumen verstreut waren, muss es sich um eine Art Werkstatt gehandelt haben. Da dort viele kleine Parfumfläschchen aus Glas, verschiedene Gewichtsteine und unterschiedliche, ungewöhnlich geformte Steingefäße angetroffen wurden, vermutete Avigad, dass in der Werkstatt Kräuter oder Weihrauch für den Tempel hergestellt wurden, also etwas, das in ritueller Reinheit hergestellt werden musste.

Unter verschiedenen zylindrischen Steingewichten befand sich eines, das eine aramäische Inschrift trug: »vom Sohn des Kathros«. Die Familie von Kathros gehörte zu den vier bekannten Hohepriesterfamilien, die unter römischer Herrschaft Gottesdienste im Tempel abhielten. An ihren schlechten Ruf erinnerte noch Jahrhunderte später der Babylonische Talmud. Sie und andere Priester-

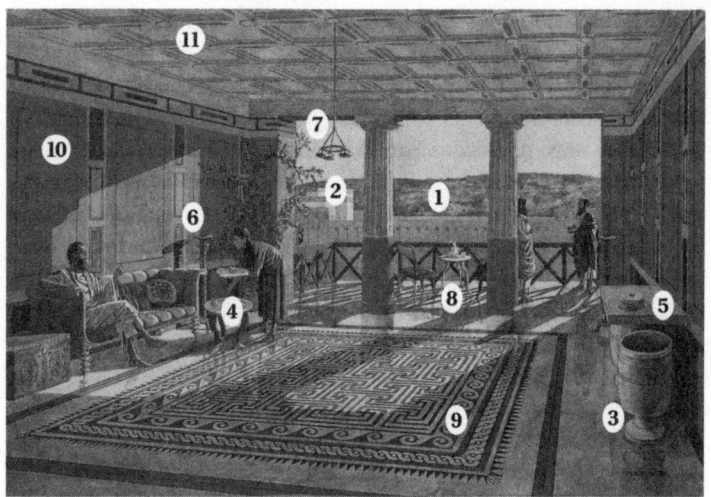

In der Jerusalemer Oberstadt gelegenes Haus eines wohlhabenden Priesters (Rekonstruktion). In der Oberstadt, die einen Ausblick auf den Ölberg (1) und das Heiligtum des Tempels (2) gewährte, lebten die reichen Jerusalemer Bürger und ihre führenden Priester. Die hier zu sehende Rekonstruktion stellt eine Collage verschiedener ausgegrabener Häuser einschließlich des spektakulären Palasthauses dar. Zu den in diesen Häusern freigelegten Gegenständen zählen große Steingefäße (3), Steinbecher (4) und Steintische (5), die den rituellen Reinheitsvorschriften entsprachen. Als Zeichen des Wohlstands galten bronzene Stehlampen (6), Hängelampen (7) und dreifüßige Tische (8). Das dekorative Mosaik (9) folgt ebenso wie die sorgfältig ausgeführten Fresken (10) Funden aus der Oberstadt. Dagegen stellt die Decke (11) eine hypothetische Rekonstruktion aus Stuckfragmenten dar. Im Gegensatz zu zeitgenössischen Häusern der römischen Welt wiesen die Häuser der Jerusalemer Oberstadt im Einklang mit dem Gesetz des Mose keine bildlichen Darstellungen auf.

familien werden in einer Ode (*Pesahim* 57a) verspottet und verhöhnt:

> *Wehe mir wegen des Hauses des Beothus,*
> *   wehe mir wegen der Stöcke.*
> *Wehe mir wegen des Hauses des Hanan,*
> *   wehe mit wegen ihres Getuschels.*
> *Wehe mir wegen des Hauses des Kathros,*
> *   wehe mir wegen ihrer Schreibfedern.*

Wehe mir wegen des Hauses des Ismael, Sohn des Phabi,
wehe mir wegen ihrer Fäuste.
Denn sie sind Hohepriester,
und ihre Söhne sind Schatzmeister,
und ihre Schwiegersöhne sind Treuhänder,
und ihre Diener schlagen das Volk mit Stöcken.

Dieses Gedicht hält in einem Schriftstück aus der Mitte des sechsten Jahrhunderts eine für die Mitte des ersten Jahrhunderts charakteristische Realität fest. Ein sehr hartes Urteil über jene alten Priesterfamilien wurde in leicht memorierbarer Form über ein halbes Jahrtausend im Gedächtnis aufbewahrt. An dem Haus des Ismael übte Josephus Kritik, das Haus des Hanan, Annas und Ananos ist aus dem Neuen Testament bekannt, weil es gegen die Judenchristen vorging und Jakobus, den Bruder Jesu 62 n. Chr. wegen Gesetzesübertretung zur Steinigung verurteilte. Diese Hohenpriesterfamilien blieben den Menschen in Erinnerung, weil sie Schulden gnadenlos eintrieben und Vetternwirtschaft betrieben. Vermutlich gehörte die in dem verbrannten Haus, dem Haus von Kathros, entdeckte Werkstatt zu den Produktionsmonopolen aristokratischer Priesterfamilien. Unter den freigelegten Gegenständen befanden sich zwei Tintenfässer, die fast genauso aussahen wie die, die in Qumran gefunden worden waren. Die im Haus des Kathros ausgegrabenen Tintenfässer zeugen allerdings davon, dass in der Antike nicht nur heilige Texte, sondern auch Verträge und andere Rechtsdokumente schriftlich fixiert wurden: »wehe mir wegen ihrer Schreibfedern«.

Eine Pilgerreise zum Tempel

Josephus, ein Augenzeuge, der auch Caesarea und Rom kannte, beschreibt die Fassade des Tempelberges voller Bewunderung – tragischerweise ausgerechnet in dem Moment, in dem er ausführt, wie der Tempel niedergebrannt wurde:

Das Äußere des Gebäudes versetzt den Betrachter in höchstes
Erstaunen. Auf allen Seiten mit schweren goldenen Platten ver-
kleidet, wurde es ab Sonnenaufgang so intensiv angestrahlt, dass

Menschen, die versuchten, es anzuschauen, gezwungen waren,
ihren Blick wie von Sonnenstrahlen abzuwenden. Fremden, die
sich dem Gebäude näherten, erschien es aus der Distanz wie ein
schneebedeckter Berg; denn wo er nicht mit Gold verziert war,
leuchtete er in blendendem Weiß (Der Jüdische Krieg 5.222-223).

Versetzen Sie sich in die Lage eines Pilgers, der zum ersten Mal nach Jerusalem reist und den Tempel erblickt: Sie stammen nicht aus einer ägäischen Stadt oder aus Rom, sondern aus Galiläa oder dem Golan, aus Yodefat oder Gamla, Kafarnaum oder Nazaret. Sie nähern sich Jerusalem vom Osten, erreichen Betanien, werfen einen Blick auf den Ölberg und betreten die Stadt durch die Südtore, die sich in der Unterstadt befinden. Sie kommen am Siloach-Teich vorbei, in dem sich viele Pilger nach einer anstrengenden Reise waschen. Sie gehen das Kidrontal hinauf, kommen an Märkten und Häusern, in denen Zimmer vermietet werden, von denen einige mit *Mikwen* ausgestattet sind, und Pilgerunterkünften, die jüdische Besucher aus der Diaspora aufnehmen, vorbei. Eine Inschrift in griechischer Sprache, die sich in einem Gasthaus, das von und für Juden, die aus Rhodos stammten, erbaut worden war, zeugt davon, dass die Pilger viele fremde Sprachen und Dialekte hörten.

Wenn Sie sich vom Süden dem Tempelberg nähern, erblicken Sie zunächst den massiven Bogen mit der Tempeltreppe und dahinter die Überführung, die im weiteren Verlauf das Tyropöontal überspannt. Sie stellt die direkte Verbindung zu den Häuser der aristokratischen Priester dar, die wie andere Mitglieder der Aristokratie von ihren Wohnhäusern leicht zum Tempelberg gelangten.

Auf dem Platz unter dem Tempelberg können Sie die stark frequentierte öffentlichen *Mikwe*, rechts neben den Huldatoren, benutzen. Den Weg zum Doppel-Tor können sie nur langsam und vorsichtig zurücklegen, da die unterschiedlich großen Stufen, die zu ihm hinführen, etwa zwanzig Zentimeter hoch, aber zwischen 30 und 90 Zentimetern breit sind. Oben angekommen, sind Sie schon von der Größe der Steine beeindruckt, in noch größeres Erstaunen versetzen Sie die leuchtenden Farben und geometrischen Illusionsmalereien im Innern des Eingangs des Vestibüls mit Kuppeldach. Wenn Sie das Ende der Treppe und damit den Tempelplatz erreicht haben, nehmen Sie bereits die Opfer wahr, was Ihnen als selbstverständliche Form der Gottesverehrung erscheint. Sie sehen Rauchwolken vom

Altar zum Himmel aufsteigen. Sie riechen den süßen Duft des brennenden Fettes und Fleisches, von Wein und Öl, von Weihrauch und anderen exotischen Gewürzen (der sich mit dem Gestank defäkierender Rinder, Ziegen, Schafen und Vögeln vermischt). Sie hören das Blöken der Schafe und das Muhen der Kühe. Als galiläischer Bauer sind Sie an ein Leben mit Tieren und durch Tiere gewohnt, und so haben Sie auch die Erwartung, Gott mit Tieren und durch Tiere zu begegnen.

Als Jude können Sie die *Balustrade des Tempels* passieren und betreten das umfriedete Heiligtum zunächst durch den Vorhof der Frauen, kommen über eine halbkreisförmige Treppe in den Vorhof der Israeliten, und dann erreichen Sie im Hof der Priester den Altar, wo Stufen zum Heiligtum hinaufführen. Im letzten Teil des Heiligtums befindet sich das mit einem schweren Vorhang verhüllte Allerheiligste.

Für jüdische Frauen endet der Weg im Vorhof der Frauen. Jüdische Männer können Opfer darbringen und sie den Priestern und Leviten aushändigen. Diese sind erfahrene, hart arbeitende Schlächter, die nach Schweiß riechen und mit Blut beschmiert sind, den Tieren die Kehlen durchschneiden, die Kadaver aufhängen und das Fleisch in Stücke schneiden, das auf dem Altar dargebracht wird. Einige von ihnen schleppen Holz für das Feuer herbei, andere stochern in der Glut, und einige schütten Weihrauch darauf. Die Opfergabe geht in Flammen auf, und der Rauch steigt nach oben vor Gott.

Das Erstaunen über die Pracht des Tempels vermischt sich mit der Freude über das Fest. Während des Passahfestes opfern Sie zuerst ihr Lamm, übergeben sein Blut durch die Priester Gott, danach erhalten Sie das Fleisch zurück, um es gemeinsam mit ihrer Familie und ihren Freunden in derselben Nacht und eingedenk der Gegenwart Gottes zu essen. Das Passahfest erinnert daran, was Gott für sein Volk vor langer Zeit getan hatte, aber in einer Weise, die Gegenwart und Zukunft umgreift. Gott stand zu dem kleinem Volk, das versklavt und zum Tode verurteilt war, gegen die Macht des Ägyptischen Reiches.

Ihr Passahritual stellt eine Verbindung zwischen Vergangenheit und Gegenwart her. Aber setzt es auch das vergangene Ägyptische Reich mit dem gegenwärtigen Römischen Reich gleich? Vielleicht haben Sie sich diese Frage nie gestellt. Vielleicht haben Sie nie über die Legitimität der Priester, die koloniale Unterdrückung und die Kollaboration mit der Imperialmacht nachgedacht. Vielleicht haben Sie, als Sie an jenem Morgen durch die Vorhöfe des Tempels schritten, kein einziges Mal nach rechts gesehen und die Soldaten bemerkt, die von der Antonia-Festung auf Sie herabgeblickt haben. Diese Soldaten gehörten zu heidnischen Hilfstruppen aus der Umgebung, nicht zu ausländischen Legionen. Sie haben Sie aus nördlicher Richtung beobachtet, und vom Norden aus würde auch jeder Rachefeldzug der Römer seinen Anfang nehmen. Vielleicht galt Ihre Aufmerksamkeit so sehr Ihrer Familie und Ihren Freunden, der Opfergabe, Gott und dem Passahfest, dass Sie nur Augen für die beeindruckende Schönheit des Tempels hatten und die gefährliche Dimension eines Befreiungsfestes in einem besetzen Land nicht wahrgenommen haben.

Gleichwohl war sie allgegenwärtig. Sie war auf jedem Fest, an dem viele Menschen auf engstem Raum teilnahmen, gegenwärtig. Gegenwärtig war sie vor allem während des Passahfestes, wenn Massen von Menschen die Befreiung von vergangener Unterdrückung in der Gegenwart neuer Unterdrücker feierten. Josephus berichtet von zwei Begebenheiten, die sich innerhalb von fünfzig Jahren im ersten Jahrhundert zugetragen haben.

Im Jahr 4 v. Chr. veranlasste Archelaos, der Sohn von Herodes dem Großen, den Schriften *Der Jüdische Krieg* (2.10-13) und *Jüdische Altertümer* 17.204-5 zufolge die Truppen gegen die protestierenden Menschenmengen »während des Festes des ungesäuerten Brotes, das die Juden Passahfest nennen ..., auf dem zahlreiche Opfergaben dargebracht werden« vorzugehen, »als eine riesige Menschenmenge vom Land in die Stadt strömte, um dort zu feiern«. Überdies: »Das Passahfest erinnert an ihren Auszug aus Ägypten«. Sie stießen nicht nur Protestschreie aus, sondern warfen auch mit Steinen, bis schließlich Folgendes geschah:

Archelaos erkannte, dass es unmöglich war, die Menge ohne Blutvergießen unter Kontrolle zu halten. Er ließ sein ganzes Militär gegen sie vorgehen, die Fußtruppen in dichten Reihen durch die Stadt, die Reiterei auf dem flachen Gelände. Die Soldaten, die unerwartet über die Menschen, die ihre Opfergaben darbrachten, herfielen, töteten etwa dreitausend von ihnen und vertrieben die übrigen in das nahe Gebirge. Die Herolde des Archelaos folgten

ihnen und befahlen allen, in ihre Heimat zurückzukehren.
Daraufhin verließen sie das Fest und zogen weg.

Augustus hatte die Herrschaft des Archelaos noch nicht bestätigt. Eine noch schlimmere Abschlachterei fand über fünfzig Jahre später statt, als der römische Prokurator Ventidius Cumanus das gesamte Heimatland der Juden regierte:

Die Menschenmenge hatte sich in Jerusalem versammelt, um das Fest des ungesäuerten Brotes zu begehen, und die römische Kohorte hatte über der Säulenhalle des Tempels Position bezogen; denn viele bewaffnete Männer hielten an Festtagen Wache, um einem etwaigen Aufruhr der versammelten Menge zu unterdrücken. Einer der Soldaten hob nun sein Gewand hoch, streckte den Juden sein Hinterteil entgegen und gab einen Laut von sich, der zu dieser Stellung passte. Erzürnt über eine derartige Beleidigung, rief die Menschenmenge Cumanus lauthals dazu auf, den Soldaten zu bestrafen; in dieser Menschenmenge befanden sich einige hitzköpfige junge Männer und aufwieglerische Personen, die einen Kampf begannen, Steine aufsammelten und damit die Soldaten bewarfen. Cumanus, der einen Angriff des ganzen Volkes auf seine eigene Person befürchtete, schickte nach Verstärkung. Diese Truppen strömten in die Hallen und die Juden ergriff ungeheure Panik; sie wandten sich vom Tempel ab und suchten in die Stadt zu flüchten. Der Ansturm an den Ausgängen war jedoch so gewaltig, dass sie sich gegenseitig zertrampelten und zu Tode brachten; mehr als dreißigtausend Menschen kamen dabei ums Leben; und das Fest wandelte sich in Trauer und Klage für das ganze Volk und jeden Haushalt (Der Jüdische Krieg 2.224-227; Jüdische Altertümer 20.106-112 sagt, dass 20 000 Menschen starben).

Diese Begebenheiten sind nur durch Josephus' Schriften überliefert. Archäologisch sind sie nicht verifizierbar. Im Zusammenhang mit einem Ereignis, das zwischen diesen beiden Desastern stattgefunden haben soll, erwähnt Lukas 13:1 »die Galiläer, die Pilatus beim Opfern umbringen ließ«. Lukas macht gerne historische Anspielungen, ohne jedoch immer historisch genau zu sein. Wenn es sich nicht um eine Übertragung von Archelaos und/oder Cumanus auf

Pilatus handelt, spricht er von einer weiteren Begebenheit, die sich am Passahfest oder einem anderen Fest zugetragen hat, als sich das Blut der Protestierenden mit dem Blut der Opfertiere im Tempel von Jerusalem vermischte. Erneut begegnen uns Schönheit und Vieldeutigkeit, dieses Mal auf der Ebene des einfachen jüdischen Bauern.

Zwei gefährliche Handlungen

Jesus wurde nicht von dem jüdischen Tetrarchen Antipas in Galiläa, sondern dem römischen Präfekten Pilatus in Judäa hingerichtet. Warum nicht von Antipas und warum von Pilatus? Jesus opponierte gegen die von Antipas in Untergaliläa betriebene Romanisierung und Urbanisierung. Mit Worten und Taten lehnte er sich gegen dessen am Kommerz orientiertes Königreich auf. Er begründete diese Opposition auf das Reich Gottes, dem er in den Lebensvollzügen alternativer Gemeinschaften des Miteinanderteilens Gestalt gab. Die Reich-Gottes-Bewegung Jesu war mindestens so subversiv wie die Täuferbewegung des Johannes. Antipas regierte über vierzig Jahre, und da er sich so lange in seinem Amt hatte halten können, muss er sich, wenn nicht korrekt, so doch zumindest vorsichtig verhalten haben. Er hatte Johannes hinrichten lassen, und vermutlich hielt Antipas es nicht für klug, mehr als einen beliebten Propheten in einem Jahrzehnt töten zu lassen. Wahrscheinlich blieb Jesus verschont, weil Johannes den Märtyrertod erlitten hatte. Johannes starb in Galiläa. In Judäa sah die Situation allerdings anders aus. In Galiläa herrschte Herodes Antipas, in Judäa dagegen sowohl der Sadduzäer Kajaphas und der Römer Pilatus.

Vielleicht ist Jesus *nur einmal* nach Jerusalem gekommen, wie es im Szenario des Markus der Fall ist. Vielleicht besuchte er Jerusalem aber auch *öfter als einmal*, wie das entgegengesetzte Szenario des Johannes annimmt. Relativ sicher ist, dass er *mindestens einmal* nach Jerusalem gekommen ist und nie wieder von dort zurückkehrte. Dem römischen Geschichtsschreiber Tacitus (Annalen 15, 44) zufolge war Jesus »unter der Herrschaft des Tiberius durch den Prokurator Pontius Pilatus hingerichtet worden«. Laut Josephus »verurteilte Pilatus ihn auf Betreiben der Vornehmsten unseres Volkes zur Kreuzigung« (*Jüdische Altertümer* 18, 63). Beide Autoren sprechen von der Verurteilung im Zusammenhang einer durch die Hinrichtung nicht unterbrochenen Expansion einer Bewegung. Mit der Hinrichtung sollte der Bewegung ein Ende gesetzt werden, aber jene Bewegung bestand nicht nur fort, sondern gewann später auch noch weiter an Bedeutung. Keiner der beiden Autoren gibt einen genauen Grund dafür an, dass Jesus die Höchststrafe erhielt.

Auch wenn die unmittelbare Ursache, die zur Kreuzigung führte, nie zweifelsfrei ermittelt werden kann, ist klar, dass Jesus mit der offiziellen Macht auf fatale Weise zusammentreffen musste, weil er das Königreich Gottes verkörperte. Unklar war nur, wann und wo dies geschehen würde und ob seine allgemeine Einstellung oder eine besondere Begebenheit am Ende zu dem unvermeidlichen Märtyrertod führen würde. Dass Kajaphas und Pilatus mit vereinten Kräften gegen Jesus vorgingen, ist verständlich. Wer ein Königreich Gottes verkündet, kann leicht als jemand eingeschätzt werden, der für sich selbst in Anspruch nimmt, der König dieses Königreiches zu sein. Weder die jüdischen noch die römischen Autoritäten sahen in ihm, da sie seine Anhänger nicht verfolgten, eine militärische Gefahr, wohl aber eine gesellschaftliche Gefahr, da sie ihn nicht privat hinrichteten.

Wichtig ist zu beachten, dass hier in diesem Abschnitt die Probleme der Textschichten größer sind als anderswo; die Aufgabe ihrer Differenzierung ist nahezu unlösbar. Was stammt aus der ersten Schicht des historischen Jesus um das Jahr 30 und was aus den späteren Schichten in oder sogar vor der ersten Ebene der dritten Schicht, dem Markusevangelium um das Jahr 70?

Der Einzug in Jerusalem

Von jeder subversiven Handlung ging, wie bereits erwähnt, vor allem am Passahfest, an dem die Befreiung des jüdischen Volkes von der Unterdrückung gefeiert wurde und riesige Menschenmengen in die Stadt und zum Heiligtum strömten, eine besondere Gefahr aus. Es gibt zwei Aktionen Jesu in seiner letzten Woche in Jerusalem, von denen jede für sich bereits den geballten Zorn des Hohenpriesters Kajaphas und des Präfekten Pilatus auf ihn erregt haben könnte. Diese werden in der Regel als *Einzug in Jerusalem* und *Tempelreinigung* bezeichnet. Beide stehen völlig in Einklang mit den Aktivitäten, die Jesus in Galiläa entfaltete. Mit ihrem Bezug auf gewalttätige Ungerechtigkeit schließen diese Aktionen Aspekte eines *gewaltlosen* Widerstands (vgl. Kapitel 4) bzw. Aspekte eines gewaltlosen *Widerstands* (vgl. Kapitel 3) ein. Zwischen ihnen gibt es bemerkenswerte Gemeinsamkeiten, aber auch signifikante Unterschiede.

Beide Begebenheiten werden in allen vier Evangelien festgehalten. Das bedeutet möglicherweise nur, dass Markus sie erzählt hat und die anderen Evangelisten von ihm abgeschrieben haben. Das trifft relativ sicher auf Matthäus und Lukas, möglicherweise aber auch auf Johannes zu. Aber gilt dies mit gleicher Wahrscheinlichkeit für beide Erzähleinheiten?

Beide Begebenheiten verbinden Tat und Wort, Handlung und Deutung, Geschehen und Schriftzitat. Im Fall des *Einzugs* jedoch erscheint die Schrifterfüllung nur in einem schriftlichen Kontext, und zwar nur im Matthäus- und im Lukasevangelium. Im Fall der *Reinigung* stammt die Bezugnahme auf die Schrift von Jesus selbst.

Beide Begebenheiten sind *in* der ersten Ebene der dritten Schicht, also dem Markusevangelium, anzutreffen. Stammen sie aber *aus* früheren Schichten? Geht eine von ihnen auf den historischen Jesus zurück? Vieles spricht dafür, dass Markus in beiden Fällen auf bereits bestehende Traditionen zurückgegriffen hat. Denn man kann leicht sehen, welche Änderungen er gegenüber der Überlieferung vorgenommen hat.

Im *Einzug* vermeidet Markus jegliche Anspielung auf Sacharja 9:9-10: »Juble laut, Tochter Zion, jauchze, Tochter Jerusalem! Siehe, dein König kommt zu dir, gerecht und siegreich. Demütig ist er und reitet auf einem Esel, auf dem Füllen einer Eselin. Er schafft die Streitwagen fort aus Ephraim und die Streitrosse aus Jerusalem, es werden abgeschafft die Kampfbogen. Er gebiete Frieden den Völkern und seine Herrschaft reicht von Meer zu Meer, vom Strom (Euphrat?) bis zu den Enden der Erde.« Stattdessen verwendet Markus die Geschichte als ein weiteres Zeugnis für die Ablehnung Jesu als Sohn Davids. Vor der Darstellung des *Einzugs* ist bei Markus 10:46-52 von einem blinden Mann die Rede, den Jesus als Sohn Davids heilte und der geheilt werden musste, bevor er Jesus auf seinem Weg folgen konnte. In einem späteren Abschnitt 12:35-37 heißt es bei Markus, dass der, der Davids Herr ist, nicht gleichzeitig Davids Sohn sein kann. Normalerweise bringt Markus Jesus mit dem Königreich Gottes, nicht mit dem Königreich Davids in Verbindung. Daraus ist zu schließen, dass der Ausruf in Markus 11:10 »Gesegnet sei das Reich unseres Vaters David« in diesem Kontext als völlig falsch intendiert ist. Die Menschenmenge zieht fälschlicherweise das zukünftige Königreich Davids (siegreiches und/oder militantes Messiastum?) dem gegenwärtigen Königreich Gottes vor. In solch negativem Zusammenhang müssen Anspielungen auf Sacharja 9:9-10 gänzlich vermieden werden.

Der *Einzug* kann, mit anderen Worten, in einer vormarkinischen Schicht, einer früheren als der dritten Schicht, angesiedelt werden. Handelt es sich dabei um die erste, ursprüngliche Schicht des historischen Jesus? Wenn es sich bei dem Einzug um eine historische Tat Jesu gehandelt hat, hat wahrscheinlich sie alleine schon schlimme Konsequenzen für Jesus nach sich gezogen. Sein Einzug in Jerusalem kam einer Verspottung gleich, nahm fast schon satirische Züge an. Ein Feldherr zog auf einem Streitwagen oder einem festlich geschmückten Ross in die eroberte Stadt ein und demonstrierte dabei die Symbole gewalttätiger Macht, während Jesus auf einem Esel in die Stadt einzog. Da am Passahfest besondere Sicherheitsmaßnahmen getroffen werden mussten, wird ein solches Verhalten den Machthabern kaum Vergnügen bereitet haben. Diese in aller Öffentlichkeit durchgeführte Aktion dürfte für eine öffentliche Hinrichtung ausgereicht haben. Wenn es sich nicht um eine historische Begebenheit, sondern eine gleichnishafte Erzählung handelt, würde sie zwar nicht erklären, was geschah, jedoch einiges darüber aussagen, wie sehr das Königtum Jesu von seinen frühen Begleitern und späteren Anhängern als ein Königtum verstanden wurde, das der Gewaltlosigkeit verpflichtet war.

Die Tempel»reinigung«

In der Erzählung von der »*Reinigung*« ist eine ähnliche Bearbeitung einer vormarkinischen Einheit evident. Jesus nimmt nicht eine rituelle Reinigung, sondern eine symbolische Zerstörung des Tempels vor. Das Zitat aus Jeremia 7:11 (»Ist denn dieses Haus, über dem mein Name ausgerufen ist, eine Räuberhöhle geworden?«) passt hervorragend zu dieser Handlung. Das vorausgehende Zitat aus Jesaja 56:7 (»denn mein Haus wird ein Haus des Gebets für alle Völker genannt«) unterbricht die Texteinheit und wird der historischen Situation, die für das erste Jahrhundert kennzeichnend ist, nicht gerecht. Der Tempel von Jerusalem war in der Tat ein Haus des

Gebets für die ganze Welt. Denn viele Heiden unternahmen Pilger-reisen zu jenem monumentalen Tempel, der unter Herodes wieder-aufgebaut worden war und zutreffender als Dritter Tempel bezeich-net werden sollte.

Der Titel dieses Unterkapitels bedarf einiger Erläuterungen. Gewiss konnten Juden dem Tempel wegen strittiger Legitimations-fragen und der Kollaboration der Hohenpriesterfamilien mit der römischen Imperialmacht kritisch gegenüberstehen. Juden konnten sich sogar auch jeglicher Beteiligung am Tempelgeschehen, seinem Kalender oder Kult, entziehen. Wenn beispielsweise die Qumran-Essener die Kontrolle über Jerusalem und seinen Tempel über-nommen hätten, hätten sie ihn wahrscheinlich zuerst von seiner rituellen Unreinheit »gereinigt«. In vielen Beschreibungen der Tempel»reinigung« schwingt insofern ein antijüdischer oder sogar antisemitischer Unterton mit, als sie fast immer um die Formulie-rung »Tische der Geldwechsler umstoßen« kreisen. Deshalb sollte der Begriff »Reinigung« in Anführungszeichen gesetzt werden, um seine Ungenauigkeit anzuzeigen.

Markus 11:15-17 beschreibt nicht eine symbolische Reinigung, sondern eine symbolische Zerstörung des Tempels. Das wird durch das Beispiel des unfruchtbaren Feigenbaumes verdeutlicht, der zunächst (11:12-14) verflucht wird und später (11:20) als verdorrt beschrieben wird. Für Markus ist der zerstörte Baum gleichbedeu-tend mit dem zerstörten Tempel. Dass bei Markus von einer symbo-lischen Zerstörung des Tempels die Rede ist, ergibt sich auch aus der Tatsache, dass Jesus jene, die ausländische Währungen in die für die Entrichtung der Tempelsteuern erforderliche Währung umtausch-ten, nicht nur attackiert, sondern auch allen anderen Aktivitäten, die mit Steuern und Opfergaben zu tun haben, ein Ende setzt. »Zerstört« und »eine Ende setzt« sind natürlich prophetisch und symbolisch, nicht faktisch zu verstehen. Für eine symbolische Zerstörung des Tempels spricht schließlich auch, dass Jesus von einer »Räuber-höhle« spricht.

In einer »Höhle« (ein Versteck bzw. eine sichere Bleibe) verstecken Diebe nicht ihre Beute. In ihr bringen sie sich vielmehr selbst in Sicherheit, nachdem sie anderswo einen Diebstahl begangen haben. Diese Deutung entspricht sowohl der allgemeinen Bedeu-tung, die dem Begriff »Räuberhöhle« zugeschrieben wird, als auch der Bedeutung, die ihm in dem Zitat aus Jeremia 7:11 beigelegt wird.

Der Kontext dort ist Teil einer längeren Tradition prophetischer Warnungen davor, Gottesverehrung im Tempel getrennt von göttlicher Gerechtigkeit auf Erden zu betrachten. Wie können sie »die Fremden, die Waisen, die Witwen« entgegen dem Gebot Gottes unterdrücken und glauben, sich ihm entziehen zu können, in dem sie sich in den Tempel Gottes flüchten? Wie können sie in »dieses Haus, über dem mein Name ausgerufen ist«, kommen und sagen: »Wir sind geborgen!, um dann weiter alle jene Gräuel zu treiben«? »Ist denn in euren Augen dieses Haus, über dem mein Name ausgerufen ist, eine Räuberhöhle?« (Jeremia 7:6, 10-11). Wie können sie den Tempel Gottes zu einem Haus der Ungerechtigkeit machen, das Räubern Schutz bietet?

Vor diesem prophetischen Hintergrund und mit diesem Schriftzitat vollendet Jesu Aktion Gottes Warnung vor der Zerstörung des Tempels (Jeremia 7:14). Wenn ihr weiterhin Gottesverehrung im Tempel von göttlicher Gerechtigkeit trennt, werde ich mit dem »Haus, über dem mein Name ausgerufen und auf das ihr euch verlasst, und mit der Stätte, die ich euch und euren Vätern gegeben habe, so verfahren, wie ich mit (mit dem alten Heiligtum in) Schilo verfuhr«.

Bei der *Reinigung* handelt es sich mit höherer Wahrscheinlichkeit und eher als beim *Einzug* um eine historische Begebenheit denn um eine gleichnishafte Erzählung. Zum einen deutet vieles darauf hin, dass Johannes 2:13-17 eher auf einer unabhängigen Version als einer sehr eigenständigen Reformulierung, Reinterpretation und Rekontextualisierung beruht. Zum anderen gibt es aber auch eine unabhängige Version im *Thomasevangelium* 71: »Jesus sagte: ›Ich werde [dieses] Haus zerstören, und niemand wird es wieder aufbauen können...‹«. Wenn es ein bestimmtes Ereignis gab, das zur Kreuzigung Jesu führte, war es aller Wahrscheinlichkeit nach gerade dieses Ereignis. Wenn eine der beiden Erzählungen (geschweige denn beide) eine historische Grundlage hat, wäre es zu einer öffentlichen Hinrichtung gekommen als einer unmittelbaren Warnung anlässlich der Passahfeier. Wenn keine der beiden Erzählungen eine historische Grundlage hat, ist aus heutiger Sicht das spezifische Ereignis in Jerusalem, das zur Kreuzigung Jesu führte, nicht mehr rekonstruierbar. In diesem Fall ist jedoch festzuhalten, dass Jesus als Verfechter des Königreiches Gottes sowohl in Galiläa unter Antipas als auch in Jerusalem unter Kajaphas und Pilatus in Konflikt zu den

Repräsentanten des Römischen Reiches geraten wäre. Es stellt sich nun aber die Frage nach der Historizität der Gerichtsverhandlungen gegen Jesus.

Die Historizität der Gerichtsverhandlungen gegen Jesus

Im Folgenden geht es weder (wie bei Tacitus) um die grundlegende Tatsache, dass Jesus unter Pilatus gekreuzigt wurde, noch (wie bei Josephus) darum, dass die höchsten jüdischen und römischen Autoritäten mit vereinten Kräften auf eine Hinrichtung hinwirkten, noch (wie in den Evangelien) um einen wie auch immer gearteten Zusammenhang zwischen dem Tod Jesu und dem Passahfest. Ebenso wenig soll geklärt werden, ob jede Behauptung und jede Handlung, die Jesus oder seinen Widersachern zugeschrieben werden, den Tatsachen entsprechen. Das Hauptinteresse gilt vielmehr der Frage, ob jene Gerichtsverfahren überhaupt stattgefunden haben und ob die Hinrichtung einer niedrigen Ebene polizeilicher Maßnahmen zugeordnet war, die der Kontrolle erregter Menschenmassen am Passahfest diente. Insbesondere geht es um die Historizität scheinbar nebensächlicher Details, die Christen über Jahrhunderte hinweg dazu veranlasst haben, eine judenfeindliche Haltung auszuprägen.

Gab es am Passahfest eine öffentliche Amnestie? Konnte »die Menschenmenge« die Freilassung jedes Angeklagten ihrer Wahl durchsetzen? Bestand die Möglichkeit, sich zwischen Barabbas und Jesus zu entscheiden? Wollte Pilatus Jesus freilassen und ihn als unschuldig betrachten? Brachte er Argumente für seine Freilassung vor und beugte er sich am Ende widerwillig den Gegenargumenten der jüdischen Hohenpriester und der grölenden Menschenmenge in Jerusalem? Zur Diskussion steht nicht, ob all dies Teil eines fesselnden Dramas oder einer spannenden Erzählung ist. Natürlich ist es das. Zur Diskussion steht auch nicht, ob man Pilatus' politische Unsicherheit und seine psychischen Konflikte genauer erforschen kann. Natürlich kann man das. Die entscheidende Frage lautet vielmehr: Haben die Gerichtsverhandlungen gegen Jesus eine historische Basis? Aus Platzgründen konzentrieren wir uns im Folgenden auf die Protagonisten des Szenarios: die Menschenmenge(n) und Barabbas, Jesus und Pilatus.

Der Tumult der Menschenmenge und die Entscheidung für Barabbas

Ist es historisch plausibel, dass am Passahfest eine allgemeine Amnestie erlassen wurde? Dass es geschah, ist möglich. Ist es aber auch wahrscheinlich? Diese Frage zielt nicht auf Kleinkriminelle und auch nicht auf jene ab, die ein schweres Verbrechen begangen haben und anlässlich eines Festes auf Grund der Entscheidung eines Statthalters freigelassen wurden. Zur Diskussion steht vielmehr, ob es wahrscheinlich ist, dass eine Amnestie, für wen auch immer sie gefordert wurde, am Passahfest irgendwo und besonders in Pilatus' Judäa erlassen wurde.

In seiner gegen Flaccus, den Statthalter von Ägypten, gerichteten Schrift beschrieb der jüdische Philosoph Philo von Alexandria, was ein gewöhnlicher Statthalter anlässlich eines Festes für einen verurteilten Menschen tun konnte. Da »dem heiligen Charakter des Festes Rechnung getragen werden sollte«, plädierte ein guter Statthalter für eine Verschiebung der Kreuzigung eines verurteilten Menschen, nicht aber für einen Erlass der Strafe. Denn für »alle Herrscher, die einen Staat auf der Grundlage einer Verfassung regieren und sich nicht durch Dreistigkeit hervortun wollen, sondern ihre Wohltäter ehren wollen, gilt, dass sie sich an den Brauch halten, niemanden, auch nicht jene, die rechtskräftig verurteilt wurden, zu bestrafen, bevor die Geburtstagsfeier des berühmten Kaisers vorüber ist«. So verhielten sich Statthalter, »wenn ein bestimmter Anlass zwar nicht eine völlige Vergebung, aber immerhin einen kurzen Aufschub der Strafe rechtfertigte« (*Gegen Flaccus* 81-84). Philo kann sich allenfalls einen Aufschub der Vollstreckung, nicht aber eine allgemeine Amnestie vorstellen.

Des weiteren stellt sich die Frage, weshalb die Menschenmenge die Hinrichtung Jesu so lauthals forderte. Was hatte sie gegen Jesus? Was hatte Jesus diesen Menschen getan?

Das früheste Evangelium, Markus 15:6-8, berichtet von der Ankunft der Menschenmenge wie folgt: »Jeweils zum Fest ließ Pilatus einen Gefangenen frei, den sie sich ausberitten durften. Damals saß gerade ein Mann namens Barabbas im Gefängnis, zusammen mit anderen Aufrührern, die bei einem Aufstand einen Mord begangen hatten. Die Volksmenge zog (zu Pilatus) hinauf und bat, ihnen die gleiche Gunst zu erweisen wie sonst.« Die Menschen eilten herbei, weil sie *für* Barabbas eingenommen waren, nicht, weil sie *gegen* Jesus waren. Pilatus versuchte ihnen jedoch nahezulegen, dass Jesus freigelassen werden sollte. Aufgewiegelt von den Hohenpriestern bestanden sie darauf, dass Jesus gekreuzigt (und Barabbas freigelassen) werden sollte. Dass die Menschen kamen, um Barabbas zu unterstützen, findet sich nur im Markusevangelium. Hier wird Barabbas zuerst, Jesus erst später erwähnt.

Als Matthäus die markinische Vorlage bearbeitete, weitete er die »Volksmenge« in 27:15 zu »Volksmassen« in 27:20 und schließlich zu »das ganze Volk« in 27:15 aus. Im Matthäusevangelium ist nicht die Rede davon, dass die Menschen gekommen waren, um Barabbas zu unterstützen; gleich nach ihrer Ankunft konfrontiert sie Pilatus mit folgender Alternative: »Pilatus fragte nun die Menge, die zusammengekommen war: Was wollt ihr! Wen soll ich freilassen, Barabbas oder Jesus, den man den Messias nennt?« Wiederum lassen sich die Menschen von den Hohenpriestern dazu aufwiegeln, sich für Barabbas zu entscheiden. Das Matthäusevangelium erwähnt Barabbas und Jesus bei der ersten Nennung beide gemeinsam, und zwar in der angegebenen Reihenfolge.

Das Lukasevangelium unterscheidet sich in ähnlicher Weise von seiner Quelle, dem Markusevangelium: In 23:13-18 erklärt Pilatus Jesus den Hohenpriestern, den anderen führenden Männern und dem Volk gegenüber für unschuldig. »Da schrien sie alle miteinander: Weg mit ihm; lass den Barabbas frei!« Im Lukasevangelium ist nicht von einer Menschenmenge die Rede, die vor Pilatus tritt, um die Freilassung von Barabbas zu fordern. Jesus wird zurückgewiesen, noch bevor die Freilassung von Barabbas gefordert wird. Das Lukasevangelium erwähnt Jesus und Barabbas bei der ersten Nennung beide gemeinsam, und zwar in der angeführten Reihenfolge.

Bei Johannes 18:38-40 sind an die Stelle der Menschenmenge »die Juden« getreten; diese treten nicht vor Pilatus, um die Freilassung von Barabbas zu fordern; stattdessen richtet sich Pilatus mit folgenden Worten an sie: »Ihr seid gewohnt, dass ich euch am Passahfest einen Gefangenen freilasse. Wollt ihr also, dass ich euch den König der Juden freilasse? Da schrien sie wieder: Nicht diesen, sondern

Barabbas! Barabbas aber war ein Straßenräuber.« Pilatus bietet nur Jesus zur Freilassung an; dieser wird jedoch von den Juden, die sich zugunsten von Barabbas entscheiden, zurückgewiesen. Barabbas wird im Johannesevangelium nur an dieser Stelle erwähnt. Jesus wird zuerst, Barabbas erst später genannt.

Diese Texte von Markus zu Johannes aus den drei Ebenen der dritten Schicht kennzeichnet eine stetige Steigerung. Einmal haben wir die Steigerung von »Volksmenge« zu »Volksmassen« zu »das ganze Volk« zu »die Juden«. Daneben kommt es von einer verständlichen Situation, in der Menschen herbeikommen, um die Freilassung des Barabbas zu fordern und deshalb den Vorschlag des Pilatus, Jesus freizulassen, ablehnen, zu einer unverständlichen Situation, in der sie gegen Jesus und deshalb für die Freilassung von Barabbas sind.

Diese beiden Tendenzen sind für die Klärung der Frage, ob etwas aus dieser Erzählung der ersten Schicht, der Zeit des historischen Jesus, zuzuordnen ist oder ob es von Markus erschaffen wurde, von entscheidender Bedeutung. Die Evangelisten verfassten Evangelien, keine historischen oder biografischen Texte. Evangelium bedeutet Frohe Botschaft, und eine Frohe Botschaft muss, will sie neue Hörer und Leser ansprechen, aktualisiert und an neue Orte, Zeiten, Erfahrungen und Gemeinden angepasst werden. Da die Evangelisten in ihrer eigenen Zeit die Erfahrung machten, dass die Judenchristen innerhalb ihres Volkes immer stärker marginalisiert wurden, wächst entsprechend auch die Jesus gegenüber an den Tag gelegte Animosität in der vergangenheitsbezogenen Darstellung seiner Hinrichtung. So erklärt sich die bereits erwähnte stetige Eskalation. Sie ist das Ergebnis einer ständigen Aktualisierung. Wer sind hier und jetzt unsere Freunde, wer unsere Feinde? Genau sie waren die Freunde und Gegner Jesu zum weiter zurückliegenden Zeitpunkt seiner Hinrichtung. Wenn Johannes und die Gemeinde, von der in seinem Evangelium die Rede ist, »die Juden« (alle Juden außer uns wenigen guten) als ihre gegenwärtigen Feinde wahrnehmen, werden sie auch rückblickend als Feinde Jesu dargestellt.

Wenn die Aktualisierung der Ereignisse das zentrale Erzählprinzip ist, an dem sich die Evangelien orientieren, stellt sich die Frage, ob Markus' Aktualisierung das Ergebnis einer Bearbeitung oder einer Erfindung ist. Es stellt sich also erneut die Frage: Handelt es sich um eine historische Begebenheit, die der ersten Schicht zuzuordnen ist, oder um ein Gleichnis, das der ersten Ebene der dritten Schicht zugehört?

Das Markusevangelium entstand unmittelbar nach dem großen Aufstand der Jahre 66-74, nach der Zerstörung Jerusalems und des Tempels. Verschiedene Banden von Straßenräubern (Freiheitskämpfer oder Guerillakämpfer) waren hinter die Umfassungsmauern der Stadt zurückgedrängt worden, als Vespasians Truppen vorrückten. Sie bildeten eine lockere Vereinigung, die unter der Bezeichnung »Zeloten« bekannt ist. Der Barabbas des Markusevangeliums ist genauso wie sie ein Rebell, der mit Gegengewalt auf die römische Imperialmacht reagiert. In diesem Gleichnis entscheiden sich die Bewohner der zerstörten Stadt fatalerweise für einen falschen Erlöser, einen falschen »Sohn des Vaters« (Bar-Abbas). Ihr habt einmal eine Entscheidung getroffen, heißt es bei Markus, die auch für die Zukunft von höchster Bedeutung sein wird. Ihr habt einem gewalttätigen Barabbas, nicht einem gewaltlosen Jesus euer Vertrauen geschenkt. Das war in Markus' Augen ein schrecklicher Irrtum. Die Entscheidung zwischen Barabbas und Jesus gehört zu einem Gleichnis, ist nicht der Geschichte zuzuordnen. Markus' Intention entsprechend, ist dieses auf die Vergangenheit zurückverweisende Gleichnis jedoch ein Gleichnis über die jüngste Geschichte Jerusalems.

Der Widerwille des Pilatus und die Unschuld Jesu

Was ist von der Einschätzung zu halten, dass Pilatus ein fairer, anständiger und gerechter Mensch war, der hin- und hergerissen war, ob er seinem eigenem privatem Gewissen folgen oder dem öffentlichen Druck nachgeben sollte? Diese Frage zielt nicht auf den berühmten (infamen) Gegensatz ab, der nur im Matthäusevangelium zu finden ist: »Als Pilatus sah, dass er nichts erreichte, sondern dass der Tumult immer größer wurde, ließ er Wasser bringen, wusch sich vor allen Leuten die Hände und sagte: Ich bin unschuldig am Blut dieses Menschen. Das ist eure Sache. Da rief das ganze Volk: Sein Blut komme über uns und unsere Kinder!« (27:24-25) Damit geht die Verantwortung für die Hinrichtung Jesu formal, offiziell, rituell von den Römern auf die Juden über. Hierbei handelt es sich um eine Ergänzung, die Matthäus gegenüber seiner Quelle, dem Markusevangelium, vornimmt. Durch sie wird die Aufmerksamkeit auf die Gestalt gelenkt, die im Mittelpunkt der ganzen Leidensgeschichte steht: einen Pilatus, der widerwillig dem öffentlichen Druck nachgab und der sich, obwohl er erkannte, dass Jesu unschuldig war, aus verschiedenen Gründen gezwungen sah, der geforderten Hinrichtung Jesu zuzustimmen.

Von einigen Statthaltern des frühen ersten Jahrhunderts sind nur ihre Namen bekannt, von anderen nur beiläufige Kommentare. Über Pilatus berichten dagegen zwei unabhängig voneinander entstandene jüdische Quellen, nämlich die Schriften des Philosophen Philo und des Geschichtsschreibers Josephus. Beide Autoren kritisieren ihn im Blick auf ungerechte Verurteilungen und sein Verhalten protestierenden Menschenmengen gegenüber.

Philo beschreibt ihn als einen »höchst unerbittlichen, unbarmherzigen und starrsinnigen Mann«, tadelt »seine Korruption, seine ungebührlichen Taten, seine räuberische Ader, seine Neigung, Menschen zu beleidigen, seine Grausamkeit, die Tatsache, dass er ständig Menschen ohne Gerichtsverfahren und ohne Verurteilung ermorden ließ, und seine nie enden wollende, grundlose, äußerst schreckliche Unmenschlichkeit« und stellt zusammenfassend fest, dass er »zu allen Zeiten ein Mann übelster Leidenschaften war« (*Die Gesandtschaft an Gaius* 301-303). Vermutlich hat Philo Pilatus übertrieben negativ dargestellt. Bezeichnend ist jedoch, dass er ihn als Inbegriff einer schlecht geführten Herrschaft präsentiert.

Wie in Kapitel 4 näher ausgeführt, gab Pilatus, der Standarten mit Juden provozierenden Kaiserbildnissen nach Jerusalem gebracht hatte, gegenüber einer unbewaffneten, aber protestierenden Menge, die zum Martyrium bereit war, klein bei. Als sich ein weiteres Mal Protest erhob, sorgte er jedoch dafür, dass sich Soldaten in Zivilkleidung unter die unbewaffneten Menschen mischten und zettelte einen Tumult an. Damals »starben viele der Juden, einige wurden erschlagen, andere von ihren Gefährten zu Tode getrampelt, als sie zu fliehen versuchten. Durch das Schicksal der Opfer eingeschüchtert, wurde die Menschenmenge zum Schweigen gebracht« (*Der Jüdische Krieg* 2.177, *Jüdische Altertümer* 18.62). Schließlich wurde Pilatus von seinem unmittelbaren Vorgesetzten, den syrischen Statthalter Vitellius, seines Amtes enthoben und nach Hause geschickt, um sich der Verantwortung für die von ihm veranlasste »Abschlachtung der Opfer«, die diesmal samaritischer Herkunft waren, zu stellen (*Jüdische Altertümer* 18.88). Pilatus war weder ein

Heiliger noch ein Monster, aber alles andere, was über ihn bekannt ist, lässt es unwahrscheinlich erscheinen, dass die Erzählung aus dem Matthäusevangelium historisch ist.

Im Rahmen der nach der Absetzung des Pilatus von Vitellius vorgenommenen Wiederherstellungsmaßnahmen erließ er einen Teil der in Jerusalem anfallende Steuerlast, unterstellte die Gewänder der Hohenpriester wieder der Kontrolle der Priester und setzte Kajaphas als Hohenpriester ab. Da Vitellius »ein glänzender Empfang« zum Passahfest in Jerusalem bereitet wurde, stieß all dies vermutlich auf allgemeine Zustimmung. Kajaphas und Pilatus waren gemeinsam an die Macht gekommen und stürzten auch gemeinsam.

Erneut stellt sich die Frage nach den Ursprüngen dieses Szenarios. Handelt es sich um die erste, ursprüngliche Schicht des historischen Jesus oder die markinische Ebene der dritten Schicht? Und wenn dieses Szenario von Markus erschaffen wurde, ist zu klären, welche Absicht er damit verfolgte. Meist lautet die Antwort auf diese Frage, dass Markus und die späteren Evangelisten die Argumente der Römer bedienten. Sie wussten, dass Jesus von Pontius Pilatus gekreuzigt und dieser darin von den Hohenpriestern sogar bestärkt worden war. Nach diesem Erklärungsansatz übertrugen sie die Verantwortung bewusst von den Römern auf die Juden. Sie erfanden eine laut protestierende Menschenmenge, die unter dem Einfluss der Hohenpriester stand, und einen Pilatus, der wusste, dass Jesus unschuldig war, aber nachgeben musste, wenn er Schlimmeres verhindern wollte. Dies taten sie, weil sie ihre Bewegung gegenüber der Imperialmacht akzeptabler erscheinen lassen und verschleiern wollten, dass sie die Nachfolger eines verurteilten Verbrechers waren.

Plausibler ist jedoch ein anderer Erklärungsansatz. Die Schicht, in der zum ersten Mal den Römern eine geringere und den Juden/Jerusalem eine größere Verantwortung zugeschrieben wurde, entstand nach der ersten, aber vor der dritten Schicht. Unserer Auffassung nach wurde die dem Markusevangelium bereits zugrundeliegende Passionsgeschichte in einer sehr spezifischen Situation während der frühen 40er Jahre geschaffen. Erstens übten die Römer nicht mehr direkt in der Gestalt eines römischen Statthalters Kontrolle auf das Heimatland der Juden aus. Zweitens war der jüdische Monarch Herodes Agrippa I. »König der Juden«. Dieser Titel war seit dem Tod von Herodes dem Großen keinem Regenten verliehen worden. Drittens hatte Agrippa einen Hohenpriester aus dem Haus des Annas ernannt. Viertens bedeutete all dies für eine Dissidentengruppe von Judenchristen nichts Gutes. Josephus berichtet, dass Agrippa »gerne und ständig in Jerusalem residierte und gewissenhaft den Traditionen seines Volkes Rechenschaft trug. Er versäumte kein einziges Reinigungsritual und ließ keinen Tag verstreichen, ohne das vorgeschriebene Opfer darzubringen« (*Jüdische Altertümer* 19.331). In der Apostelgeschichte 12:1-3 heißt es: »Um jene Zeit ließ der König Herodes einige aus der Gemeinde verhaften und misshandeln. Jakobus, den Bruder des Johannes, ließ er mit dem Schwert hinrichten. Als er sah, dass es den Juden gefiel, ließ er auch Petrus festnehmen.«

Stellen Sie sich eine Passionsgeschichte vor, die vor dem skizzierten Hintergrund erstmals erdacht wurde. Die Römer stehen sehr gut da, weil die Judenchristen unter ihnen sicherer als unter Agrippa leben können. Die Hohenpriester (insbesondere jene aus dem Haus des Annas) sind unerbittliche Feinde, aber die Bewohner Jerusalems stehen wahrscheinlich auch eher auf Agrippas Seite. Die in den frühen 40er Jahren vorgenommene Aktualisierung des Geschehens bestimmte, wer Freund und wer Feind Jesu in dieser Erzählung war. Sie war nicht erdacht worden, um ein falsches Spiel mit der römischen Macht zu treiben. Sie war auch nicht erdacht worden, um wohl überlegte Lügen über Pilatus zu verbreiten, sondern um die Judenchristen nah zu spiegeln und so ganz über die neue, höchst prekäre Situation hinwegzutrösten, die das Jerusalem der 40er Jahre prägte. Sie war ein gleichnishafter, kein historischer Text. Eine der in der Einleitung dieses Buches angeführten exegetischen »Entdeckungen« für das Ausgraben Jesu legte die Vermutung nahe, dass eine solche frühe Passionsgeschichte in den fragmentarischen Überresten des so genannten *Petrusevangeliums* noch greifbar ist. In dieser frühen Passionsgeschichte hat Pilatus nichts mit der Kreuzigung zu tun. Ein nicht näher beschriebener Herodes trägt die volle Verantwortung. Schließlich kommt es wegen der Kreuzigung und Auferstehung Jesu zu einer tiefen Spaltung zwischen den jüdischen Machtinstanzen und »dem Volk der Juden«. Dies beruht natürlich nicht auf historischen Fakten, sondern einer Fiktion, die vermutlich eher im frühen als im späten ersten Jahrhundert entstanden ist.

All das macht deutlich, wie viel Forschung noch betrieben werden muss, wenn man die Intention verstehen, die Situation klären und den spezifischen historischen Kontext, in den diese Passionsgeschichten eingebettet sind, erhellen will. Unabhängig davon, wie ihre Ursprünge erklärt werden, haben diese Passionsgeschichten bekanntlich in hohem Maß unmittelbar zu einer antijüdischen Haltung unter den Christen und mittelbar zur Förderung eines rassischen Antisemitismus beigetragen. Das lässt sich am Beispiel des Oberammergauer Passionsspiels, einer dramatischen Wiederaufführung der Hinrichtung Jesu verdeutlichen, zu der sich die Bewohner des bayrischen Ortes aus Dankbarkeit für eine überstandene Pest in einem Gelübde verpflichtet haben. Es war seit 1634 in jedem zehnten Sommer aufgeführt worden. In einigen Jahren fand es wie im Jahr 1940 nicht statt, in anderen wurde es zu besonderen Anlässen aufgeführt. Am 5. Juli 1942 zog Adolf Hitler, der das Oberammergauer Passionsspiel zweimal, im August 1930 und 1934 gesehen hatte, das Fazit, es sei von vitalem Interesse, dass das Oberammergau Passionsspiel weiterhin aufgeführt werde. Nie sei die vom Judentum ausgehende Bedrohung überzeugender dargestellt worden, als bei der Vorführung dessen, was sich zur Römerzeit zugetragen habe. In Pontius Pilatus erkenne man einen Römer, der hinsichtlich seiner Rasse und seines Intellekts so überlegen sei, dass er sich vom Sumpf und Schmutz des Judentums wie ein starker, sauberer Fels in der Brandung abhebe.

Selbst wenn man von Hitlers vorurteilsbehafteter Sicht absieht, bleibt zu klären, ob dieser juridische Kontrast gegeben war. Gab es je einen Pilatus, der gegen den erbitterten Widerstand der Juden die Unschuld Jesu behauptete und sich für Gerechtigkeit einsetzte? Konnte der Römer Pilatus Jesus jemals als völlig unschuldig und zu ungerecht angeklagt angesehen haben?

Selbst wenn alles, was diese Gerichtsverhandlungen betrifft, sich genauso ereignet hätte, wie es in den Evangelien geschildert wird, wäre es unangemessen, die Verantwortung, die Kajaphas zuzuschreiben ist, auf alle Juden aller Zeiten zu übertragen, ebenso wie es verfehlt wäre, die Verantwortung, die Pilatus zuzuschreiben ist, auf alle Italiener aller Zeiten zu übertragen. Die Toleranz gegenüber anderen Konfessionen und das Wissen um die Schoa machen es notwendig, sich dieses Themas mit besonderer Sensibilität zu nähern. Von grundlegender Bedeutung ist jedoch, wie zu Beginn dieses Kapitels bereits dargelegt, auch die Frage nach der tatsächlichen Genauigkeit der Darstellungen. Wie sieht die überzeugendste Rekonstruktion dessen aus, was sich vor langer Zeit in Jerusalem während eines jüdischen Festes, das, da es unter römischer Herrschaft begangen wurde, zugleich schön und vieldeutig war, tatsächlich ereignete?

DIE BESTATTUNG EINES KÖNIGS

Das Schlusskapitel dieses Buches beschäftigt sich mit Grabstätten adliger Personen und der Grabstätte Jesu. Grabstätten, Mausoleen, Totenrituale und Bestattungspraktiken lassen Rückschlüsse auf Jenseitsvorstellungen, aber auch auf das jeweilige soziale Umfeld zu. Archäologen haben zahlreiche Grabstätten aus dem ersten Jahrhundert freigelegt, die nicht nur von Jenseitsvorstellungen zeugen, sondern auch auf den sozialen Status des Bestatteten in der Gesellschaft verweisen. Wie wurde ein Kaiser, ein König oder ein Hoherpriester bestattet? Wie bereitete sich jeder von ihnen auf seine eigene Bestattung vor? Im Folgenden gilt das Interesse weniger der Frage, was ihre Bestattungen über ihre Jenseitsvorstellungen aussagen, als der Frage, was ihre Gedenkstätten über ihre Königreiche verraten. Wie bereiteten sie sich auf ihren Tod vor, und wie wollten sie anderen im Gedächtnis bleiben?

Jerusalem, die heilige, friedliche Stadt, ist auch eine geteilte, konfliktreiche Stadt. Das große Heiligtum, das seit dem ersten Viertel des vierten Jahrhunderts erbaut und mehrfach umgebaut wurde, die Grabeskirche, ist das geistliche Zentrum des Christentums. Doch haben weder die anglikanischen noch die protestantischen Christen einen festen Platz in dem Ehrenmal Christi. Der Streit um die Anrechte auf die Kirche geht auf eine frühere Phase in der Geschichte innerchristlicher Auseinandersetzungen zurück. Sechs verschiedene Gruppen, die römisch-katholischen, die griechisch-orthodoxen, die koptischen, die armenischen, die äthiopischen Christen und die syrischen Jakobiten, haben die Kirche unter sich aufgeteilt und immer wieder über Besitzrechte gestritten. Dies ist nicht weiter bemerkenswert, wohl aber, dass diese Kirche Grabeskirche heißt. Wenn Jesus hier nach seiner Kreuzigung von Menschen bestattet wurde, dann ist hier auch seiner Auferweckung durch Gott zu gedenken. Seine Kreuzigung ist Gegenstand historischer Diskussionen, seine Auferweckung steht im Mittelpunkt des christlichen Glaubens. Die Kirche heißt aber nur Grabeskirche, nicht auch Auferstehungskirche. Ist nicht gerade das das Irritierendste an dem heiligsten Heiligtum der Christentums? Man weiß, wie ein Kaiser, ein König oder ein Hoherpriester zu bestatten und sein Grab zu schmücken ist. Wie ist aber ein Verbrecher, der gekreuzigt wurde, zu bestatten, und wie ist seine Auferstehung zu feiern? Welcher Ort, welches Grab, welches Heiligtum kommen dafür in Frage?

Das prachtvolle Mausoleum des Augustus

Kurz nach seinem militärischen Sieg über Marcus Antonius und Kleopatra im Jahr 31 v. Chr. ließ Octavius, der spätere Augustus, sein römisches Mausoleum erbauen. Augustus, der das Grab Alexanders des Großen in Alexandria besichtigt hatte, ließ im Vorgriff darauf, dass Rom das Gottkönigtum hellenistischen Stils übernehmen sollte, ein Mausoleum errichten, das dem Namen und der Form nach einem der Sieben Weltwunder, dem Grab des Maussolos in Halikarnassos in Kleinasien, ähnelte. Etwa vierzig Jahre vor seinem Tod dachte er nicht nur an sein Leben nach dem Tod. Mit dem zu Beginn seiner Regierungszeit erbauten Mausoleum machte er seinen Zeitgenossen klar, welche Bedeutung Imperator und Imperium, König und Königreich hatten. Dieses Monument sensibilisierte für drei Themen, die für das Hier und Jetzt von Bedeutung waren.

Erstens zeugte das Mausoleum davon, dass Augustus an der Spitze der sozialen Hierarchie stand. Keine römische Familie und kein anderer Römer hatten ein so prachtvolles Mausoleum wie er. Er ließ seine Grabstätte auf dem Marsfeld errichten, das damals in den Außenbezirken der Stadt lag. Dort waren bereits mehrere berühmte Römer bestattet worden. Zu seinen Lebzeiten ließ Augustus das Marsfeld systematisch von Süden nach Norden, also von der Stadt zum Mausoleum, erweitern. Als er starb, befand sich das Mausoleum an einem bekannten, stark frequentierten Ort. Er ließ die Hauptstraße ausbauen, die, da sie in nördlicher Richtung aus Rom hinausführte, an seiner letzten Ruhestätte lag, und in der Nähe öffentliche Gebäude errichten, zu denen die prachtvollen Bäder seines Schwiegersohnes Agrippa, das allen Göttern und Göttinnen geweihte Pantheon und insbesondere die *Ara Pacis*, der »Altar des Friedens«, zählten, der dem Gedenken der *Pax Romana*, des »römischen Friedens« gewidmet war, den Augustus seinem Reich gebracht hatte.

Augustus war ein umsichtiger Regent. Seine Totengedenkstätte hatte er nicht in der Stadt selbst erbauen lassen. Insofern verstieß er nicht direkt gegen römische Traditionen. Gleichzeitig jedoch beauftragte er seine Bauherren damit, die Stadt in der Richtung, in der sich sein Grab befand, auszubauen. Er ließ sein Mausoleum in der Nähe des Pantheons, dem allen Gottheiten geweihten Tempel erbauen, der ebenfalls die Form einer Rotunde besitzt und auch eine Marmorverkleidung aufwies, und erhob sich damit selbst in das Reich des Göttlichen. Das Mausoleum war nicht nur eine Krypta, in der die Überreste des Augustus bestattet wurden, sondern auch eine tempelähnliche öffentliche Gedenkstätte zu Ehren eines göttlichen Herrschers, der auch nach seinem Tod an der Spitze der römischen Gesellschaft stand.

Zweitens ließ Augustus eine spektakuläre Fassade monumentalen Ausmaßes an seiner Grabstätte errichten. Das Mausoleum war wie das Mausoleum in Halikarnassos eine Rotunde, die sich in konzentrischen Kreisen erhob. Zum Mausoleum gehörte aber auch ein Gartengelände. Das Mausoleum wies die Form eines Erdhügels auf. Insofern ähnelte es den älteren, traditionellen etruskischen Grabhügeln, die sich in der Umgebung Roms befanden. Der äußere Zylinder hatte einen Durchmesser von fast 92 Metern und war fast 8 Meter hoch. Die Innenseite bestand aus Ziegeln und Beton, die Außenseite war dagegen mit einer prachtvollen Travertinfassade versehen, die der Geograf Strabo als »edle Gründung aus weißem Marmor« beschreibt. Zypressen und andere immergrüne Bäume waren auf dem Erdhügel angepflanzt worden, in dessen Zentrum sich ein zylinderförmiger Kegel aus Travertinmarmor erhob, so dass das Bauwerk eine Gesamthöhe von 46 Metern erreichte. Die Spitze bildete eine große Bronzestatue des Augustus. Darunter führten gewölbte Gänge und sternförmig angelegte Räume zur inneren Grabkammer, in der die Asche des Augustus in einer Urne aufbewahrt wurde.

Drittens setzte Augustus seinem Vermächtnis und seiner Dynastie in Rom ein bleibendes Denkmal. Das Mausoleum war nicht nur seine eigene letzte Ruhestätte, sondern auch die der Königsfamilie und seiner Nachkommen. Augustus wollte die Kontinuität seiner Herrschaft nach seinem Tod durch dynastische Nachfolge sicherstellen. In der mediterranen Welt galt die Familienbestattung seit langer Zeit als die ideale Form der Bestattung. Nach seinem Tod wollte man gemeinsam mit seinen Vorfahren eine letzte Ruhestätte finden und dort bei seinen Nachfahren im Gedächtnis bleiben. Als erster wurde dort im Jahr 23 v. Chr. der Neffe des Augustus bestattet.

0 10 20 30 40 50

m

Das Mausoleum des
Augustus in Rom.

Vor seinem eigenem Tod im Jahr 14 n. Chr. fand die Asche von fünf weiteren Familienmitgliedern dort Aufnahme. Ihm folgten später drei Julier-Claudier-Kaiser, Tiberius, Caligula und Claudius. Einigen Familienmitgliedern wie der Tochter des Augustus Julia und dem späteren Kaiser Nero wurde das Privileg einer Familienbestattung bewusst vorenthalten.

Darüber hinaus gab Augustus sein Vermächtnis auch in Form der so genannten *Res Gestae Divi Augusti*, die »Taten des göttlichen Augustus« weiter. An beiden Seiten des Zugangs zu seinem Mausoleum ließ er im ägyptischen Stil gearbeitete Obelisken aus Granit aufstellen, und an zwei Pilastern im Eingang ließ er zwei Bronzetafeln anbringen, auf denen seine *Res Gestae*, seine Autobiografie, die er im Alter von sechsundsechzig Jahren verfasst hatte, aufgezeichnet war. Diese Tafeln existieren heute nicht mehr. Kopien konnten aus dem Roma und Augustus geweihten Tempel in Ankyra im nördlichen Galatien, dem heutigen Ankara, sichergestellt werden. Heute steht die *Ara Pacis Augustae* neben dem Mausoleum. Die *Res gestae* sind auf dem Außensockel des Altars eingraviert.

Wie wollte Augustus seinen eigenen Worten nach sein Reich und seine Regierungszeit im Gedächtnis verhaftet wissen? Er rühmte seine militärischen Erfolge, die Herstellung von Recht und Ordnung und seine Wohltätigkeit. Die viele blutigen Kriege, die er geführt hatte, stellte er als Mittel zur Befriedung der Meere, zur Stabilisierung des eigenen Landes und zur Befriedung anderer Länder dar. »Als Sieger verschonte ich alle, die als Bürger Vergebung suchten. Andere Völker – die, denen ich vergeben konnte, ohne meine eigene Sicherheit zu gefährden – ließ ich lieber am Leben, als sie töten.« Augustus ließ, seinem Rechtsverständnis entsprechend, drei Volkszählungen durchführen: Die erste umfasste 4 063 000 römische Bürger, die zweite 4 233 000 und die dritte 4 937 000. Für Recht und Gerechtigkeit sorgte er, indem er einen Sklavenaufstand niederschlug. Etwa 30 000 von jenen, »die ihren Herren davongelaufen waren... und zu den Waffen gegriffen hatten, ließ ich gefangen nehmen und gab sie ihren Herren zurück, damit diese sie bestrafen konnten«. Augustus erwähnt nicht, dass die Volkszählungen die Besteuerung erleichterten und die Sklaven als Feinde der römischen Ordnung gekreuzigt wurden. Auf den Bronzetafeln rühmte Augustus sich auch als Wohltäter und Schirmherr: Unter die armen Bewohner Roms ließ er Geldgeschenke verteilen; einmal gab er »jedem der 320 000 Angehörigen der städtischen Plebs 240 Sesterzen [etwa der Lohn, den ein Arbeiter für zwei Monate erhielt]«. Darüber hinaus förderte er Gladiatorenkämpfe und den Bau zahlreicher Tempel in Rom und in anderen Ländern. Augustus erwähnt nicht, dass die finanzielle Unterstützung, die der Plebs zuteil wurde, ein Mittel war, die Volksmenge unter Kontrolle zu halten, dass die Geschenke, die er im eigenen Land verteilen ließ, aus Beutezügen im Ausland stammten und dass seine eigene Statue in Tempeln des gesamten Römischen Reiches aufgestellt war.

Seine *Res Gestae* waren auf Bronzetafeln aufgezeichnet worden, die im Eingangsbereich seines monumentalen, prachtvollen Mausoleums zu lesen waren. Augustus wollte sicher stellen, dass spätere Generationen sein Vermächtnis korrekt verstanden, so wie er es selbst schriftlich dargestellt hatte, und wodurch er über seinen Tod hinaus die Zukunft bestimmen wollte. So hat die Grabstätte eines Königs gestaltet zu werden.

Das Wüstengrab des Herodes

Nach Augustus hatte auch Herodes durchaus in Anlehnung an seinen Schutzherrn sein eigenes Mausoleum lange vor seinem Tod erbauen lassen. Dieses Mausoleum war keine bloße Kopie, sondern zeugte davon, dass Herodes eigene Vorstellungen davon hatte, wie sein Königreich zu errichten war. Es war eine Miniatur des römischen Vorbilds und entsprach gleichzeitig aber auch jüdischen Maßstäben. Mit der Zusammenführung dieser beiden Vorgaben entstand jedoch ein typisch herodianisches Bauwerk. Das Mausoleum war eine Totengedenkstätte, eine Festung, die ihm zu seinen Lebzeiten Schutz bot, ein Palast, in dem er sich feiern ließ, und es signalisierte den Bewohnern Jerusalems, wer an der Spitze der gesellschaftlichen Hierarchie stand.

Wie bereits erwähnt, verlieh Herodes Bauprojekten wie der Stadt Caesarea und ihrem Hafen Sebastos, der Stadt Sebaste und der Jerusalemer Antonia-Festung Namen zu Ehren des Römischen Reiches. Er benannte Orte auch nach Familienmitgliedern: die Stadt Antipatris nach seinem Vater, die auf einem Hügel gelegene Festung Cypros nach seiner Mutter und den Jerusalemer Turm Phasaelis nach seinem Bruder. Ein Ort, den er Herodeion nannte, trug jedoch seinen eigenen Namen. Josephus berichtet, dass er das Herodeion, das seine letzte Ruhestätte werden sollte, auf einem Bergkegel mitten im judäischen Bergland, etwa 12 Kilometer südlich von Jerusalem, errichten ließ. Dort hatte er, als er sich im Jahr 40 v. Chr. auf der Flucht nach Arabien befand, gegen parthische und hasmonäische Soldaten gekämpft. Als seine Familie Zuflucht in Masada nahm und er selbst Unterstützung bei den Nabatäern suchte, wurde er von den Streitmächten seines Widersachers Antigonos angegriffen. Josephus zufolge »besiegte und vernichtete er [sie] wie jemand, der nicht in einer ausweglos schwierigen Situation, sondern bestens für einen Krieg gewappnet und [gegenüber seinen Gegnern] im Vorteil war. Und später, als er König wurde, ließ er einen prachtvollen Palast auf dem Hügel errichten« (*Jüdische Altertümer* 14.359-60).

Das Herodeion bestand aus einem Festungspalast, der sich auf einem Hügel befand, und einer tiefer gelegenen Garten-Badeanlage. Mit der Gedenkstätte setzte Herodes seiner Persönlichkeit und seiner Vorstellung davon, wie sein Königreich zu errichten war, ein geeignetes Denkmal, das die architektonischen Stile miteinander

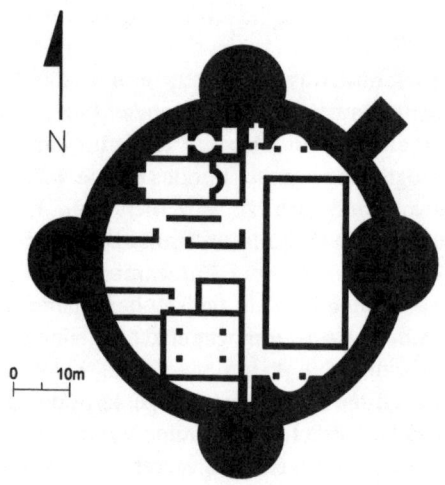

Der Festungsturm
des Herodeions
(nach Netzer).

kombinierte, die auch für seine anderen Bauprojekte charakteristisch waren. Herodes machte die Topografie seinen Zwecken dienstbar. So beauftragte er seine Bauarbeiter damit, einen großen künstlichen Erdkegel für seine rotundenähnliche Festung aufzuschütten, den er nach Josephus »in Form einer Brust abrunden ließ«, und das nördliche gelegene Gelände zu planieren. Das so entstandene Plateau bot Raum für eine Garten-Badeanlage. Mit dem Bau eines Aquäduktes schuf er die Voraussetzung dafür, dass die Einöde in eine Oase verwandelt werden konnte. Die exponierte Lage der Festung machte das Herodeion zu einem Wahrzeichen, das der herausgehobenen Position des Königs Rechnung trug. Der künstlich aufgeschüttete Erdkegel gewährte Besuchern einen Rundblick und sorgte zugleich dafür, was vielleicht noch wichtiger war, dass die Bewohner des nahe gelegenen Jerusalem die Gedenkstätte sehen konnten. Laut Josephus wollte Herodes, dass alle seine persönliche Gedenkstätte sehen konnten. Er ließ sogar einen im Osten des Herodeions gelegenen Hügel abtragen, damit der neue, künstliche Erdhügel schon von weitem erkennbar war und höher wirkte, als er tatsächlich war.

Die Festung zog auch wegen ihrer Form und Fassade die Blicke auf sich. Sie wies eine kreisförmige Struktur auf und bestand aus zwei Mauerringen. Die innere Mauer hatte einen Durchmesser von etwa 53 Metern, die äußere von etwa 60 Metern. Die Doppelmauer

wurde in jeder Himmelsrichtung durch jeweils einen Turm verstärkt, wobei der östliche in Form eines Zylinders die anderen
überragte. Das Herodeion erhob sich über den Hügeln Judäas.
Besonderes Aufsehen erregte es zudem auf Grund seiner Fassade,
die entweder ähnlich wie der Tempelberg glatt bearbeitet oder vielleicht auch verputzt und getüncht war. Zwar ist bei Josephus von
massiven Stufen aus »weißem Marmor« die Rede, die zur Festung
hinaufführten. Ehud Netzer, ein prominenter israelischer Archäologe, der an diesem Ort über einen längeren Zeitraum hinweg Ausgrabungen vornahm, hat jedoch keinen Marmor gefunden. In jedem
Fall aber wies das Monument eine glänzende Fassade auf.

Beim Bau seines Mausoleums ahmte Herodes in vielerlei Hinsicht Augustus nach. Auch dessen Ruhestätte wies eine rotundenähnliche Form auf, hob sich von ihrer Umgebung deutlich sichtbar ab, und auch zu dessen Bauwerk gehörte eine Grünanlage.
Herodes hielt sich jedoch nicht sklavisch an die Vorgaben seines
Vorbildes, sondern ließ sein Herodeion in einem für ihn charakteristischen Stil erbauen, der den Besonderheiten seines Königreiches Rechnung trug. Das Mausoleum verwies symbolisch auf
den Lebensweg des Königs der Juden. Es rief nicht einen großen
militärischen Sieg ins Gedächtnis, sondern einen blutigen Über-
lebenskampf, den er zu überstehen hatte, als er vor einem Bür-
gerkrieg floh, um sich römische Unterstützung zu sichern. Das
Mausoleum sollte auch als Festung dienen, die ihn vor einem
Volksaufstand schützen konnte. Vermutlich ließ Herodes es deshalb in sicherer Distanz zu den Menschenmassen, die Jerusalem
bevölkerten, errichten. Die Grabkammer selbst wurde nicht gefunden. Vielleicht befand sie sich nicht in der hoch gelegenen Festung, sondern in einem tiefer gelegenen Komplex, in dem am Ende
eines langen Gangs ein rechteckiges Gebäude erbaut worden war,
das den jüdischen Grabmonumenten mit Pyramiden- und Kegel-
dächern im Jerusalemer Kidrontal ähnelte. Um dieses Gebäude
herum ließ Herodes jedoch Bäder und Gärten anlegen, die seinen
Erwartungen an sein Leben entsprach. Im Gegensatz zu Augustus
wurde Herodes nicht gemeinsam mit Mitgliedern seiner Familie
bestattet, von denen er aus Neid oder Verfolgungswahn viele getötet hatte. Seine Söhne wurden nach ihrem Tod nicht mit ihm ver-
eint. Archelaos wurde seiner Ethnarchie enthoben und ins Exil
nach Gallien verbannt, Antipas verlor seine Tetrarchie und wurde

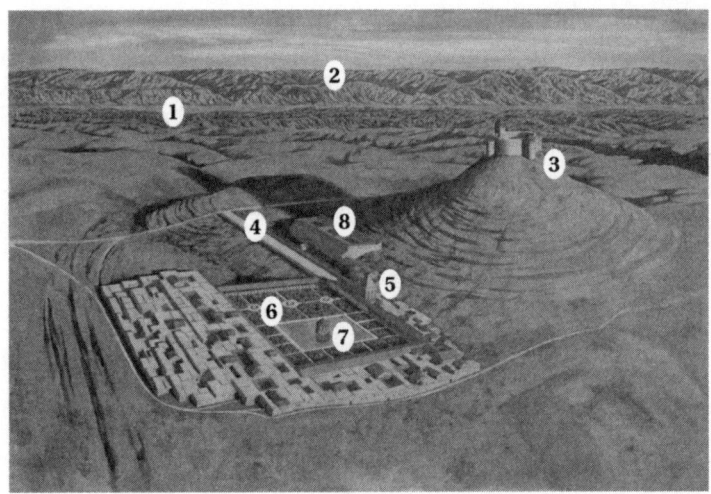

*Rekonstruktion des Herodeions. Herodes der Große, König der Juden, ließ
seine monumentale Grabanlage etwas 12 Kilometer südlich von Jerusalem
in der judäischen Einöde errichten. Das Herodeion mit Blick auf das Tote
Meer (1) und den heutigen Jordan (2) war eine Gedenkstätte, die Elemente
einer Festung und eines Vergnügungspalastes miteinander kombinierte. Die
höher gelegene Festung (3), die auf einem künstlich aufgeschütteten Erdhügel stand, ähnelte in ihrer rotundenähnlichen Form dem Mausoleum des
Augustus Caesar. Das Grab des Herodes befand sich wahrscheinlich jedoch
im unteren Teil des Gebäudekomplexes, am Ende eines langen Ganges, und
entsprach eher traditonell-semitischen Vorstellungen (5). Das lange vor seinem Tod erbaute Herodeion kam nicht nur den Sicherheitsbedürfnissen des
Königs, sondern auch seinem Wunsch, sich zu vergnügen, entgegen. Gärten
(6), ein Pool und eine Gartenlaube (7), ein am Fuß des Erdhügels gelegener
Palast (8) und Unterkünfte für Diener und Gäste hatten die karge Wüste zu
einer Oase gemacht, die einem exklusiven Urlaubsort glich.*

ins Exil nach Spanien verbannt, und Philippos bestattete man in seinem eigenen Herrschaftsgebiet.

Laut Josephus gab Herodes auf seinem Totenbett den Befehl, viele
berühmte Judäer gefangen nehmen zu lassen und beauftragte seine
Schwester damit, sie bei seinem eigenen Ableben töten zu lassen,
sodass um ihn getrauert werden könnte, auch wenn es »wegen anderer Menschen« sei. Dann, sagte er, »wird ganz Judäa und jede Familie
um mich weinen müssen«. Seine Schwester führte den Auftrag nicht
aus. Sein Sohn Archelaos ließ ihn königlich bestatten. Der in ein pur-

purnes Tuch gehüllte Leichnam des Königs der Juden wurde auf einer goldenen, mit kostbaren Edelsteinen besetzten Bahre zur Bestattung in das Herodeion gebracht. Das letzte Geleit gaben ihm seine Verwandten und Söldner aus Thrakien, Gallien und Germanien. Fünfhundert Diener trugen Gewürze bei sich, die den Verwesungsgeruch überdecken sollten. So wird ein König bestattet.

Das erlesene Ossarium des Kajaphas

Erst- und Zweitbestattung. Bei den Römern setzte sich der Brauch durch, Tote einzuäschern. Nach jüdischer Bestattungspraxis wurde der Leichnam dagegen zunächst für etwa ein Jahr im Grab aufbewahrt, dann wurden die Knochen nach alter semitischer Tradition aufgesammelt und erneut bestattet. Seit fast einem Jahrtausend war es Brauch, die Knochen eines Verstorbenen gemeinsam mit den Knochen anderer Familienmitglieder in einer Depotgrube, die sich in der Grabkammer befand, abzulegen. So erklärt sich möglicherweise die in der Bibel zu findende Formulierung »zu seinen Vätern versammelt werden«. In der Umgebung von Jerusalem wurden während des ersten Jahrhunderts die Gebeine dagegen in Ossarien aufbewahrt, die aus dem gleichen weichen Kalkstein wie die in Kapitel 4 beschriebenen Steingefäße bestanden.

Zu Zeiten Jesu gab es zwei Formen der Erstbestattung. Meistens wurden die Leichname in tiefen Grabnischen, den so genannten *kokimen*, aufbewahrt, die wie Finger etwa 1,80 Meter von der Kammer in die Wände abgingen, etwa 45 Zentimeter breit waren und meist eine gewölbte Decke hatten. Die andere Form der Erstbestattung bestand darin, die Leichname in Bogengräbern, den so genannten *arcosolia* zu bestatten, die in die Wände der Grabkammer gehauen wurden und etwa 1,80 Meter breit und 60 Zentimeter tief waren. Bei der Zweitbestattung wurden die Knochen während des ersten Jahrhunderts zunehmend seltener in Depotgruben gesammelt. Fast immer wurden sie in Ossarien, kleinen, meist verzierten Beinkästen, die Platz für Oberschenkelknochen und andere große Knochen boten, aufbewahrt. Die Beinkästen wurden häufig mit den Namen des Verstorbenen versehen und in einer *kokime* oder einem *arcosolium* deponiert.

Weshalb breitete sich während des ersten Jahrhunderts in der Umgebung von Jerusalem die Praxis aus, Ossarien zu verwenden? Vielleicht spiegelt die Bestattung in Ossarien den unter Juden, insbesondere Pharisäern weit verbreiteten Glauben an die leibliche Auferstehung wider. Vielleicht ist der Umstand, dass Einzelskelette in getrennten Behältnissen aufbewahrt wurden, auf die zunehmende Bedeutung zurückzuführen, die in der hellenistischen Zeit der Individualität zugeschrieben wurde. Beide Hypothesen lassen sich jedoch durch archäologische Befunde kaum erhärten. Im Folgenden sollen diese beiden Hypothesen daher kritisch beleuchtet werden.

Der wirtschaftliche Aufschwung im Königreich des Herodes führte zu einem dramatischen Anstieg der Jerusalemer Bevölkerung, der Grabstätten in der Nähe der Stadt immer knapper werden ließ. In den überfüllten Nekropolen waren kaum mehr weitere Grabkammern unterzubringen. Daher stellten Ossarien eine Platz sparende Alternative dar.

Der Bau des Tempels ließ jedoch nicht nur Gelder in die Kassen der Stadt fließen, sondern schuf auch die Voraussetzung dafür, dass sich Menschen aus der Umgebung zu Steinmetzen ausbilden lassen konnten. Mehrere Grabkammern zeugen davon, dass ein oder zwei Jahrzehnte vor Beginn der christlichen Zeitrechnung, also in der Zeit, in der mit dem Bau des Tempels begonnen wurde, Depotgruben aufgegeben und stattdessen Ossarien benutzt wurden. Die meisten Ossarien sind mit jenen geometrischen und floralen Mustern versehen, die auch für die Tempelarchitektur charakteristisch sind. Rosetten kommen besonders häufig vor. Architektonische Elemente wie Säulen, Kolonnaden erinnern an die Tempelarchitektur, und nachgeahmtes Quadermauerwerk ähnelt dem im Palasthaus angetroffenen (vgl. Kapitel 5). Zwei Inschriften auf Ossarien nehmen auf den Tempel Bezug. In einer reich ausgestatteten, auf dem Berg Skopus gelegenen Grabkammer wurde ein Ossarium freigelegt, das folgende Inschrift in griechischer Sprache aufweist: »Nikanor aus Alexandria ließ die Tore erbauen«, vermutlich der Sponsor, der die in literarischen Quellen erwähnten Nikanor-Tore finanzierte. Eine andere, bescheidenere Grabstätte in Givat Hamivtar enthielt das Ossarium eines »Shimon, der Tempelerbauer«, bei dem es sich vermutlich um einen der Vorarbeiter oder Steinmetze handelte, die am Bau des Tempels beteiligt waren.

Das zunehmende Aufkommen von Ossarien kann also nicht

allein religiös bzw. theologisch erklärt werden. Ossarien spiegelten möglicherweise einen verbreiteten Glauben an die Auferstehung wider, aber ihre Verwendung verdankte sich der ökonomischen Situation, die in Jerusalem mit dem Bau des Tempels eingetreten war, und gut ausgebildeten, in Gilden organisierten Steinmetzen. Ossarien waren nicht weit verbreitet, sondern Eliten vorbehalten. Nur wenige konnten sich eine Grabkammer, in der eine Erstbestattung in Stollen und eine Zweitbestattung in Ossarien stattfand, leisten.

Im Folgenden kritisch zu beleuchten ist die Annahme, das Aufkommen von Ossarien sei mit der Individualität hellenistischer Prägung in Zusammenhang zu bringen. Es wurden nur sehr wenige Ossarien gefunden, die das Skelett eines einzigen Toten enthielten. Die Inschriften legen nahe, dass Familienbestattungen bei Juden immer noch die Regel waren, und Wörter zur liebevollen Bezeichnung von Familienmitgliedern wie die aramäischen Wörter *abba* (»Papa«) oder *emma* (»Mama«) wurden häufig auf Ossarien geritzt. Die meisten Namen werden durch Familienbeziehungen wie »Sohn von«, »Frau von«, »Vater von« oder »Mutter von« spezifiziert. Zwar wurden Depotgruben aufgegeben, gleichzeitig implizieren Ossarien jedoch keine absolute Individualität, da die Verstorbenen in Beziehung zu den anderen Mitgliedern der Familie blieben, deren Knochen insgesamt in den Beinkästen Aufnahme fanden.

Das Ossarium des Kajaphas. Im November 1990 wurde in Jerusalem zufällig die letzte Ruhestätte des Kajaphas, jenes Hohenpriesters, der an der Kreuzigung Jesu beteiligt war, entdeckt. Sein Ossarium und sein Grab sind nicht nur von Bedeutung, weil sie in einer direkten Beziehung zu einer bekannten Gestalt stehen, von der in den Evangelien die Rede ist, sondern weil sie Rückschlüsse darauf zulassen, wie Mitglieder der Oberschicht im Jerusalem des ersten Jahrhunderts bestattet wurden.

Das Grab wurde bei Arbeiten im Wald des Friedens, südlich der Jerusalemer Altstadt, gegenüber dem Berg Zion, entdeckt. Der leitende Archäologe Zvi Greenhut und der Anthropologe Joe Zias konnten ihre Arbeiten nicht abschließen, da nach Protesten ultraorthodoxer Juden das Grab wieder verschlossen wurde und die menschlichen Überreste dem Ministerium für religiöse Angelegenheiten zur erneuten Bestattung auf dem Ölberg übergeben wurden. Die Ausgräber waren nicht die ersten, die das Grab geöffnet hatten. In der Antike hatten Grabschänder es geplündert und alle kostbaren Gegenstände geraubt, und in unserer Zeit hatten Bauarbeiter mehrere der Ossarien verrückt. Nur zwei von zwölf Ossarien befanden sich an ihrem ursprünglichen Ort. Die anderen waren aufgebrochen und von innen beschädigt worden.

Die Einzelgrabkammer war in frührömischer Zeit in den weichen Kalksteinhügel gehauen worden. Vier *kokim*-Stollen gingen wie Finger von der Kammer ab. Die Kammer war an fast allen Seiten ungleichmäßig in den bröckeligen Felsen gehauen worden. Nur zwei Seiten waren sorgfältig gearbeitet. Eine niedrige, enge viereckige Öffnung zwang jene, die Einlass begehrten, die Kammer kriechend zu betreten. Im Inneren war die Kammer jedoch vertieft worden, sodass der Abstand zwischen Boden und Decke etwa 1,70 Meter betrug. In der östlichen Ecke befand sich eine Grube, die sehr wahrscheinlich als Repositorium für verblichene Gebeine diente. Die *kokim*-Stollen gingen etwa 1,80 Meter von der Kammer ab; nur in einem Stollen gab es noch zwei unversehrte Ossarien. Eines von ihnen war das Ossarium des Hohenpriesters Kajaphas.

Die meisten Ossarien wiesen fachmännisch ausgeführte Verzierungen und Inschriften mit typisch jüdischen Namen auf. Das Ossarium, das die Inschrift Yehosef bar Caiapha trug, war von außergewöhnlicher Schönheit. Es war das erlesenste, das in der Grabstätte gefunden wurde, vielleicht sogar eines der erlesensten Ossarien, die jemals freigelegt wurden. Die Vorderseite des Ossariums wies oben und an beiden Seiten Muster mit Zweigen auf. In der Mitte befanden sich zwei Kreise mit jeweils sechs sehr fein gearbeiteten Blüten-Rosetten, von denen einige in Orange ausgemalt waren. Der Deckel war gewölbt, vorne mit einem an Quadersteinmauerwerk erinnernden Muster verziert, und hatte ebenfalls einen zartorangefarbenen Anstrich.

Während die Verzierungen sehr fein gearbeitet waren, waren die Inschriften an den Seiten der Ossarien grob eingeritzt worden, vielleicht von Familienmitgliedern und wahrscheinlich mit den beiden Eisennägeln, die in einem der Ossarien und in einem der Stollen entdeckt worden waren. Die Schrift stammt sicher nicht von routinierten Steinmetzen oder Schreibern, sondern war auf die Ossarien geritzt worden, nachdem diese in die Stollen geschoben worden waren. Einige Namen waren statt von rechts nach links von unten

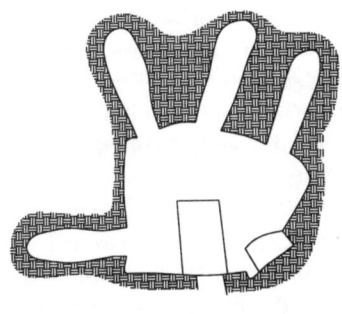

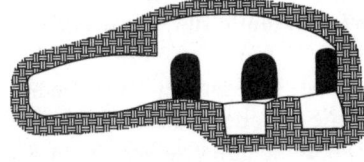

Die Familiengrabkam-
mer des Kajaphas (nach
Greenhut).

nach oben geschrieben worden. Die Namen der bestatteten Personen ritzte man in einer jüdischen Kursivschrift ein, die auch auf
anderen Ossarien aus dem ersten Jahrhundert begegnet. Die
Frauen- und die Männernamen waren damals sehr verbreitet:
Miriam (griechisch: Maria), Shalom (griechisch: Salome), Shimon
(griechisch: Simeon) und Yehosef (griechisch: Joseph). Der seltene
aramäische Name Caiapha (griechisch: Caiaphas), der auf keinem
anderen Ossarium und in keiner anderen Inschrift zu finden ist, war
in diesem Grab dreimal aufgezeichnet worden, zweimal als Yehosef
bar Caiapha (griechisch: Joseph, Sohn des Caiaphas). Der Hohepriester wird auch von Josephus so genannt. Das Grab enthielt
Knochen von sechs verschiedenen Skeletten, von zwei Säuglingen,
einem Kind zwischen zwei und fünf Jahren, einem männlichen
Teenager, einer erwachsenen Frau und einem etwa sechzig Jahre
alten Mann. Es besteht kein Zweifel daran, dass die Grabkammer
die Ruhestätte der Familie des Hohenpriesters Kajaphas war. Aller
Wahrscheinlichkeit nach sind die Knochen des älteren Mannes die
Knochen von Kajaphas.

Drei abschließende Überlegungen zur Bestattung des Kajaphas:
Erstens: Das Ossarium war zwar von erlesener Schönheit, die Grabkammer selbst war jedoch relativ einfach ausgestattet. Herodes und

die römischen Prokuratoren hoben, wie bereits erwähnt, auch Priester in das Hohepriesteramt, die aus weniger prominenten Familien stammten. Man weiß, das Kajaphas das Haus seiner Familie in Bet Meqoshesh, wo vermutlich der größte Teil seiner Familie weiterhin lebte und wo sich das Familiengrab befand, verließ und die Tochter des Annas heiratete, der in der Zeit von 6–15 n. Chr. das Amt des Hohenpriesters bekleidete und eine Hohepriesterdynastie begründete, die vor dem Jahr 70 n. Chr. in Jerusalem sehr einflussreich war. Joseph Kajaphas verdankte sein Amt nicht einem Erbe, sondern seiner Heirat, und obwohl er über gute Beziehungen verfügte, entstammte er selbst keiner sehr wohlhabenden Familie. Er hatte jedoch so viel persönliches Vermögen erworben, dass er sich eines der ornamentreichsten Ossarien leisten konnte, die je entdeckt worden sind.

Zweitens gelang es Joe Zias trotz der schwierigen Arbeitsbedingungen, vierundsechzig verschiedene Skelette in der Grabkammer voneinander zu unterscheiden. Die demografische Verteilung der Verstorbenen zeigt, dass auch Wohlhabende nicht von grassierenden Krankheiten und Kindersterblichkeit verschont blieben. Folgende Liste gibt Aufschluss über die Altersverteilung der in der Grabkammer bestatteten Menschen:

Alter	Skelettüberreste
0–1 Jahre	10
2–5 Jahre	16
6–12 Jahre	14
13–18 Jahre	3
19–25 Jahre	1
26–39 Jahre	1
40 + Jahre	6
Erwachsene (unbekannten Alters)	13

Etwa vierzig Prozent wurden nicht älter als fünf Jahre, und dreiundsechzig Prozent erreichten nie die Pubertät. Die Todesrate ist nach heutigen Standards schockierend, entspricht jedoch den Verhältnissen, die damals in Jerusalem wie im gesamten Römischen Reich herrschten.

Das Ossarium des Kajaphas (Sammlung aus der Israel Antiquities Authority, *Israel Museum, Jerusalem).*

Drittens ist zu berücksichtigen, wie schwierig es ist, die *Glaubenseinstellungen* des Kajaphas und seiner Familie auf der Grundlage der Spuren zu rekonstruieren, die ihre Bestattungs*praktiken* im Erdboden hinterließen. Zu Zeiten Jesu waren die Hohenpriester Sadduzäer, die im Unterschied zu den Pharisäern nicht an die Auferstehung der Toten glaubten. Das Ossarium einer berühmten sadduzäischen Familie trug die Inschrift: »Yehochana, Tochter des Yehochanan, Sohn des Tophlos, des Hohenpriesters«. Dienten Ossarien tatsächlich dazu, die Knochen für die Auferstehung zu sammeln und aufzubewahren? Es ist unwahrscheinlich, dass Kajaphas ein Ossarium in Erwartung seiner Auferstehung erworben hat. Sicher ist jedoch, dass er die unter Jerusalemern verbreitete Bestattungspraxis übernahm. In dem Familiengrab der Familie von Kajaphas wurde eine Bronzemünze von König Agrippa I. (42-43 n. Chr.) entdeckt, die sich im Schädel einer Frau befand. Nachdem die Verwesung des Fleisches eingesetzt hatte, war sie vom Mund in den Schädel gerutscht. Nach einer alten Tradition, die in der griechischen Welt existierte und manchmal auch für jüdische Bestattungen übernommen wurde, legten Angehörige Münzen in den Mund oder die Hand des Verstorbenen. Mit diesen Münzen bezahlte dieser den Fährmann Charon, der die Seelen der Toten über den Styx ins Reich

des Hades brachte. Hatte die Familie des Hohenpriesters einen heidnischen Glauben angenommen? Wohl kaum. Wahrscheinlicher ist,
dass ein Familienmitglied einfach nur eine in der hellenistischen
Welt verbreitete Sitte übernommen hatte.

Jedenfalls lag ein Ossarium, das sich in einer behauenen Grabkammer befand, weit unter dem, was ein Augustus oder ein Herodes
als letzte Ruhestätte vorgesehen hatten. Ihre Knochen sind jedoch
nicht erhalten, die von Kajaphas dagegen wahrscheinlich wohl. Die
Art, wie Kajaphas bestattet wurde, stellt zumindest eine Möglichkeit
dar, einen Hohenpriester zu bestatten.

Das heilige Grab Jesu

Im Jerusalem des ersten Jahrhunderts besaß jedoch nicht jede Familie ein Stück Land, auf dem sie eine Grabkammer hätte errichten
können. Viele konnten sich auch kein Ossarium leisten. Hunderte
von Archäologen untersuchte Ossarien und *kokim*-Stollen legen die
Vermutung nahe, dass tausende Leichname in flachen Gräbern
abgelegt worden waren, die keinerlei Schutz vor Verwesung boten.

Die Bestattung der gewöhnlichen Menschen

In der Umgebung von Jerusalem wurden viele solcher Gräber freigelegt. Im Jerusalemer Vorort Bet Safafa, der nur einige Kilometer
weiter außerhalb der damaligen Stadtgrenzen als die Fundstätte des
Grabes von Kajaphas liegt, wurden fünfzig einfache Gräber entdeckt. Wäre man nicht zufällig bei Straßenbauarbeiten auf sie gesto-
ßen, hätte man vermutlich nie von ihrer Existenz erfahren, da sie
weder durch einen Grabstein noch auch nur durch einen Steinhau-
fen als Grabstätten kenntlich gemacht worden waren. Sie wiesen
keine Inschriften auf und enthielten auch keine wertvollen Gegenstände. Bei diesen Grabstätten handelte es sich um Senkgräber mit
rechteckigen Schächten, die 1,50 bis 2 Meter tief in die Erde reichten.
Am Ende befand sich eine lange Grabnische, in der der Leichnam
waagerecht niedergelegt wurde. Diese Gräber ähneln denen, die auf
dem Friedhof von Qumran gefunden wurden. Die Grablege wurde
mit Kalksteinplatten verschlossen. Der Schacht wurde anschließend

mit Steinen und Dreck gefüllt. Fast alle Gräber enthielten einen einzigen Leichnam. Nur einige wenige wiesen zweistöckige Nischen auf. Von den fünfzig Gräbern enthielt nur ein einziges ein ziemlich einfaches Ossarium. Es konnten Knochen von siebenundvierzig Menschen unterschieden werden. Zweiundvierzig stammten von Erwachsenen und nur fünf von Kindern im Alter zwischen fünf und achtzehn Jahren. Vermutlich wurden verstorbene Säuglinge in noch weniger dauerhaften Gräbern abgelegt.

In der Umgebung von Jerusalem wurden auch noch einfachere Gräber für die Armen gefunden. Flache Feldgräber wurden an mehreren Stellen westlich der Altstadt entdeckt. Einige waren etwa 30 Zentimeter in das Muttergestein gehauen worden, oder es wurden Felsmulden als Gräber benutzt. In Mamilla stieß man auf fünfzehn in den Felsen gehauene Mulden, die mit Steinplatten verschlossen waren. Neben den Skelettüberresten fand man hasmonäische Kleinmünzen und Glasphiolen aus dem ersten Jahrhundert n. Chr. Auch im Hinnomtal waren in den Boden gegrabene Senken mit Steinen aufgefüllt und mit Steinplatten verschlossen worden. Auch sie waren nicht als Gräber kenntlich gemacht worden und enthielten ebenfalls keine wertvollen Gegenstände.

In Galiläa wurden mehrere Gräber aus dem ersten Jahrhundert entdeckt – zwar längst nicht so viele wie in der Umgebung von Jerusalem, aber doch genug, um folgende strukturelle Aussagen treffen zu können. In der Umgebung von Dörfern wie Nazaret oder Kana wurden mehrere Grabkammern mit *kokim*-Stollen freigelegt. Viele waren mit runden oder viereckigen Steinen abgedeckt worden, die auch bei jüdischen Bestattungen in Jerusalem benutzt wurden. Die meisten waren in die Seiten der Hügel gehauen worden, ihre Wände waren nicht glatt. Wichtiger ist jedoch der Befund, dass im Galiläa des ersten Jahrhunderts Ossarien und damit auch Inschriften auf Ossarien selten waren. Stattdessen wurden die Gebeine in Depotgruben aufbewahrt. Das deutet nicht darauf hin, dass in Galiläa eine andere Bestattungspraxis dominierte, sondern dass es dort weniger Wohlstand und keine lokale Steinmetzgilde gab.

Die Bestattung gekreuzigter Verbrecher

Schließlich stellt sich die Frage, wie der Leichnam eines gekreuzigten Verbrechers bestattet wurde. Zunächst ist daran zu erinnern, dass nicht Bürger oder Adlige, sondern Sklaven, Diener, Bauern und Banditen gekreuzigt wurden. Bürger und Adlige ließen Grabkammern bauen und hinterließen in der Umgebung von Jerusalem Ossarien; für Arme, die eines natürlichen Todes starben, wurden flache Gräber ausgegraben; die vielen tausend Menschen, die gekreuzigt worden waren, hinterließen dagegen nur eine Spur. In der Regel ließ man sie am Kreuz verwesen oder warf sie dem Aas zum Fraß vor. Das sollte Menschen aus den unteren Gesellschaftsschichten davor abschrecken, gegen römisches Recht zu verstoßen.

Laut Josephus haben die Römer Tausende während des ersten Jahrhunderts in der Umgebung von Jerusalem, zweitausend nach dem Tod von Herodes dem Großen im Jahr 4 v. Chr. und fünfhundert am Tag nach der Zerstörung des Tempels im Jahr 70 n. Chr. gekreuzigt. Diese Angaben sind in Texten überliefert. Archäologisch ist nur ein einziges Opfer verifizierbar, das in einem Ossarium in Givat Hamivtar, einem nördlichen Vorort von Jerusalem, aufgefunden wurde. Dort grub Vassilios Tzaferis im Juni 1968 mehrere Grabstätten aus. In einer in Stein gehauenen Grabstätte aus dem ersten Jahrhundert entdeckte er fünf Ossarien. Ein Beinkasten enthielt die Skelettüberreste von zwei Männern und einem kleinen Kind. Der rechte Fersenknochen einer der Männer, der ca. 1,65 groß und Mitte zwanzig war, war von einem ca. 11 cm langen Nagel durchbohrt, an dessen Kopf noch ein kleines Brett aus Olivenbaumholz befestigt war. Die Beine des Mannes waren gespreizt und an der Seite des Längsbalkens festgenagelt worden; das Holzbrett, das an der Außenseite seiner Ferse festgenagelt worden war, sollte verhindern, dass er sein Bein wegen des kleinen Nagelkopfes befreien konnte. Der Nagel hatte sich jedoch verbogen, als er in den harten, astigen Längsbalken geschlagen wurde und konnte nach dem Tod des Mannes nicht herausgezogen werden. Ein Stück des Balkens wurde abgehauen, und Fußknöchel, Nagel und Holzbrett blieben miteinander verbunden, als sein Körper vom Kreuz genommen wurde. Einige Zeit später wurden seine Knochen in einem Ossarium abgelegt: Die Ferse des Mannes, der Nagel und das Holzbrett waren immer noch miteinander verbunden.

Fußknöchel eines Gekreuzigten (aus der Sammlung der Israel Antiquities
Authority, *Israel Museum, Jerusalem).*

Nichts deutet darauf hin, dass sein Unterarm oder seine Mittelhand
verletzt wurden. Daher ist zu vermuten, dass das Opfer an den Querbalken festgebunden und nicht, wie man es sich bei einer Kreuzigung allgemein vorstellt, genagelt wurde. Auch seine Beine waren
ihm nicht gebrochen worden. Dies hätte den Eintritt seines Todes
beschleunigt. So aber starb das Opfer einen langsamen, qualvollen
Erstickungstod. Auf einer Seite des Ossariums war der Name des
Verstorbenen, Yehochanan, der heute unter dem Namen »Der gekreuzigte Mann von Givat Hamivtar« bekannt ist, eingeritzt.

Es war also einem Zufall zu verdanken, dass die Archäologen die
Überreste eines Gekreuzigten entdeckten, der in einem Familiengrab bestattet wurde, obwohl er gekreuzigt worden war. Ebenfalls
einem glücklichen Zufall war es zu verdanken, dass sie jenen rosti-
gen Nagel entdeckten, der sich immer noch in seiner Ferse befand.
Yehochanan stammte aus einer wohlhabenden Familie, der, da sie
vermutlich über gute Beziehungen verfügte, gestattet wurde, seinen
Leichnam vom Kreuz nehmen zu lassen. Außergewöhnlich war also
sowohl das Schicksal des Gekreuzigten als auch die Entdeckung seiner sterblichen Überreste. Gekreuzigte wurden in der Regel nicht

Die Bestattung eines Königs 299

bestattet. Nach antiken Vorstellungen waren sie in besonderer Weise der Schande ausgesetzt, da um sie nicht öffentlich getrauert wurde, sie für immer von ihren Vorfahren getrennt wurden, es keinen Ort gab, der ihre Gebeine aufbewahrte, und den Nachfahren hätten aufsuchen können, um bei den Toten eine Mahlzeit einzunehmen.

Auch Jesus erlitt das Schicksal der Kreuzigung. Den Evangelien zufolge ließ Pilatus oben am Kreuz ein Schild mit der Inschrift *Jesus von Nazaret, König der Juden* befestigen. Wenn Jesus überhaupt bestattet wurde, welche Art der Bestattung erhielt er? Wie sah seine Grabstätte aus? Unterschied sich seine Grabstätte deutlich von den Grabstätten des Augustus, Herodes oder Kajaphas? War sie dem Reich Gottes ebenso angemessen wie die Grabstätten des Augustus, Herodes und Kajaphas dem Römischen Reich?

Ein angemessenes Mausoleum für Jesus?

Die Bestattung. Dem Johannesevangelium zufolge war die Bestattung Jesu nicht nur der Bestattung eines Königs, sondern auch eines Gottes würdig. Es ist jedoch weit von der ersten Schicht des historischen Jesus entfernt und der dritten Ebene der dritten Schicht und damit der schöpferischen Imagination des Johannes zuzuordnen. Was in der ersten Schicht tatsächlich geschehen war, war vielleicht so schrecklich, dass es weder die damaligen Anhänger Jesu fassen konnten noch Menschen heute sich vorstellen mögen. »An dem Ort, wo man ihn gekreuzigt hatte, war ein Garten, und in dem Garten war ein neues Grab, in dem noch niemand bestattet worden war« (Johannes 19:41). Ein neues Grab in einem Garten ist eines Königs würdig. So wurden die Könige von Juda im Garten Usas (2 Könige 21:18, 26), Augustus unterhalb des Zypressengartens im Mausoleum der Julier-Claudier und Herodes neben der Garten- und Badeanlage des Herodeions begraben. Nach Johannes 19:39 wurde Jesus von Nikodemus bestattet: »Er brachte eine Mischung aus Myrrhe und Aloe, etwa hundert (römische) Pfund«. Orientiert man sich am Rauminhalt wäre der Körper von der Mischung völlig überschwemmt worden. Orientiert man sich am Gewichtsmaß wäre der Körper von getrockneten Gewürzen völlig bedeckt gewesen. In beiden Fällen ist die Menge absichtlich zu hoch angesetzt. (Auffällig ist die Hervorhebung der Gewürze, denn die bei Bestattungen verwendeten Gewürze dienten dazu, den Verwesungsgestank zu überdecken.) Johannes will deutlich zum Ausdruck bringen, dass Jesus eine Bestattung erhielt, die nicht nur eines Königs, sondern auch Gottes würdig war. Das Johannesevangelium stellt die Frage, wie nicht nur königsgemäß, sondern gottgemäß zu bestatten ist und wie ein geeignetes Mausoleum auszusehen hat.

Herodes der Große starb im Jahr 4 v. Chr., Caesar Augustus im Jahr 14 n. Chr., und Jesus wurde etwa im Jahr 30 n. Chr. gekreuzigt. Etwa drei Jahrhunderte später und zwölf Jahre, nachdem Konstantin der Große die Macht über das gesamte Römische Reich erlangt hatte, suchte die erste christliche archäologische Expedition den Ort ausfindig zu machen, an dem Jesus auferstanden war. Römische Beamte, die von christlichen Sachverständigen aus der Umgebung zu einem heidnischen Tempel geführt wurden, ließen »das Gebäude, das dem unreinen Dämon namens Aphrodite geweiht war, einen düsteren Schrein mit leblosen Opfergaben« niederreißen, und dann machten sie sich daran, die Erdauffüllung, auf der die Tempelplattform errichtet worden war, abzutragen. Eusebius, Bischof von Caesarea und späterer Biograf Konstantins, beschreibt die auf Konstantins Geheiß ausgeführten Arbeiten wie folgt: »als eine Schicht des Untergrunds nach der anderen sichtbar wurde, wurde die ehrwürdige, heilige Gedenkstätte der Auferstehung des Erlösers sichtbar« (*Vita Constantini* 3.38).

Der Ort. Haben sie tatsächlich den Ort gefunden, an dem Jesus bestattet wurde? Neben dem Haus des Petrus in Kafarnaum zählt das heilige Grab in Jerusalem unserer Ansicht nach zu jenen wenigen heiligen Stätten, denen vermutlich historische Authentizität zugeschrieben werden kann. Es ist durchaus möglich, dass die Kirche, die Konstantin hatte erbauen lassen, sich an der Stelle befand, an der Jesus gekreuzigt und sein Leichnam zurückgelassen wurde. Sie lag innerhalb der dritten nördlichen Mauer von Jerusalem, die Herodes Agrippa I. (41–44 n. Chr.) hatte errichten lassen, aber außerhalb der zweiten Mauer, die zu Zeiten Jesu die Stadtgrenze darstellte. Nach damaligem jüdischem Brauch fanden Kreuzigungen und Bestattungen außerhalb der Stadt statt. Als die Archäologen Konstantins Grabungen unter dem Aphroditetempel vornahmen, legten sie Gräber eines Friedhofs frei. Die Schichten, die damals abgetragen wurden, sind durch neuere stratigrafische Ausgrabungen bestätigt werden. Dabei wurden Mauern eines monumentalen Gebäudes aus der Zeit Hadrians entdeckt, bei dem es sich wahrscheinlich um den Aphroditetempel handelte. Unter diesen Mauern wurden Gräber aus dem ersten und früheren Jahrhunderten entdeckt. Vor jener Zeit war das felsige Gebiet, auf dem es einen stillgelegten Steinbruch gab, unbewohnt.

Die konstantinische Grabeskirche befindet sich oberhalb eines Friedhofes und sehr wahrscheinlich in der Nähe jenes Ortes, an dem Jesus gekreuzigt wurde. Vielleicht wurde Jesus genau da, wo die Grabeskirche steht, gekreuzigt. Die entscheidende Frage ist jedoch, ob seiner dort in gebührender Form gedacht wird, nicht ob Jesus tatsächlich an diesem Ort bestattet worden war. Die Bedeutung des Lebens, des Todes und der Auferstehung Jesu wird in dem folgenden Brief thematisiert, den Konstantin an Makarius, Bischof von Jerusalem, sandte:

Ich möchte, dass Ihr insbesondere davon überzeugt seid, dass mir – was, wie ich annehme, jedem einleuchtet – am meisten am Herzen liegt, wie wir jenen heiligen Ort, den ich unter der Leitung Gottes freilegen ließ, mit Gebäuden prachtvoll schmücken können ... Die Basilika selbst soll die prächtigste auf der ganzen Welt sein; auch ihre Bestandteile sollen von solcher Beschaffenheit sein, dass alle Gebäude in allen Städten an Schönheit *von ihr übertroffen werden ... Was die* Säulen *und den* Marmor *angeht, teilt uns, nachdem Ihr den Plan genau studiert habt, schriftlich mit, was Eurem Urteil nach das* Kostbarste *und Solideste ist, damit dies, gleich welcher Art und gleich welcher Menge, von überall her herbeigeschafft werde (Eusebius, Vita Constantini 3.29-32, Hervorhebungen hinzugefügt).*

Der Aphroditetempel war niedergerissen worden, und der ehemalige Steinbruch, der zum Hinrichtungsort und Friedhof geworden war, wurde in einen großartigen heiligen Bezirk verwandelt. Die Grabeskirche besteht aus vier ineinander übergehende architektonische Einheiten: einem *Atrium*-Vorhof, einer Basilika, dem *Martyrion*, einem als Heiliger Garten bekannten Hof, in dem sich der Felsen von *Golgata* befindet, und einer Rotunde mit Kolonnade, der *Anastasis*, in der sich das Grab Jesu befindet.

Was weiß man über diesen Gebäudekomplex? Vieles kann dank

verschiedener Bausubstanzaufnahmen aus dem frühen zwanzigsten Jahrhundert, einiger archäologischer Proben aus dem späten zwanzigsten Jahrhundert, der Mosaikkarte von Madaba in Jordanien sowie der Beschreibungen von Eusebius und frühen Pilgern rekonstruiert werden. Im Folgenden soll das Interesse zwei der vier architektonischen Einheiten gelten, die unter Konstantin entstanden sind: der Integration einer Basilika in den Gebäudekomplex und der Errichtung einer Rotunde über der Krypta.

Die Basilika. In technischer Hinsicht ist eine Basilika nichts anders als eine römische Architekturform, die einer größeren Anzahl von Bürgern als Versammlungsort diente. In ihrer elementarsten Gestalt besteht sie aus einem Langhaus mit einer halbrunden Apsis, das durch zwei Säulenreihen untergliedert ist, die ein hohes Ziegeldach mit Holzverschalung tragen. Da dieses Dach preiswerter als ein Gewölbedach aus Stein war, konnte mehr Geld in die Ausgestaltung des Innenraumes investiert werden. In gewisser Weise ähnelte die Basilika den überdachten, aber seitlich offenen Säulengängen (*Stoa*) hellenistischer Städte, den zentralen Schauplätzen des öffentlichen Lebens. In römischen Städten wurden diese ganz ins Innere verlagert und für öffentliche Zusammenkünfte, für regelmäßig stattfindende Märkte (wie in Sepphoris) und vor allem für Gerichtsverhandlungen genutzt. Basiliken dienten auch als Foyers für nahe gelegene Theater, Badeeinrichtungen und Tempel. Darüber hinaus wurden sie von hochgestellten Bürgern als Empfangshallen genutzt.

Seit dem vierten Jahrhundert n. Chr. wurde die Basilika, ihrer ursprünglichen Wortbedeutung entsprechend, als *Königshalle* genutzt. Das lässt sich am Beispiel der an der Mosel gelegenen römischen Stadt Trier verdeutlichen, in der Konstantin als Kaiser eines geteilten Römischen Reiches vor seinem Sieg im Jahr 312 und dem sog. Mailänder Edikt (313), in dem das Christentum als erlaubte Religion anerkannt wurde, residierte. Zwischen 305 und 312 ließ Konstantin dort neben seinem Palast eine riesige, 30 Meter hohe Basilika errichten, die bis heute erhalten ist. Ihr Langhaus ist ca. 30 Meter breit und wird durch zwei Säulenreihen unterteilt, und ca. 60 Meter lang und endet in einer Apsis. Hochgesetzte Fenster ließen viel Licht herein, das auf die einst farbigen Wände, die Einlegearbeiten aus Marmor und Glasmosaike aufwiesen, und

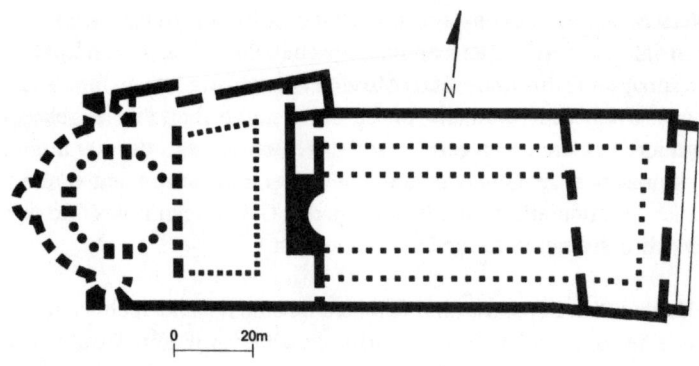

Die Grabeskirche (nach Gibson).

die schwarzweißen Marmorplatten des Bodens fiel. Dort thronte
Konstantin auf der *sedes iustitiae,* dem »Thron der Gerechtigkeit«.
Dort wurde ihm als göttlicher Majestät gehuldigt, und dort sprach er
als personifiziertes Gesetz Recht.

   In der Zeit zwischen der Regierungszeit des Augustus bis zur
Regierungszeit Konstantins hatte sich die Basilika von einem einfachen Gebäude, das öffentlichen Zusammenkünften diente, zu
einem mächtigen Instrument imperialer politisch-architektoni-
scher Propaganda entwickelt, das symbolisch auf den Glanz Roms
und die Göttlichkeit des Kaisers verwies. In diesem Gebäude wurde
Recht gesprochen, wurden Handelsgeschäfte abgewickelt, und
unter den wachsamen Augen des Kaisers, eines Vertreters oder *in
effigie* in der Apsis Edikte erlassen. Da sie an der Spitze der Gesellschaft standen, brauchten Herrscher offizielle Gebäude, die ihrer
herausgehobenen, glanzvollen Position in angemessener Form Ausdruck verliehen.

   Damals wurde nicht zwischen Kaiser und Gott, Staat und Religion
unterschieden. In der Basilika, dem Heiligtum Gottes auf Erden, gab
es in der Tat keine markierten Grenzen zwischen dem Sakralen und
Profanen, dem Öffentlichen und Privaten, dem Rechtlichen und
Kommerziellen. Nach jahrhundertelangem römischen Kaiserkult
deuteten in der Zeit Konstantins die persönliche Präsenz des Herrschers, seine Präsenz durch einen Vertreter oder *in effigie* in charak-
teristischer Weise auf den Verwendungszweck der Basilika hin. So
stellte sich Konstantin eine Modellkirche vor, als er das Christentum

annahm und zur offiziellen Religion des Römischen Reiches machte. Im Jahr 320 ließ er die Lateranbasilika in Rom fertigstellen, die heute unter dem Namen San Giovanni bekannt ist und unter Konstantin zur Thronhalle für Christus *basileus,* Christus den König, wurde. In den Jahren 325/26 veranlasste er die ersten Arbeiten an einer neuen Basilika als Teil der Grabeskirche in Jerusalem.

Diese Basilika, die Eusebius als *Martyrion* bezeichnet, war etwa 60 Meter lang und 40 Meter breit. Das Schiff wurde an jeder Seite von einer zweireihigen Kolonnade gesäumt. Galerien, die sich ebenfalls an beiden Seiten befanden, boten zusätzlichen Raum für jene, die sich der Apsis zuwandten. Die Apsis wurde von zwölf schmalen Marmorsäulen umrahmt, auf denen Silberschalen standen, die Konstantin gestiftet hatte. Hochgesetzte Fenster an den Seitenwänden ließen Licht auf die vergoldete Kassettendecke, die farbigen Glasmosaike an den Wänden, die Marmorverkleidungen und goldgesäumten Seidenstoff fallen.

Die Rotunde. Den Mittelpunkt des konstantinischen Gebäudekomplexes bildet die Rotunde mit dem Heiligen Grab. Bevor um das Grab herumgebaut werden konnte, musste das Muttergestein behauen und eingeebnet werden. Auch der Fels selbst, in den die ursprünglichen Schiebestollengräber (*kokime)* und Bogengräber *(arcosolia)* gehauen worden waren, wurde weitgehend abgetragen. Übrig blieb nur der Felsvorsprung, auf dem der Leichnam Jesu gelegen haben soll. Danach wurde um das Grab herum eine imposante Rotunde mit Kolonnaden, die *Anastasis* (griechische Bezeichnung für »Auferstehung«), errichtet.

Das Zentrum der Rotunde galt dem Ort der Auferstehung Jesu. Um diese Stelle herum waren zwölf kreisförmig angeordnete Säulen in Dreiergruppen zwischen drei Pfeiler gesetzt worden, die das hohe Kuppeldach trugen. Der innere konzentrische Kreis, der das Grab umschloss, hatte einen Durchmesser von über 21 Metern, und durch den umgrenzenden Säulengang kamen auf allen Seiten noch einmal knapp 5 Meter hinzu. Zwei der großen Säulen, die einen Durchmesser von etwa 1,20 Meter hatten, sind bis heute erhalten. Große Teile der Außenmauern des Säulengangs existieren ebenfalls noch heute. Eine der drei Wände der Apsis ist etwa 11 Meter hoch. Sichtbar sind auch noch die Löcher für die Halterungen, an denen die Marmorplatten aufgehängt worden waren. Über die Rotunde

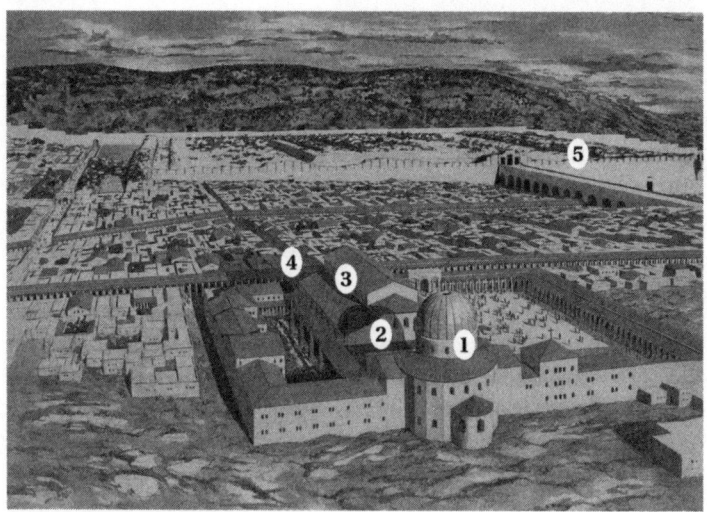

Rekonstruktion der Grabeskirche. Die Grabeskirche, traditioneller Ort der Kreuzigung, Bestattung und Auferstehung Jesu, beherrschte seit dem vierten Jahrhundert n. Chr. das Erscheinungsbild Jerusalems. Der Gebäudekomplex bestand aus vier ineinander übergehenden architektonischen Einheiten, einer Rotunde (Anastasis, griechisch für »Auferstehung«), die über dem Grab Jesu (1) errichtet worden war, einem Atrium um den Kalvarienberg bzw. Golgatafelsen (2), einer riesigen Basilika, des so genannten Martyrions (3), und einem Vorhof hinter der Basilika, der zum Cardo (4) führte. Die Grabeskirche, die Konstantin der Große mit privaten Mitteln und mit Geldern des Römischen Reiches errichten ließ, sollte das schönste öffentliche Bauwerk im neuen christlichen Reich werden. Im Hintergrund sind die Überreste des jüdischen Tempelberges (5) zu sehen, auf dem im zweiten Jahrhundert ein heidnischer Tempel errichtet worden war, der später abgerissen wurde. Diesen Ort ließen die Christen bewusst verfallen, um so ihren Triumph über die Juden wie die Heiden zum Ausdruck zu bringen.

heißt es bei Eusebius: »Die Großzügigkeit des Kaisers ließ sie in jeder erdenklichen Art von Schönheit erstrahlen, da sie der wichtigste Teil des gesamten Gebäudes war. Er ließ die heilige Höhle durch erlesene Säulen und reiche Dekorationen verschönern« (*Vita Constantini* 3:34-39).

Die Rotunde ähnelte sehr dem Mausoleum des Augustus und noch mehr dem Mausoleum, das Konstantin für sich in Konstantinopel errichten ließ. Zwischen der Grabstätte Jesu und der des Augustus besteht allerdings ein entscheidender Unterschied: Die

Rotunde *Anastasis* hatte wie andere Basiliken ihrer Zeit ein Ziegeldach mit Holzverschalung, das von dünnen Wänden getragen werden konnte. Bei einem Gewölbedach wären dagegen massive Wände notwendig gewesen. Architektonisch ist dies deshalb von Bedeutung, weil die dünneren Wände den Raum vergrößerten und einen breiteren äußeren Säulenumgang sowie ein geräumigeres inneres Heiligtum um die Krypta herum zuließen. So konnten auch größere Pilgerscharen diese Stätte aufsuchen, ohne Wartezeiten in Kauf nehmen zu müssen.

Die Frage. Jahrhunderte später, nachdem das Römische Reich zu einem christlichen Reich geworden war, trug die Kirche aus Marmor, die Konstantin hatte erbauen lassen, der Erzählung des Johannesevangeliums Rechnung. Einerseits erscheint es unfair, auch nur Kritik an diesem Vorgehen anzudeuten, daran wie man einen König bestattete oder zumindest, wenn auch verspätet, man seiner Ruhestätte, seiner Grabstätte gedachte, und Konstantins Rotunde gedachte nicht nur der Grablegung, sondern auch der Auferstehung Jesu. Andererseits stellen sich, ungeachtet der Tatsache, dass heute die Kirche unter verschieden ausgerichteten Gruppen von Christen aufgeteilt ist, auch weiterhin folgende Fragen: Warum soll das wichtigste Heiligtum der Christenheit Grabes- und nicht Auferstehungskirche heißen? Was ist die geeignete Grabstätte für den, der nach christlichem Glauben von Gott von den Toten auferweckt worden ist? Man weiß, wie der Bestattung eines menschlichen Königs feierlich zu gedenken ist. Wie aber ist der Auferstehung eines göttlichen Königs feierlich zu gedenken? Was bedeutet Auferstehung?

Die Auferstehung Jesu nach jüdischem Verständnis

Die Geschehnisse am Ostersonntag werden in den Evangelien sehr unterschiedlich dargestellt. Erstens gibt es im Markusevangelium keine Erscheinung des Auferstandenen, im Matthäus-, Lukas- und Johannesevangelium und in der Apostelgeschichte dagegen mehrere. Zweitens beunruhigte die Schreiber, die Markus kopierten und überlieferten, das Fehlen solcher Erscheinungen des Auferstandenen so sehr, dass sie drei verschiedene Erzählschlüsse hinzufügten, die alle Erscheinungen des Auferstandenen enthielten. Drittens unterscheiden sich die Auferstehungsvisionen in fast jeder denkbaren Hinsicht – in *quantitativer* Hinsicht: wie viele sind geschehen?, in *räumlicher* Hinsicht: in einem Haus und/oder außerhalb eines Hauses? In Judäa und/oder Galiläa? und in *zeitlicher* Hinsicht: alle an einem Tag, an über vierzig Tagen oder in einem dazwischen liegenden Zeitraum? Viertens wird selbst die Begegnung mit den Jüngern, bei der Jesus den universalen Sendungsauftrag verkündigt, extrem unterschiedlich dargestellt. Liegt den Evangelien vielleicht im Wesentlichen dieselbe Ostererfahrung zugrunde, die nur auf Grund unterschiedlicher Erinnerung und unterschiedlich großer Erregtheit jeweils anders präsentiert wird? Wenn dem so sein sollte, ist dann alles erklärt?

Das Bedeutungsproblem

Paulus schrieb in den frühen 50er Jahren an die Korinther von Ephesus. In 1 Korinther 15:3 heißt es jedoch: »Denn vor allem habe ich euch überliefert, was auch ich empfangen habe«. Am wahrscheinlichsten ist, dass er diese Tradition Anfang der 30er Jahre in Jerusalem empfangen hat. Nach Galater 1:18 ging er »nach Jerusalem hinauf, um Kephas [Petrus] kennen zu lernen, und blieb dort fünfzehn Tage«. Diese empfangene Tradition über die Auferstehung Jesu ist also ein Beispiel für die zweite Schicht. »Christus ist für unsere Sünden gestorben, gemäß der Schrift, und ist begraben worden. Er ist am dritten Tag auferweckt worden, gemäß der Schrift, und erschien dem Kephas, dann den Zwölf. Danach erschien er mehr als fünfhundert Brüdern zugleich; die meisten von ihnen sind noch am Leben, einige sind entschlafen. Dann erschien er dem Jakobus, dann allen Aposteln« (1 Korinther 15:3b-7).

Erstens wird im Folgenden, ohne auf historische Debatten einzugehen, *festgesetzt*, dass Jesus an der Stelle bestattet wurde, über der die Grabeskirche errichtet wurde. Es wird also unterstellt, dass dies die geografisch und historisch zutreffende Lokalisierung seiner Ruhestätte ist. Erneut stellt sich die Frage, warum das wichtigste Heiligtum der Christen nicht Auferstehungskirche heißt. Die Menschen der Antike wussten, wie Menschen der Moderne wissen, wie sie einen König zu bestatten hatten. Sie wussten auch, wie einer solcher Bestattung feierlich zu gedenken war. Wie aber sollte einer Auferstehung feierlich gedacht werden? Welches Heiligtum oder Gotteshaus bietet den geeigneten Rahmen? Tun Christen recht daran, die Kirche nicht Auferstehungskirche zu nennen?

Zweitens beziehen sich historische Fragen nach der Auferstehung Jesu auf die Bestattung (ob und wie?), die Auffindung eines leeren Grabes (ob und wann?) und die verschiedenen Visionen nach der Auferstehung (hier oder dort?). Hat sich etwas davon oder alles ereignet? Ist all das, etwas oder nichts davon Geschichte? Ist all das, etwas oder nichts davon gleichnishaft? Den oben formulierten Fragen soll jedoch nicht nachgegangen werden, weil im Folgenden die Aufmerksamkeit historisch grundlegenderen Fragen gelten soll. Erneut wird *festgesetzt*, dass sich alles der Beschreibung entsprechend zugetragen hat, welcher die Evangelien vom Ostersonntagmorgen geben (wie immer man auch die unterschiedlichen Berichte miteinander versöhnen mag). So soll sichergestellt werden, dass die folgende Diskussion sich auf das Wesentliche bezieht, nämlich auf die Frage, weshalb die Evangelisten von »Auferstehung« gesprochen haben.

Die beiden *historisch* grundlegendsten Fragen, die zur ersten, ursprünglichen Schicht der Jesustradition zurückführen, lauten: 1. Was verstanden Juden des ersten Jahrhunderts unter »Auferstehung«? Was beispielsweise meinten, noch bevor es Jesus und das Christentum gab, Pharisäer und Sadduzäer, wenn sie Argumente für oder gegen »die Auferstehung« vorbrachten? 2. Was meinten vor diesem Hintergrund Judenchristen des ersten Jahrhunderts, wenn sie die Auferstehung Jesu verkündigten und erklärten, dass Gott Jesus von den Toten auferweckt hat? Das Interesse gilt also jenen Bedeutungen, die dem Begriff Auferstehung im ersten Jahrhundert beigelegt wurde. Bevor man die Auferstehung Jesu bestätigt oder bestreitet, an sie glaubt oder nicht, muss man wissen, was die Behauptung, Jesus sei auferstanden, bedeutete und bedeutet. Der Titel dieses Unterkapitels lautet »Die Auferstehung Jesu nach jüdischem Verständnis«, weil es um die historische Frage geht, was Juden unter »Auferstehung« verstanden haben.

Die makkabäischen Märtyrer

Etwa tausend Jahre seiner frühesten Geschichte lang glaubte Israel nicht an ein Leben nach dem Tod, an die Unsterblichkeit der Seele und die Auferstehung des Körpers. Die Toten gelangten in die

Scheol, einen Ort der Unterwelt, der einem großen Grab gleichkam. Die Größe des Gesetzes, der Kampf der Propheten und die Schönheit der Psalmen verdankten sich alle einem Glauben, der auf einem Leben im Volk Gottes und der Hoffnung beruhte, dass die Erinnerung an die Familie und die eigene Person im Volk Gottes weiterleben würde. Dieser Glaube kannte zwar Visionen vom Leben nach dem Tod, immerhin war Ägypten ja nicht fern, betrachtete entsprechende Ansprüche jedoch vermutlich als Anmaßung Gott gegenüber. Ein Leben nach dem Tod war mit anderen Worten nicht ernsthaft diskussionswürdig.

Die Belohnung guter und Bestrafung schlechter Taten erfolgten daher notwendigerweise im Diesseits, nicht im Jenseits. Wenn z. B. Deuterononium 28:2 verspricht: »Alle diese Segnungen werden über dich kommen und dich erreichen, wenn du auf die Stimme des Herrn, deines Gottes, hörst«, und 28:15 hinzufügt: »Wenn du nicht auf die Stimme des Herrn, deines Gottes, hörst, indem du nicht auf alle seine Gebote und Gesetze, auf die ich dich heute verpflichte, achtest und sie nicht hältst, werden alle diese Verfluchungen über dich kommen und dich erreichen«, so bezieht sich die lange Liste der Segnungen und Verfluchungen auf innere Fruchtbarkeit oder Unfruchtbarkeit und äußeren Sieg oder Niederlage – und zwar hier unten auf Erden, hier und jetzt.

Dann kam es zu einer Krise. In den 60er Jahren des zweiten Jahrhunderts v. Chr. versuchte der syrische König Antiochus IV. Epiphanes, auf den Ägypten seit langem und Rom seit kurzem Druck ausübten, Israel politisch, sozial und ökonomisch zu konsolidieren. Während ihn einige Juden in seinem Bemühen unterstützten, Jerusalem in eine Handelsstadt griechischen Stils zu verwandeln, leisteten ihm andere unter Berufung auf eine alte religiöse Tradition Widerstand. Antiochus erfand etwas radikal Neues – eine religiöse Verfolgung. Wenn du deiner Religion abschwörst, wirst du leben, wenn du dich zu ihr bekennst, wirst du sterben. Wie um alles auf der Welt konnte die deuteronomische Theologie das Schicksal der Märtyrer erklären? Wo war die Gerechtigkeit Gottes, wenn Gehorsam gegenüber Gott gleichbedeutend mit Tod, Ungehorsam gegenüber Gott gleichbedeutend mit Leben war?

Dieses religiöse bzw. theologische Problem wurde auch durch den Aufstand der Makkabäer, ihren Sieg über die Syrer oder die Tatsache, dass die Juden seit hundert Jahren unter der einheimischen hasmonäischen Dynastie lebten, nicht aus der Welt geschafft. Wie konnte die Herrschaft eines gerechten Gottes mit der Qual versöhnt werden, die jene erlitten, die für eben diesen Gott gestorben waren? Wie konnte man von der Gerechtigkeit Gottes sprechen, wenn man mit den übel zugerichteten, geschundenen Körpern der Märtyrer konfrontiert war? Es gab mehrere Möglichkeiten, diese Fragen zu beantworten. Vier unterschiedliche werden in 2 Makkabäer aus dem späten zweiten Jahrhundert v. Chr. und 4 Makkabäer aus der Mitte des ersten Jahrhunderts n. Chr. erwähnt.

So ließ sich z. B. der Heroismus des betagten Eleasar im Einklang mit der in der griechisch-römischen Tradition verankerten Vorstellung von einem ehrenvollen Tod erklären:»Der Jugend aber hinterlasse ich ein leuchtendes Beispiel, wie man mutig und mit Haltung für die ehrwürdigen und heiligen Gesetze eines schönen Todes stirbt« (2 Makkabäer 6:28). Das klassische Vorbild stellte der Tod des Sokrates, der die Hinrichtung der Flucht vorgezogen hatte, dar. Man konnte die Integrität seines Lebens durch seinen Tod unter Beweis stellen. Alles, was man gesagt und getan hatte, rechtfertigte man damit, dass man sich davon auch unter Androhung der eigenen Hinrichtung nicht distanzierte.

Die Entscheidung für einen ehrenvollen Tod ließ sich auch völlig anders, nämlich als freiwillige, stellvertretende Sühne in der jüdischen Tradition des Leidenden Knechts (Gottes) erklären:»Sei deinem Volk barmherzig und lass unsere Bestrafung genügen«, wie Eleasar in 4 Makkabäer sagte,»lass mein Blut sie reinigen und nimm mein Leben an Stelle der ihren« (9:29) Die christliche Theologie ist mit der stellvertretenden Sühne nicht so sorgfältig umgegangen, wie es notwendig gewesen wäre. Sie hat ein Geschenk, das von Menschen angeboten und von Gott gnädig aufgenommen wird, in eine Forderung umgemünzt, die Menschen trifft und von Gott unerbittlich gestellt wird. Eine von Gott *geforderte* stellvertretende Sühne stellt jedoch eine theologische Obszönität dar.

Die Makkabäer erklären das Martyrium einer Mutter und ihrer sieben Söhne als Sieg der göttlichen Vernunft über das menschliche Gefühl:»Wie kann man umhin, die Herrschaft der Vernunft über das Gefühl bei denen anzuerkennen, die auch durch den Feuertod nicht wankend werden?« (4 Makkabäer 13:5) 4 Makkabäer 9:8 enthält möglicherweise auch eine Anspielung auf die Unsterblichkeit ihrer Seelen:»Denn wir werden aufgrund unseres Leidens und Ausharrens den Preis der Tugend erringen und bei Gott sein, nach dessen Ratschluss wir leiden.«

Für andere Juden stellten ein ehrenvoller Tod, eine stellvertretende Sühne oder eine unsterbliche Seele jedoch keine angemessene Antwort auf die Frage nach der Gerechtigkeit Gottes dar. Gestorben waren nicht die Seelen, sondern die Leiber jener Märtyrer. Nicht ihr Geist, sondern ihr Fleisch war gepeinigt und gebrandmarkt worden. Wie trug die Gerechtigkeit Gottes der *Leiber* der Märtyrer Rechnung? Eine andere Antwort wird in 2 Makkabäer deutlich formuliert. Sie wird nicht näher begründet, so als sei sie nicht völlig neu, sondern allseits bekannt. Irgendwann, irgendwie, irgendwo wird Gott die Leiber jener Märtyrer öffentlich und sichtbar wiederherstellen. In diesem Zusammenhang ist an die Aussagen zu erinnern, die die Mutter und ihre sieben Söhne kurz vor ihrem Tod treffen (2 Makkabäer).

Erstens: »Du Unmensch! Du nimmst uns dieses Leben; aber der König der Welt wird uns zu einem neuen, ewigen Leben auferwecken, weil wir für seine Gesetze gestorben sind« (2 Makkabäer 7:9). Zweitens: »Als sie seine Zunge forderten, streckte er sie sofort hinaus und hielt mutig die Hände hin. Dabei sagte er gefasst: Vom Himmel habe ich sie bekommen, und wegen seiner Gesetze achte ich nicht auf sie. Von ihm hoffe ich sie wiederzuerlangen« (2 Makkabäer 7:10-11). Drittens: »Gott hat uns die Hoffnung gegeben, dass er uns wieder auferweckt. Darauf warten wir gern, wenn wir von Menschenhand sterben. Für dich aber gibt es keine Auferstehung zum Leben« (2 Makkabäer 7:14). Viertens: »Nein, der Schöpfer der Welt hat den werdenden Menschen geformt, als er entstand; er kennt die Entstehung aller Dinge. Er gibt euch gnädig Atem und Leben wieder, weil ihr jetzt um seiner Gesetze willen nicht auf euch achtet« (2 Makkabäer 7: 23). Fünftens: »Hab keine Angst vor diesem Henker, sei deiner Brüder würdig, und nimm den Tod an! Dann werde ich dich zur Zeit der Gnade mit deinen Brüdern wiederbekommen« (2 Makkabäer 7:29).

In 2 Makkabäer wird der Tod des Rasi folgendermaßen beschrieben: »Rasi war von allen Seiten umzingelt. Da stürzte er sich in das Schwert; denn er wollte lieber in Ehren sterben als den Verruchten in die Hände fallen und eine schimpfliche Behandlung erfahren, die seiner edlen Herkunft unwürdig war. ... Doch er lebte immer noch, in höchster Erregung erhob er sich ... riss sich die Eingeweide aus dem Leib, packte sie mit beiden Händen und schleuderte sie auf die Leute hinunter; dabei rief er den Herrn über Leben und Tod an, er möge sie ihm wiedergeben« (2 Makkabäer 14:41-46). Die überhitzte Rhetorik stellt das Verständnis einer *leiblichen* Auferstehung völlig klar. Es ist nicht angemessen, von einer Bestrafung der Verfolger zu sprechen. Auch für die Verfolgten muss es eine Zeit und einen Ort der Gerechtigkeit geben. Sie müssen von Gott zurückerhalten, was sie um Gottes willen verloren haben. Irgendwann, irgendwie und irgendwo muss es eine allgemeine Auferstehung der Toten geben, bei der die Märtyrer Gerechtigkeit von ihrem Gott erfahren. Und von den Märtyrern geht die Hoffnung auf alle Gerechte über, all jene, die für die Gerechtigkeit gelebt und unter der Ungerechtigkeit gelitten hatten.

An diesem Punkt schließt die allgemeine Auferstehung an das an, was über das mit dem Königreich Gottes verbundene Hoffnungsspektrum im zweiten Kapitel gesagt worden ist. Auferstehung ist ein ganz und gar eschatologisch-apokalyptisches Konzept. In ihr erfüllt sich in der Tat jene Hoffnung. Bei ihr geht es nicht um unser Überleben, sondern um die Gerechtigkeit Gottes. Die entscheidende Frage lautet nicht: Bin ich ewig?, sondern: Ist Gott gerecht?

Gott erweckte Jesus von den Toten auf

Was genau meinte jemand, der vor diesem jüdischen Hintergrund in den 30er Jahren des ersten Jahrhunderts christlicher Zeitrechnung verkündete, dass Gott Jesus von den Toten auferweckt hat? Was genau war der Inhalt dieser Aussage?

Der Inhalt der beanspruchten Auferstehung
Wiederbelebung. Auferstehung ist nicht dasselbe wie Wiederbelebung. Auferstehung bedeutet nicht, dass ein fast toter Jesus wiederbelebt wurde, nachdem er vom Kreuz genommen worden war. Einige Menschen konnten, wie Josephus in seinem *Leben* schreibt, eine nicht zu Ende gebrachte Kreuzigung überleben. Er flehte Titus an, drei seiner Bekannten, die nach der Zerstörung Jerusalems im Jahr 70 n. Chr. schon am Kreuz hingen, freizulassen,

und während »zwei von ihnen unter den Händen des Arztes starben, überlebte der dritte« (421). Auch Verbrecher, die stranguliert worden waren, konnten im London des 18. Jahrhunderts vom Galgen in Tyburn abgenommen und wiederbelebt werden (»auferweckt werden«, wie sie es formulierten). Nach christlicher Tradition konnte jedoch erst »nach drei Tagen« bzw. »am dritten Tag« festgestellt werden, dass Jesus wirklich und wahrhaftig tot war. Nur wenn man nach Ablauf dieses Zeitraums das Grab aufgesucht hatte, konnte man sicher sein, dass der Mensch tatsächlich tot war. Daher heißt es bei Johannes 11:17 »Als Jesus ankam, fand er Lazarus schon vier Tage im Grab liegen«. Er war mit anderen Worten ganz sicher tot.

Erscheinung. Auferstehung ist nicht dasselbe wie Erscheinung. Die entscheidende Frage ist nicht, ob es Erscheinungen oder Visionen gibt und wie sie zu erklären sind. In der antiken Welt hielt man sie für möglich. So erscheint z. B. am Ende des Troianischen Krieges und zu Beginn von Vergils *Aeneas* der geschlagene Hektor dem Anchises. Auch in der Moderne hält man Erscheinungen für möglich. So werden sie in psychologischen Fachbüchern wie *The Diagnostic and Statistical Manual of Mental Disorders – IV* nicht als Geistesstörungen, sondern als typische Merkmale einer Trauer, insbesondere nach dem plötzlichen, tragischen oder schrecklichen Tod oder Verschwinden eines geliebten Menschen, eingestuft. Wenn es die christlichen Texte, die von Erscheinungen oder Visionen Jesu nach seiner Kreuzigung sprechen, nicht gäbe, könnte man gleichwohl die Ansicht vertreten, dass es solche Phänomene gegeben hat bzw. gegeben haben könnte. Aber Erscheinung ist nicht dasselbe wie Auferstehung.

Erhöhung. Auferstehung ist nicht dasselbe wie Erhöhung. Nach jüdischer Tradition wurden bestimmte, sehr gottesfürchtige Menschen wie der Patriarch Henoch oder der Prophet Elija zu Gott emporgehoben und nicht einem irdischen Grab übergeben. Die Griechen und Römer sprachen in diesem Zusammenhang von Apotheose. Augustäische Münzen stellten den Geist Julius Caesars als aufsteigenden Stern dar, der seinen Platz unter den Göttern im Himmel einnimmt. Bei ihnen handelte es sich um besondere Einzelfälle, die in keiner allgemeinen Beziehung zum Schicksal anderer standen. Wenn man dies über Jesus sagen wollte, müsste man Begriffe wie *Erhöhung, Himmelfahrt* oder *Apotheose*, nicht jedoch Auferstehung, benutzen. In Bezug auf Jesus wäre, anders formuliert, keine Auferstehung ohne Erhöhung, wohl aber eine Erhöhung ohne Auferstehung denkbar. Jesus könnte zur Rechten Gottes sitzen, ohne dass Auferstehung auch nur erwähnt werden müsste.

Auferstehung. *Dass Gott Jesus von den Toten auferweckt hat, bedeutete, dass damit die Auferstehung der Toten begonnen hatte.* Nur wenn dieser Zusammenhang behauptet wurde, konnte zu Recht von »Auferstehung« und »von den Toten auferweckt« gesprochen werden. Das geht deutlich aus 1 Korinther 15, einem Kommentar des Paulus über einen früheren Text, der vermutlich der zweiten bzw. Traditionsschicht zuzurechnen ist, hervor.

Paulus argumentiert in beide Richtungen: Wenn es nicht die Auferstehung Jesu gibt, gibt es auch keine Auferstehung der Toten, wenn es keine Auferstehung der Toten gibt, gibt es auch keine Auferstehung Jesu. So heißt es z. B. in 1 Korinther 15:12-13: »Wenn aber verkündigt wird, dass Christus von den Toten auferweckt worden ist, wie können dann einige von euch sagen: eine Auferstehung der Toten gibt es nicht?« Das zweite Argument wird in 15:16 wiederholt: »Denn wenn Tote nicht auferweckt werden, ist auch Christus nicht auferweckt worden.« Die Auferstehung Jesu und die Auferstehung der Toten sind aufs Engste miteinander verknüpft. Paulus hätte sich das eine niemals ohne das andere vorstellen können. Er hätte sich niemals allein eine Auferstehung Jesu, die allein für sich selbst gestanden hätte, vorstellen können. Das wäre eine Erhöhung, Himmelfahrt oder Apotheose gewesen, in keinem Fall jedoch Auferstehung, so wie Juden diesen Begriff im ersten Jahrhundert verwendeten.

Die Auferstehung Jesu und die Auferstehung der Toten sind aufs Engste miteinander verknüpft, weil sie Anfang und Ende eines einzigen Prozesses darstellen. Das verdeutlicht die Metapher, die Paulus in 15: 20 benutzt: »Nun aber ist Christus von den Toten auferweckt worden als der Erste der Entschlafenen« (jener da unten, die darauf warten, aus der Scheol befreit zu werden). *Die Auferstehung Jesu ist der Anfang der Auferstehung der Toten, d. h. mit der Auferstehung Jesu hat die Auferstehung der Toten begonnen.* Diese Verkündigung ist unter vier Perspektiven, unter denen jeweils eine wichtige Entscheidung zwischen Alternativen getroffen wird, sensationell kreativ und sehr originell.

Erstens ist sie sehr originell in ihrer Unterscheidung zwischen allgemeinem, nahe bevorstehendem und besonderem Finale im Blick auf die apokalyptische Vollendung. Dass eine einzelne Person, Gruppe, Sekte oder Religion verkündigt, dass die Apokalypse unmittelbar bevorsteht, ist weder besonders sensationell noch ungewöhnlich. Das geschah zu häufig, als dass es hätte überraschen können. Auch nicht besonders sensationell ist die Behauptung, die Apokalypse habe bereits begonnen. Es wurde immer angenommen, dass Wunder oder Schrecken, Verfolgungen oder Katastrophen, Kriege oder Kriegsgerüchte dieses Endgeschehen einleiten würden. Und da es solche Schrecken immer gab, konnte auch immer berechtigterweise die Behauptung aufgestellt, die Apokalypse habe begonnen. Die Auferstehung der Toten war jedoch das großartige Finale der Apokalypse, der letzte Augenblick, in dem ein Gott der Gerechtigkeit die Welt öffentlich und sichtbar rechtfertigen, sie von einem Ort des Bösen und Gewalttätigen in einen Ort des Guten und Friedvollen verwandeln sollte. Die Auferstehung Jesu zu verkündigen, bedeutete, dass dieses Geschehen *bereits begonnen hatte*, dass Gottes lang ersehnte Rechtfertigung all jener, die um der Gerechtigkeit willen gelebt, gelitten und gestorben waren, und all jener, die in ihrem Leben unter Ungerechtigkeit gelitten hatten und gestorben waren, weil ihnen ein Unrecht zugefügt worden war, *bereits begonnen hatte*.

Zweitens ist die Verkündigung sehr originell in ihrer Unterscheidung zwischen Positionen *innerhalb* des Judentums und *gegen* das Judentum. Die Auferstehung Jesu als Anfang der allgemeinen Auferstehung der Toten ist weder ein Anspruch, der das Christentum über das Judentum erhebt, noch ein Anspruch, der geeignet wäre anzugeben, das hier letztendlich gegeben ist, was das Christentum vom Judentum trennte. Diese Auffassung stellt vielmehr eine äußerst originelles Sich-Bewegen innerhalb der Denkmöglichkeiten des Judentums selbst dar. Nach jüdischer Tradition war es z. B. durchaus möglich, sich Apokalypse allein unter Gott und ohne einen messianischen Anführer, dann, sich einen messianischen Anführer als Engel oder Menschen und sich schließlich den Anführer auch als Propheten, König oder Priester vorzustellen. Die Essener verkündigten ein einziges Kommen eines doppelten Messias, eines priesterlichen und eines königlichen, getrennt und in hierarchischer Zuordnung (höchstwahrscheinlich in kritischer Abgrenzung gegenüber den Hasmonäern, die diese Rollen einer Person zuordneten). Die Judenchristen verkündigten ein zweifaches Kommen eines einzigen Messias, und das war genauso neu und originell, war genauso im Judentum, nicht außerhalb des Judentums zu verorten wie die das, was die Qumraner vorschlugen. Dasselbe gilt auch für die Auferstehung Jesu. Sie stellt eine Option dar, die im Kontext des damaligen Judentums ausgesprochen wahrscheinlich, wenn auch unerwartet originell ist. Zugleich enthält sie aber auch eine recht erstaunliche Aussage: nicht der Anfang, sondern das Ende der Rechtfertigung der Welt hat begonnen.

Drittens ist sie sehr originell in ihrer Unterscheidung zwischen der Auferstehung der Toten als *unmittelbar eintretendem Ereignis* und als *dauerndem Prozess*. Es war eine Sache, sich die Auferstehung der Toten als Gottes letzten apokalyptischen Akt, als einen göttlichen Augenblick und Moment vorzustellen, der alle menschlichen Augenblicke und Momente enden würde. Die Apokalypse erfüllte sich jedoch nicht in einem Augenblick, war kein letztes Aufblitzen der Zeit, sondern wurde zu einem andauernden, in der Zeit ablaufenden Prozess. Für Paulus stand das Ende jenes Anfangs vermutlich unmittelbar bevor. Er dachte in Wochen oder Monaten, höchstens in Jahren und Jahrzehnten. Nach ihm jedoch sollten Christen in Jahrzehnten, Jahrhunderten und schließlich Jahrtausenden denken. Es war kein kleiner Schritt, die allgemeine Auferstehung der Toten von einem Augenblick in einen dauernden Prozess zu verändern. Dieser Richtungswechsel hob z. B. ein Problem ins Bewusstsein, das im Folgenden zu erörtern sein wird.

Viertens ist die Verkündigung sehr originell in ihrer Unterscheidung zwischen *passiver Nicht-Teilhabe* und *aktiver Teilhabe*. Die Auferstehung der Toten als Gottes letzter Akt kosmischer Rechtfertigung, der aus der Welt, in der Ungerechtigkeit die Normalität darstellte, ein gerechtes Eutopia machte, enthielt kaum einen Spielraum für menschliche Beteiligung. Menschen konnten bestenfalls dafür beten, darauf warten, darauf hoffen, vielleicht auch ein Leben in großer Heiligkeit führen oder in großer Verfolgung ihren Tod akzeptieren, um Gottes Eingreifen zu beschleunigen. Das ist mit Passivität und Nicht-Teilhabe gemeint. Diese Begriffe werden einem solchen Leben und einem solchen Tod vielleicht nicht gerecht. Sie müssen jedoch deutlich von einer aktiven Teilhabe unterschieden werden, die im folgenden Beispiel angesprochen wird.

Es ist daran zu erinnern, was in Kapitel 2 über die Bekehrung, nicht die Ausrottung der Heiden in bestimmten jüdischen apokalyptischen Traditionskontexten gesagt wurde. Jene Christen, die einen apokalyptischen Höhepunkt verkündigten, insofern mit der Auferstehung Jesu die Auferstehung der Toten begonnen hatte, gelangten leicht zu dem Schluss, dass nun die Zeit gekommen war, Heiden zum jüdischen Gott der Gerechtigkeit zu bekehren. Aber selbst innerhalb dieser apokalyptischen Interpretation war es noch ein völlig anderer Schritt zu schlussfolgern, dass eine jüdische Mission, jene Heiden zu bekehren, von Gott gefordert wurde. War dies nicht dem direkten Handeln Gottes vorbehalten? Sollten sie nicht in Jerusalem bleiben, beten und darauf warten, dass sich der große Vorhof der Heiden mit den Völkern der Welt füllte?

Sie konnten Paulus durchaus darin zustimmen, dass die Heiden nun in die Gemeinschaft der apokalyptischen Gegenwart des Judentums einbezogen werden sollten, ohne dass sie die traditionellen Rituale der Juden (wie z. B. die Beschneidung) befolgen müssten. Gleichzeitig konnten sie aber auch entschieden sein allgemeines missionarisches Programm und insbesondere seinen besonderen Anspruch einer persönlichen Berufung dem Judenchristentum gegenüber, seine missionarischen Aktivitäten innerhalb des Judentums, vor allem aber seine missionarischen Aktivitäten, die er Heiden gegenüber entfaltete, ablehnen. Dies war ein viel weitreichenderer Schritt und einige oder viele, die gegen Paulus opponierten, vertraten ein Judenchristentum, für das eine aktive Heidenmission keinesfalls in Gottes apokalyptischem Plan eingeschlossen war. In jedem Fall schuf solche menschliche Teilhabe an göttlichem Geschehen eine absolut neue Situation und führte zu einem radikal neuen Verständnis der Auferstehung der Toten, insofern der Augenblick zur Dauer wurde und der Moment zum Prozess.

Der Beweis für die behauptete Auferstehung

Aber wie um alles in der Welt (wörtlich!) konnte jemand eine solche Behauptung aufstellen? Wie konnte sie bewiesen werden? Im Unterschied zu einer auf die Zukunft gerichteten Prophezeiung, war diese Behauptung auf die Gegenwart bezogen. Wo waren in einer Welt, die so schlecht, so gewalttätig und ungerecht wie immer war, Beweise oder Anzeichen für ein göttliches Eutopia? Wie z. B. konnte Paulus von Tarsus diesen Anspruch gegenüber einem Heiden des ersten Jahrhunderts erklären, und wie konnte Jakobus von Jerusalem ihn gegenüber einem Pharisäer des ersten Jahrhunderts plausibel machen? Diese Fragen zielen nicht auf einen unstrittigen Beweis oder ein unwiderlegbares Zeugnis ab, sondern einfach nur darauf, welche Argumente wohl ein Paulus oder ein Jakobus angeführt hätten, um gegenüber vorurteilslosen Zuhörern ihre Behauptung zu verteidigen, dass Gott *bereits* mit der Rechtfertigung der Märtyrer und der Welt begonnen hatte.

Paulus an einen Heiden. Stellen Sie sich folgende Situation vor: Paulus sucht eine bestimmte Stadt zum ersten Mal auf. Er hat sein Werkzeug bei sich und kann in jeder Gerberei, die eine erfahrene Kraft sucht, eine Arbeit finden. Wo, fragt er, ist die Straße der Gerber? Dort, erwidert ihm jemand, ist der Laden eines freigelassenen Sklaven, der noch von seinem ehemaligen Meister mit Kapital ausgestattet wird, stolz auf seinen Schutzherrn, stolz auf seine neu erworbene Freiheit, stolz auf seine römische Staatsbürgerschaft, die er erhalten hatte, weil er von einem römischen Staatsbürger freigelassen wurde, und der stolz darauf ist, dass seine zukünftigen Kinder freigeborene römische Staatsbürger sein werden.

Paulus stößt bei den Arbeitern auf unmittelbares Interesse. Er hat den ganzen Osten bereist, war in Jerusalem, Antiochia und Korinth. Er kann von all diesen Städten berichten; er muss jedoch auch erklären, weshalb er so viel umhergereist ist. Ist er vielleicht etwa ein entlaufener Sklave? Was passiert, wenn Paulus unvermittelt verkündigt, dass Gott Jesus von Nazaret in Judäa von den Toten auferweckt hat? (Das hätte er kaum so getan, trotzdem sei diese Frage hier gestellt.)

»Ist die Auferstehung Jesu mit dem vergleichbar, was mit Julius Caesar nach seinem Tod geschah, Paulus? Sieh, hier ist eine Münze, die seinen Geist als aufsteigenden Stern, der unter den Göttern im Himmel Platz nimmt, darstellt. Und wenn du dies nicht glaubst, Paulus, wie erklärst du die fantastischen Erfolge der Dynastie der Julier-Claudier? Ich kann sehen, was Caesar für unser Geschäft getan hat, was aber hat dein Jesus je für irgendwen getan?«

Zur Beantwortung dieser Frage müsste Paulus erklären, welche spezifischen Inhalte sich nach jüdischer Tradition mit dem Begriff Auferstehung verbinden und dass Auferstehung Jesu bedeutete, dass Gott *bereits* damit begonnen hatte, aus der ungerechten Welt eine gerechte zu machen. Und dann würde sein Gegenüber höflich, aber bestimmt fragen: »Wo, Paulus? Wie, Paulus?« Was könnte er antworten? Etwa das Folgende?

»Eine kleine Gruppe von uns trifft sich vor der Arbeit zum Gebet in einem Laden. Und einmal in der Woche versammeln wir uns dort und teilen die Hälfte all dessen, was die Arbeit der vorausgehenden Woche erbracht hat. Das nennen wir das Herrenmahl, weil wir daran glauben, dass die gesamte Schöpfung Gott gehört und dass wir die Nahrungsmittel Gottes gerecht unter uns aufteilen müssen. Wir glauben, dass wir, Juden und Griechen, Sklaven und Freie, Frauen und Männer, Arme und Reiche, vor Gott alle gleich sind. Die Nahrung ist die materielle Grundlage des Lebens und das Leben gehört Gott. Wir teilen unter uns auf, was nicht uns gehört – das ist das Herrenmahl, das Abendmahl. Deshalb lade ich euch ein. Kommt und seht, ob Gott nicht schon direkt vor unserer Nase und entgegen den politischen Zielen Roms dabei ist, eine gerechtere Welt zu gestalten. Wenn ihr nicht sehen wollt, geht, aber wenn ihr sehen wollt, bleibt. Kleine Gruppen wie in dieser Stadt gibt es übrigens in jeder Stadt des Römischen Reiches. Es kommt weniger darauf an, wie viele wir sind. Wichtiger ist, dass wir überall sind. Und wenn einer von euch sich von dem Kaiser, der Jesus kreuzigen ließ, abwendet und Gott zuwendet, der Jesus auferstehen ließ, wird er an dieser Rechtfertigung der Welt teilhaben. Es geht also um die Entscheidung zwischen dem göttlichen Kaiser und dem göttlichen Jesus, zwischen einer Gottheit, die gewaltsame Macht verkörpert, und einer Gottheit, die verteilende Gerechtigkeit (oder, wie wir sagen, *agape*) verkörpert. Kommt übermorgen zum Laden des Sardinenverkäufers und trefft selbst eine Entscheidung.«

Paulus würde selbstverständlich auch etwa Folgendes sagen: »Wenn Jesus – und das ist unser Glaube – gestorben und auferstanden ist, dann wird Gott durch Jesus auch die Verstorbenen zusammen mit ihm zur Herrlichkeit führen. Denn dies sagen wir euch nach einem Wort des Herrn: Wir, die Lebenden, die noch übrig sind, wenn der Herr kommt, werden den Verstorbenen nichts voraus haben. Denn der Herr selbst wird vom Himmel herabkommen, wenn der Befehl ergeht, der Erzengel ruft und die Posaune Gottes erschallt. Zuerst werden die in Christus Verstorbenen auferstehen; dann werden wir, die Lebenden, die noch übrig sind, zugleich mit ihnen auf den Wolken in die Luft entrückt, dem Herrn entgegen. Dann werden wir immer bei Gott sein« (1 Thessalonicher 4:14-17). So etwas Ähnliches hatten seine Zuhörer jedoch bereits auch von den zeitgenössischen Mysterienkulten gehört, z. B. von den Verehrern der ägyptische Göttin Isis. Für einige war es jedoch nicht unwichtig, dass die Art, wie ein Gott in diesem Leben hier auf Erden wirkte, in überzeugendster Form nahe legte, wie Gott in der nächsten Welt wirkte. So erschien es vielleicht einigen lohnenswert, sich mit einem Gott, der eine gerechte Welt errichtete, näher zu beschäftigen. Und es reichte, wenn einige damit begannen.

Jakobus an einen Pharisäer. Wenn Jakobus die Auferstehung Jesu einem Pharisäer erklären sollte, könnte er davon ausgehen, dass der jüdische Hintergrund bekannt war und selbstverständlich vorausgesetzt wurde. Die Frage wäre jedoch dieselbe: »Zeig mir, wie Gott bereits damit begonnen hat, eine ungerechte Welt zu richten, wie Gott bereits damit begonnen hat, die Leiden der Gerechten und den Tod der Märtyrer zu rechtfertigen.« Wie Paulus den Heiden einladen würde, so würde Jakobus auch den Pharisäer einladen, sich anzusehen, wie seine Gemeinde lebte. Jakobus müsste jedoch auch von etwas sprechen, was Paulus nie erwähnt. Es reichte nicht, von einer getrennten Auferstehung Jesu als Beginn einer sich bald erfüllenden Auferstehung der Toten zu sprechen. Jesus war nicht der erste jüdische Märtyrer, und er würde auch nicht der letzte sein. Er war auch nicht der erste Jude, der an einem römischen Kreuz starb, und er würde auch nicht der letzte sein. Was war mit all den anderen, die vor ihm gegangen waren? Die Auferstehung Jesu musste eine gemeinschaftlich bedeutsame sein. Jesus konnte nicht allein auferweckt worden sein, sondern nur mit anderen, vielleicht als erster oder sogar als Grund einer gemeinschaftlichen Auferstehung all jener, die gelitten, ungerechterweise gestorben waren und nun in der Scheol ihrer Rechtfertigung harrten.

Jene gemeinschaftlich bedeutsame Auferstehung kommt in der paulinischen Theologie an keiner Stelle vor. Sie begegnet im Apostolischen Glaubensbekenntnis, wo es heißt, das Jesus in das Reich des Todes (Scheol) hinabsteigt, um all jene zu erlösen, die wie er gelebt, gelitten und ungerechterweise den Tod gefunden hatten. Dieser Satz kommt im Credo des Konzils von Nizäa nicht vor. Die Vorstellung einer gemeinschaftlichen Auferstehung ist in der uns heute vorliegenden Fassung des Neuen Testaments fast völlig verloren gegangen. Und damit ist auch die umfassende Bedeutung der Auferstehung Jesu als Gottes Eröffnung der Rechtfertigung der Welt und unserer notwendigen Beteiligung an diesem Prozess verloren gegangen.

Ein kleiner Rest dieses gemeinschaftsbezogenen Verständnisses der Auferstehung Jesu findet sich noch in Matthäus 27:51b-53, wo es im Zusammenhang mit der Kreuzigung heißt: »Die Erde bebte und die Felsen spalteten sich. Die Gräber öffneten sich, und die Leiber vieler Heiligen, die entschlafen waren, wurden auferweckt. Nach der Auferstehung Jesu verließen sie ihre Gräber, kamen in die Heilige Stadt und erschienen vielen.« Außerhalb des Neuen Testaments ist es im Petrusevangelium 10:39-42 anzutreffen, in dem Gott den auferweckten Jesus fragt: »Hast du den Entschlafenen gepredigt?«, d. h. hast du den Gerechten, die auf dich unten in der Scheol gewartet haben, die Befreiung verkündigt? Die Antwort lautet: »Ja.«

Am deutlichsten findet es sich in einer schönen Hymne aus dem späten ersten Jahrhundert christlicher Zeitrechnung, denn Jesus sagt in den *Oden Salomos* 42:10-20:

Gegen allen Anschein bin ich nicht verworfen worden.
Obwohl man es von mir dachte, bin ich nicht umgekommen.
Das Totenreich sah mich, doch ihm wurde elend dabei.
Der Tod spie mich aus und viele andre mit mir. ...
Die Toten liefen zu mir und riefen: »Erbarm dich unser,
 Sohn Gottes! ...
Öffne uns das Tor, durch das wir hinausziehen können zu dir!
Denn wir begreifen, dass unser Tod dir nichts antun kann.
Lass uns mit dir zusammen erlöst werden, denn du bist unser
 Erlöser.«
Dann hörte ich ihre Stimme und nahm mir ihren Glauben
 zu Herzen.
Ich legte meinen Namen auf ihr Haupt, denn sie sind frei
 und sie gehören mir.

Man könnte die Auffassung vertreten, dass der Gemeinschaftsbezug der Auferstehung Jesu eine spätere Ausweitung der getrennten, individuellen Auferstehung Jesu ist, dass sie aus Traditionsschichten stammt, die nach den Evangelien zu datieren sind. Es ist jedoch ebenso wahrscheinlich, dass dieses Verständnis früh eliminiert wurde und nur in einigen Hymnen und Gebeten überlebte. Das aber wirft eine tiefgründige Frage auf: Wenn, getrennt von der Zukunft, die Auferstehung Jesu für ihn allein war, wo lag darin die Gerechtigkeit Gottes und wie wurde dann die Rechtfertigung der Welt eingeleitet? Handelte es sich dabei nicht um etwas, das man als Nepotismus bezeichnen könnte, eine Sondergenehmigung für eine bestimmte Person, ein besonderes Privileg für den Sohn Gottes? Was ist aber mit all jenen, die vor ihm gegangen waren?

Paulus konnte, als er zu den Heiden sprach, sicher die gemeinschaftsbezogene Auferstehung Jesu unerwähnt lassen, weil sein Gegenüber sich nicht allzu viele Gedanken um jüdische Märtyrer machte. Jakobus dagegen musste im Gespräch mit den Pharisäern auf dieses Thema näher eingehen. Je jüdischer das Judenchristentum war, desto mehr wird es von einer gemeinschaftsbezogenen und nicht einfach einer individuellen Auferstehung gesprochen haben. Als das Christentum nicht mehr in dieser Weise von der Auferstehung sprach, ging etwas sehr Wichtiges verloren. Die Auferstehung bezog sich nicht mehr in erster Linie auf die Gerechtigkeit Gottes, sondern auf das Überleben der Menschen.

Ein Monument aus Marmor oder ein Monument der Gerechtigkeit?

In der Grabeskirche war das Reich Gottes zum Stillstand gekommen. Das Reich Gottes Jesu war nicht mehr ein beweglicher Mittelpunkt, der sich auf alle gleichermaßen zubewegte, sondern hatte seinen zentralen Ort, zu dem alle hinkommen sollten, gefunden. Das Reich Gottes hatte eine Fassade aus Marmor. Das Reich Gottes Jesu stellte nicht mehr eine alternative Gemeinschaft dar, deren Mitglieder untereinander die spirituelle Macht der Heilung und die physische Macht der Nahrung teilten. Vielmehr waren sie mit dem Marmorhandel des Römischen Reiches in Berührung gekommen und aßen aus silbernen Schüsseln.

Die Rotunde der Grabeskirche ähnelte in ihrer Form dem Mausoleum des Augustus in Rom und dem Festungspalastgrab von Herodes dem Großen in der Judäischen Wüste. Sie wiesen eine Familienähnlichkeit auf: runde Formen, für die Landschaft verändert worden war, und beeindruckende Fassaden aus Marmor oder fein poliertem Stein. Die Christen hatten ihrem König letztlich eine würdige Grabstätte zuteil werden lassen, die mit denen von Herodes dem Großen oder Caesar Augustus vergleichbar war und die, auch wenn sie darum nicht wussten, viel prachtvoller als diejenige des Hohenpriesters ausgefallen war.

Die christliche Grabeskirche verdankte ihre Entstehung ebenso sehr der Zerstörung der jüdischen Stadt Jerusalem, die Hadrian veranlasst hatte, wie den Geldern des Römischen Reiches, die Konstantin bereitgestellt hatte. Ironischer- und tragischerweise war der jüdische Bauer Jesus, der sich in jeder Hinsicht gegen das dem Kommerz verschriebene Königreich in Galiläa und damit gegen Rom aufgelehnt hatte, nun Christus, der imperiale König. Weil er eine königliche Grabstätte für den jüdischen Jesus errichten lassen wollte, ließ Konstantin eine jüdische Grabkammeranlage bis zur Unkenntlichkeit zerstören. Aber mit der Zeit zerstörte und vergaß das Christentum auch die jüdischen Wurzeln seines am Bund mit Gott orientierten Königreichs. Eusebius beschreibt die Errichtung des Neuen Königreiches folgendermaßen:

So wurde auf dem Monument der Erlösung das Neue Jerusalem über dem so berühmten alten erbaut, das, nachdem es durch den Mord an dem Herrn besudelt worden war, in äußerste Verzweiflung gestürzt wurde und für das Verbrechen seiner ungläubigen Bewohner büßte. Gegenüber ließ der Kaiser unter hohem Kostenaufwand die Trophäe für den Erlöser aufstellen, der den Tod besiegt hatte. (Vita Constantini 3.33).

Konstantin ließ die Grabeskirche wahrscheinlich an der richtigen Stelle errichten. Dieses Bauwerk wurde jedoch dem Reich Gottes, für das Jesus eingetreten war, also der jüdischen Idealvorstellung von einem am Bund mit Gott orientierten Königreich *auf Erden* wie im Himmel, wahrscheinlich wohl nicht gerecht. Weiterhin gilt das Interesse weniger der Frage, wie Konstantin der Grablegung Jesu feierlich gedachte, als der Frage, wie die Christenheit der Auferstehung Jesu gedenkt.

Heutige Christen vertreten mitunter die Ansicht, dass nur die erstaunlichen Wunder des leeren Grabes und der Erscheinung(en) des Auferstandenen *historisch* erklären können, wie erstens die Gefährten Jesu ihren Glauben wiedererlangten, den sie bei der Kreuzigung verloren hatten, und wie zweitens andere trotz der Kreuzigung an ihn zu glauben begannen. Diese grob vereinfachte Sicht der Dinge ist vor allem unter zwei Gesichtspunkten problematisch.

Erstens ergriffen die männlichen und nicht die weiblichen Gefährten Jesu die Flucht, da sie aller Wahrscheinlichkeit nach eher gemeinsam mit Jesus gefangen genommen worden wären. Die Nerven zu verlieren bedeutet jedoch nicht, den Glauben zu verlieren. Selbst dass Petrus Jesus dreimal verleugnete, wird im Markusevangelium damit erklärt, dass er sein Gedächtnis und nicht seinen Glauben verlor. Es wäre vielleicht tapferer gewesen zu bleiben und sich zu Jesus zu bekennen. Ihn zu verleugnen und wegzulaufen, entsprang jedoch der Feigheit, nicht dem Unglauben.

Zweitens projizieren diese Christen den nachaufklärerischen Rationalismus in eine voraufklärerische Welt zurück. In einer heute geführten Diskussion werden z. B. folgende Argumente angeführt: *Nichtgläubiger:* »Alles, was über jungfräuliche Empfängnis, göttliche Geburt, Wunder, Wundertaten, Erscheinungen des Auferstandenen und Himmelfahrten erzählt wird, hat sich nie ereignet und kann sich nie ereignet haben. Bestenfalls sind das Mythen, schlimmstenfalls Lügen.« *Gläubiger:* »Es ist wahr, dass all dies normalerweise nicht geschieht, aber all dies ist vor langer Zeit ein und für alle Mal unserem Jesus geschehen.« In dieser nachaufklärerischen Diskussion konkurriert die Behauptung, solche Ereignisse seien unmöglich, mit der Auffassung, sie seien einzigartig.

Beide Positionen sind in einer voraufklärerischen Welt undenkbar. In einer Welt, in der von göttlicher Geburt bis zu Himmelfahrt alles möglich war, konnten weder polemische Kritiker behaupten, solche Ereignisse seien *unmöglich*, noch apologetische Verteidiger die Auffassung vertreten, solche Ereignisse seien *einzigartig*. Auf dem freien Markt der religiösen Ideen der griechisch-römischen Welt musste man Argumente für seinen Gott oder seinen Gottessohn vorbringen, ohne auf solche spätaufklärerischen Positionen zurückzugreifen.

In der Mitte des zweiten Jahrhunderts führt Justinus in seiner an heidnische Leser gerichteten *Ersten Apologie* Argumente für Jesus an, ohne auch nur einmal von Einzigartigkeit zu sprechen. »Wenn wir sagen, dass das Wort«, so beginnt er, »das die Erstgeburt Gottes ist, ohne sexuelle Vereinigung geschaffen wurde, und dass Jesus Christus, unser Lehrer, gekreuzigt wurde und starb, auferstand und zum Himmel aufstieg, vertreten wir nichts anderes als das, was ihr über jene glaubt, die ihr als Söhne Jupiters verehrt.« Der Autor führt im Anschluss daran zahlreiche Beispiele an und kommt in Bezug auf die göttlichen Kaiser, insbesondere auf Julius Caesar zu folgendem Schluss: »Was ist mit den Kaisern, die unter euch sterben, von denen ihr glaubt, dass sie es wert sind, den Göttern beigesellt zu werden, und weshalb ihr jemanden anführt, der schwört, gesehen zu haben, wie der brennende Caesar vom Scheiterhaufen, auf dem seine Leiche verbrannt wurde, zum Himmel emporstieg?« Zwar sagt Justinus am Ende nicht, dass alle solche Behauptungen gleich zu gewichten sind, aber als Unterscheidungskriterium führt er nicht die Einzigartigkeit des Ereignisses, sondern die Überlegenheit der Handlung an. »Wie wir im vorausgehenden Teil dieser Rede versprochen haben, werden wir nun beweisen, dass er überlegen ist – bzw. wir haben bereits bewiesen, dass er es ist – denn der Überlegene offenbart sich in seinen Handlungen« (21-22). Justinus argumentiert in einer Weise, die einer voraufklärerischen Welt ganz und gar gerecht wird. Zwar gab es viele Söhne Gottes, Jesus ist jedoch aus ganz bestimmten Gründen der beste von allen.

Ein Vierteljahrhundert später greift Celsus, ein heidnischer Kritiker des Christentums, auf genau dieselbe voraufklärerische Form der Argumentation zurück. Er nimmt das Wort Unmöglichkeit an keiner Stelle in den Mund, sondern kontert, dass Jesus nie irgendetwas für irgendjemanden getan hat. Dem Argument, Jesus sei überlegen, wird die Behauptung entgegengesetzt, er sei unterlegen. »Letztlich zeugen die alten Mythen der Griechen, die Perseus, Amphion und Minos eine göttliche Geburt zuschreiben, ebenso gut für die Wundertaten, die sie um der Menschheit willen vollbracht haben, – und sie sind sicherlich nicht weniger plausibel als die Erzählungen von euren Anhängern. Was hast du [Jesus] in Worten oder Taten bewirkt, das so wundervoll ist wie das, was unsere alten Helden bewirkt haben?« (*Über die wahre Lehre*). Der christliche Apologet und der antichristliche Polemiker greifen unter konträren Akzentsetzungen auf dieselbe Form der Argumentation zurück. Unmöglichkeit und Einzigartigkeit sind im Verein mit Absolutheitsansprüchen nicht vorstellbar (allenfalls unter Umständen in hyberbolischer Absicht), die Diskussion entzündet sich vielmehr an der

Frage, ob Jesus auf Grund seiner Handlungen überlegen ist oder nicht. *Justinus*: »Jesus hat mehr getan als all jene anderen, die mit ihm vergleichbar sind.« *Celsus*: »Jesus hat weniger getan als all jene anderen, die mit ihm vergleichbar sind.«

Paulus und seine Zuhörerschaft lebten in der voraufklärerischen Welt des ersten Jahrhunderts nach Chr. Damit standen ihnen jene beiden Argumente, die heutige Gläubige und Ungläubige gegeneinander ins Feld führen, nicht zur Verfügung. In der antiken Welt hatte die Aussage, ein leeres Grab vorgefunden zu haben und/oder die Erscheinung(en) des Auferstandenen beteuern zu können, keinen ausreichenden Erklärungswert. Demgegenüber konnte die oben kommentierte umfassende Bedeutung, die in der Antike der Auferstehung Jesu beigelegt wurde, in jener Welt zum Gegenstand von Diskussionen gemacht werden. Entscheidend waren der Inhalt und die Implikationen, die dem Wunder zugeschrieben wurden. Darüber sein Erstaunen zum Ausdruck zu bringen, reichte nicht, weil es zu viele Phänomene gab, die Erstaunen hervorriefen. Menschen in der Antike haben die Auferstehung Jesu möglicherweise für unglaublich, niemals aber für unmöglich gehalten. Die Heiden werden zu Paulus nicht gesagt haben »Wir glauben dir nicht«, sondern »Schön für Jesus, aber weshalb sollten wir uns darüber Gedanken machen?« oder »Welchen Vorteil haben wir davon?« Und genau deshalb wird Paulus ihnen bereitwillig und in allen Einzelheiten z. B. den soziokosmischen und religiös-politischen Unterschied zwischen der Himmelfahrt des Julius Caesar und der Auferstehung Jesu erklärt haben, und wie sehr es an der Zeit ist, eine Entscheidung zu treffen.

Vergegenwärtigen wir uns noch einmal, was Juden und Judenchristen unter »Auferstehung« verstanden haben. Jene, die behaupteten, dass mit Jesus das Endgeschehen begonnen hatte, mussten einen Beweis dafür anführen, dass die ungerechte, böse Welt in eine gerechte, friedliche verwandelt worden war. Die Behauptung, ein leeres Grab oder viele leere Gräber vorgefunden oder eine oder viele Erscheinungen des Auferstanden erlebt zu haben, hatte und konnte keinen ausreichenden Erklärungswert haben. Das mochte alles schön und gut sein. Aber wie konnte erwiesen werden, dass die Welt verändert worden war? Dafür konnten sie nur ihr eigenes Gemeinschaftsleben anführen: So leben wir mit Gott und auf dieser Grundlage versuchen wir andere davon zu überzeugen, dass sie es auch so tun sollen. Das ist unsere neue Schöpfung, unsere veränderte Welt. Wir in Gott, Gott in uns, und beide gemeinsam hier unten auf dieser Erde.

Paulus behauptete in 1 Korinther: »Ist aber Christus nicht auferweckt worden, dann ist unsere Verkündigung leer und euer Glaube sinnlos« (15:14). Wie bereits erläutert, trifft dieser Kommentar auf das Christentum zu, wenn die Argumente in der angegebenen Reihenfolge miteinander verknüpft werden, er trifft aber auch auf das Christentum zu, wenn sie in umgekehrter Reihenfolge miteinander verknüpft werden. Wenn der christliche Glaube sinnlos ist, d. h. wenn er sich nicht selbst und diese Welt an der Gerechtigkeit Gottes ausrichtet, und wenn die christliche Verkündigung leer ist, d. h. wenn sie nicht betont, dass dies die Berufung ist, der sich die Kirche zu verschreiben hat, dann wurde Christus nicht auferweckt. Auferstehung setzt jedoch, wie bereits ausgeführt, den Beginn einer Veränderung der Welt, nicht nur das Versprechen einer Veränderung, nicht nur die Hoffnung auf eine Veränderung, nicht nur das Sprechen über eine Veränderung und nicht nur eine Theologie, die sich mit dieser Veränderung befasst, voraus. Die Grabeskirche ist heute in all ihrer marmorschweren Vergangenheit und in ihrer umstrittenen Gegenwart leicht sichtbar. Dagegen kann die Auferstehungskirche nur in einer Welt sichtbar werden, die aus christlicher Teilhabe an göttlicher Gerechtigkeit ihre Gestalt gewinnt.

ERDBODEN UND EVANGELIUM

Dieses Buch beschäftigte sich mit Steinen und Texten, materiellen und textuellen Überresten, dem Erdboden und dem Evangelium, der Archäologie und der Exegese. Da jedoch die jeweils zweiten Elemente dieser dialektischen Beziehungen bei den meisten Versuchen, die beteiligten Disziplinen integrierend aufeinander zu beziehen, im Vordergrund standen, soll nun in der Imagination der umgekehrte Weg eingeschlagen werden. Was wäre, wenn es keine Textmaterialien über das erste Jahrhundert christlicher Zeitrechnung im Heimatland der Juden gäbe? Dies ist zwar eine Fiktion und zudem eine, die nicht dem Umstand Rechnung trägt, dass Archäologen nicht nur Inschriften, sondern auch Dokumente ausgegraben haben. Man sollte sich jedoch auf dieses Experiment einlassen.

Stellen Sie sich vor, diese Dokumente gäbe es nicht mehr. Es gäbe nicht mehr die Schriften des römischen Geschichtsschreibers Tacitus, der davon berichtete, wie häufig die römischen Legionen von ihren syrischen Stützpunkten nach Süden marschiert waren, um Aufstände der Juden gegen die Kolonialmacht mit Feuer und Schwert niederzuschlagen. Seine Beteuerung, dass unter Kaiser Tiberius die Lage ganz entspannt war und die Legionen sich nicht von ihren Lagern entfernten, wäre nicht bekannt. Es gäbe nicht mehr die Schriften des jüdischen Geschichtsschreibers Josephus, der von Johannes dem Täufer, Jesus und Jakobus von Jerusalem berichtete. Seine Beteuerung, dass unter Tiberius' Pilatus die Lage nicht ganz entspannt war, auch wenn die Legionen in ihren Lagern blieben, wäre ebenso wenig bekannt. Es gäbe nicht die Evangelisten, die von all dem und vielem mehr aus einer ganz anderen Perspektive berichteten. Was würde, was könnte, was sollte man sehen, wenn nur der Erdboden Aufschluss geben könnte? Für einen Moment oder sogar aus allgemein therapeutischen Gründen wollen wir das »unablässige Geschrei des Textes verstummen lassen« und dem »beharrlichen Geflüstere des Erdbodens lauschen«.

Man sähe zunächst ein Land, in dem es zahlreiche Gegenstände gab, die auf Menschen verweisen, welche sich von denen, die in ihrer Umgebung und sogar unter ihnen lebten, unterschieden. Man entdeckte in ihren Städten und Dörfern verputzte, mit Stufen ausgestattete Becken, die anscheinend weder als Badeanlagen noch als Zisternen gedient hatten, viele kleine und einige außergewöhnlich große Steingefäße, Grabkammern mit Schächten, die wie Finger aussehen und zur Erstbestattung benutzt wurden, und Ossarien, die der Zweitbestattung dienten, keine Knochen von Schweinen unter den Küchenabfällen und keine Darstellungen von Menschen oder Tieren auf Wänden oder Münzen. Man registrierte, dass diese Gegenstände, die zunächst vor allem im Süden des Landes anzutreffen waren, später auch im Norden Verwendung gefunden hatten. Außerdem würde man, da man Parallelen zu anderen mediterranen Gebieten ziehen könnte, erkennen, dass die Imperialmacht zu einem bestimmten Zeitpunkt damit begonnen hatte, dieses Volk unter ihre Gewalt zu bringen. Man realisierte, dass die Römer in einer Generation ihre Vormachtstellung im ganzen Süden des Landes, im Inneren wie an der Küste, etablierten. An der Küste sähe man beispielsweise nicht nur eine im römischen Stil erbaute Stadt, sondern auch einen riesigen Allwetterhafen an einer Küste, die Bauprojekten nur schwer dienstbar gemacht worden sein konnte. Man wüsste, da man erneut Parallelen zu anderen Regionen ziehen könnte, dass sich die Kommerzialisierung der Territorien, die das Römische Reich erobert hatte, nicht Händlern und Kaufleuten, die mit Pferden oder Wagen unterwegs waren, verdankte. Wie zuvor das Griechische Reich Alexanders des Großen gründete auch das Römische Reich Städte, in denen Adlige luxuriös ausgestattete Häuser bauen ließen, und veränderte es die Strukturen auf dem Land, um dessen Produktivität zu maximieren. Man stellte fest, dass die Römer in der nächsten Generation ihre Vormachtstellung im Norden des Landes etablierten, wo in etwa zwanzig Jahren und etwa 30 Kilometer voneinander entfernt, eine Stadt wiederaufgebaut und erweitert, eine andere Stadt neu gegründet wurde, und beide Städte die typischen Merkmale römischer Urbanisierung und Kommerzialisierung aufwiesen. Schließlich gelangte man zu dem Schluss, dass etwa eine Generation später das ganze Land, da es mit Trümmern und Pfeilspitzen übersät und mit Ruß überzogen war, auf schreckliche Weise zerstört worden war, dass bei einem Aufstand der Einheimischen gegen die römischen Kolonisatoren die Städte in Trümmer gelegt, die Mauern zerstört und die Menschen vermutlich abgeschlachtet worden waren. Man fände auch Münzen, die nur frühe, nie spätere Jahre der Freiheit Zions oder der Befreiung Israels verkündeten.

Diese Fiktion ist eine sehr künstlich konstruierte. Es ist aber nütz-
lich, sich hin und wieder auf sie einzulassen. Was wäre, wenn *nur* der
Erdboden, die materiellen Überreste und archäologischen Funde
Aufschluss geben könnten? Es stehen jedoch nicht nur die materiellen, sondern auch die textuellen Überreste zur Verfügung, und in
diesem Buch, das sich mit der Frage beschäftigt, wie sich der historische Jesus ausgraben lässt, wurden sowohl materielle als auch textuelle Überreste berücksichtigt. Welche Einsichten konnten dabei
gewonnen werden?

Erstens sind die Gegenstände, die für einen ethnischen Unterschied sprechen, auf die Reinheitsvorschriften des Bundesgeset-
zes zurückzuführen und nicht nur Überreste eines verbreiteten
Brauchs. Juden konnten diese Reinheitsvorschriften befolgen und
gleichzeitig in der Frage, ob sie gewaltsamen oder gewaltlosen oder
keinen Widerstand gegen die römische Vormachtstellung leisten
sollten, unterschiedlicher Ansicht sein. Doch hätten sie sich gar nicht
mehr an diese Vorschriften gehalten, hätte Rom dann nicht völlig die
Oberhand gewonnen? Laut Josephus hat Tiberius Julius Alexander,
der dem Judentum abschwor und sich dem Heidentum zuwandte,
wie bereits erwähnt, sich von den Sitten seines Volkes distanziert.
Wer Reinheitsvorschriften aufgab, gab möglicherweise auch alles
andere auf. Kein Jude des ersten Jahrhunderts hätte behauptet,
dass sich dieser Bund nur um die oben genannten Gegenstände
oder *in erster Linie* um die Einhaltung der Reinheitsvorschriften
drehte. Es drehte sich jedoch *auch* um sie. Die Orientierung an den
Reinheitsvorschriften konnte eine Form des Widerstands gegen die
Ungerechtigkeit imperialer Unterdrückung darstellen. Darüber
hinaus standen die Gegenstände in enger Beziehung zu einem Volk,
das versuchte, im Bündnis mit einem gerechten Gott, d. h. mit einer
göttlichen Macht zu leben, für den zu tun, was richtig war, gleichbedeutend damit war zu tun, was gerecht war.

Diese Gerechtigkeit war nicht nur eine persönliche, individuelle,
sondern auch eine strukturelle, systemische Gerechtigkeit, keine
ausschließlich vergeltende, sondern vorrangig ausgleichende, verteilende Gerechtigkeit. Nach der Thora, dem göttlichen Bundesgesetz, sollte das Land als materielle Lebensgrundlage gerecht aufgeteilt werden. »Das Land darf nicht endgültig verkauft werden;
denn das Land gehört mir, und ihr seid nur Fremde und Halbbürger
bei mir« (Levitikus 25:23). Da Land Leben bedeutete, konnte es nicht

wie andere Güter verkauft oder gekauft, verpfändet oder enteignet werden. Das Bundesgesetz legt den Akzent mehrfach auf *Land und Schulden*, weil es ständig wachsender Ungleichheit zuvorkommen wollte. Wenn Land nicht wie andere Güter gekauft und verkauft werden konnte, konnte es letztlich auch nicht gepfändet und enteignet werden. So erklären sich auch all die Gesetze, nach denen es untersagt ist, Zinsen zu nehmen, nach denen in jedem siebten Jahr oder am Sabbat Schulden zu erlassen und Sklaven freizulassen und in jedem fünfzigsten Jahr, dem Jubeljahr, Enteignungen rückgängig zu machen sind.

Doch diese Bundesgesetze werden die römischen Eroberer kaum ernst genommen haben. Denn in ihren Augen gehörte das Land ihnen oder – anders formuliert – Jupiter und nicht mehr Jahwe. Die Verwaltung des Landes sollte nicht Jahwes verteilender Gerechtigkeit, sondern Jupiters Imperialmacht, nicht größtmöglicher theoretischer Gleichheit, sondern größtmöglicher praktischer Produktivität Rechnung tragen. Die römische Politik scheiterte im Heimatland der Juden, weil die beiden Besitzansprüche (»Das Land gehört nach der Thora mir« vs. »Das Land gehört nach der Eroberung uns«) einander unversöhnlich gegenüberstanden. Allein dort kam es im Jahr 4 v. Chr., in den Jahren 66–74 n. Chr. und 132–135 n. Chr. zu drei Aufständen. (Eine weitere kriegerische Auseinandersetzung, in deren Verlauf die ägyptischen Juden vernichtend geschlagen wurden, fand außerhalb des Landes statt.) Zur Eskalation des Konfliktes trugen zweifellos auch noch andere Faktoren wie die zwischen Jerusalem und Antiochia geteilte römische Jurisdiktion oder die zwischen dem herodianischen Königtum und der aristokratischen Priesterschaft geteilte jüdische Jurisdiktion bei. Doch während diese strittigen Punkte hätten einvernehmlich geklärt werden können, war das Problem, ob das Land (also das Leben) von Gerechtigkeit oder Gewalt bestimmt werden sollte, nur durch eine Entscheidung für die eine oder die andere Form zu lösen.

Zweitens verdeutlichen vor allem zwei Zusammenhänge, dass eine Kontinuität zwischen der jüdischen Thora und dem Juden Jesus besteht. Der erste Zusammenhang ergibt sich aus der Verwendung des Begriffs »Königreich«. Im ersten Jahrhundert war »das Königreich« gleichbedeutend mit dem Römischen Reich. Königreich, Macht und Ruhm gehörten den Römern. Wenn Jesus von dem »Königreich Gottes« sprach, wählte er bewusst einen Begriff, mit dem er die Aufmerksamkeit der Römer auf das lenkte, was er tat. Er sprach nicht von dem »Volk« oder der »Gemeinschaft« Gottes, sondern von dem »Königreich« Gottes. »Gottes (König-) Reich« stand in direkter Konfrontation mit dem »Römischen (König-) Reich«, das in der Generation vor Jesus mit Herodes dem Großen in den judäischen Städten Jerusalem und Caesarea Maritima und in der Generation Jesu mit Herodes Antipas in den untergaliläischen Städten Sepphoris (4 v. Chr.) und Tiberias (9 n. Chr.) an die Macht gekommen war.

Genau aus diesem Grund entstanden, um die im Vorwort formulierte Frage zu beantworten, während der 20er Jahre in Gebieten, die von Herodes Antipas beherrscht wurden, zwei Widerstandsbewegungen, die Täuferbewegung des Johannes und die Reich-Gottes-Bewegung Jesu. Das Römische Reich bzw. dessen Miniatur, die Tetrarchie des Antipas in Galiläa, wurde mit dem Königtum Gottes konfrontiert, was auf folgende einfache Frage hinauslief: Wie sähe diese Welt aus, wenn unser Gott auf dem Thron des Kaisers säße oder unser Gott im Palast des Antipas regierte? Das Königreich Gottes zielte nicht auf eine militärische Konfrontation ab. Denn dann wären, wie bereits ausgeführt, viele seiner Verfechter gemeinsam mit Johannes unter Antipas und gemeinsam mit Jesus unter Pilatus gestorben. Vielmehr verstand sich das Reich Gottes als eine Form des gewaltlosen Widerstands, der sich allerdings gegen die bestehenden ökonomischen, sozialen und politischen Verhältnisse richtete. Pilatus hatte aus dem Blickwinkel seiner Verantwortung gegenüber dem Römischen Reich die Sachlage genau erfasst: Jesus und sein Königreich stellten eine Bedrohung für das römische Recht und die römische Ordnung dar, und der jüdische Gott stellte eine Bedrohung für den römischen Gott dar.

Der zweite Zusammenhang ergibt sich aus der Beziehung zwischen *Land und Schuld* in der Thora und *Nahrung und Schuld* im Gebet Jesu. Im Vaterunser heißt es »dein Reich komme«. Diesen Satz kommentiert Matthäus durch den Zusatz »dein Wille geschehe, auf Erden wie im Himmel.« Genau darum geht es. Das Königreich Gottes ist nichts anderes als Gottes Wille für diese Erde. Der Himmel könnte nicht besser sein, die Erde dagegen sehr wohl. Das Vaterunser fährt fort mit der Bitte um tägliches Brot und dem Erlassen der Schuld. Aus Land und Schuld ist Nahrung und Schuld geworden. Beiden liegt jedoch dieselbe Vorstellung zugrunde. Wie soll das

Leben selbst gerecht unter alle Menschen verteilt werden, wenn man glaubt, dass alles einem gerechten Gott gehört? Zugrunde liegt immer noch eine Schöpfungstheologie, die nicht nur danach fragt, wer die Erde erschaffen hat (Menschen haben selten behauptet, sie hätten sie erschaffen), sondern auch und vor allem, wem sie gehört (die meisten Menschen meinen, sie gehöre ihnen). Das göttliche Eigentum in allen seinen radikalen Implikationen anzunehmen bedeutete eine neue Schöpfung.

Dem könnte man entgegenhalten, dass Land immer auch Nahrung bedeutete und sich mit dem Wechsel von Land und Schuld zu Nahrung und Schuld nichts geändert hat. In dem von Antipas regierten Galiläa hat sich vermutlich doch etwas geändert. Waren auf den Gottesbund gestützte Forderungen nach gerechter Aufteilung des Landes nicht mehr möglich oder nicht mehr glaubwürdig und konnte man mit enteigneten Bauern über nichts anderes mehr sprechen als über Nahrung? Oder hätten, umgekehrt, solche Forderungen notwendigerweise zu einer gewaltsamen Konfrontation mit der von Rom gestützten politischen Macht geführt?

Drittens ging es unabhängig davon, ob der Akzent auf Land und Schuld oder auf Nahrung und Schuld gelegt wurde, immer um ein aktives Leben und ein bestimmtes Programm, nicht um ein abstraktes Gesetz oder ein allgemeines Gebet. Das Reich Gottes war mit anderen Worten nicht nur eine Vision, sondern ein Programm, nicht nur eine Vorstellung, sondern ein Lebensstil. Es bezog sich nicht nur auf den Himmel und das Jenseits, sondern auch auf die Erde und das Diesseits, nicht nur auf eine Person, sondern ebenso auf viele andere Personen. Jesus sagte zu seinen Gefährten, dass sie ausziehen und genau das tun sollten, was er tat, nämlich die spirituelle Kraft der Heilung und die physische Kraft der Nahrung zu teilen und zu verkünden, dass in solch offener Wechselseitigkeit man in das Reich Gottes gelange, weil es Gottes Wille sei, die Welt unter allen gleich und gerecht aufzuteilen. Dies war wirklich der entscheidende Punkt, durch den die Zukunft noch nicht unvermeidlich wurde, sondern jetzt möglich. Jesus ließ sich nicht in Nazaret mit seiner Familie oder in Kafarnaum mit Petrus nieder und sandte auch seine Gefährten nicht aus, damit sie die Menschen zu ihm brächten. Er sagte seinen Gefährten auch nicht, dass sie ausziehen und alles in seinem Namen tun sollten. Er sagte: Tut es, tut es einfach. Aus diesem Grund konnte die Zukunft der Reich-Gottes-Bewegung auch nicht einfach dadurch vernichtet werden, dass Pilatus Jesus hinrichten ließ, so wie die Zukunft der Täuferbewegung vernichtet wurde, als Antipas Johannes hatte hinrichten lassen.

Viertens standen Heilen und Essen bzw. Nahrung und Gesundheit in einem unmittelbaren Zusammenhang mit dem Beginn der römischen Zivilisation in Galiläa. Die Urbanisierung veränderte nicht nur die Bedingungen, unter denen auf dem Land Nahrungsmittel aufgeteilt wurden, sondern erhöhte auch die Not in den Städten wie auf dem Land.

Schließlich ist daran zu erinnern, dass es im ersten Jahrhundert völlig unmöglich war, Religion und Politik, Politik und Wirtschaft voneinander zu trennen. Die Münze, das einzige Massenmedium der Antike, stellte den römischen Kaiser als *divi filius*, als Sohn Gottes, und als *pontifex maximus*, als größten Brückenbauer zwischen Himmel und Erde, als Hohenpriester der römischen Staatsreligion dar. In dieser Situation war nur eine religiöse Politik bzw. eine politische Religion, also eine Regierungsform möglich, die Religion und Politik als unauflösliche Einheit betrachtete. Eine Kritik an dieser Regierungsform richtete sich daher immer gegen Religion und Politik, nie gegen Politik oder Religion. Nur die Gerechtigkeit des Reiches Gottes konnte es mit der Gewalt des Römischen Reiches aufnehmen, die zu jener Zeit und an jenem Ort gleichbedeutend mit kultureller Normalität war. Das Reich Gottes stand nicht in Opposition zum Römischen Reich, weil dieses besonders grausam war. Nicht dessen Grausamkeit, sondern dessen Normalität kostete Jesus das Leben.

Archäologische Quellen

Vorwort

Zum allgemeinen archäologischen Hintergrund und zu weiterführenden Hinweisen siehe L. Reed, *Archaeology and the Galilean Jesus: A Re-examination of the Evidence* (Harrisburg, PA: Trinity Press International 2000). Zu einer eingehenderen Besprechung und aktuellen Diskussionen über den historischen Jesus siehe John Dominic Crossan, *The Historical Jesus: The Life of a Mediterranean Jewish Peasant* (San Francisco: HarperSanFrancisco, 1991; dt. Der historische Jesus, Beck Verlag, München 1994) und *The Birth of Christianity* (San Francisco: HarperSanFrancisco, 1998). Dieser bibliografische Anhang konzentriert sich vor allem auf archäologische Quellen.

Einleitung

Informationen über viele archäologische Stätten und Entdeckungen, die in dieser Einleitung und den nachfolgenden Kapiteln behandelt werden, finden sich in der *New Encyclopedia of Archaeological Excavations in the Holy Land*, hg. v. Ephraim Stern (Jerusalem: Israel Exploration Society, 1993) und in *The Oxford Encyclopedia of Archaeology in the Near East*, hg. v. Eric M. Meyers (New York: Oxford University Press, 1997), die auch ergiebige Artikel über archäologischen Methoden und Theorien enthält.

Kapitel 1

Die bäuerliche Kultur Galiläas und generell des Mittelmeerraumes wird in den beiden oben zitierten Arbeiten von John Dominic Crossan dargestellt. Archäologische Zeugnisse, welche die These untermauern, dass Galiläa im ersten Jahrhundert n. Chr. entscheidend durch das Judentum geprägt wurde, werden in der an gleicher Stelle zitierten Arbeit von Jonathan Reed präsentiert. Eine Reihe wichtiger Beiträge zur Geschichte, Kultur und Religion in Galiläa finden sich in Sean Freyne, *Galilee and Gospels: Collected Essays*, Wissenschaftliche Untersuchungen zum Neuen Testament 125 (Tübingen: Mohr Siebeck, 2000). Zu Ausgrabungen in Nazaret siehe Bellarmino Bagatti, *Excavations in Nazareth, Volume I: From the Beginning till the XII Century* (Jerusalem: Franciscan Printing, 1969). Zu den Ursprüngen der Synagoge und der Tatsache, dass es im Galiläa des ersten Jahrhunderts keine Synagogengebäude gab siehe Lee Levine, *The Ancient Synagogue: The First Thousand Years* (New Haven: Yale University Press, 2000).

Kapitel 2

Eine faszinierende, lesenswerte Darstellung von Herodes dem Großen und seiner Regierungszeit gibt Peter Richardson, *Herod: King of the Jews and Friend of the Romans* (Minneapolis: Fortress Press, 1996). Die hier präsentierten Beschreibungen der antiken Stadt und der römischen Stadtarchitektur stützen sich auf John Stambaugh, *The Ancient Roman City* (Baltimore: Johns Hopkins University Press, 1988) und Paul Zanker, *The Power of Images in the Age of Augustus* (Ann Arbor: University of Michigan Press, 1990). Ein gut illustrierter (inzwischen aber überholter) Überblick über die Ausgrabungen in Caesarea gibt Kenneth Holum, *King Herod's Dream: Caesarea by the Sea* (New York: Norton, 1988); Analysen, die mehr dem aktuellen Forschungsstand entsprechen, finden sich in *Caesarea Maritima: A Retrospective After two Millennia*, hg. von Avner Raban und Kenneth Holum (Leiden: E. J. Brill, 1996). Wichtige Ergebnisse zahlreicher Ausgrabungen in Sepphoris präsentiert *Sepphoris in Galilee: Crosscurrents of Culture*, hg. v. Rebecca Nagy et al. (Raleigh: North Carolina Museum of Art, 1996). Die archäologischen Funde in Kafarnaum und ihre Beziehungen zum historischen Jesus präsentiert Reed, *Archaeology and the Galilean Jesus*. Ein detaillierter Bericht über das »Galiläische Boot«, seine Ausgrabung und die Gegenstände, die es enthielt, gibt Shelly Wachsmann in *The Excavations of an Ancient Boat in the Sea of Galilee*, *Atiqot* [English Series] 9 (Jerusalem: Israel Antiquities Authority, 1990).

Kapitel 3
Die in der Nähe der Grotte von Banyas freigelegten Tonwaren analysiert Andrea Berlin, »The Archaeology of Ritual: The Sancturary of Pan at Banias / Caesarea Philippi«, *Bulletin of the American Schools of Oriental Research* 315 (1999): 27-45. Zu den wichtigsten Arbeiten über die Paläste von Herodes dem Großen zählt Ehud Netzer, »The Promontory Palace«, in *Caesarea Maritima: A Retrospective*. Eine plausible Rekonstruktion des Palastes in Masada präsentiert Gideon Foerster in *Masada V: The Yigael Yadin Excavations 1965. Final Reports* (Jerusalem: Israel Exploration Society, 1995). Zu der von Eric and Carol Meyers und Ehud Netzer in Sepphoris ausgegrabenen Dionysos-Villa siehe Nagy et al., *Sepphoris in Galilee*. Zu den Ausgrabungen von Leroy Waterman siehe *Preliminary Report of the University of Michigan Excavations at Sepphoris, Palestine, in 1931* (Ann Arbor: University of Michigan Press, 1937). Zur erneuten Ausgrabung der Villa von James F. Strange siehe »Six Campaigns at Sepphoris: The University of South Florida Excavations, 1983-1989«, in *Galilee in Late Antiquity*, hg. v. Lee Levine (New York: Jewish Theological Seminary, 1992): 339-55. Die Darstellung der Privatarchitektur und Esskultur gesellschaftlicher Eliten in der römischen Welt stützt sich im Wesentlichen auf: Andrew Wallace-Hadrill, *Houses and Society in Pompeii and Herculaneum* (Princeton: Princeton University Press, 1994). Zu Häusern im Heimatland der Juden in der Antike siehe Yizhar Hirschfeld, *The Palestinian Dwelling in the Roman-Byzantine Period* (Jerusalem: Franciscan Printing, 1995).

Kapitel 4
Yigael Yadin veröffentlichte ein populäres Buch über die Ausgrabungen unter dem Titel Masada: *Herod's Fortress and the Zealots' Last Stand* (New York: Random House, 1966). Sorgfältig recherchierte Abschlussberichte erschienen in dem von Joseph Aviram, Gideon Foerster und Ehud Netzer herausgegebenen mehrbändigen Werk *Masada I-V, The Yigael Yadin Excavations 1963-65 Final Reports* (Jerusalem: Israel Exploration Society, 1989-95). Viel wurde über die Schriftrollen des Toten Meeres und die Ausgrabungen in Chirbet Qumran geschrieben. Ein Abschlussbericht steht jedoch immer noch aus. Den fundiertesten Überblick über archäologische Zeugnisse bietet Jodi Magness, »Qumran Archaeology: Past Perspectives und Future Prospects« in *The Dead Sea Scrolls After Fifty Years: A Comprehensive Assessment*, Vol 1, hg. v. Peter W. Flint und James C. VanderKam (Leiden: E. J. Brill, 1998): 47-77. Zu den Ausgrabungen in Yodefat und zur Frage, inwieweit sich die archäologi-

schen Zeugnisse mit dem Bericht des Geschichtsschreibers Josephus decken, siehe David Adan-Bayewitz und Mordechai Aviam, »Iotapata, Josephus, and the Siege of 67: Preliminary Report on the 1992-94 Seasons«, in *Journal of Roman Archaeology* 10 (1997): 131-165. Darüber, ob die zahlreichen verputzten, mit Stufen versehenen Becken tatsächlich *Mikwen* waren, ist viel dikutiert worden; eine prägnante Beschreibung der archäologischen Zeugnissen im Kontext der Hellenisierung und Romanisierung des Heimatlandes der Juden bietet Ronny Reich, »The Hot Bath-House (*balneum*), the *Miqweh*, and the Jewish Community in the Second Temple Period«, in *Journal of Jewish Studies* 39 (1988): 102-7. Ein Gesamtkatalog der von Archäologen ausgegrabenen Steingefäße wurde zusammengestellt von Jane C. Cahill, »The Chalk Assemblages of the Persian/Hellenistic and Early Roman Period«, in *Excavations at the City of David 1978-85 Directed by Yigael Shiloh III: Stratigraphical, Environmental, and Others Reports*, hg. v. Alon de Groot und Donals T. Ariel, Qedem 33 (Jerusalem: Hebrew University Press, 1992): 190-274.

Kapitel 5
Die beste Beschreibung der Archäologie des Tempels stammt von Leen und Kathleen Ritmeyer, *Secrets of Jerusalem's Temple Mount* (Washington: Biblical Archaeology Society, 1998); ein Bericht über die Ausgrabungen und zusammenfassende Beschreibungen der Funde finden sich in Meir Ben-Dov, *In the Shadow of the Temple: The Discovery of Ancient Jerusalem* (New York: Harper & Row, 1985). Nahman Aviam berichtet von den Ausgrabungen im Herodianischen Viertel und vom Prachtbau im reich bebilderten Buch *Discovering Jerusalem* (Nashville: Thomas Nelson, 1983). Literarische Beschreibungen der Aufgaben, die Priester im Tempel wahrnahmen, werden zusammengefasst in E. P. Sanders, *Judaism: Practice and Belief* 63 B.C.E.-66 C.E. (Philadelphia: Trinity Press international, 1992).

Kapitel 6
Die jüngste archäologische Beschreibung der Grabeskirche stellt Shimon Gibson und Joan Taylor *Beneath the Church of the Holy Sepulchre, Jerusalem*, Palestine Exploration Fund Monograph Series Maior 1 (London: Palestine Exploration Fund, 1994) dar. Zur Bestattung des Kajaphas siehe Zvi Greenhut, »The ›Caiaphas‹ Tomb in the North of Jerusalem«, Ronny Reich, »Ossuary Inscriptions from the ›Caiaphas' Tomb‹« und Joseph Zias, »Human Skeletal Remains from the ›Caiaphas' Tomb‹«, in *Atiqot* [English Series] 21 (1992): 63-80; Zusammenfassungen und Kommentare zu anderen Bestattungen in der Umgebung von Jerusalem finden sich in *Ancient Jerusalem Revealed*, hg. v. Hillel Geva (Jerusalem: Israel Exploration Society, 1994). Von dem Grab und Ossarium des gekreuzigten Mannes berichtet erstmals Vassilios Tzaferis, »Jewish Tombs At and Near Giv'at ha-Mivtar, Jerusalem«, *Israel Exploration Journal* 20 (1970): 18-32 und von den Skelettüberresten Nico Haas, »Anthropological Observations on the Skeletal Remains from Giv'at ha-Mivtar«, *Israel Exploration Journal* 20 (1970): 18-32. Eine Neubewertung der in den beiden zuletzt zitierten Beiträgen präsentierten Ergebnisse findet sich in Joseph Zias und Eliezer Sekeles, »The Crucified Man from Giv'at ha-Mivtar: A Reappraisal«, *Israel Exploration Journal* 35 (1985): 22-27.

Danksagungen

Zu tiefem Dank verpflichtet sind wir dem Team und den freiwilligen Helfern, die an den vielen Ausgrabungen beteiligt waren und ohne deren Arbeit dieses Buch nicht hätte geschrieben werden können. Besonderen Dank schulden wir den Archäologen, die uns im Juni 1999 ihre Fundstätten erklärt haben: Vassilios Tzaferis und John Wilson in Banyas, Rami Arav und Elizabeth McNamer in Betsaida und Moti Aviam in Yodefat. Ebenso danken wir all jenen, mit denen wir in Vorbereitung auf dieses Buch im gleichen Monat Gespräche geführt haben, insbesondere Eric und Carol Meyers vom *Sepphoris Regional Project* und dem forensischen Archäologen Joe Zias. Auch sehr dankbar sind wir Dough Brooks für die Bauzeichnungen und Kevin Holland für Scanning-Arbeiten. Unser besonderer Dank gilt schließlich Balage Balogh für seine Illustrationen zur Rekonstruktion des Lebens in der Antike. Er stellte die Verbindungen zwischen archäologischen Publikationen, Plänen, Ausgrabungsgegenständen, unserer Beschreibung und Imagination her und schuf unter Einbeziehung eigener Forschungsarbeiten mit feinem Gespür nützliche Porträts der jüdischen Welt des ersten Jahrhunderts n. Chr.

**Die Bibel
erschlossen und
kommentiert von
Hubertus Halbfas**
600 Seiten mit 414 Abb.
und 16 Karten, durch-
gehend farbig gedruckt
auf hochwertigem
Kunstdruckpapier,
Groß-Format,
Leinenband mit
Schutzumschlag
ISBN 3-491-70334-X

Die einzigartige Bibelausgabe von Hubertus Halbfas
enthält einen umfassenden Überblick: Bibeltext und
Kommentar, Lexikon und Religions- und Kultur-
geschichte.
Die Gesamtdarstellung informiert kompakt über die
Ergebnisse der biblischen Forschung. Die Einbeziehung von Literatur, Kunst und aktuellen Fragen
erschließt die Bibel für die Gegenwart. Die Fülle ver-
tiefender Elemente lässt die Bibel neu entdecken.

»Kein Zweifel: Diese Verbindung von profunder Infor-
mation, didaktischem Geschick, perspektivischem
Reichtum und glühendem Engagement machen dieses
Buch zu einem Ereignis.« *NDR*

**Karl-Josef Kuschel
Jesus im Spiegel
der Weltliteratur**
Ein Lesebuch
des 20. Jahrhunderts
768 Seiten
Gebunden
ISBN 3-491-72423-6

Nur wenige wirklich große Autoren haben in der
Weltliteratur bei der literarischen Gestaltung der Jesus-
Figur Maßstäbe gesetzt. Karl-Josef Kuschel zieht eine
sachkundige, kommentierte Jahrhundertbilanz, in der
Autoren zu Wort kommen wie: für Europa Anatole
France, Gerhard Hauptmann, Thomas Mann, Günter
Grass, Nikos Kazantzakis, José Saramago. Für Russland
Ilja Ehrenburg, Michail Bulgakow, Djingis Aitmatow.
Für die Vereinigten Staaten Ernest Hemingway,
William Faulkner, Norman Mailer. Für Lateinamerika
Augusto Roa Bastos und Mario Vargas Llosa. Für die
muslimische Kultur Nagib Machfus.

Werner Trutwin
Werner Trutwin
Die Weltreligionen
Wege zum Licht
464 Seiten mit
400 farbigen
und s/w-Abb.
Gebunden
3-491-72361-2

Die Religionen eröffnen den Menschen einen Hori-
zont, der den Bereich des Alltäglichen überschreitet.
Sie kennen die Dunkelheit der Welt und zeigen Wege
zum Licht. Werner Trutwin stellt in diesem Buch die
drei großen monotheistischen Religionen des Judentums, Christentums und Islams und die beiden ost-
asiatischen Religionen des Hinduismus und des
Buddhismus vor. Schwerpunkte sind das Gottes- und
Menschenbild, Ethos und Lebenspraxis, Richtungen
und Spaltungen sowie Probleme der Gegenwart.
Texte und Bilder aus den Religionen ermöglichen
einen authentischen und anschaulichen Zugang.